基于高考评价体系的物理试题评析实践研究

——探索·理念·实践

(2016—2021)

主　编　王　刚
副主编　李　峰　李广兴
　　　　安少伟　宋晓平

中国矿业大学出版社
·徐州·

内 容 提 要

本书记录了邯郸市物理教研团队五年来在试题评析方面的工作，抽取部分典型试题评析结集成册，主要包括实践探索、学习研究和推广应用三部分。全书以试题评析为抓手，聚焦物理学科核心素养，着力落实《普通高中物理课程标准》和《中国高考评价体系》精神，先后进行了8次评析框架的改进，以丰富评析维度，强化试题质性评价，提升评析的科学性和有效性。研究成果已在全市十余所学校进行了推广应用。

图书在版编目(CIP)数据

基于高考评价体系的物理试题评析实践研究 ：探索·理念·实践 ：2016—2021 / 王刚主编. —徐州 ：中国矿业大学出版社，2022.4

ISBN 978-7-5646-5347-7

Ⅰ. ①基… Ⅱ. ①王… Ⅲ. ①中学物理课—教学研究—高中 Ⅳ. ①G633.72

中国版本图书馆CIP数据核字(2022)第060434号

书　　名 基于高考评价体系的物理试题评析实践研究——探索·理念·实践(2016—2021)

主　　编 王　刚

责任编辑 耿东锋

出版发行 中国矿业大学出版社有限责任公司
(江苏省徐州市解放南路　邮编221008)

营销热线 (0516)83884103　83885105

出版服务 (0516)83995789　83884920

网　　址 http://www.cumtp.com　**E-mail**：cumtpvip@cumtp.com

印　　刷 徐州中矿大印发科技有限公司

开　　本 787 mm×1092 mm　1/16　**印张** 22.5　**字数** 571千字

版次印次 2022年4月第1版　2022年4月第1次印刷

定　　价 68.00元

编委会名单

序

从1986年算起，我工作整整35年了，从1997年指导研究生算起，也快25年了。虽然身处高校，但和毕业的大多数指导过的学生一直保持着联系，也在力所能及的范围内给他们一些建议和提醒。在我看来，准备做基础教育教师的年轻人，读大学、读研究生都只是一个打基础的过程。比如物理教育专业学生，能拥有较扎实的物理学、教育学以及心理学知识基础，学会解决物理问题的一些方法，获得一些物理教学的基本技能，具备一点开展教学研究的素养。真正提高自己的教学水平、形成自己独特的教学风格、提炼自己的教育思想，应该在一线的教育教学实践岗位上。我一直坚持教师职前培养和职后提升同步进行，关注他们在实践中的专业化水平发展，既给予他们力所能及的帮助，也从与他们的交流中获得研究的灵感。

我的研究生来自全国各地，因和他们一直保持联系，而使我不仅了解江苏省内的教研情况，也了解到很多省外情况。比如邯郸市教育科学研究所高中物理教研员王刚老师一直致力于指导年轻老师成长，他的教研团队还拥有“粉丝”众多的“快乐物理教师”公众号。王老师提高邯郸市高中物理教师教研水平的愿望，让我十分感动。公众号文章大多为原创，文风简洁精练，内容务实严谨。说到教学资源，其实在网络发达、共享盛行的年代，获取资源非常容易，但是仅仅获取了这些资源并为自己所用就能成长为教学名师吗？这里面有很多情况需要去深入研究。

有很多老师善于搜罗网络资源，仅仅是给学生当作习题来用，对自己的提高仅限于多见了几个新的题型，这显然对自己的教学水平提高作用是有限的，如果是优质资源，其应有作用更是没有充分发挥。究其原因，是没有体会这些资源的形成过程。如同课堂教学一样，你不能直接告诉学生某个科学结论，你得让他们参与概念的生成过程、定理定律的推导过程，体会科学方法在物理学发展中的独特作用。只有在过程中不断体会和感悟，才会形成自己的想法，升华自己的思维。

看到“快乐物理教师”公众号分享的试题评析文章，很开心，因为我从事中考、高考命题研究多年，对我来讲也是学习的好机会，这些评析也是研究的好资源。从中既看到了不是纸上谈兵的纯理论性文章，也体会到了主持人在培养中学老师层面所付出的努力。于是我专门就此事跟王刚老师进行了多次的电话交流，因为我看到这些试题分析由不同作者所创，竟然能如此一致和标准，这背后一定有一个强有力的团队。我立即意识到这就是我所关注的第二个问题，即如何培养中学老师。这个问题的答案，在和王刚老师的交流之后豁然开朗，他们的试题评析工作已经进行了五年之久，有百余名老师参与过这样的分析，评析试题千余道，工作量之大超乎想象。更让我震撼的是，每一道题都在作者和王刚老师之间来回传递五次以上。授人以鱼不如授之以渔,说题比赛也顺利成为助力物理教师专业化成长的平台。五年的打磨,形成的《基于高考评价体系的物理试题评析实践研究——探索·理念·实践(2016—2021)》,提供给大家的不仅仅是资源,这里面更有多版不同时期试题评析模板的形成过程以及创作者的心路历程,这对中学物理教师、教研人员以及在读的物理教育专业本科生和研究生都具有很好的参考价值。

值得肯定的是,王刚老师团队的工作没有停留在理念的求证上,也没有局限在经验的汇集上,而是聚焦于理论与实践的交汇点,开展了一系列实实在在的研究,为理论研究与教学实践的有机结合提供了一个可供参考和借鉴的范例。期盼更多的教师在阅读过程中,感受到此项实践是学习、研究和工作的融合,感悟学习者、研究者、实践者立足岗位,不断充实自我、完善自我的价值追求。

陆建隆

2021年11月23日于南京师范大学

前　言

2014年4月，教育部印发《关于全面深化课程改革 落实立德树人根本任务的意见》。2016年9月，“中国学生发展核心素养”研究成果在北京师范大学发布。2017年年底，教育部颁布的《普通高中物理课程标准》提炼了学科核心素养，优化了学科教学内容，补充了学业质量要求，增强了对教学评的指导。2020年1月，教育部考试中心研制、编写的《中国高考评价体系》和《中国高考评价体系说明》由人民教育出版社出版发行。该体系从高考的核心功能、考查内容、考查要求三个方面回答“为什么考、考什么、怎么考”的考试本源性问题，给出“培养什么人、怎样培养人、为谁培养人”这一教育根本问题在高考领域的答案。高考评价体系确立“核心价值、学科素养、关键能力、必备知识”为考查内容，突破以往知识和能力的考查框架，丰富了对考查目标的认识。高考评价体系是以素养为统领的评价框架，是高考内容改革和命题的理论依据和实践指南。

以高考评价体系为指引，对标学业质量标准，加强物理教学与考试评价相结合的研究，优化试题评析体系，有利于引导学生减少死记硬背和“机械刷题”，有利于增强物理教学的针对性和有效性，有利于发挥高考的育人功能和积极导向作用。“基于高考评价体系的物理试题评析实践研究”，以试题评析为抓手，以高考真题和邯郸市联考试题为素材，聚焦物理学科核心素养，在如何落实《普通高中物理课程标准》和《中国高考评价体系》精神、如何提升试题评析质量等方面进行了深入研究和实践创新，形成了试题评析系统观点，创建了试题评析新范式，丰富了评析维度，强化了对试题和试卷的质性评价，提升了评析的科学性和有效性。

邯郸市物理教研团队从2016年开始关注试题评析工作，先后经历了实践探索、学习研究和推广应用三个阶段。

（一）实践探索阶段：通过“说题”比赛，聚焦试题研究，提升教师试卷讲评能力。

教师“说题”是一种新的物理教研形式，是提升教师专业化水平的有效途径，是高效教研的重要方式。长期以来，高考体现了对学生掌握的知识内容范围及应用能力的要求，是对学生知识掌握程度和应用水平的评价。对于老师，“会做题”仅仅是基础，“会讲题”才是关键。会讲题是把题目放到新课程标准的大视野中界定分析，能联系该类型题目高考考查的频率、深度，进而研究命题趋势。教研团队重视试题研究在物理教学中的作用，积极开展教师说题活动，将说题作为高效教研的有力抓手，引领全市物理教师深入钻研教材、新课程标准和考试大纲，探索高考命题规律及方向。通过说题把“考题”和“新课标”打通，提升教师的讲评能力，增强物理教学的针对性和有效性。基于这样的思考和认识，我们在2016年和2017年组织的两届全市物理教师教学技能大赛中都安排了现场说题比赛。要求参赛教师从命题立意和对学生的能力水平要求、考查的主要知识点、如何讲解和引导学生解答试题、如何拓展试题等方面进行说题活动。

实际教学中,教师往往把自己的思维过程、解题方法强加于学生,忽略了教师是在知识结构完整的前提下进行教学的。学生机械地接受学习,束缚了学习能力尤其是思维能力的提高和发展。教师精辟的讲授,通常可以让学生达到领会的水平,若想进一步灵活运用知识并形成技巧,就一定要让学生参与解决新问题的实践,说题活动恰好可以给予学生这样的机会。教师可以直接观察学生的思维过程,达到诊断、交流和调控的目的。因此,我们多次在全市的教研活动中提出开展学生说题活动的建议。

(二) 学习研究阶段:突出理论导向,聚焦素养发展,在实践中提炼,在提炼中提升。

多年的教学和教研实践告诉我们:没有理论指导的实践往往是盲目的实践;如果没有理论基础,工作就会停留在表面。理念支配着行为,教学行为在理论的引领下才更加可靠和有效。新课标能否真正落地,关键环节之一在于一线教师能否理解新课标在育人目标、学科本质与课程价值、课程结构、课程内容、学业要求、考试评价等方面一系列改进的内涵。新课标倡导的物理学科核心素养理念对于教师的影响较大,获得了大多数教师的认可。但是,当前教师对于新课标各部分内容的熟悉程度普遍不高,尤其对学业质量水平的熟悉程度不高,导致教师对于核心素养导向下的作业设计和命题评价认同程度不高,这将影响核心素养教学实践的效果。

学科核心素养的确立让我们的教育教学过程有了明晰的方向。知识的学习和掌握,不再被视作终极目标,而成为让学生具备以关键能力和必备品格为内涵的核心素养的一种工具和媒介。对于物理学科核心素养的理解将直接影响物理课堂的质量,影响学生物理学科核心素养的培养。理解素养是进行素养教学的第一步。团队围绕"核心素养""高考评价体系""深度学习""SOLO 分类理论"(SOLO:可观察的学习结果的结构)等主题进行了系统深入的学习,力求深刻理解物理学科考试由"知识能力立意"评价向"价值引领、素养导向、能力为重、知识为基"评价的转变。

我们相信,核心素养教育时代的高考考查目标和学科教育教学追求有内在的一致性,研究高考物理试题对新课标、新教材及新教学具有明显的引导作用。研究高考物理试题对《普通高中物理课程标准(2017 年版)》和《中国高考评价体系》的体现和落实,可以揭示遵循"评价体系"的高考物理命题的规律与特点。通过对不同类型试题的研究,分析命题特点和所考查功能,揭示其对学科知识、能力、素养的要求,认识高考试题在考查学生对物理学科知识理解和应用情况方面的新策略和新方法。

教研团队依托高考评价体系,突出学科核心素养,先后创建了 8 版试题评析模板。由最初教师熟悉的试题考查方向、教学建议以及学生的巩固强化练习评析开始,逐渐增加分析维度,践行《普通高中物理课程标准》和《中国高考评价体系》精神,不断完善试题评析模式。聚焦试题评析,突出实践导向,教研团队编写了丰富的试题评析案例,包括高一、高二质检测试,高三质检和模拟考试,高考真题等试卷评析共 15 册约 160 万字,并形成了基于高考评价体系的物理试题评析实践研究路径图、进阶图和分析罗盘等 3 张具有指导和导航功能的实践研究路线图(图 0-1 至图 0-3),让初学者有据可参,有路可寻。

(三) 推广应用阶段:推动实践研究成果转化运用,为教育教学提供新动能。

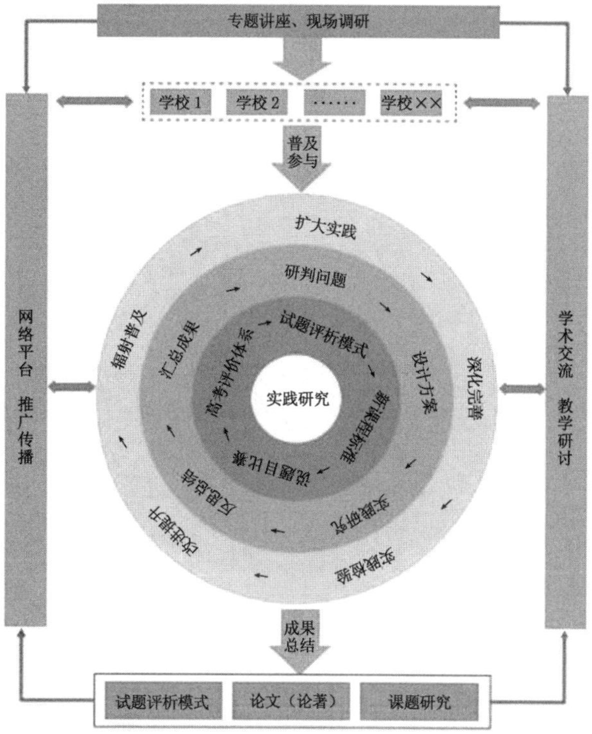

图 0-1　“基于高考评价体系的物理试题评析实践研究”路径图

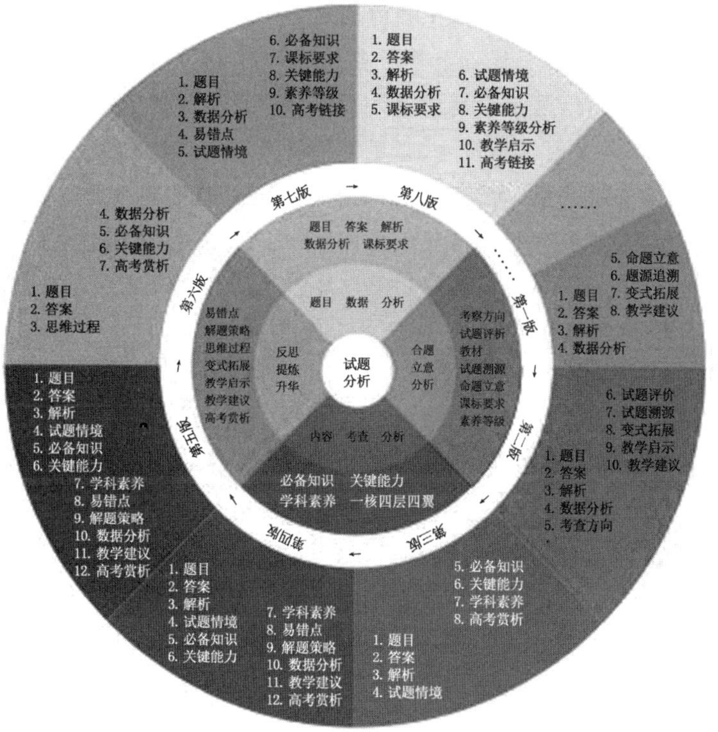

图 0-2　“基于高考评价体系的物理试题评析实践研究”进阶图

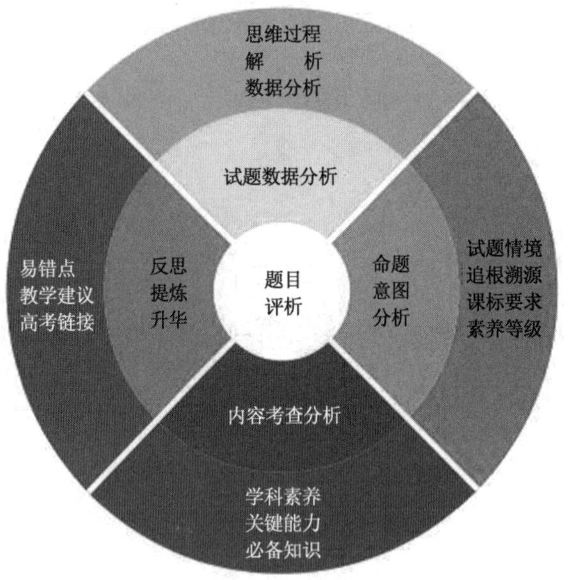

图 0-3　“基于高考评价体系的物理试题评析实践研究”分析罗盘

“基于高考评价体系的物理试题评析实践研究”根植于教育教学一线的丰厚土壤，力求发挥团队成员的示范、引领与辐射作用，以多种方式传播试题评析中体现的教育理念和教学方法，为高中物理教师提供具有示范性、可操作性的物理试题评析模式，从而在实际教育教学中发挥出引领作用。我们期望逐渐完善的试题评析模式可以反哺教学课堂实践，迅速形成教学生产力，为发展学生物理核心素养服务。2021 年，教研团队成员在各自学校进行了较为切实的教学实践，同时，采用主题教研方式先后在邯郸市 10 余所高中组织了成果推广系列活动，成果推广活动受到学校领导、物理学科教师的广泛赞誉。实践研究成果促进了教师对物理学科核心素养的认识，对新课标落地课堂教学具有积极的指导作用。

教研团队通过邯郸市教育局网络教研平台举行“基于高考评价体系的试题分析实践研究”成果推广活动暨“邯郸市第四届高中物理教师教学技能大赛——试题演说”动员培训会。2021 年 6 月全市 29 所学校推荐的 50 余位优秀教师参加了邯郸市第四届高中物理教师教学技能大赛，展示了实践研究的学习成果，形成了较为丰富的试题评析案例。大赛优秀选手已经参与到团队试题评析实践研究工作中，逐渐成为将试题评析实践研究成果向教学实践转化的主力军，发挥出强大的引领带动作用。

团队始终践行“传播物理教育理念、引领课堂教学实践、促进教研团队建设、服务师生成长发展”的团队理念，创新传播模式，借助传播速度快、影响范围广的“快乐物理教师”公众号，发布实践研究系列成果，为全国各地物理教师提供参考借鉴。

新时代提出新要求。2021 年 7 月，中共中央办公厅、国务院办公厅印发了《关于进一步减轻义务教育阶段学生作业负担和校外培训负担的意见》。这一“双减”政策出台，正是希望营造素质教育的社会环境，回归素质教育的本源。《基于高考评价体系的实践研究成果》丛书不仅是教师查阅资料、改进教学的好帮手，也是促进学生学习的得力工具，一定可以成为广大师生的良师益友,为推动高中课堂改革起到积极作用!

深刻理解核心素养,规范使用新教材,落实新课标要求,发展学生核心素养,提升教育教学质量,是所有参加编写人员的共同目标。为此,编写人员用心耕耘、反复推敲。但鉴于本书编写时间紧迫,加之编写人员在理论认识上仍有不足,难免有疏漏偏颇之处,诚挚地希望学界同仁指正。

本书在策划、编审过程中,得到了南京师范大学教师教育学院陆建隆教授、河北师范大学教师教育学院魏国强教授、河北省教育科学研究院武淑清研究员等专家的支持和帮助,在此表示崇高的敬意和深深的感谢。

王　刚

2021 年 10 月

目　录

实践探索篇

(2016—2017)

学习研究篇

推广应用篇

选手感悟(节选)

团队成员感悟(节选)

学校领导及学科专家推荐评价

实践探索篇

（2016—2017）

高中物理教师现场“说题”比赛案例1

一、原题呈现

2014年新课标全国Ⅰ卷理综第23题——电学实验题：

利用如图(a)所示电路，可以测量电源的电动势和内阻，所用的实验器材有：待测电源、电阻箱R(最大阻值999.9 Ω)、电阻R_0(阻值3.0 Ω)、电阻R_1(阻值3.0 Ω)、电流表Ⓐ(量程为200 mA、内阻$R_A=6.0\ \Omega$)、开关S。

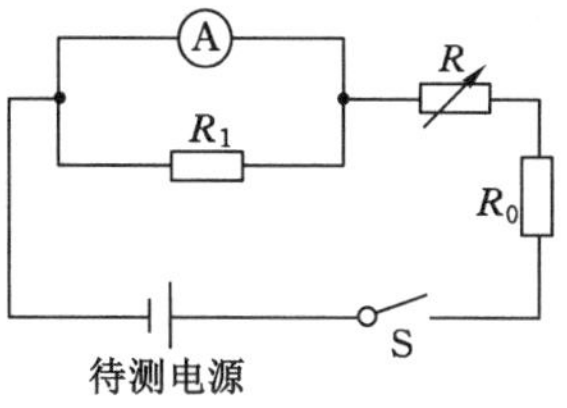

图(a)

实验步骤如下：

① 将电阻箱阻值调到最大，闭合开关S；

② 多次调节电阻箱，记下电流表的示数I和电阻箱相应的阻值R；

③ 以$\frac{1}{I}$为纵坐标，R为横坐标，作图线(用直线拟合)；

④ 求出直线的斜率k和在纵轴上的截距b。

回答下列问题：

(1) 分别用E和r表示电源的电动势和内阻，则$\frac{1}{I}$与R的关系式为________。

(2) 实验得到的部分数据如下表所示，其中电阻$R=3.0\ \Omega$时电流表的示数如图(b)所示，读出数据，完成下表。答：① ________，②________。

R/Ω	1.0	2.0	3.0	4.0	5.0	6.0	7.0
I/A	0.143	0.125	①	0.100	0.091	0.084	0.077
I^{-1}/A^{-1}	6.99	8.00	②	10.0	11.0	11.9	13.0

(3) 在图(c)的坐标纸上将所缺数据点补充完整并作图，根据图线求得斜率$k=$________，截距$b=$________。

(4) 根据图线求得电源电动势$E=$________V，内阻$r=$________Ω。

二、命题意图

本试题考查的实验类型为测量型，主要考查学生对闭合电路欧姆定律公式的推导、正确读取电流表读数以及利用图像法处理实验数据的能力，难度中等。它来源于教材实验又高于教材实验。试题的结构特点如下：

1. 实验原理

考查角度：根据实际电路图，推导出该电路图的闭合电路欧姆定律公式——第(1)问：分

注：案例1～6为2016年案例。

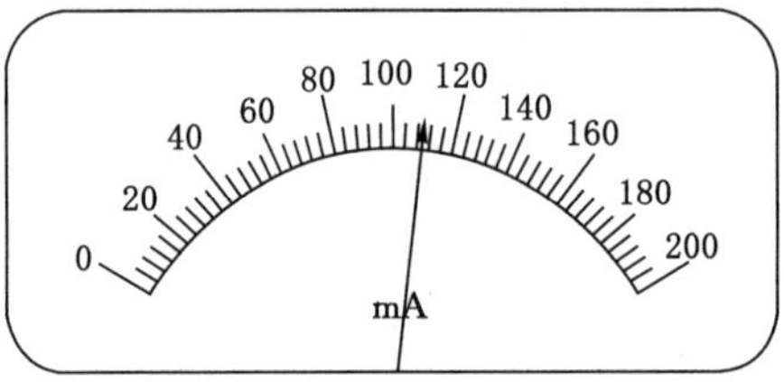

图(b)

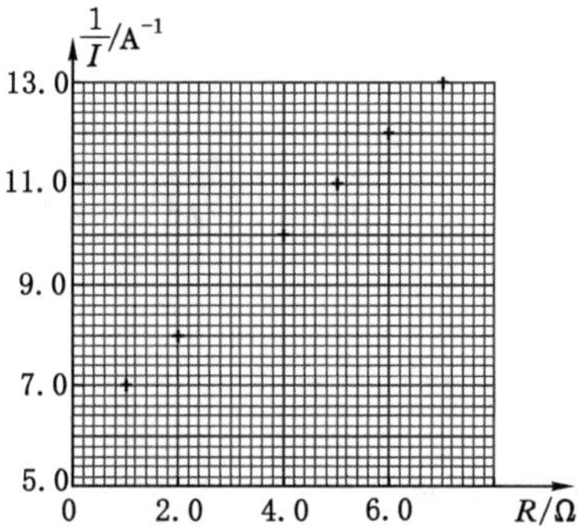

图(c)

别用 E 和 r 表示电源的电动势和内阻，则 $\frac{1}{I}$ 与 R 的关系式为________。

2. 进行实验与收集数据

考查角度 1：实验仪器的使用——第(2)问问电流表的读数，并要求计算电流的倒数，注意有效数字。

考查角度 2：对实验数据进行分析处理，并得出结论——第(3)问要求作出 $\frac{1}{I}$-R 的图像，根据图线求得斜率 k 和截距 b。

这样的结构特点使得试题与《2016 年普通高等学校招生全国统一考试大纲的说明》适切度很高。要求学生在熟练应用仪器的前提下，对闭合电路欧姆定律的内容及其表达式有很好的理解，并且在不同的电路中都能灵活运用；在此基础上，由教材中伏安法测电阻这种方法的基础上分析出本试题用的方法是安阻法。理解所得实验数据的原因，并学会应用数学知识对实验数据进行处理，且只有分析出哪些数学意义上的量代表电动势和内阻，才能完成该试题。

本题涉及物理模型、物理量之间的函数关系以及图像三者之间的相互转换，突出了数学思维和物理思维相结合的特点；但是也属于往年高考试题改编，缺乏新意。

三、学情分析

我的学生是四中平行班的学生，成绩属于一般水平；已经学习完高中所有的物理知识，但是电学这个版块对于大部分学生都是难点；多数学生缺乏主动学习主动思考的习惯，对知识的迁移和变通能力还有待加强，题目稍有变动很多人就答不出来。

学生可能出错的地方：(1) 误认为电流表测量得到的是主电路的电流，从而导致欧姆定律公式推导错误；(2) 电表读数时，不注意表格单位以及有效数字，从而丢失分数；(3) 公式推导错误，电动势和内阻也将计算错误。

四、解题过程及方法

1. 审题分析

本题要求测量电源的电动势和内阻，是教材上的实验，利用的实验原理是闭合电路欧姆定律。分析实验器材和电路图可知，只有电流表和一个电阻箱，所以方法是安阻法。通过改变电阻值得出相对应的电路电流，分析电流倒数与电阻的关系从而得到电动势和内阻。

2. 解题分析

(1) $\frac{1}{I}$与R的关系式要通过闭合电路欧姆定律得到，即$I=\frac{E}{R+r}$。其中，I是主电路电流，R是外电路电阻，而电流表测得的是其中一个支路的电流，因此首先要求出主电路电流，然后利用串联电路的电压规律写出这两个量的关系式。

(2) 完成表格时要填写电流表此时的示数，以及它的倒数。示数要注意图上单位是毫安，而表格里的单位是安培，有效数字位数是3。

(3) 描点作图时首先根据公式分析出$\frac{1}{I}$与R的关系是一条直线，那就要确保尽量多的点在直线上，偏离的点要分居直线两侧且两侧个数差不多，偏离太大的要舍弃。由图得斜率$k=1.0\ \mathrm{A^{-1}\Omega^{-1}}$，截距$b=6.0\ \mathrm{A^{-1}}$。

(4) 由$\frac{3.0}{E}=1.0$，$\frac{3.0}{E}(5.0+r)=6.0$，解得$E=3.0\ \mathrm{V}$，$r=1.0\ \Omega$。

3. 功能分析

测量电源的电动势和内阻有伏安法、安阻法、安安法、伏阻法、伏伏法五种方法，五种方法又都可以有不同的电路图，但是都离不开一个根本的实验灵魂——闭合电路欧姆定律。所以理解实验原理、认真分析实验电路才是应对万变的良策。

拓展训练：伏阻法测量电源的电动势和内阻。

某同学设计了一个如右图所示的实验电路，用以精确测定电源的电动势和内阻，使用的实验器材为：待测干电池(电动势约为3 V)、电压表(量程3 V，内阻为几千欧)、电阻箱(0～9 999.99 Ω)、滑动变阻器(0～10 Ω)、单刀双掷开关和单刀单掷开关各一个及导线若干。

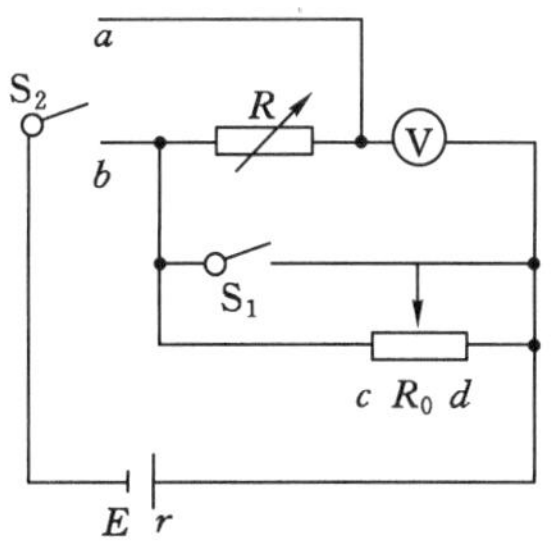

(1) 为精确测得电源的电动势和内阻，该同学想先测得电压表的内阻，按如图所示的电路连线，通过控制开关状态来实现，则开关S_2应打在________(“a端”还是“b端”)，开关S_1应________(“闭合”还是“断开”)。

(2) 简要写出利用如图所示电路测量电压表内阻的实验步骤。

(3) 简要写出如图所示电路测量电源的电动势和内阻的实验步骤。

(4) 写出电源电动势真实值的表达式：________，并比较真实值与测量值之间的大小关系：$E_{真}$________$E_{测}$。

(5) 试分析用上述实验器材，能否建立U-$\frac{1}{R}$图像来求解电源的电动势和内阻。为什么？

【点悟】本题第(1)问中的半偏法、第(4)问中的伏阻法都源于课本，巧妙之处是灵活应用了开关和滑动变阻器。试题的最后一问以开放形式，体现了当下高考流行的元素。而第(2)、(3)问都是让学生根据原理回答出实验步骤，考查学生能否将教材原理灵活运用在该实验中，与上面高考题正好互补。

综合来看，近年高考对本实验创新的切入点概括表现为内涵的挖掘和外延的拓展。首先表现为对实验数据的处理，尤其是对图像截距和斜率物理意义的考查；其次是对电学器材进行重新组合，如电表阻值的测量、电表的扩容、电表的互通、多用电表多用功能的展示等；最后是实验误差分析，当电表的内阻未知时，不可避免会给测量带来系统误差。当然，内容联系实际、方法注重探究、态度保持严谨的时代要求都隐含在考题中，揭开这些变化现象的本质，我们最终看到的依旧是万变归宗，即适合考题情境的闭合电路欧姆定律。所以，以“本”为本、落实到位是复习好本实验的根本所在。

（邯郸市第四中学　马欣欣）

高中物理教师现场“说题”比赛案例 2

一、原题呈现

2013 年新课标全国Ⅰ卷理综第 25 题：

如图，两条平行导轨所在平面与水平地面的夹角为 θ，间距为 L。导轨上端接有一平行板电容器，电容为 C。导轨处于匀强磁场中，磁感应强度大小为 B，方向垂直于导轨平面。在导轨上放置一质量为 m 的金属棒，棒可沿导轨下滑，且在下滑过程中保持与导轨垂直并良好接触。已知金属棒与导轨之间的动摩擦因数为 μ，重力加速度大小为 g。忽略所有电阻。让金属棒从导轨上端由静止开始下滑，求：

(1) 电容器极板上积累的电荷量与金属棒速度大小的关系；

(2) 金属棒的速度大小随时间变化的关系。

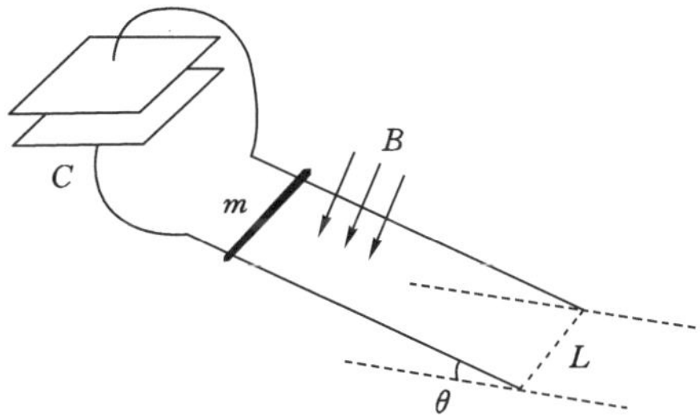

二、命题意图

1. 考查的知识点

本题以匀变速直线运动为载体考查了重力、弹力、摩擦力、速度、加速度、电流、电动势、电容、电量、电势差等力学概念和电学概念；考查了运动学基本公式、牛顿第二定律、法拉第电磁感应定律、楞次定律、电容的定义式、电流的定义式、加速度的定义式等物理规律及关系式。

2. 考查的能力

包括理解能力、推理能力、分析综合能力、应用数学方法处理物理问题的能力。

本题要求学生理解加速度、电流、电容、电动势、电势差等基本概念；本题从电流和加速度的定义式出发，研究金属棒下滑过程中某时刻相关参量的表达式，要求学生有较高的推理能力和分析综合能力，能够根据所列的众多方程推导出加速度的表达式，还要具备一定的数学计算能力。

3. 试题与考试说明的适切度

速度和加速度、匀变速直线运动及其公式、牛顿第二定律的应用、法拉第电磁感应定律、楞次定律等概念和规律为考试大纲中Ⅱ级要求；滑动摩擦力、电势差、电容器的电压、电荷量和电容的关系、安培力、安培力的方向、电磁感应现象等概念为Ⅰ级要求。

本题符合2013年理科综合考试大纲说明的要求,体现了以基本知识为依托、以能力考查为主旨的指导思想,通过考查知识鉴别学生能力的高低。

4. 创新点

本题物理过程的设计很新颖,很多情况下电磁感应现象的力学问题中切割磁感线的金属棒都是先经历动态过程再达到稳定的状态,在动态过程中金属棒所受安培力是变力。而本题通过电容器把电磁感应现象和匀变速运动结合在一起,即从一开始安培力就是一个恒力。另外,本题以电流的定义式和加速度的定义式结合微元法去研究金属棒在下滑过程中某时刻相关参量的表达式,这也是一种创新。

三、学情分析

1. 学生特点

本题考查的对象是高三毕业班的学生。本题涉及的知识点、规律和方法都是学生已经学过的,学生经过高三的复习,各种能力都有了一定的提高,尤其是分析综合能力。学生知道遇到电磁感应现象中的力学问题时要对电磁感应现象、受力情况和运动情况进行分析。

2. 学生解题过程中的障碍或可能出现的错误

(1) 解题的障碍

首先,本题涉及的知识点和规律很多,当知识点一个一个呈现时,学生比较熟悉,易于掌握,但综合在一起学生就不容易理解了。

其次,该题的电路为含容电路,回路中到底有没有电流、金属棒是否受到安培力作用,这对学生来说也是一个难点。

再次,思维定式——误认为金属棒先做变加速运动再做匀速运动。实际上本题中金属棒是做匀加速直线运动的。

最后,学生可能想到 $i=\frac{Q}{t}$,而 $i=\frac{\Delta Q}{\Delta t}=\frac{\Delta(CBLv)}{\Delta t}=\frac{CBL\Delta v}{\Delta t}$就不好想了。

(2) 可能出现的错误

错误一:对电容器认识不足,部分学生把电容器看作断路,回路中无电流,金属棒不受安培力。

错误二:部分学生用欧姆定律计算电流,导致该题无法求解。

四、解题过程及方法

1. 审题分析

本题属于电磁感应现象中的力学问题。解题时要抓好电磁感应现象、受力情况和运动情况的分析。当金属棒下滑切割磁感线时,金属棒上产生感应电动势,电容器通过导轨与金属棒两端相连,电容器两端的电势差和金属棒两端的感应电动势大小相等;当金属棒加速下滑时,金属棒上产生的感应电动势不断增加,电容器两极板间的电势差不断增加,则电容器两极板上的电量不断增加,电容器处于充电状态,从而整个回路中始终存在充电电流(即感应电流),故金属棒受到安培力的作用。金属棒在重力、弹力、摩擦力和安培力的共同作用下加速运动。

2. 解题分析

(1) 所使用的物理思想和方法

① 用法拉第电磁感应定律和楞次定律求感应电动势的大小和方向。

② 用定义法和微元法求回路中的电流。

③ 用加速度的定义式 $a=\frac{\Delta v}{\Delta t}$和牛顿第二定律 $F=ma$ 联立求解加速度。

(2) 采用的思维方式

审题后围绕能做什么、要做什么、应怎么做这三个问题对该题进行求解。

(3) 解题过程

第一问:

设金属棒下滑时的速度大小为 v,则感应电动势 $E=BLv$。 ①

平行板电容器两极板间的电势差 $U=E$。 ②

设此时电容器极板上储存的电荷量为 Q,则 $C=\frac{Q}{U}$。 ③

联立①②③式得 $Q=CBLv$。 ④

第二问:

设金属棒的速度大小为 v 时经历的时间为 t,通过金属棒的电流为 I。金属棒受到磁场的安培力方向沿导轨向上,大小为 $F_{安}=BIL$。 ⑤

设$(t,t+\Delta t)$内流过金属棒的电荷量为 ΔQ,有 $I=\frac{\Delta Q}{\Delta t}$。 ⑥

ΔQ 也是平行板电容器在这段时间内增加的电荷量。由④式得 $\Delta Q=CBL\Delta v$。 ⑦

⑦式中 Δv 为金属棒的速度变化量。由加速度的定义式有 $a=\frac{\Delta v}{\Delta t}$。 ⑧

金属棒所受的摩擦力 $f=\mu N$。 ⑨

金属棒对导轨的正压力 $N=mg\cos\theta$。 ⑩

金属棒在时刻 t 的加速度沿导轨向下。

由牛顿第二定律得 $mg\sin\theta-f-F_{安}=ma$。 ⑪

联立⑤至⑪式解得 $a=\frac{m(\sin\theta-\mu\cos\theta)}{m+B^2L^2C}g$。 ⑫

由⑪式及题设可知,金属棒做初速度为零的匀加速直线运动。t 时刻金属棒的速度大小 $v=at=\frac{m(\sin\theta-\mu\cos\theta)}{m+B^2L^2C}gt$。

3. 对该题的改编、拓展及可能的变式训练的分析

(1) 该题可将倾斜轨道改为竖直轨道或将电容器换成定值电阻让同学们进行变式练习。

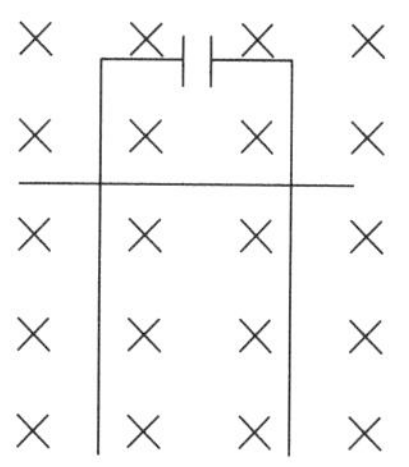

例 1 如右图所示,两条平行导轨所在平面是竖直平面,间距为 L。导轨上端接有一平行板电容器,电容为 C。导轨处于匀强磁场中,磁感应强度大小为 B,方向垂直于导轨平面。在导轨上放置一质量为 m,长为 $2L$ 的金属棒,棒可沿导轨下滑,且在下滑过程中保持与导轨垂直并良好接触。重力加速度大小为 g。让金属棒从导轨上端

由静止开始下滑。求:电容器极板上积累的电荷量与金属棒速度大小的关系;金属棒下落 h 过程中,金属棒两端的电压大小。

例 2 (2016·全国Ⅰ卷,T24)如右图所示,两固定的绝缘斜面倾角均为 θ,上沿相连。两细金属棒 ab(仅标出 a 端)和 cd(仅标出 c 端)长度均为 L,质量分别为 $2m$ 和 m;用两根不可伸长的柔软导线将它们连成闭合回路 $abdca$,并通过固定在斜面上沿的两光滑绝缘小定滑轮跨放在斜面上,使两金属棒水平。右斜面上存在匀强磁场,磁感应强度大小为 B,方向垂直于斜面向上。已知两根导线刚好不在磁场中,回路电阻为 R,两金属棒与斜面间的动摩擦因数均为 μ,重力加速度大小为 g,金属棒 ab 匀速下滑。求:作用在金属棒 ab 上的安培力的大小;金属棒运动速度的大小。

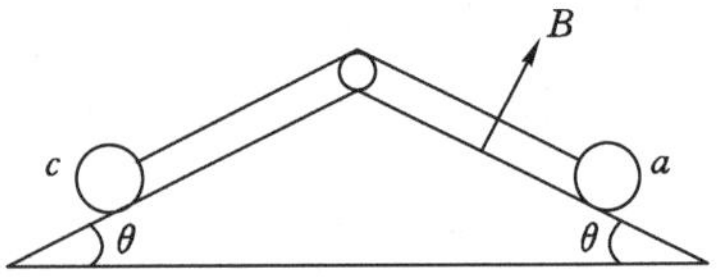

(2) 该类问题在考试命题中的趋势如下:

① 在电磁感应中,切割磁感线的导体或磁通量发生变化的回路将产生感应电动势,该导体或回路就相当于电源,将它们接上电容器,便可使电容器充电;将它们接上电阻等用电器,便可对用电器供电,在回路中形成电流。因此,电磁感应问题往往与电路问题联系在一起。

例 3 (2011·全国卷,T24)如右图所示,两根足够长的金属导轨 ab、cd 竖直放置,导轨间距离为 L,电阻不计。在导轨上端并接两个额定功率均为 P、电阻均为 R 的小灯泡。整个系统置于匀强磁场中,磁感应强度方向与导轨所在平面垂直。现将一质量为 m、电阻可以忽略的金属棒 MN 从图示位置由静止开始释放。金属棒下落过程中保持水平,且与导轨接触良好。已知某时刻后两灯泡保持正常发光。重力加速度为 g。求:磁感应强度的大小;灯泡正常发光时导体棒的运动速率。

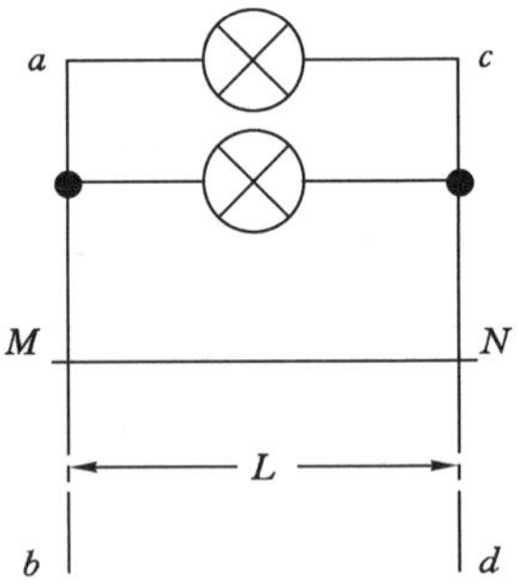

解决与电路相联系的电磁感应问题的基本步骤是:用法拉第电磁感应定律和楞次定律确定感应电动势的大小和方向;画等效电路;运用全电路欧姆定律、串并联电路性质、电功率等公式联立求解。

② 导体切割磁感线或闭合回路中磁通量发生变化,在回路中产生感应电流,机械能或其他形式能量便转化为电能,具有感应电流的导体在磁场中受安培力作用或通过电阻发热,又可使电能转化为机械能或电阻的内能,因此,电磁感应问题往往与能量问题联系在一起。

解决这类问题的基本步骤是:用法拉第电磁感应定律和楞次定律确定感应电动势的大小和方向;画出等效电路,求出回路中电阻消耗电功率表达式;分析导体机械能的变化,用能量守恒关系得到机械功率的改变与回路中电功率的改变所满足的方程。

③ 该类问题也可将金属棒改为金属线框进行变式训练。

4. 该题在教学中所体现的教育价值

(1) 对于复杂问题应引导学生把它分解为若干较简单的问题,找出它们的联系。

(2) 教学过程中应重视整合的作用,对同类题型应总结出固定的解题思路或步骤。

例如该类问题解题的基本步骤如下:

① 明确研究对象。

② 正确进行电磁感应现象的分析。

③ 正确进行受力分析和运动分析。

④ 据相应的规律列方程。

⑤ 解方程。

(3) 解题时结合加速度和电流的定义式求解的过程要求学生重视基本概念的学习,越是基础的内容越重要。这对我们的教学也可起到导向的作用。

(邯郸市第四中学　邵灿刚)

高中物理教师现场“说题”比赛案例3

一、原题呈现

下面的题目是改编题目：

如右图所示，一长木板B的上表面的一端放有一个质量为m的铁块A，木板左端不动，右端由水平位置缓慢向上抬起，使木板与水平面的夹角θ逐渐增大至90°。若铁块受到的最大静摩擦力和滑动摩擦力相等，则铁块受到的摩擦力F_f随夹角θ的变化图像可能正确的是下图中的(　　)。

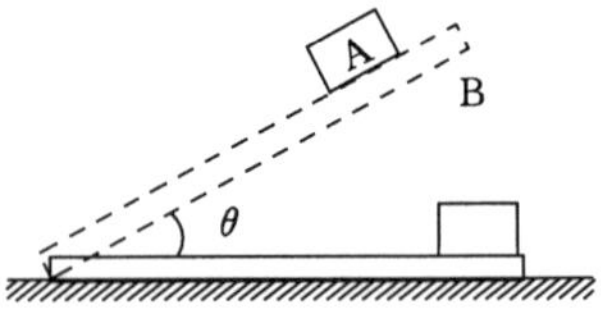

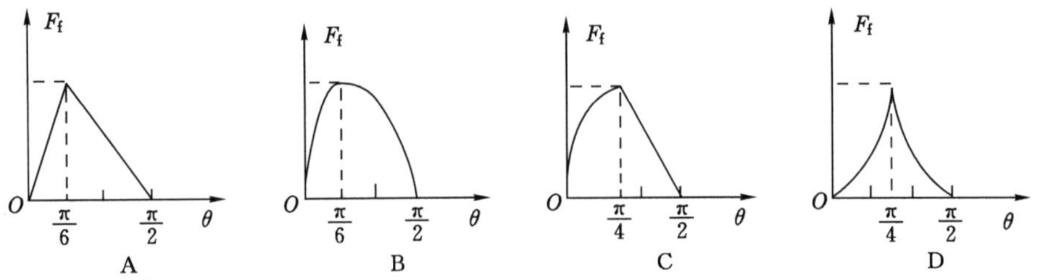

二、命题意图

(1) 该题主要涉及摩擦力的计算和物体平衡这两个知识点。

(2) 该题涉及考点都是要求较高的Ⅱ级要求：对所学知识要理解其含义，以及与其他知识的联系，能够进行叙述和解释，并能在实际问题的分析、推理和判断等过程中运用。

(3) 这道题带给我们的思考：注重教学过程中基础概念的讲解。

三、学情分析

(1) 对学生思维和认知的分析：这道题主要针对的是刚刚学习相互作用的高一学生，他们对于摩擦力还停留在初中阶段理解的基础上，对于静摩擦力和滑动摩擦力还没有形成完整准确的概念；在思维上找到物理量的函数表达式跟图像结合的方法也是一个难点。

(2) 分析学生解题过程中的障碍(难点)或可能出现的错误：对于摩擦力不区分类型，直接用滑动摩擦力公式计算；找到关系式后找不到正确图像。

四、解题过程及方法

1. 审题分析

分析木板抬起的过程中铁块的受力及状态的变化，根据物体的运动状态可以确定物体受到的是静摩擦力还是滑动摩擦力；再通过受力分析可得出摩擦力随角度的变化情况。在求摩擦力时，一定要先明确是属于滑动摩擦力还是静摩擦力，再根据滑动摩擦力或静摩擦力的求解方法进行求解。

要引导学生分析、理解情境：

(1) 模拟试题情境，分析铁块在斜面上的状态。

(2) 思维引导：提出问题——铁块和斜面之间存在的是哪种摩擦力？如何计算？

2. 解题分析

(1) 当木板倾角 θ 比较小时，铁块随木板缓慢转动，两者相对静止时，可以认为铁块受力平衡，铁块和木板之间存在的是静摩擦力，建立平衡关系式 $f=mg\sin\theta$。随着 θ 的增加，摩擦力也在逐渐增加，摩擦力随角度的变化图像与正弦函数相同。

(2) 当木板倾角 θ 比较大时，铁块在木板上下滑，铁块与木板之间存在的是滑动摩擦力。这时对木板做受力分析可得 $f=\mu F_N$、$F_N=mg\cos\theta$。解得 $f=\mu mg\cos\theta$。随着 θ 的增加，摩擦力随角度的变化图像与余弦函数相同。

3. 深化练习，理解提升

拓展训练1 如右图所示，攀岩者仅凭借鞋底和背部的摩擦停留在竖直的岩壁间，鞋子、背部与岩壁间的动摩擦因数分别为0.80和0.60。为了节省体力，他尽可能减小身体与岩壁间的正压力，使自己刚好不下滑。假设最大静摩擦力等于滑动摩擦力，下列判断正确的是(　　)。

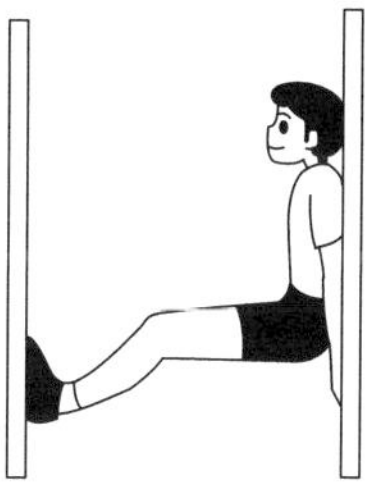

A. 攀岩者受到三个力的作用

B. 鞋子受到岩壁的静摩擦力，方向竖直向下

C. 岩壁对鞋子的支持力大于岩壁对背部的支持力

D. 攀岩者背部受到的静摩擦力支撑了体重的 $\frac{3}{7}$

(选题意图：基本方法练习)

拓展训练2 如下图所示，物块A放在木板上，当缓慢抬起木板的一端使木板与水平面夹角 α 分别为30°、45°时，物块受到的摩擦力大小相等，则物块和木板间的动摩擦因数为(　　)。

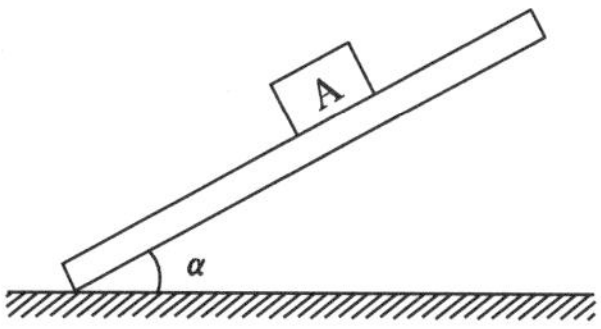

A. $\frac{\sqrt{2}}{2}$　　B. $\frac{\sqrt{3}}{2}$　　C. $\sqrt{3}$　　D. $\sqrt{2}$

(选题意图：原题的延伸应用)

拓展训练3 如下图所示，传送带与水平面的夹角为 θ，当传送带静止时，在传送带顶端静止释放小物块 m，传送带足够长，已知小物块与传送带间的动摩擦因数为 μ。讨论小物块在运动过程中所受的摩擦力。

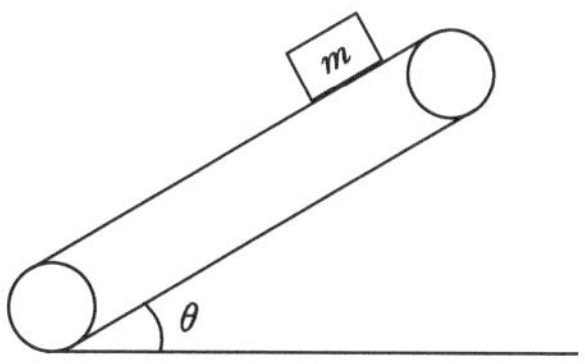

(选题意图:通过两物体的相对运动状态分析出摩擦力大小,还可发现摩擦力可以发生突变和转化)

4. 总结计算摩擦力的基本步骤和注意事项

(1) 分析产生摩擦力的施力物体和受力物体之间的相对运动情况以区分物体受何种摩擦力。常用的方法是根据题意描述判断,或者模仿情境根据实际情况判断。

(2) 如果是滑动摩擦力可以根据滑动摩擦力的计算公式寻找 F_N 和物体间摩擦因数 μ 直接计算;如果是静摩擦力或者无法直接计算滑动摩擦力,需要列平衡关系式或者其他相关等式。

(3) 记住滑动摩擦力和最大静摩擦力的决定因素是两物体间 F_N 和物体间摩擦因数 μ,静摩擦力的决定因素是物体所处的状态和其他力的情况。

5. 关于摩擦力的思维导图(简单示例如下图所示)

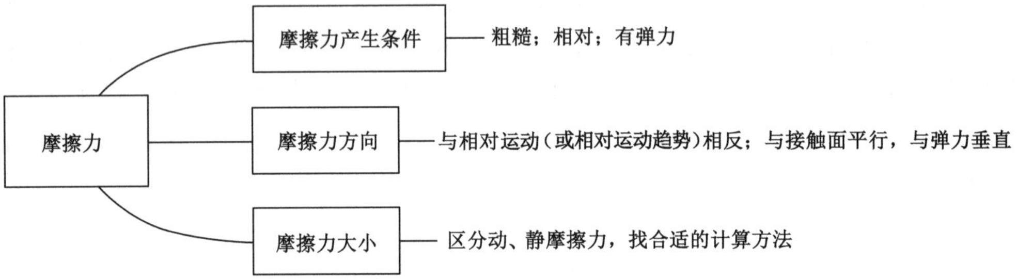

(磁县第一中学　纪伟伟)

高中物理教师现场“说题”比赛案例4

一、原题呈现

2015年新课标全国Ⅰ卷理综第25题：

一长木板置于粗糙水平地面上，木板左端放置一小物块，在木板右方有一墙壁，木板右端与墙壁的距离为4.5 m，如图(a)所示。$t=0$时刻开始，小物块与木板一起以共同速度向右运动，直至$t=1$ s时木板与墙壁碰撞(碰撞时间极短)。碰撞前后木板速度大小不变，方向相反；运动过程中小物块始终未离开木板。已知碰撞后1 s时间内小物块的v-t图像如图(b)所示。木板的质量是小物块质量的15倍，重力加速度大小g取10 m/s^2。求：

(1) 木板与地面间的动摩擦因数μ_1及小物块与木板间的动摩擦因数μ_2；

(2) 木板的最小长度；

(3) 木板右端离墙壁的最终距离。

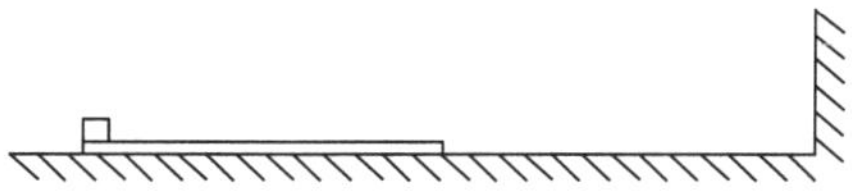

图(a)

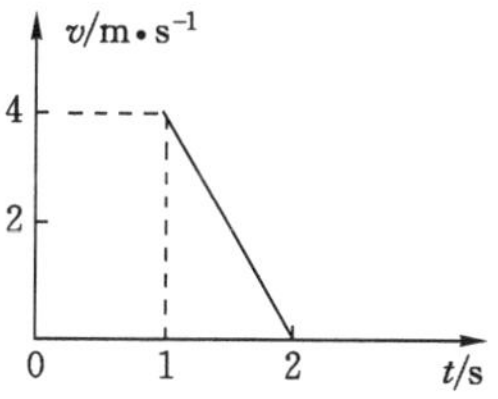

图(b)

二、命题意图

1. 试题考查知识点

本题考查了牛顿第二定律的应用、匀变速直线运动的规律、v-t图像等知识点。

2. 试题的能力要求

本题涉及的知识点都是要求较高的Ⅱ级要求：理解力——对概念的理解；推理能力——由受力情况确定运动情况，由运动情况确定受力情况；综合分析能力——受力分析、运动分析、画图分析。

3. 试题创新点

纵观往年的题型，物理压轴题多半是电学的组合场、复合场和力电综合等几类，2015年却一反常态，变成了一个纯力学题，首次将力学题用于压轴。以木板带动滑块模型为背景，突出考查了学生的推理能力、分析综合能力以及应用数学方法处理物理问题能力，是常规的物理情境、常规的分析方法，动笔容易，是容易得分的压轴题，但得满分较难。

三、学情分析

本试题以最经典、最常见的木板带动滑块模型为情境，学生很容易上手，只要分析清楚板块的运动情况和受力情况,解答此题不是难事,是近几年少见的学生容易动笔的压轴题,但是方法多、过程多,有些学生对过程分析不是很清楚,对解题公式选择不准,导致得分不是很理想。

学生解题障碍分析:

(1) 研究对象不单一,研究对象有两个——小物块和木板;

(2) 过程与情境多且复杂,共有 3 个过程;

(3) 极值问题分析不清,木板的最小长度与物体各自运动的位移有关;

(4) 数学运算能力不够,会列方程,不会算数。

四、解题过程及方法

1. 审题分析

(1) 本题关键词语:粗糙;碰撞前后木板速度大小不变,方向相反;小物块的 v-t 图像;运动过程中小物块始终未离开木板。

(2) 本题已知条件:木板右端距离墙壁的距离 $s_0=4.5$ m;碰撞后小物块的 v-t 图像及 $t=1$ s 时速度 $v_1=4$ m/s;木板质量 M,小物块质量 m,$M=15m$。

(3) 隐含条件:碰撞后木板速度 $v_1=4$ m/s,方向水平向左;最终小物块随木板一起匀减速运动,最终两者末速度 $v=0$;木板的最小长度即从碰撞后到相对静止两物体的位移大小之和。

2. 解题分析

(1) 确定研究对象:小物块和木板。

(2) 确定物理过程(见下图):共有 3 个过程,第一个过程为整体向右做匀减速运动;第二个过程为碰撞后小物块向右匀减速,速度变为零后向左匀加速,木板一直向左减速,直至两者速度相等;第三个过程为整体向左匀减速,直至静止。

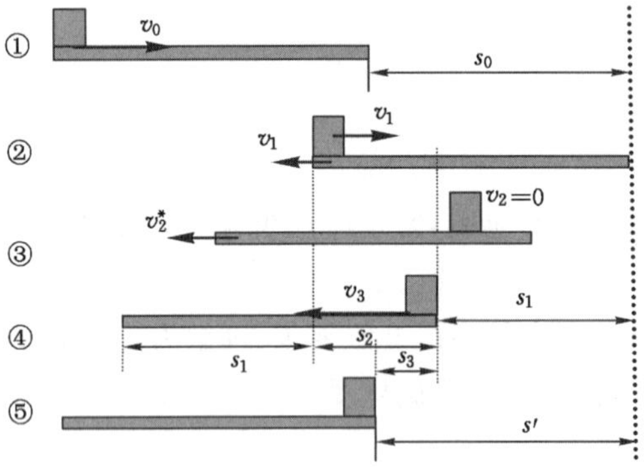

(3) 解题过程如下:

解法一:牛顿运动定律和运动学相结合。

① 第一问的解题思路:分两个过程。

木板与墙壁碰撞前,小物块和木板一起向右做匀减速运动。设整体加速度大小为 a_1,小物块和木板的质量分别为 m 和 M。由牛顿第二定律有 $\mu_1(m+M)g=(m+M)a_1$。

由图知,木板与墙壁碰撞前瞬间的速度 $v_1=4$ m/s,由运动学可得 $v_1=v_0-a_1t_1$,$s_0=v_0t-\dfrac{a_1t_1^2}{2}$。或采用逆向思维 $s_0=v_1t_1+\dfrac{a_1t_1^2}{2}$。

代入数据解得 $\mu_1=0.1$。

学生解题难点:木板与小物块可看成整体,两者具有相同的加速度;运动学公式的选择。

木板与墙壁碰撞后,小物块以 $v_1=4$ m/s 的初速度向右做匀减速运动。由 v-t 图可知小物块的加速度大小 $a_2=4$ m/s^2,由牛顿第二定律有 $\mu_2 mg=ma_2$,得 $\mu_2=0.4$。

学生解题要点:学生必须会隔离分析小物块的受力及运动情况,并会使用 v-t 图像。

② 第二问的解题思路:小物块先减速后反向加速,木板一直向左减速。

碰撞后木板向左做匀减速运动,木板加速度大小为 a_3,对木板由牛顿第二定律得

$$\mu_2 mg+\mu_1(m+M)g=Ma_3$$

而小物块以 $a_2=4$ m/s^2 向右做匀减速运动,速度减小为 0 后反向向左加速直至与木板共速 v_3。规定向左为正方向,设此过程经历时间为 Δt,则有:对木板 $v_3=v_1-a_3\Delta t$,对小物块 $v_3=-v_1+a_2\Delta t$,求得 $\Delta t=1.5$ s,$v_3=2$ m/s。

碰撞后至木板和小物块刚好达到共同速度的过程中,木板运动的位移大小 $s_1=\dfrac{(v_1+v_3)\Delta t}{2}$,小物块运动的位移大小 $s_2=\dfrac{(v_1-v_3)\Delta t}{2}$。

画出运动示意图,得出小物块相对木板的位移 $s=s_1+s_2=6.0$ m。

因为运动过程中小物块没有脱离木板,所以木板的最小长度为 6.0 m。

学生解题难点:碰撞后两物体受力分析及各物体的运动情况;选择正确的合适的公式求两者的位移;小物块的位移 s_2,可用整体匀变速直线运动求解;小物块与木板的相对位移就是木板的最小长度。

③ 第三问的解题思路:木板右端离墙壁的距离有两部分,一是木板和小物块相互作用,有相对运动时木板向左运动的距离 s_1,二是整体向左匀减速直至静止的位移 s_3,总距离 $s'=s_1+s_3$。

小物块和木板具有共同速度后,两者向左做匀变速运动直至停止,设加速度大小为 a_4,此过程中小物块和木板运动的位移为 s_3。由牛顿第二定律及运动学公式得

$$\mu_1(m+M)g=(m+M)a_4,\quad v_3^2=2a_4 s_3$$

碰撞后木板运动的位移 $s'=s_1+s_3$,代入数据得木板右端离墙壁的最终距离为 6.5 m。

学生解题难点:如何找出木板的总位移关系。

解法二:牛顿运动定律与 v-t 图像相结合。

结合解法一分析过程,画出小物块和木板从 $t=1$ s 碰撞后至最终静止的 v-t 图像(图 1)。

图 2:阴影部分为小物块与木板的相对位移,即木板的最小长度。

图 3:阴影部分为木板右端离墙壁的最终距离。

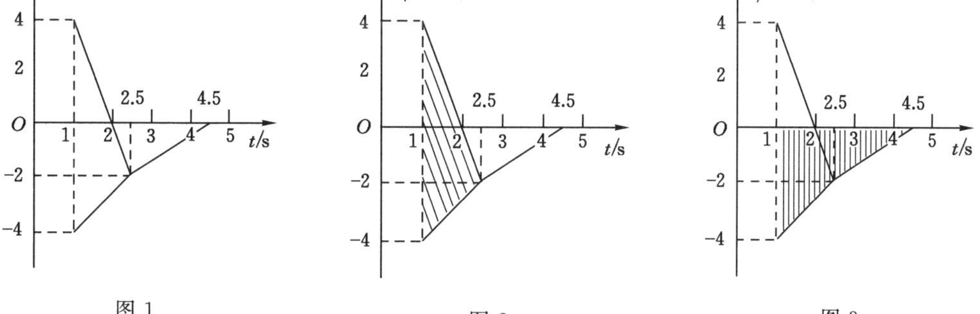

图 1　　图 2　　图 3

学生解题难点:小物块、木板的 v-t 图像不易画出。

(4) 解题规律如下:

① 从物理情境中确定研究对象。

② 对各个物体进行受力分析,整体法和隔离法交叉应用,从而判断各物体运动情况。

③ 按各自运动的发展过程逐一分析,画出运动过程示意图,找出两物体相对运动的几何关系。

④ 善于挖掘隐含条件和临界条件,找出与之相适应的关系进行表达,通过数学方法的演算得出物理结果。

(5) 设计意图:本题一题多解,可从牛顿运动定律、v-t 图像等多个角度分析问题。可让学生从不同角度认识板块模型,加深学生对板块模型的认识,也为学生提供了更多的解决问题的思路和方法。

五、试题改编

一长木板置于光滑水平地面上,木板左端放置一小物块,在木板右方有一墙壁,木板右端与墙壁的距离为 4.0 m,如图(c)所示。$t=0$ 时刻开始,小物块与木板一起以共同速度向右运动,直至 $t=1$ s 时木板与墙壁碰撞(碰撞时间极短)。碰撞前后木板速度大小不变,方向相反;运动过程中小物块始终未离开木板。已知碰撞后 1 s 时间内小物块的图线如图(d)所示。木板的质量是小物块质量的 15 倍,重力加速度大小 g 取 10 m/s^2。求:

(1) 小物块与木板间的动摩擦因数;

(2) 木板的最小长度;

(3) 碰撞后木板与物块速度相同时,木板右端离墙壁的距离。

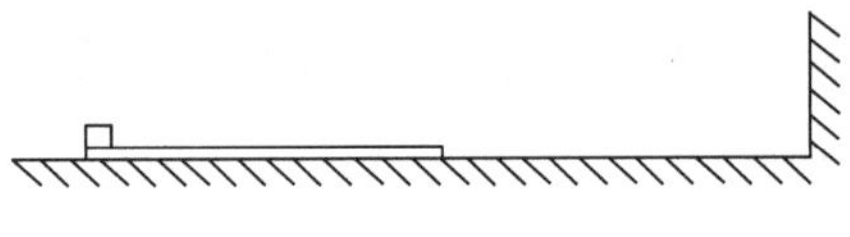

图(c)

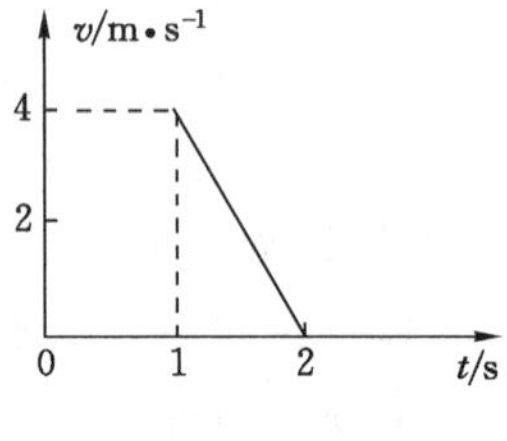

图(d)

设计意图:试题改编中把原题的"粗糙"改成"光滑",思路和方法与原题一样,让学生再次熟悉板块模型,但降低了试题的难度。

六、命题趋势

在近年的高考中对各类运动的整合度有所加强,如匀速直线运动和匀变速直线运动之间整合,平抛运动与圆周运动、平抛运动与直线运动整合等。高考计算题由考查单一物体的多过程问题向多物体的多过程问题变化,而板块模型一般是匀速直线运动、匀变速直线运动等直线运动的组合。

板块模型会涉及静摩擦力、滑动摩擦力的转化、方向判断等静力学知识,还涉及牛顿运动定律、动能定理、动量定理等方面的知识。板块模型是多物体的多过程问题,是经典、基本的模型之一。它突出考查推理能力、分析综合能力以及应用数学方法处理物理问题能力,凸显物理课程中重在对物理状态、物理过程和物理情境分析的特征。

七、小结

板块模型应用到的知识面较为广泛，与运动学、受力分析、动力学、功与能等有着密切联系，而且往往涉及临界极值问题，是教学的一大难点。板块问题能够较好地考查学生对知识的掌握程度和学生对问题的综合分析能力，是增强试卷区分度的有力题目。因此，板块问题不论在平时的大小模考中，还是在高考试卷中都占据着非常重要的地位。在备考的过程中，考生只要掌握足够的重点物理模型、物理解题常见的技巧与方法，就可以举一反三，不用实行题海战术也能得到理想的分数。

（永年区第一中学　崔丽亚）

高中物理教师现场“说题”比赛案例5

一、原题呈现

2016年新课标全国Ⅰ卷理综第25题：

如图，一轻弹簧原长为$2R$，其一端固定在倾角为37°的固定直轨道AC的底端A处，另一端位于直轨道上B处，弹簧处于自然状态。直轨道与一半径为$\frac{5}{6}R$的光滑圆弧轨道相切于C点，$AC=7R$，A、B、C、D均在同一竖直面内。质量为m的小物块P自C点由静止开始下滑，最低到达E点(未画出)，随后P沿轨道被弹回，最高到达F点，$AF=4R$。已知P与直轨道间的动摩擦因数$\mu=\frac{1}{4}$，重力加速度大小为g。(取$\sin 37°=\frac{3}{5}$，$\cos 37°=\frac{4}{5}$)

(1) 求P第一次运动到B点时速度的大小。

(2) 求P运动到E点时弹簧的弹性势能。

(3) 改变物块P的质量，将P推至E点，从静止开始释放。已知P自圆弧轨道的最高点D处水平飞出后，恰好通过G点。G点在C点左下方，与C点水平相距$\frac{7}{2}R$、竖直相距R，求P运动到D点时速度的大小和改变后P的质量。

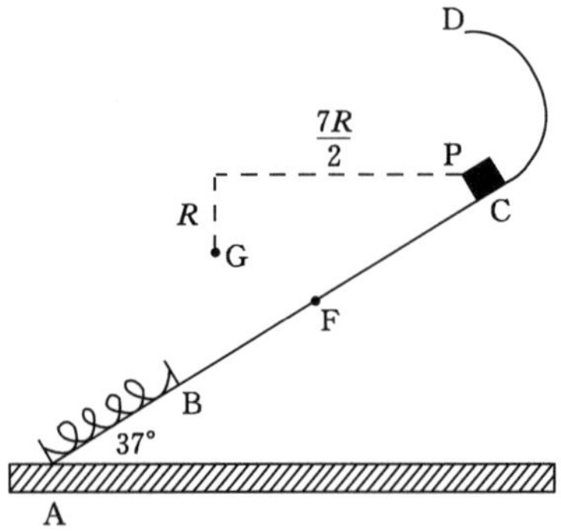

二、命题意图

(1) 该题把物体的多个运动过程综合在一起进行考查，涉及两个物体(物体后来质量发生变化，质量变化前和变化后属于两个物体)的多个匀变速直线运动、变速运动、圆周运动、平抛运动。

(2) 该题涉及考点都是要求较高的Ⅱ级要求，即对所学知识要理解其含义及与其他知识的联系，能够进行叙述和解释，并能在实际问题的分析、推理和判断等过程中运用。

三、学情分析

(1) 分析学生的知识、思维水平，以及在此基础上的解题程序。

(2) 分析学生解题过程中的障碍(难点)或可能出现的错误。

高考物理第25题通常综合性强,难度大,对数学运算要求高。不论是教师还是学生,对第25题都有畏惧心理。教师必须帮助学生克服这种心理。

四、解题过程及方法

1. 审题分析

要引导学生分析、理解题意,找到解题的切入点。

(1) 确定试题类型:从图中可以看出,本题是单物体在有弹簧的斜面上的运动。

(2) 细节问题:斜面倾角是多少?有无摩擦?涉及弹簧势能吗?最后那个光滑曲面能出去吗?有了这些疑问,再去读题就目标明确了。

2. 解题分析

(1) 该题所涉及的物理知识主要是动能定理,从参考答案中可以看出,动能定理用了5次,解决机械能守恒问题也可用动能定理。平抛运动公式用了1次,利用水平位移竖直位移求平抛的初速度。

(2) 该题所使用的物理思想和方法主要就是逐个过程分析。

【参考答案】

(1) 根据题意知,B、C之间的距离 $l=7R-2R$。 ①

设P到达B点时的速度为 v_B,由动能定理得 $mgl\sin\theta-\mu mgl\cos\theta=\frac{1}{2}mv_B^2$。 ②

式中 $\theta=37°$,联立①②式并由题中条件得 $v_B=2\sqrt{gR}$。 ③

(2) 设 $BE=x$。P到达E点时速度为零,设此时弹簧的弹性势能为 E_p。P由B点运动到E点的过程中,由动能定理有 $mgx\sin\theta-\mu mgx\cos\theta-E_p=0-\frac{1}{2}mv_B^2$。 ④

E、F之间的距离 $l_1=4R-2R+x$。 ⑤

P到达E点后反弹,从E点到F点的过程,由动能定理有 $E_p-mgl_1\sin\theta-\mu mgl_1\cos\theta=0$。 ⑥

联立③④⑤⑥式并由题中条件得 $x=R$。 ⑦

$$E_p=\frac{12}{5}mgR \quad ⑧$$

(3) 设改变后 P 的质量为 m_1。D点与G点的水平距离 x_1 和竖直距离 y_1 分别为

$$x_1=\frac{7}{2}R-\frac{5}{6}R\sin\theta \quad ⑨$$

$$y_1=R+\frac{5}{6}R+\frac{5}{6}R\cos\theta \quad ⑩$$

式中,已应用了过C点的圆轨道半径与竖直方向夹角仍为 θ 的事实。

设P在D点的速度为 v_D,由D点运动到G点的时间为 t。由平抛运动公式有

$$y_1=\frac{1}{2}gt^2 \quad ⑪$$

$$x_1=v_Dt \quad ⑫$$

联立⑨⑩⑪⑫式得 $v_D=\frac{3}{5}\sqrt{5gR}$。 ⑬

设 P 在 C 点速度的大小为 v_C。在 P 由 C 运动到 D 的过程中机械能守恒，有

$$\frac{1}{2}m_1 v_C^2=\frac{1}{2}m_1 v_D^2+m_1 g\left(\frac{5}{6}R+\frac{5}{6}R\cos\theta\right) \quad ⑭$$

P 由 E 点运动到 C 点的过程中，同理，由动能定理有

$$E_p-m_1 g(x+5R)\sin\theta-\mu m_1 g(x+5R)\cos\theta=\frac{1}{2}m_1 v_C^2 \quad ⑮$$

联立⑦⑧⑬⑭⑮式得 $m_1=\frac{1}{3}m$。 ⑯

3. 功能分析

题目突出了对物理观念、科学思维等物理能力的综合考查，包含了受力分析、牛顿运动定律、平抛运动、竖直面圆周运动、能量守恒定律等知识点的考查，计算量较大，对同学们经典力学体系的知识逻辑有着较高的要求。

物理计算题历来是区分度较高的题目，压轴题作为物理高考命题的风向标，最能体现物理高考的命题思想，最直接体现高考的选拔与甄别功能，对高中物理教学有着巨大的导向作用。从近十年的高考试题统计看，教材选修 3-1 中的模块是高考压轴题的焦点。2015 年第 25 题以经典、常见的木板带动滑块模型，综合考查牛顿运动定律、匀变速直线运动规律、速度-时间图像等力学核心内容。2016 年以斜面弹簧结合抛体运动为模型，考查了动能定理、弹性势能、功能关系、平抛运动、圆周运动等能量综合问题。连续两年的命题反映了命题方向的变化，值得我们反思并高度重视。在力学知识中更易突出考查推理能力、分析综合能力以及运用数学方法处理物理问题的能力，凸显物理课程中重在对物理状态、物理过程和物理情境分析的特征。

在教学中要重视概念、规律、方法的教学和学生思维能力、物理素养的培养，有效提高学生的解题能力。

（磁县第一中学　董荣荣）

高中物理教师现场“说题”比赛案例6

一、原题呈现

下面的题目是改编题目：

如图(a)所示，一物块在 $t=0$ 时刻滑上一固定斜面，其运动的 v-t 图线如图(b)所示。若重力加速度及图中的 v_0、v_1、t_1 均为已知量，求：

(1) 斜面倾角的正弦值；

(2) 物块与斜面间的动摩擦因数；

(3) 物块沿斜面向上滑行的最大高度。

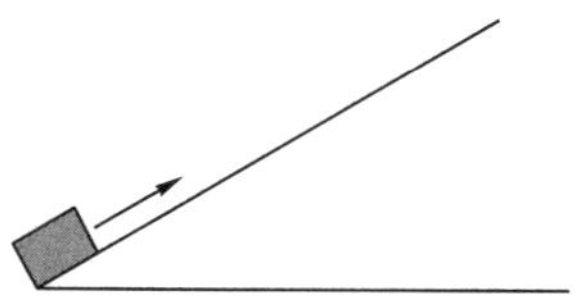

图(a)

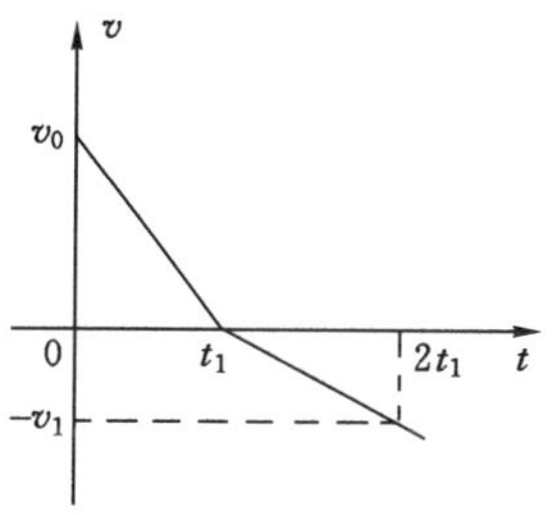

图(b)

二、命题意图

(1) 本题考查了质点的直线运动和相互作用与牛顿运动定律两部分知识。

(2) 题目要求对所考查知识知道其内容及含义，并能在解决有关问题中识别和直接使用，与课程标准中“了解”和“认识”相当。

(3) 对所列知识要理解其确切含义及与其他知识的联系，能够进行叙述和解释，并能在解决实际问题的分析、综合、推理和判断等过程中运用，与课程标准中“理解”和“应用”相当。

三、学情分析

(1) 学生对本题涉及的知识应能够很好地掌握。高中物理要求从形象思维向抽象思维过渡，由于学生解决问题时抽象思维往往滞后于形象思维，所以解题过程中会产生一定的分析障碍。

(2) 力学中，较难的习题大多包括两个或多个物理过程，学生要根据研究对象，对不同的物理过程进行分析。在这些过程中，摩擦力方向的判别尤为重要，这也是学生经常出现错误的知识点之一。

(3) 物理图像是一种内涵丰富、形象直观的物理语言，又是一种简洁明了的解题载体。学生应能够用物理语言说出图像描述的情境、提炼图像提供的信息。但由于学生思维水平和认知水平的限制，他们处理、转换图像信息时会有一定的困难。

(4) 部分学生不善于运用数学知识解决物理问题。

四、解题过程及方法

1. 审题分析

(1) 本题中显性条件为:重力加速度 g 和 v_0、v_1、t_1 均为已知量。隐含条件为:"t_1 时刻物块的速度为零,说明已达到最高点""$t_1 \sim 2t_1$ 时间内,物块为反向运动"。

(2) 本题考查了学生用物理语言描述图像、挖掘隐含条件、受力分析、运动情况分析、应用数学方法解决物理问题等的能力;同时考查了逆向思维的物理方法。

2. 解题分析

(1) 当物体沿斜面向上运动时,设物体的加速度大小为 a_1。

由牛顿第二定律有 $mg\sin\theta + \mu mg\cos\theta = ma_1$。 ①

由运动学公式有 $a_1 t_1 = v_0$。 ②

由①②有 $g\sin\theta + \mu g\cos\theta = \dfrac{v_0}{t_1}$。 ③

当物体沿斜面向下运动时,设物体的加速度大小为 a_2。

由牛顿第二定律有 $mg\sin\theta - \mu mg\cos\theta = ma_2$。 ④

由运动学公式有 $a_2 t_1 = v_1$。 ⑤

由④⑤有 $g\sin\theta - \mu g\cos\theta = \dfrac{v_1}{t_1}$。 ⑥

由③+⑥有 $\sin\theta = \dfrac{v_0 + v_1}{2gt_1}$。 ⑦

(2) 由③-⑥有 $\mu = \dfrac{v_0 - v_1}{2gt_1\cos\theta}$。 ⑧

由⑦有 $\cos\theta = \dfrac{\sqrt{4g^2t_1^2 - (v_0 + v_1)^2}}{2gt_1}$。 ⑨

由⑧⑨有 $\mu = \dfrac{v_0 - v_1}{\sqrt{4g^2t_1^2 - (v_0 + v_1)^2}}$。 ⑩

(3) 在 v-t 图像中,v-t 图线与 t 轴围成的面积表示在这段时间内发生的位移大小,沿斜面向上滑行的最远距离 $s = \dfrac{v_0}{2}t_1$。 ⑪

由几何关系和⑦有,物块沿斜面向上滑行的最大高度 $s\sin\theta = \dfrac{v_0}{2}t_1 \times \dfrac{v_0 + v_1}{2gt_1} = v_0\,\dfrac{v_0 + v_1}{4g}$。 ⑫

3. 规律总结

(1) 明确研究对象。

(2) 不同的过程,受力和运动情况不同;学会转化图像所描述的信息。

(3) 根据过程列方程。

(4) 加强数学运算能力培养。

4. 深化练习理解提升

拓展训练:在沿斜面方向的拉力 F 的作用下,物体沿倾角为 θ 的斜面向上运动(向上为正方向),0～7 s 内拉力 F 和物体速度 v 随时间的变化规律如下图所示。

(1) 求物体的质量;

(2) 求斜面倾角的正弦值;

(3) 求物体与斜面之间的动摩擦因数 μ;

(4) 7 s 后撤去外力,物体将做什么运动?

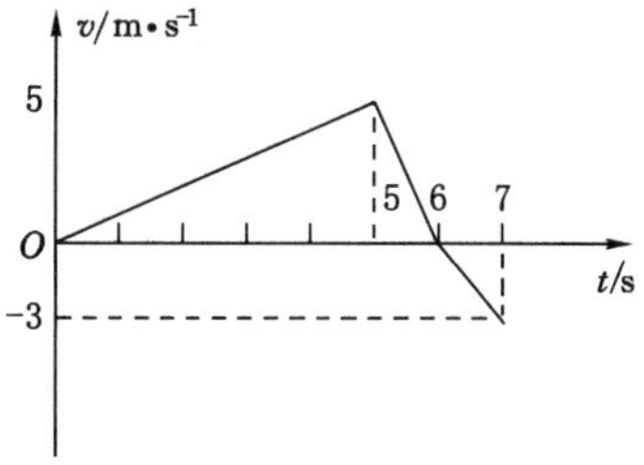

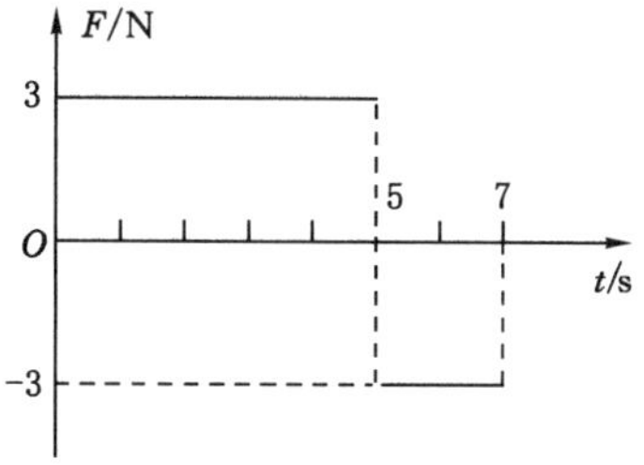

5. 功能分析

(1) 有助于培养学生提炼信息和处理、转换信息的能力。

(2) 引导学生将习题与原有的模型进行类比、外推,构建正确、恰当的新模型,并帮助学生总结、归纳。不但可以使学生加深对物理概念、规律的理解,掌握解题技巧,而且对发展学生的迁移思维和创造型思维起着积极的作用。

6. 该类问题在考试命题中的展望

考查形式:选择题和计算题。

考查内容:图像、受力分析、运动情况分析、应用数学方法解决物理问题的能力以及物理方法。

考查难度:整体难度有降低的趋势,此运动过程的设计考查面较广,对学生的综合能力要求较高。

特别注意:考试命题在多物体多过程方面的考查有增强的趋势;能力考查会在理解分析、读图以及运用数学方法解决物理问题方面体现得更为突出。

此变式训练题的详细解答如下:

规定沿斜面向上为正方向。

0～5 s,由图知物体沿斜面向上做匀加速直线运动,且 $a_1=1\ \text{m/s}^2$,$F_1=3$ N。

由牛顿第二定律有 $F_1-mg\sin\theta-\mu mg\cos\theta=ma_1$。 ⑬

5～6 s,由图知物体沿斜面向上做匀减速直线运动,且 $a_2=-5\ \text{m/s}^2$,$F_2=-3$ N。

由牛顿第二定律有 $F_2-mg\sin\theta-\mu mg\cos\theta=ma_2$。 ⑭

6～7 s,由图知物体沿斜面向下做匀加速直线运动,且 $a_3=-3\ \text{m/s}^2$,$F_3=-3$ N。

由牛顿第二定律有 $F_3-mg\sin\theta+\mu mg\cos\theta=ma_3$。 ⑮

由⑬－⑭有 $m=1$ kg。 ⑯

由⑭＋⑮和⑯有 $\sin\theta=\frac{1}{10}$。 ⑰

由⑮⑰有 $\mu=\tan\theta=\frac{\sqrt{11}}{33}$。 ⑱

7 s 后撤去 F,则有 $mg\sin\theta-\mu mg\cos\theta=0$,物体将做匀速直线运动。

(邯郸市第十中学　李晓青)

高中物理教师现场“说题”比赛案例 7

题目来源:邯郸市 2015 年高三第二次模拟考试理科综合。

如图所示,两段等长细线串接着两个质量相等的小球 a、b,悬挂于 O 点。现在两个小球上分别加上水平方向的外力,其中作用在 b 球上的力大小为 F、作用在 a 球上的力大小为 $2F$,则此装置平衡时的位置可能是下列哪幅图?(　　)

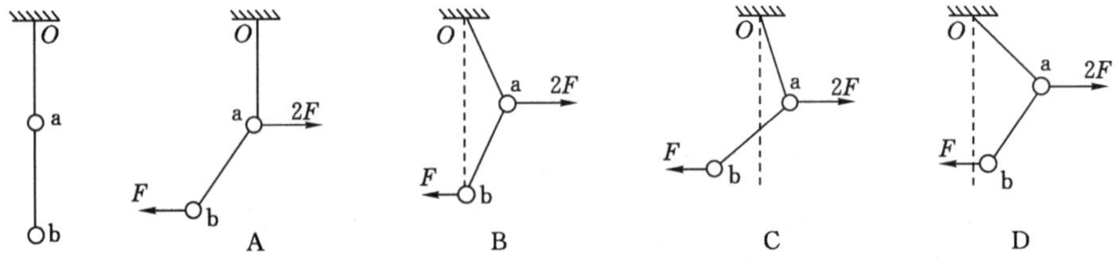

一、品味高考

本题考查学生的理解能力、推理能力和分析综合能力。本题的创新点是 a、b 两个小球所受水平力的大小不同。

二、认知分析

本题考查学生构建物理模型、整体法和隔离法的灵活运用、受力分析和物体平衡条件的综合应用等思维技能和物理方法、思维方法和思维策略。本题解题过程中的难点是“Oa 与竖直方向的夹角和 ab 与竖直方向的夹角大小”的比较,也是学生易错点。

三、说题过程

1. 审题引导

通过审题可以确定是物体平衡问题,先让学生仔细观察四个答案的区别,引导学生以判断“Oa 与竖直方向的夹角和 ab 与竖直方向的夹角大小”为解决问题的切入点和突破口。

2. 解题策略

解题策略是整体法和隔离法及物体平衡条件综合应用。

首先用整体法,以 a、b 两小球整体为研究对象,确定 Oa 与竖直方向的夹角 α,如图 1 所示,该图可等效为图 2,由物体平衡条件可知:$F=2mg\tan\alpha$。

再用隔离法,以 a 小球为研究对象,确定 ab 与竖直方向的夹角 β,如图 3 所示,由物体平衡条件可知:$F=mg\tan\beta$。

由此判断 $\alpha<\beta$,故选 C。

注:案例 7～14 为 2017 年案例。

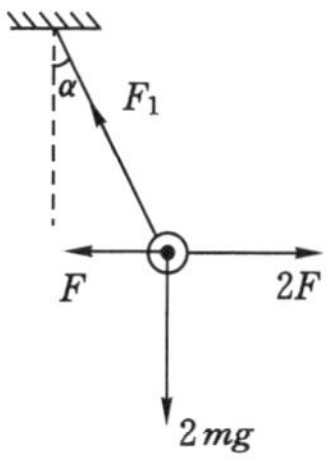

图 1

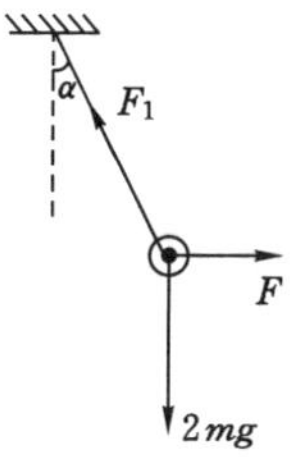

图 2

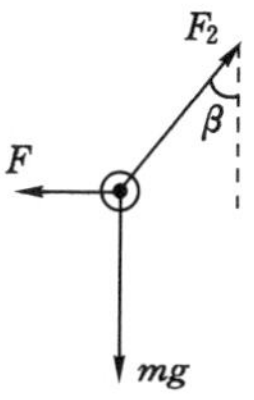

图 3

3. 追本溯源

受力分析、物体平衡条件、整体法和隔离法等基础知识和基本方法都是教材所要求掌握的,本题的原型可以认为是人教版(必修一)第 89 页“问题与练习”第 1 小题。

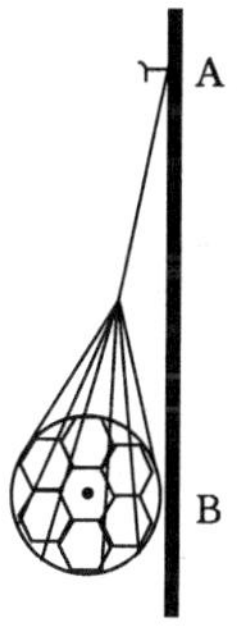

附教材原题:在光滑的墙壁上用网兜把足球挂在 A 点,足球与墙壁的接触点为 B。足球的质量为 m,悬绳与墙壁的夹角为 α,网兜质量不计。求悬绳对球的拉力和墙壁对球的支持力。

4. 价值拓展

变式 1:在两个小球上分别加上水平方向的外力,其中作用在 a 球上的力大小为 F,作用在 b 球上的力大小为 $2F$,装置平衡时的位置可能是哪个图?(图 4)

变式 2:其他条件不变,改变两个小球的质量,装置平衡时的位置可能是哪个图?(图 5)

变式 3:在两个小球上分别加上与水平方向成 θ 角的外力,大小都为 F,装置平衡时的位置可能是哪个图?(图 6 和图 7)

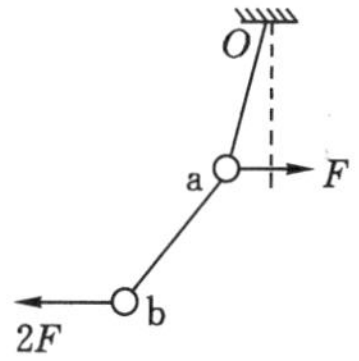

图 4

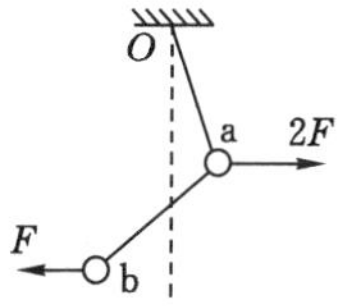

图 5

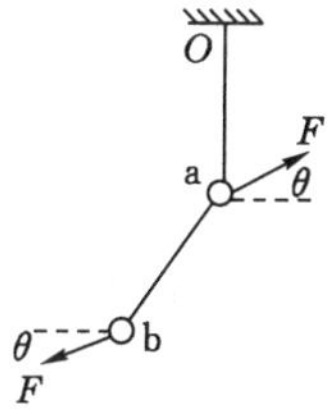

图 6

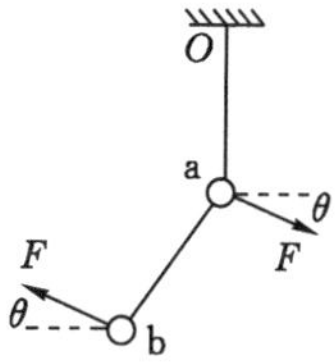

图 7

变式 4:如图 8 所示,两段等长细线串接着两个质量相等的小球 a、b,且 a、b 球带等量异种电荷,悬挂于 O 点。现在将两个小球置于水平向右的匀强电场中,则此装置平衡时的位置可能是哪个图(图 9)?如果两小球带不等量异种电荷呢?

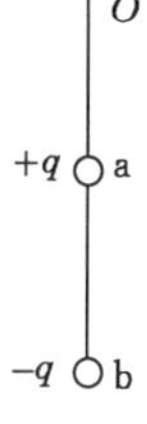

图 8

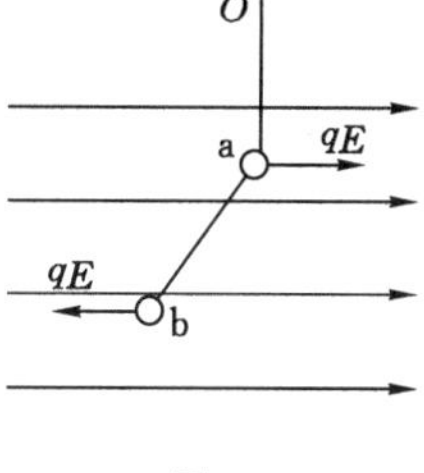

图 9

(邛县第一中学　耿尚超)

高中物理教师现场“说题”比赛案例8

题目来源:邯郸市2015年高三第一次模拟考试物理试题。

已知一足够长的传送带倾角为θ,以一定的速度匀速传动。某时刻在传送带适当的位置放上具有一定初速度的物块,如图(a)所示,以此时为$t=0$时刻,记录小物块之后在传送带上运动速度随时间的变化关系,如图(b)所示(图中取沿斜面向上的运动方向为正方向,其中两坐标大小$|v_1|>v_2$)。已知传送带的速度保持不变,下列判断正确的是(　　)。

A. $0\sim t_1$内,物块对传送带做正功

B. 物块与传送带间的动摩擦因数μ小于$\tan\theta$

C. $0\sim t_2$内,合力对物块做功为$\frac{1}{2}mv_2^2-\frac{1}{2}mv_1^2$

D. 系统产生的热量大小一定比物块动能的减少量大

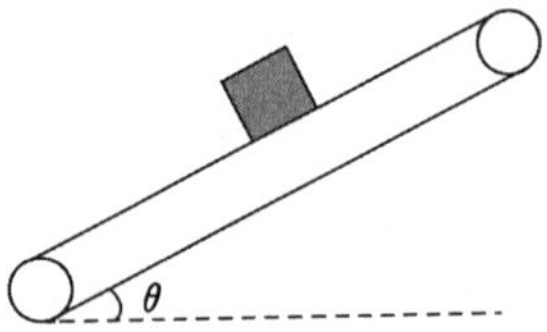

图(a)

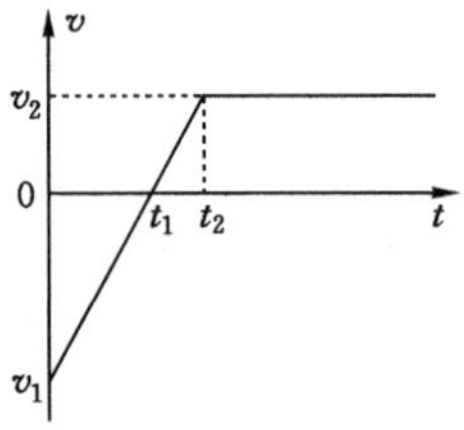

图(b)

一、品味高考

(1)本题主要考查学生对多过程问题的理解与分析,对学生的理解能力、推理能力、分析综合能力、运用数学方法解决物理问题的能力都有一定要求。

(2)创新点:① 物块放到传送带上时具有初速度且传送带速度方向未知;② 物块的运动情况需全部从图像中读出。

二、认知分析

1. “四基”要求

(1)基础知识:求功公式、牛顿第二定律、动能定理、摩擦生热公式。

(2)基本技能:正确地进行受力分析和运动分析、运用牛顿第二定律列方程、用动能定理解决问题、用摩擦生热公式$Q=f\cdot s_{相对}$解决问题、由图像读出相关信息。

(3)基本思想:通过程序法分析多过程问题。

(4)基本活动经历:① 对物块与传送带模型的了解;② 对数学图像的处理。

2. 难点和易错点

(1)传送带初速度方向未知有一定难度。

(2)物块具有多个物理过程有难度。

(3) 物块运动状态全需由图像读出,构成较大难度。

(4) 计算系统产生的热量运算量较大,学生容易出错。

三、说题过程

1. 审题引导

注意题目中关于正方向的规定。由图像分析知物块 $0\sim t_1$ 时间内沿斜面向下运动速度减为 0,$t_1\sim t_2$ 时间内沿斜面向上做匀加速直线运动,t_2 时刻以后物块做匀速直线运动。

2. 解题策略

(1) 对选项 A,由图像知 $t_1\sim t_2$ 时间内物块沿斜面向上加速,说明传送带沿斜面向上运动,$0\sim t_1$ 时间内物块沿斜面向下运动,物块对传送带摩擦力方向向下,由求功公式 $W=Fx\cos\theta$ 得物块对传送带做负功,故 A 错。

(2) 对选项 B,由图像知 $t_1\sim t_2$ 时间内物块沿斜面向上加速,由牛顿第二定律列方程有 $\mu mg\cos\theta-mg\sin\theta=ma$,知 $\mu mg\cos\theta>mg\sin\theta$,得 $\mu>\tan\theta$,故 B 错。

(3) 对选项 C,$0\sim t_2$ 时间内,由动能定理得 $W_{合}=\frac{1}{2}mv_2^2-\frac{1}{2}mv_1^2$,故 C 对。

(4) 对选项 D,先分析 $0\sim t_1$ 时间内,对物块设 $0\sim t_1$ 时间内位移为 x_1,方向沿斜面向下,$0\sim t_1$ 时间内传送带位移为 x_2,沿斜面向上,则

$$s_{相1}=x_1+x_2 \quad ①$$

有

$$Q_1=\mu mg\cos\theta(x_1+x_2) \quad ②$$

此过程中对物块由动能定理得 $-\mu mg\cos\theta\cdot x_1+mg\sin\theta\cdot x_1=0-\frac{1}{2}mv_1^2$。 ③

再分析 $t_1\sim t_2$ 时间内,对物块设 $t_1\sim t_2$ 时间内位移为 x_3,方向沿斜面向上,$t_1\sim t_2$ 时间内传送带位移为 x_4,沿斜面向上,则

$$s_{相2}=x_4-x_3 \quad ④$$

有

$$Q_2=\mu mg\cos\theta(x_4-x_3) \quad ⑤$$

此过程中对物块,由动能定理得 $\mu mg\cos\theta\cdot x_3-mg\sin\theta\cdot x_3=\frac{1}{2}mv_2^2$。 ⑥

全过程系统产生的热量 $Q=Q_1+Q_2=\mu mg\cos\theta(x_1-x_3+x_2+x_4)$。 ⑦

由③⑥得动能减少量 $E_{k减}=\frac{1}{2}mv_1^2-\frac{1}{2}mv_2^2=(\mu mg\cos\theta-mg\sin\theta)(x_1-x_3)$。 ⑧

由⑦⑧知 $Q>E_{k减}$,故 D 对。

3. 追本溯源

学生常见的传送带问题为传送带运动方向已知且物块初速度为 0 的情况,一般分为匀加速和匀速两个阶段,均可涉及动力学和能量问题。

4. 价值拓展

可让学生计算由于放上物块而让带动传送带运动的电动机多消耗的电能,如下题。

如下图所示,绷紧的传送带在电动机的带动下,始终保持 $v_0=2$ m/s 的速度匀速运行,传送带与水平面成 30°夹角。现在把一质量 $m=10$ kg 的工件轻轻地放在传送带底端,经过

一段时间后,工件被送到高 $h=2$ m 的平台上,已知工件与传送带间的动摩擦因数 $\mu=\cos 30°$,$g=10\ \mathrm{m/s^2}$,求在传送工件的过程中,电动机消耗的电能。

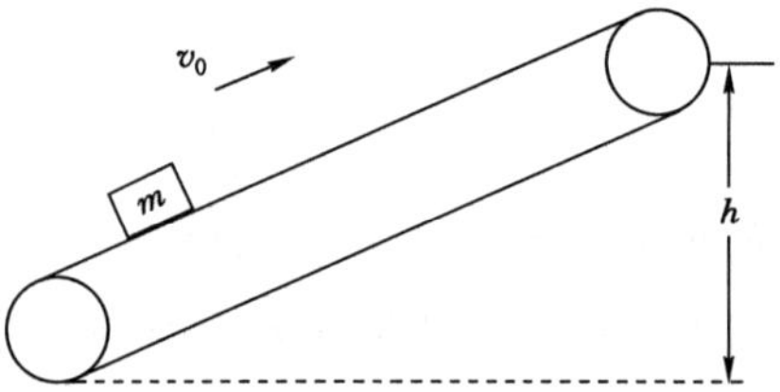

(邯郸市第一中学　席　伟)

高中物理教师现场“说题”比赛案例 9

题目来源:2013 年普通高等学校招生全国统一考试(新课标Ⅰ卷,第 21 题)。

2012 年 11 月,“歼 15”舰载机在辽宁号航空母舰上着舰成功。图(a)为利用阻拦系统让舰载机在飞行甲板上快速停止的原理示意图。飞机着舰并成功钩住阻拦索后,飞机的动力系统立即关闭,阻拦系统通过阻拦索对飞机施加一作用力,使飞机在甲板上短距离滑行后停止。某次降落,以飞机着舰为计时零点,飞机在 $t=0.4$ s 时恰好钩住阻拦索中间位置,其着舰到停止的速度-时间图线如图(b)所示。假如无阻拦索,飞机从着舰到停止需要的滑行距离约为 1 000 m。已知航母始终静止,重力加速度的大小为 g,则(　　)。

A. 从着舰到停止,飞机在甲板上滑行的距离约为无阻拦索时的 $\frac{1}{10}$

B. 在 0.4～2.5 s 时间内,阻拦索的张力几乎不随时间变化

C. 在 2.5～3.0 s 时间内,飞机所受合外力逐渐减小

D. 在 0.4～2.5 s 时间内,阻拦系统对飞机做功的功率几乎不变

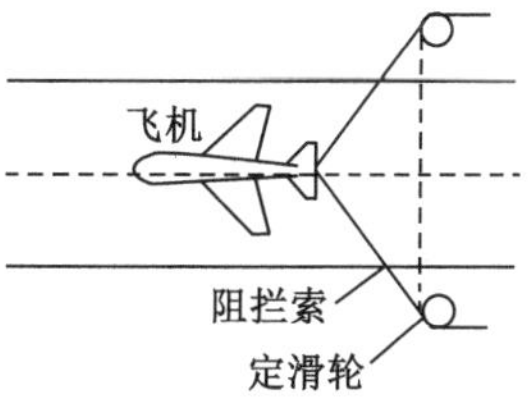

图(a)

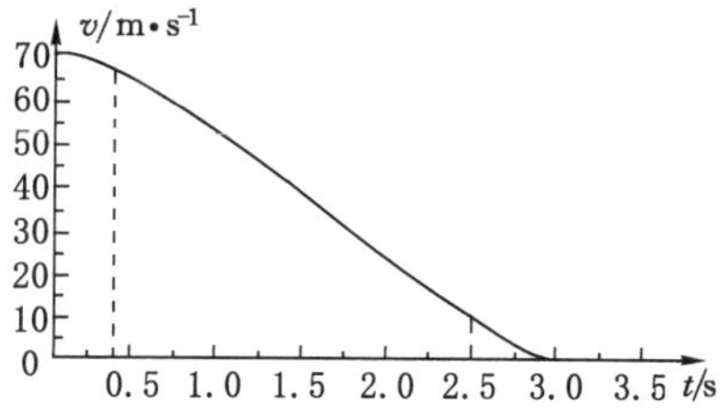

图(b)

一、品味高考

(1) 该题对五种能力的考查:本题紧密联系着我国自行研制的“歼 15”舰载机在辽宁号航空母舰上着舰成功的事实,综合考查考生依据速度-时间图像得到运动的位移、加速度的估算能力,对牛顿第二定律的理解应用能力以及按照力的合成,功率、力和速度的关系等定性判断的能力。本题体现了高考对学生的理解能力、推理能力、分析综合能力的考查。难度系数 0.26,属于较难的试题。

(2) 试题的创新点:该题以我国首艘航母上舰载机降落为背景命题,反映了当代科学技术发展的重要成果,给广大考生以极大的激励。

二、认知分析

1. “四基”要求

(1) 基础知识:牛顿第二定律,匀变速直线运动的位移与时间的关系,瞬时功率。

(2) 基本技能:推理能力,估算能力,数学运算能力。

(3) 基本思想:图像法。

(4) 基本活动经历:将实际生活现象抽象成物理模型,运用物理知识结合数学运算解决问题。

2. 学生解题过程中可能存在的问题

存在的问题主要包括不理解 v-t 图像的物理意义,不能从图像上读取有用的物理信息;对合力与分力之间变化关系掌握不够;不能正确应用公式 $P=Fv$ 分析瞬时功率的变化。

三、说题过程

1. 审题引导

确定研究对象,分析飞机受力特征。由 v-t 图像分析飞机运动情况可知,在 0.4～2.5 s 时间内飞机做匀减速运动,进而可求出加速度。由于飞机做匀减速运动,由牛顿第二定律可知飞机所受合力不变,由力的合成和分解知识可知随阻拦索两绳夹角的变化两分力在逐渐变小。由 v-t 图线与坐标轴所围成的面积可近似求出飞机整个运动过程的位移并可与无阻拦索时比较。由瞬时功率公式 $P=Fv$ 结合 v-t 图像可知 v 随时间延长变小而力 F 不变,故功率改变。

2. 解题过程

由图像可知,从着舰到停止,飞机在甲板上滑行的距离即图像中速度和时间与坐标轴所围成的面积,约为$\frac{70\times3}{2}=105$ (m),而无阻拦索的位移为 1 000 m,因此飞机在甲板上滑行的距离约为无阻拦索时的$\frac{1}{10}$,故 A 正确;在 0.4～2.5 s 时间内,速度-时间图像的斜率不变,则加速度也不变,所以合力也不变,因此阻拦索的张力的合力几乎不随时间变化,但由于阻拦索的夹角减小,故阻拦索的张力是减小的,故 B 错误,C 正确;在 0.4～2.5 s 时间内,阻拦系统对飞机做功的功率 $P=Fv$,虽然 F 不变,但 v 渐渐变小,所以功率是变化的,故 D 错误。故选 A、C。

3. 追本溯源

本题涉及教材中的力的合成和分解、牛顿第二定律、功率公式、v-t 图像。

4. 价值拓展

本题目还可以另设选项,如阻拦索上所承受的拉力变化情况;如果给出飞机质量,则可求在 0.4～2.5 s 过程中飞机克服阻力做的功的近似值。

四、思路点拨

根据速度-时间图像,图像的斜率表示加速度大小,再由牛顿第二定律确定阻拦索的拉力,注意阻拦索的张力与合力是不同的。图像中速度和时间与坐标轴所围成的面积为位移的大小。由功率 $P=Fv$ 可确定其大小如何变化。

(肥乡区第一中学　吴翠香)

高中物理教师现场“说题”比赛案例10

题目来源:邯郸市2016届高三教学质量检测考试。

如图所示,一根长为L、横截面积为S的金属棒,其材料的电阻率为ρ,棒内单位体积自由电子数为n,电子的质量为m、电荷量为e。在棒两端加上恒定的电压时,棒内产生电流,自由电子定向运动的平均速度为v,则金属棒内的电场强度大小为(　　)。

A. $\dfrac{mv^2}{2eL}$　　B. $\dfrac{nmSv^2}{e}$　　C. ρnev　　D. $\dfrac{\rho ev}{SL}$

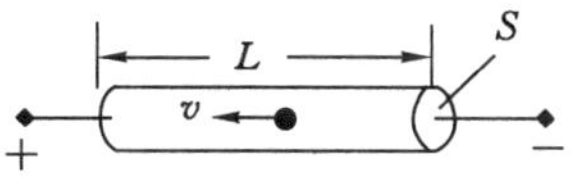

一、品味高考

1. 知识考查方向

考查方向为匀强电场中电势差和电场强度的关系、电流与电压概念 。本题主要考查了电流的微观表达式$I=nevS$,根据电阻的决定式$R=\rho\dfrac{L}{S}$求电阻,由$E=\dfrac{U}{L}$求电场强度,注意公式中的L是导体沿电场方向的距离。

2. 能力考查方向

包括理解能力:对概念的理解。推理能力:在金属棒两端加上恒定的电压时,金属棒中产生匀强电场,但自由电子并不是做匀加速直线运动,而是在无规则热运动基础上,受到静电力作用做加速运动。同时,有自由电子不断地跟正离子碰撞而使定向运动遭到破坏,然后在静电力作用下再加速,再碰撞。从大量自由电子运动的宏观效果上看,可以认为它们以平均速率v做定向运动。分析综合能力在求解电场强度时也有明显的体现。

3. 创新点

本题最大亮点是微观和宏观的结合,是对最基本公式的综合应用。

二、认知分析

1. 学生认知过程及解题障碍

从初中电学到高中选修3-1中电场和恒定电流,学生积累的知识包括部分电路欧姆定律$I=\dfrac{U}{R}$,匀强电场与电势差的关系式$E=\dfrac{U}{L}$,电流微观表达式$I=nevS$,电阻的决定式$R=\rho\dfrac{L}{S}$。学生在学习过程中,可能对公式理解不透,也可能将这几个公式联系不起来。

2. 学生理解障碍

有些学生思维能力不强,很难做到宏观与微观的结合,不敢把部分电路欧姆定律公式$I=\dfrac{U}{R}$与电流微观表达式$I=nevS$综合应用,可能对本题不知所措。

三、说题过程

1. 审题引导

引导学生把本题对应的公式展示出来，再找未知量与已知量的关系，即可建立解题的思路，学生就可以独立完成了。

2. 解题策略

顺藤摸瓜，从要求解的物理量出发，求解电场强度 $E=\dfrac{U}{L}$；L 已知，求 U；$U=IR$，从题目已知条件可以看出电流 $I=nevS$，电阻 $R=\rho\dfrac{L}{S}$，均为已知条件，联立解得 $E=\rho nev$，故 C 正确，A、B、D 错误。

3. 拓展迁移

变式试题：如下图所示，一根长为 L、横截面积为 S 的金属棒，其材料的电阻率为 ρ，棒内单位体积自由电子数为 n，电子的质量为 m、电荷量为 e。在棒两端加上恒定的电压时，金属棒内的电场强度大小为 E，则自由电子定向运动的平均速度为(　　)。

A. $\sqrt{\dfrac{2EeL}{m}}$　　B. $\sqrt{\dfrac{Ee}{nmS}}$　　C. $\dfrac{E}{\rho ne}$　　D. $\dfrac{EL}{\rho e}$

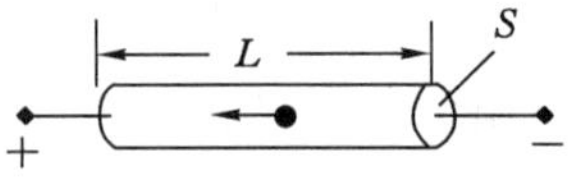

正确答案：C。

(邯郸市第四中学南校区　赵路兵)

高中物理教师现场“说题”比赛案例 11

题目来源:2014 年普通高等学校招生全国统一考试(新课标Ⅰ卷,第 20 题)。

如图所示,两个质量均为 m 的小木块 a 和 b(可视为质点)放在水平圆盘上,a 与转轴 OO' 的距离为 L,b 与转轴的距离为 $2L$。木块与圆盘的最大静摩擦力为木块所受重力的 k 倍,重力加速度大小为 g。若圆盘从静止开始绕转轴缓慢地加速转动,用 ω 表示圆盘转动的角速度,下列说法正确的是(　　)。

A. b 一定比 a 先开始滑动

B. a、b 所受的摩擦力始终相等

C. $\omega=\sqrt{\frac{kg}{2L}}$ 是 b 开始滑动的临界角速度

D. 当 $\omega=\sqrt{\frac{2kg}{3L}}$ 时,a 所受摩擦力的大小为 kmg

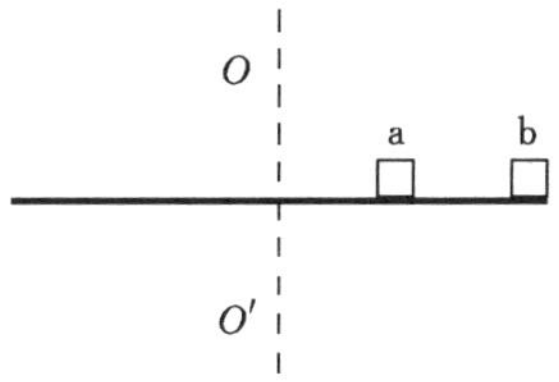

一、品味高考

圆周运动的动力学问题是历年高考热点。

二、认知分析

该题考查的主要知识点为牛顿第二定律以及圆周运动向心力。

本题的难点和易错点在于对物体在转动过程中受到摩擦力作用、动静摩擦的相互转化及最大静摩擦力的理解。

三、说题过程

1. 审题引导

由题目可知的“质量相等”“动摩擦因数相同”“圆盘由静止开始的加速圆周运动”等条件是解题的关键条件。

2. 解题策略

首先做受力分析,可知 a 与 b 随圆盘做圆周运动所需要的向心力由圆盘给它们的静摩擦力提供,在相同的角速度 ω 下,a 所需要的向心力 $F_a=m\omega^2L$,b 所需要的向心力 $F_b=m\omega^2\times2L$,即 $F_b>F_a$,故 b 先达到滑动的临界值,开始滑动,故 A 项正确。对于 B 项,在未滑动前,物体所受摩擦力始终和所需向心力相等,由 A 项分析可知,两力不相等,故 B 项错误。对于 C 项,随着角速度不断增加,所需要的摩擦力也在不断增加,当向心力达到最大静摩擦力时,将要发生滑动,b 达到滑动临界条件时有:$m\omega^2\times2L=kmg$,解得 $\omega=\sqrt{\frac{kg}{2L}}$,故 C 项正确。同理,a 达到滑动的临界条件是:$m\omega^2L=kmg$,解得 $\omega=\sqrt{\frac{kg}{L}}$。对于 D 项,当 $\omega=\sqrt{\frac{2kg}{3L}}$

时 a 没有滑动，所以有 $f=m\frac{2kg}{3L}L=\frac{2}{3}kmg<kmg$，故 D 项错误。

综上所述，本题正确答案为 A、C。

3. 追本溯源

牛顿第二定律的应用、圆周运动的动力学问题等知识点是解题关键。

4. 价值拓展

变式 1：如图 1 所示，一圆盘可以绕一个通过圆盘中心且垂直于盘面的竖直轴转动，在圆盘上放置一木块，当圆盘匀速转动时，木块随圆盘一起运动，那么(　　)。

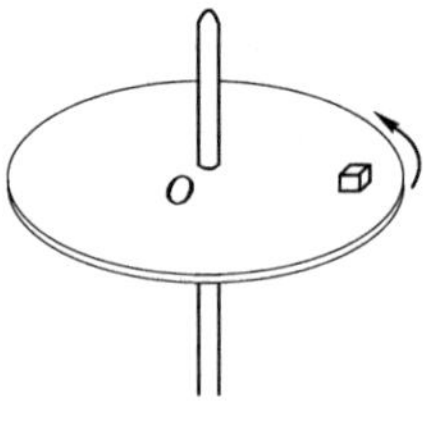

图 1

A. 木块受到圆盘对它的摩擦力，方向背离圆盘中心

B. 木块受到圆盘对它的摩擦力，方向指向圆盘中心

C. 因为木块与圆盘一起做匀速转动，所以它们之间没有摩擦力

D. 因为摩擦力总是阻碍物体运动的，所以木块受到圆盘对它的摩擦力的方向与木块运动方向相反

变式 2：如图 2 所示，小物体 A 与圆盘保持相对静止，跟着圆盘一起做匀速圆周运动，则 A 的受力情况是(　　)。

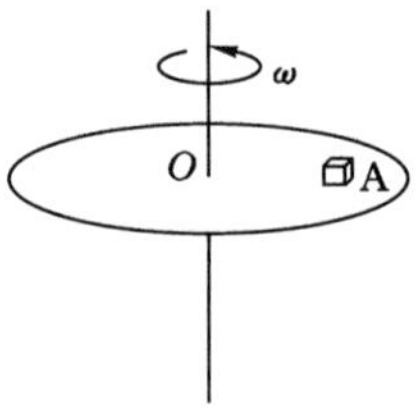

图 2

A. 受重力、支持力

B. 受重力、支持力和指向圆心的摩擦力

C. 受重力、支持力、向心力、摩擦力

D. 以上均不正确

小结：解决圆周运动的关键是理解物体所受合力和向心力的供需平衡。木块随圆盘一起转动，静摩擦力提供向心力，而所需要的向心力大小由物体的质量、半径和角速度决定。当圆盘转速增大时，提供的静摩擦力随之而增大。当需要的向心力大于最大静摩擦力时，物体开始滑动。因此是否滑动与质量无关，是由半径大小决定的。本题的关键是正确分析木块的受力，明确木块做圆周运动时，静摩擦力提供向心力，静摩擦力转变成动摩擦力的临界条件是静摩擦力达到最大，从而由牛顿第二定律分析解答。

(邯郸市第二中学　孙　辉)

高中物理教师现场“说题”比赛案例 12

题目来源:邯郸市 2014 年摸底考试物理试题。

如图所示,质量为 M、半径为 R 的半球形物体 A 放在水平地面上,通过最高点处的钉子用水平细线拉住一质量为 m、半径为 r 的光滑球 B,则(　　)。

A. A 对地面的压力大小等于 $(M+m)g$

B. A 对地面的摩擦力方向向左

C. B 对 A 的压力大小为 $\frac{R+r}{R}mg$

D. 细线对小球的拉力大小为 $\frac{r}{R}mg$

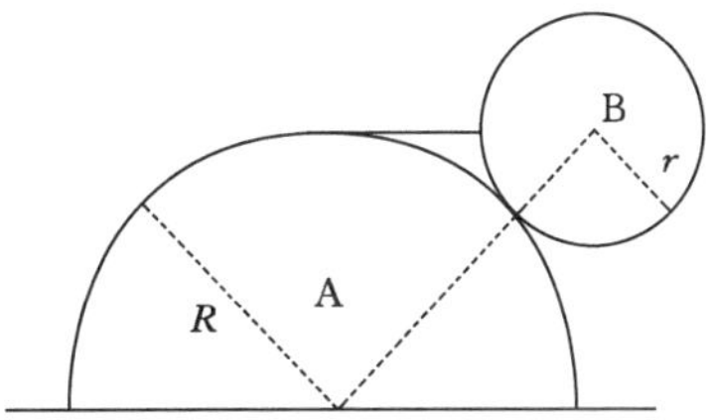

一、品味高考

受力分析是研究运动的起点,在整个高中物理中占有基石的位置,是以后分析力和运动的依据,教学过程中要给予足够的重视,也是高考必考内容。高考试卷中曾经多次单独考查受力分析,每年也必有分析力并推断运动的试题。整体法和隔离法是解决物理问题常用的分析方法,广泛应用在受力分析、动量定理、动量守恒、动能定理、机械能守恒等问题的解决上,每一个学生必须有以数学为物理服务的思想,教学过程中要多次强化。

二、认知分析

本题考查的是受力分析、力的平衡知识。来自人教版必修 1 第三章“相互作用”;方法考查的是学生必须要掌握的整体隔离法;能力考查的是学生应用数学知识解决物理问题的能力。

三、说题过程

1. 审题

题目文字表达和图像都在展示着一个静态平衡,看选项知道考查学生对各力大小的求解。

2. 解法分析

遇到两个或多个物体的情境,如果两个或多个物体相对静止,先尝试用整体法。

求两个或多个物体间作用力的再用隔离法,以其中一个物体为对象,进行受力分析、正交分解,列方程,解方程,得结果。

3. 解题

A 选项:因为 A、B 相对静止,应用整体法,把 A、B 视为一个整体,对地面压力等于总重力,所以 A 选项正确。如果是单选题,选了 A 就进行下一题了,考场上“时间就是分数”。

B 选项:把 A、B 看作一个整体,因为没有运动趋势,所以 A 与地面之间没有摩擦力,B

选项不正确。

C、D 选项：要求解 A 与 B 之间的弹力和绳子对 B 的拉力，则需要对 B 物体隔离，对 B 进行受力分析，列平衡方程，求解得结果。

以 B 物体为对象，受力分析如下图所示。

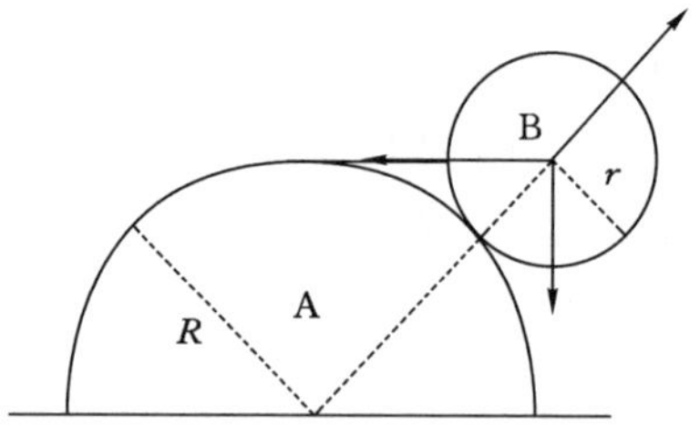

B 物体受重力 mg、A 给的支持力 F_N、绳子拉力 T，三力平衡。

下一步进行正交分解，列平衡方程，如下图所示。

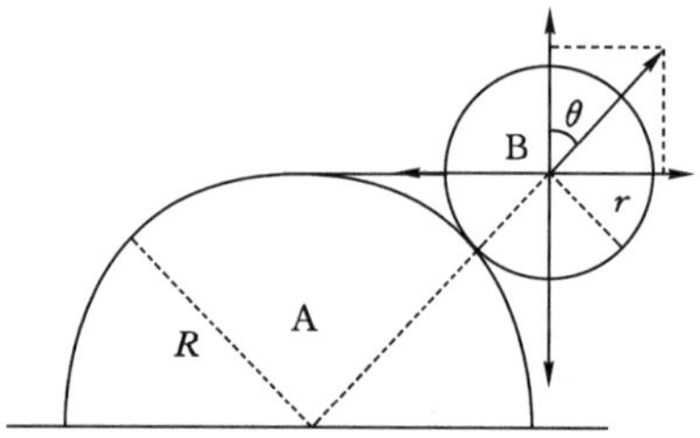

水平方向：$T=F_N\sin\theta$。

竖直方向：$F_N\cos\theta=mg$。

根据数学知识可知：$\cos\theta=\dfrac{R+r}{R}$，$\sin\theta=\dfrac{\sqrt{(R+r)^2+R^2}}{R+r}$。

解方程得：$F_N=mg\,\dfrac{R+r}{R}$，$T=mg\,\dfrac{\sqrt{(R+r)^2-R^2}}{R}$。

故 C 对，D 不对。

4. 学生出现的问题

大部分学生思路应该比较清晰，方法应该能掌握。在应用数学知识解决物理问题时，角度正余弦数值的求出会存在一些问题，数学、物理的结合会让一部分学生无法应对，是该题的难点。

5. 变式拓展

(2011·海南卷，T4)如下图所示，墙上有两个钉子 a 和 b，它们的连线与水平方向的夹角为 45°，两者的高度差为 l。一条不可伸长的轻质细绳一端固定于 a 点，另一端跨过光滑钉子 b 悬挂一质量为 m_1 的重物。在绳子距 a 点 $\dfrac{l}{2}$ 的 c 点有一固定绳圈。若绳圈上悬挂质量为 m_2 的钩码，平衡后绳的 ac 段正好水平，则重物和钩码的质量比 $\dfrac{m_1}{m_2}$ 为(　　)。

答案为：$\dfrac{\sqrt{5}}{2}$。

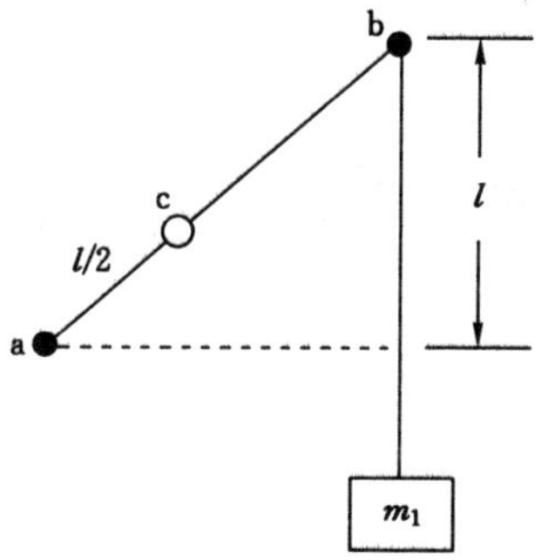

小结：能力培养不能一蹴而就，学生处理这类问题的能力也需要教师反复指导，多次强化训练。类型题反复练，思路多总结，让学生在训练中多些感悟，一定会取得高考的胜利。

(邯郸市第四中学　常学建)

高中物理教师现场“说题”比赛案例 13

题目来源:2013 年普通高等学校招生全国统一考试(新课标Ⅰ卷,第 18 题)。

如图,半径为 R 的圆是一圆柱形匀强磁场区域的横截面(纸面),磁感应强度大小为 B,方向垂直于纸面向外。一电荷量为 $q(q>0)$、质量为 m 的粒子沿平行于直径 ab 的方向射入磁场区域,射入点与 ab 的距离为$\frac{R}{2}$。已知粒子射出磁场与射入磁场时运动方向间的夹角为 60°,则粒子的速率为(不计重力)(　　)。

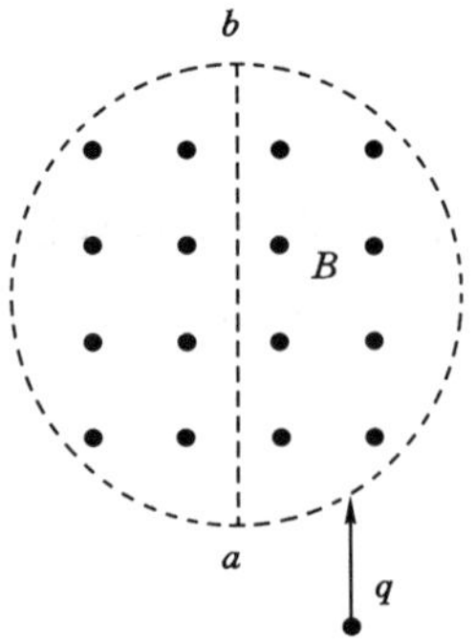

A. $\frac{qBR}{2m}$　　B. $\frac{qBR}{m}$　　C. $\frac{3qBR}{2m}$　　D. $\frac{2qBR}{m}$

一、品味高考

本试题考查了学生综合利用数学知识解决物理问题的能力。要求能正确地将立体几何模型转换成平面几何模型,考查学生的空间想象能力和作图能力。

二、认知分析

1. “四基”要求

(1) 基础知识:洛伦兹力表达式、匀速圆周运动规律、牛顿第二定律。

(2) 基本技能:要求学生能综合利用数学知识解决物理问题,考查了学生的空间想象能力和作图能力,同时对学生的计算能力也有一定的要求。

(3) 基本思想:能正确地将立体几何模型转换成平面几何模型。

(4) 基本活动经历:需要学生画出带电粒子垂直进入圆形有界匀强磁场区域的运动轨迹,并利用牛顿第二定律和匀速圆周运动知识解题。学生往往缺乏准确作图能力、数学分析计算能力。

2. 难点和易错点

(1) 准确作图,利用几何关系求解带电粒子匀速圆周运动的半径有难度。

(2) 带电粒子的电性容易看错。

三、说题过程

1. 审题引导

引导学生正确分析题意,注意题中的几处关键点:圆柱形匀强磁场区域,电荷量 $q>0$,粒子速度偏转角 60°。根据左手定则,画出粒子运动轨迹图,设粒子做圆周运动的半径为 r,过入射点作速度的垂线找圆心,又速度偏角等于圆心角,根据题意作出示意图,根据几何关系求出 $r=R$;洛伦兹力提供向心力,$qvB=m\frac{v^2}{R}$,则粒子的速率 $v=\frac{qBR}{m}$。

2. 解题策略

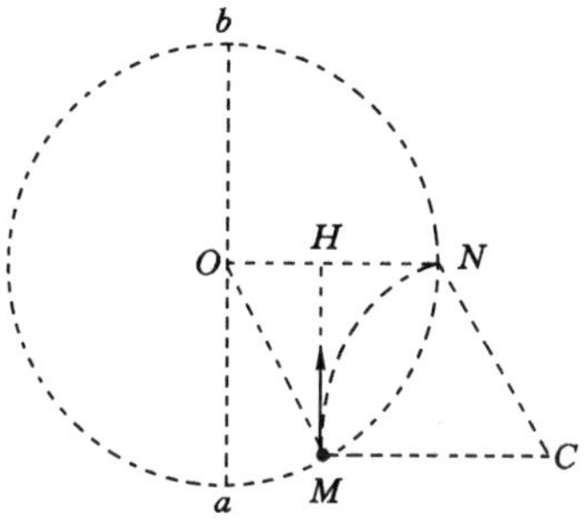

根据题意画出本题的粒子运动轨迹图，如右图所示。粒子射出磁场与射入磁场时运动方向间的夹角为60°，则其运动轨迹所对应的圆心角$\angle NCM$也为60°，在$\triangle OHM$中，$\cos\angle HOM=\frac{1}{2}$，所以角$\angle HOM$为60°。由角边角定理可知，$\triangle OMN$与$\triangle CMN$全等，即圆周运动半径与磁场区域圆半径相等，$r=R$。

带电粒子(不计重力)垂直于磁场方向进入匀强磁场，做匀速圆周运动的向心力由洛伦兹力提供，由牛顿第二定律得$qvB=m\frac{v^2}{R}$，所以$v=\frac{qBR}{m}$，故B对；A、C、D错。

3. 追本溯源

本题源于教材上所讲述的匀速圆周运动、圆形有界匀强磁场、几何关系作图。

4. 价值拓展

(1) 改变粒子的电性，改变磁场的方向，改变入射点的位置。

(2) 可改为计算题。

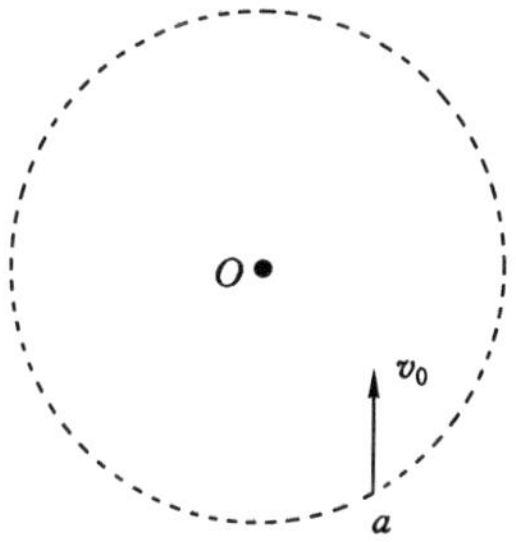

例如，如右图所示，半径为R的圆是一圆柱形匀强磁场区域的横截面(纸面)，磁感应强度大小为B，方向垂直于纸面向里。一带正电荷的粒子沿图中直线箭头以速率v_0从圆上的a点射入柱形区域，从圆上b点射出(b点图中未画)磁场时速度方向与射入时的夹角为60°。已知圆心O到直线箭头的距离为$\frac{R}{2}$。现将磁场换为平行于纸面且垂直于直线的匀强电场，同一粒子以同样速度沿直线从a点射入柱形区域，也在b点离开该区域。不计重力，求：

(1) 粒子的比荷(电荷量与质量的比值$\frac{q}{m}$)；

(2) 电场强度的大小。

(永年区第二中学　董景奎)

高中物理教师现场“说题”比赛案例14

题目来源：邯郸市2016年高三第一次模拟考试理科综合。

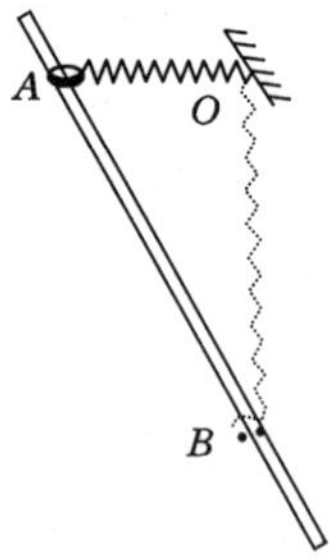

如图，固定的倾斜光滑杆上套有一个质量为 m 的圆环，圆环与一轻质水平状态的弹簧相连，弹簧另一端固定在墙上 O 点，且处于原长。现让圆环从 A 点由静止开始下滑，滑到 O 点正下方 B 点时速度为零。则在圆环下滑过程中(　　)。

A. 圆环机械能守恒

B. 弹簧的弹性势能先增大再减小，后增大

C. 弹簧再次恢复到原长时圆环的速度最大

D. 与圆环在 A 点的加速度相同的位置还有两处

一、品味高考

(1) 本题体现了高考对学生的理解能力、推理能力、分析综合能力的考查。

(2) 本题是对物理过程进行受力、运动、做功分析，这是解决问题的根本方法。这是一道考查系统机械能守恒的基础好题。

二、认知分析

1. “四基”要求

(1) 基础知识：机械能守恒定律、能量守恒定律、受力分析和牛顿第二定律的应用。

(2) 基本技能：正确的受力分析、对机械能守恒定律守恒条件的正确理解、对牛顿第二定律的灵活运用。

(3) 基本思想：将实例等效并建立物理模型。

(4) 基本活动经历：多数同学知道小环下滑过程中弹簧的长度要发生变化，单独的小环机械能不守恒；很多同学在解题过程中缺乏相关变力问题和状态分析的学习经历，缺乏判断运动状态和受力分析的习惯。

2. 难点和易错点

(1) 容易忽略弹簧的弹力，致使对机械能守恒定律的研究对象分辨不清。

(2) 在圆环向下运动过程中，应该注意圆环的加速度与速度的关系，否则易出错。

(3) 对圆环向下运动的每一个时刻的受力情况应该十分熟悉，避免出错。

三、说题过程

1. 审题分析

引导学生正确分析题意，注意题中的几处关键点：光滑杆，开始时弹簧处于原长，静止下滑，到达 B 点时速度为零等。培养学生构建所需物理知识框架能力和自主学习能力。

2. 解题分析

对圆环,弹簧的弹力对其做功,故圆环的机械能不守恒,A 错误。

弹簧的弹性势能随弹簧形变量的变化而变化,由图知弹簧先缩短再伸长,故弹簧的弹性势能先增大再减小后增大,所以 B 选项是正确的。

沿杆方向合力为零的时刻,圆环的速度最大,故弹簧再次恢复到原长时圆环的速度不是最大,所以 C 错误。

圆环在 A 点的合力为 $mg\sin\theta$,故弹簧恢复原长时以及弹簧与杆垂直时合力均为 $mg\sin\theta$,因此与圆环在 A 点的加速度相同的位置还有两处,所以 D 选项是正确的。

所以 B、D 选项是正确的。

四、价值拓展

(1) 可改为计算题:已知光滑杆的倾角 θ 和 AO 的距离 L,求圆环的最大速度 v。

(2) 可以把整个系统变为如图 1 所示的情境:固定的倾斜光滑杆上套有一个质量为 m 的圆环,圆环与竖直放置的轻质弹簧一端相连,弹簧的另一端固定在地面上的 A 点,弹簧处于原长 h 时,让圆环由静止开始沿杆滑下,滑到杆的底端时速度恰好为零。若以地面为参考面,则在圆环下滑过程中(　　)。

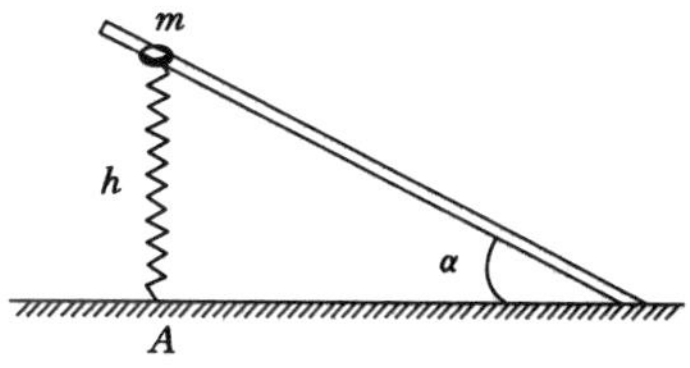

图 1

A. 圆环机械能守恒

B. 弹簧的弹性势能先增大再减小,后增大

C. 弹簧再次恢复到原长时圆环的速度最大

D. 与圆环在起点的加速度相同的位置还有两处

(3) 此题还可以改为另一个计算题,题干条件和此题类似,即如图 2 所示,固定的倾斜光滑杆上套有一个质量为 m 的圆环,圆环与一轻质水平状态的弹簧相连,弹簧的另一端固定在墙上 O 点,且处于原长。现让圆环从 A 点由静止开始下滑,滑到 O 点正下方 B 点时速度为零,且已知光滑杆的倾角 θ 和 AO 的距离 L。则圆环在 A 处的加速度和圆环的最大速度各为多大?

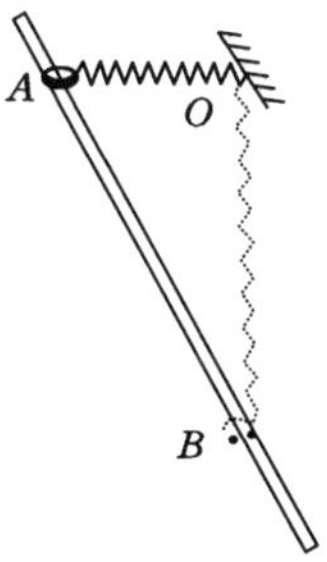

图 2

(永年区第二中学　李利坤)

学习研究篇

邯郸市2019—2020学年高三期末质检试题评析(节选)

题目2 如图所示,两条光滑的平行导轨水平放置,导轨间接有一个定值电阻R,金属杆垂直于导轨放置且与导轨接触良好,匀强磁场的方向竖直向下。若金属杆与导轨之间的摩擦及金属杆与导轨的电阻均忽略不计,现给金属杆一个向右的初速度v_0,则金属杆在磁场中的运动速度v与时间t的关系图像正确的是(　　)。

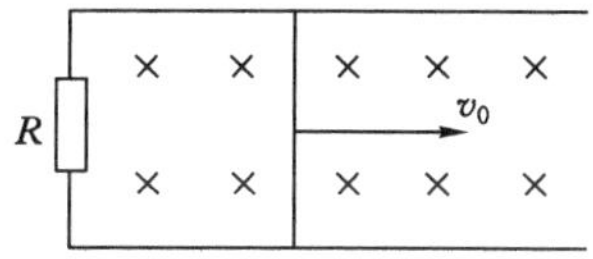

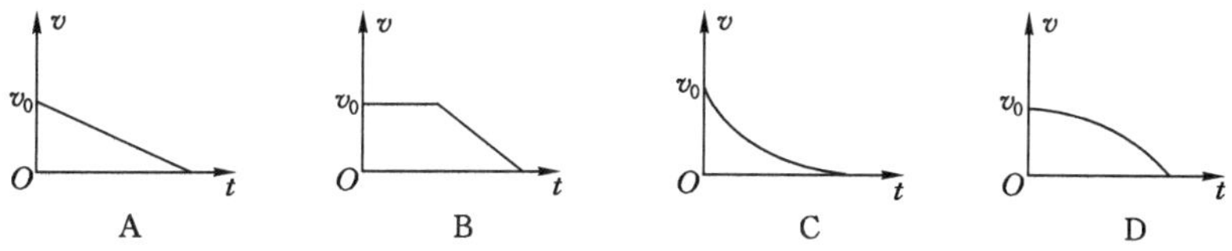

【数据分析】

全市统计的难度系数为0.66,属于较容易题目;区分度0.63,属于优秀等级。具体见下表。

答案	平均分	A		B		C		D	
		人数	占比	人数	占比	人数	占比	人数	占比
C	2.64	3 846	13.11%	820	2.79%	19 351	65.95%	5 324	18.15%

【命题立意】

评价内容	解读	备注
情境、模型	单棒切割模型	
知识点	电磁感应、v-t图像	
五大能力	理解、推理、分析能力,应用数学知识处理物理问题能力	
核心素养	运动观、模型建构、科学推理	
一核	立德树人、服务选才、引导教学	
四层	必备知识、关键能力、学科素养	
四翼	基础性、应用性	

本题涉及安培力、牛顿第二定律、v-t图像等知识点,意在考查学生学科思维素养中的科学推理。本题作为第2题出现,难度不大,能力要求不太高。以金属杆为研究对象,所受合

外力为安培力，利用牛顿第二定律判断加速度的变化，与 v-t 图像斜率相结合，从而得出正确答案。

【题源追溯】

本题来源于人教版物理教材选修 3-2，P21“问题与练习”第 3 题，题中导体棒匀速切割磁感线，要求画出电路图，求出电流大小和方向。有了电流大小，可求安培力，如下面的高考真题(2019·全国Ⅲ卷)。如下图，方向竖直向下的匀强磁场中有两根位于同一水平面内的足够长的平行金属导轨，两相同的光滑导体棒 ab、cd 静止在导轨上。$t=0$ 时，棒 ab 以初速度 v_0 向右滑动。运动过程中，ab、cd 始终与导轨垂直并接触良好，两者速度分别用 v_1、v_2 表示，回路中的电流用 I 表示。下列图像中可能正确的(　　)。

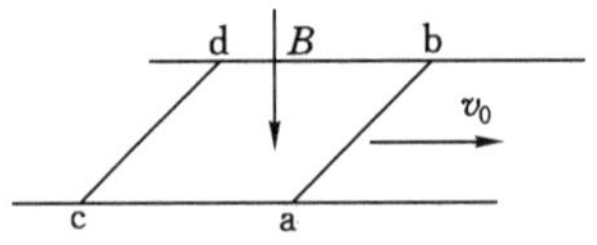

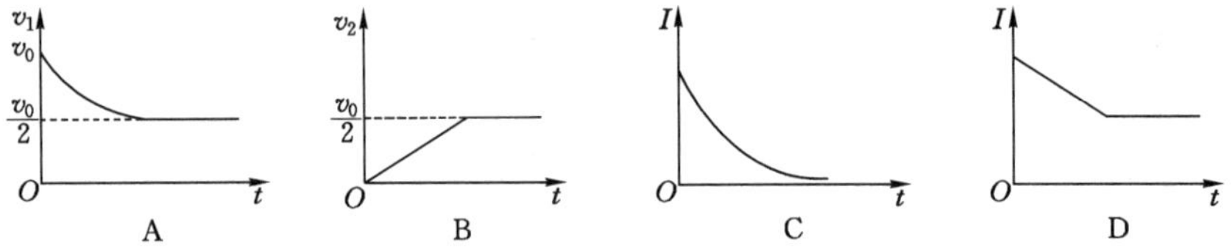

【答案】 AC。

【解析】

ab 棒向右运动，切割磁感线产生感应电流，则受到向左的安培力，从而向右做减速运动，金属棒 cd 受向右的安培力作用而做加速运动。随着两棒速度差的减小安培力减小，加速度减小，当两棒速度相等时，感应电流为零，最终两棒共速，一起做匀速运动，故最终电路中电流为 0，所以 A、C 正确，B、D 错误。

【拓展】

已知导体棒 AB 质量为 m，长为 L，电阻为 r，磁感应强度大小为 B，在外力 F 作用下向右匀速运动位移 x 过程中，可以求出的信息有：

(1) 感应电动势 $E=BLv$。

(2) 感应电流 $I=\dfrac{E}{R+r}=\dfrac{BLv}{R+r}$。

(3) A、B 两点间电势差 $U_{AB}=IR=\dfrac{BLv}{R+r}R$。

(4) 导体棒所受安培力 $F_{安}=BIL=\dfrac{B^2L^2v}{R+r}$。

(5) 导体棒所受外力 $F=F_{安}=BIL=\dfrac{B^2L^2v}{R+r}$。

(6) 外力 F 功率大小 $P=Fv=\dfrac{B^2L^2v^2}{R+r}$。

(7) 安培力功率大小 $P_{安}=F_{安}v=BILv=\dfrac{B^2L^2v^2}{R+r}$。

(8) 安培力做功 $W_安=-F_安 x=-BILx=-\frac{B^2L^2v}{R+r}x$。

(9) 拉力做功 $W=Fx=BILx=\frac{B^2L^2v}{R+r}x$。

(10) 回路中产生的热量 $Q=I^2(R+r)t=\frac{B^2L^2v}{R+r}x$。

(11) $Q=-W_安$。

(12) 电阻 R 产生的热量 $Q_R=I^2Rt=\frac{R}{R+r}Q$。

(13) 通过电阻 R 的电荷量 $q=\frac{BLx}{R+r}$。

(14) 动能定理可写作 $W+W_安=0$,功能关系可写作 $Q=W$。

(15) 如果是粗糙轨道,摩擦力 f 做功为 W_f,牛顿第二定律写作 $F-f-F_安=ma$。

导体棒由静止出发,如果 F 恒定,加速度 a 逐渐减小;若要保持 a 恒定,则 F 逐渐增大。

根据动能定理列式为 $W+W_安+W_f=0$。

根据功能关系列式为 $W=Q+Q_热+\Delta E_k$。

(16) 如果光滑轨道倾斜放置,与水平方向夹角为 θ,加垂直于轨道的磁场(磁感应强度为 B_1)或者竖直向上的磁场(磁感应强度为 B_2),导体棒由静止释放,达到稳定状态时速度为 v_m,走过的位移为 x。

感应电动势 $E_1=B_1Lv_m$,$E_2=B_2Lv_m\cos\theta$。

根据牛顿第二定律列表达式分别为 $mg\sin\theta-\frac{B_1^2L^2v^2}{R+r}=ma$,$mg\sin\theta-\frac{B_2^2L^2v^2}{R+r}\cos^2\theta=ma$。

通过电阻 R 的电荷量 $q_1=\frac{B_1Lx}{R+r}$,$q_2=\frac{B_2Lx}{R+r}\cos\theta$。

回路中产生的热量 $Q=mgx\sin\theta-\frac{1}{2}mv_m^2$。

题目 8 如图所示,可视为质点的小球用不可伸长的结实的细线悬挂起来,将细线水平拉直后从静止释放小球,小球运动到最低点时的动量为 p、重力的功率为 P、绳子拉力为 F、向心加速度为 a。若改变小球质量或悬线长度,仍将细线水平拉直后从静止释放小球,下列说法正确的是(   )。

A. 若仅将小球质量变为原来的 2 倍,最低点的动量 p 变为原来的 2 倍

B. 若仅将小球质量变为原来的 2 倍,最低点的重力功率 P 变为原来的 2 倍

C. 若仅增加悬线长度,最低点时绳子拉力 F 不变

D. 若仅增加悬线长度,最低点时向心加速度 a 增大

答案:AC。

【解析】

由机械能守恒定律得 $mgL=\frac{1}{2}mv^2$,$v=\sqrt{2gL}$(L 为绳长)。m 加倍之后,最低点的速度 v 不变,由 $p=mv$ 可知动量变为原来的 2 倍,A 正确。最低点重力与速度垂直,重力的功率为零,B 错误。在最低点绳的拉力为 F,$F-mg=m\frac{v^2}{L}$,则 $F=3mg$,与 L 无关,所以仅增

加悬线长度绳子拉力 F 不变,C 正确。向心加速度 $a=\frac{F-mg}{m}=2g$,与 L 无关,仅增加悬线长度向心加速度 a 不变,D 错误。

【数据分析】

全市统计的难度系数为 0.38,属于中等难度题目;区分度 0.47,属于较好等级。

答案	平均分	正确人数及比例	答题情况统计
AC	1.52	7 504(25.6%)	A:3 665(12.5%);B:4 417(15%);C:3 708(12.6%);D:2 062(7%);BC:1 732(5.9%);AB:2 300(7.8%);CD:118(0.4%);BD:960(3.3%);AD:1 427(4.9%);ABD:172(0.6%);BCD:4(0%);ACD:30(0.1%);ABC:1 234(4.2%);空选:29(0.1%)

【命题立意】

评价内容	解读	备注
情境、模型	竖直平面圆周运动、绳球模型	
知识点	动能定理、向心力、功率	
五大能力	理解、推理、分析能力,应用数学知识能力	
核心素养	运动、相互作用、能量观念;模型建构;科学推理	
一核	立德树人、服务选才、引导教学	
四层	必备知识、关键能力、学科素养	
四翼	基础性、应用性、综合性	

本题以学生熟悉的绳系小球在竖直面做圆周运动为背景,考查了曲线运动、向心力、机械能守恒定律、动量、重力功率等知识点。学科素养方面涉及物理观念中的运动与相互作用观、能量观及模型构建、科学推理等。另外,本题综合性较强,对学生的逻辑推理能力、分析综合能力以及信息加工能力的要求都比较高。

【拓展】

1. 如上述情境中,求解小球运动到最低点的过程中重力瞬时功率最大的位置。

假设在右图所示的位置,由机械能守恒可知 $mgL\sin\theta=\frac{1}{2}mv^2$,得 $v=\sqrt{2gL\sin\theta}$。

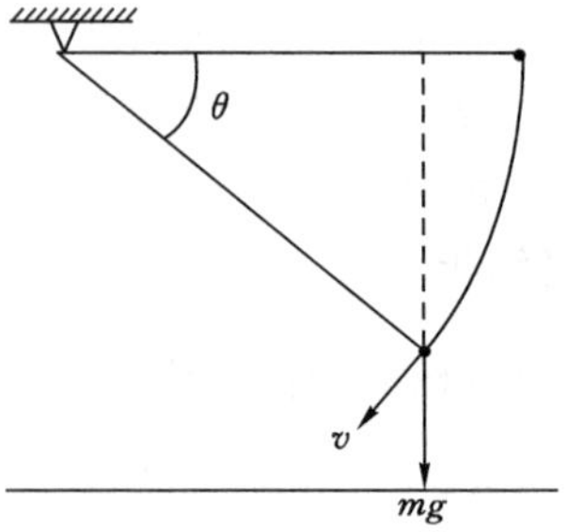

由重力的瞬时功率公式有 $P=mgv\cos\theta$,代入得 $P=mg\sqrt{2gL\sin\theta}\cos\theta$。

两边平方可得:$P^2=m^2g^2(2gL\sin\theta)\cos^2\theta$。令 $x=2\sin\theta\cos^2\theta$。两边平方得 $x^2=4\sin^2\theta\cos^4\theta$,变形:$x^2=2\times2\sin^2\theta\cos^2\theta\cos^2\theta$。

当 $2-2\cos^2\theta=\cos^2\theta$ 时出现最大值,当 $\cos\theta=\frac{\sqrt{6}}{3}$ 时 P 最大。

2. 磁场中带电小球摆动运动模型中,在向左运动和向右运动时,洛伦兹力虽然不做功,但会影响绳子的拉力。用一根长 $L=0.8$ m 的轻绳，吊一质量 $m=1.0$ g 的带电小球(可视为质点)，放在磁感应强度 $B=0.1$ T、方向如下图所示的匀强磁场中，把小球拉到悬点的右端，轻绳刚好水平拉直，将小球由静止释放，小球便在垂直于磁场的竖直平面内摆动。当小球第一次摆到最低点时，小球运动速度水平向左，悬线的拉力恰好为零(g 取 10 m/s^2，不计空气阻力)。则下列说法正确的是(　　)。

A. 小球带负电，电量 $q=2.5\times10^{-2}$ C

B. 小球带负电，电量 $q=7.5\times10^{-2}$ C

C. 第一次和第二次经过最低点时小球所受洛伦兹力相同

D. 第二次经过最低点时，悬线对小球的拉力大小 $F=7.5\times10^{-2}$ N

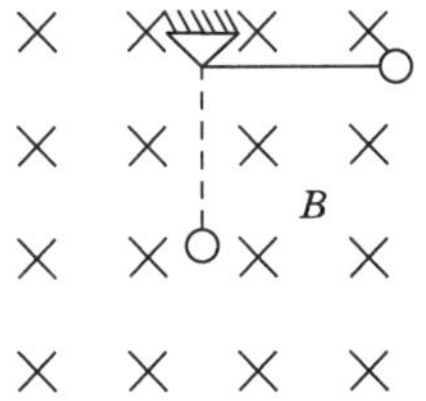

答案:BD。

题目 11　在“探究弹力和弹簧伸长的关系”实验中，由于弹簧自身重力的影响，弹簧平放时的长度与竖直悬挂时的长度有明显不同。某同学进行了如下操作：

① 先将弹簧平放在桌面上，用刻度尺测得弹簧的长度 $L_0=1.15$ cm。

② 再将弹簧的一端固定在铁架台上，弹簧自然下垂，然后将最小刻度是毫米的刻度尺竖直放在弹簧的一侧，刻度尺零刻度线与弹簧上端对齐，并使弹簧下端的指针恰好落在刻度尺上，将指针指示的刻度值记作 L_1；弹簧下端挂一个 50 g 的砝码时，指针指示的刻度值记作 L_2；弹簧下端挂两个 50 g 的砝码时，指针指示的刻度值记作 L_3……测量记录如下表所示。

代表符号	L_1	L_2	L_3	L_4	L_5	L_6
刻度值/cm	1.70	3.40	5.10	6.85	8.60	10.30

请回答下列问题：

(1) 用力学实验中常用的逐差法处理实验数据，能够减小长度测量带来的误差，则每增加 50 g 砝码的弹簧平均伸长量 ΔL 可表示为________。(用表格中的代表符号表示)

(2) 根据表中数据计算，该同学所用弹簧的劲度系数 $k=$________ N/m；弹簧自身的重力 $G_0=$________ N。(g 取 9.8 m/s^2，结果保留 3 位有效数字)

【答案】(1) $\dfrac{(L_4+L_5+L_6)-(L_1+L_2+L_3)}{9}$(改变字母顺序不影响得分)。

(2) k 为 28.4 N/m 或 28.3 N/m(没有正确使用逐差法计算，或只选用了其中的任意两组数据计算出其他的结果，或者重力加速度取 10 m/s^2 计算出 28.8 N/m，以及其他结果如 28.7 N/m，28.6 N/m，28.5 N/m，28.2 N/m 均不得分)。

(3) G_0 为 0.312 N 或 0.311 N(其他值均不得分)。

【解析】

(1) 根据题意 $L_6-L_3=L_5-L_2=L_4-L_1=3\Delta L$,因此 $\Delta L=\frac{(L_4+L_5+L_6)-(L_1+L_2+L_3)}{9}$。

(2) 弹簧劲度系数 $k=\frac{\Delta F}{\Delta L}=\frac{9\Delta F}{(L_4+L_5+L_6)-(L_1+L_2+L_3)}=28.4\ \text{N/m}$。

或者计算出 $\Delta L=1.73\ \text{cm}$,再代入 $k=\frac{\Delta F}{\Delta L}=\frac{50\times10^{-3}\times9.8}{1.73\times10^{-2}}=28.3\ (\text{N/m})$。

(3) 考虑弹簧自身重力,不能把它看作在一端悬挂重物的情况。使用微元法,把弹簧平均分为 n 个单元,每一个单元的重力为$\frac{m_0g}{n}$,每一个单元的劲度系数为 nk,则从由下往上第二个单元开始,往上各部分的下端所受拉力依次可表示为$\frac{m_0g}{n}$、$\frac{2m_0g}{n}$、$\frac{3m_0g}{n}$、…、$\frac{(n-1)m_0g}{n}$,每一段的伸长量为$\frac{m_0g}{kn^2}$、$\frac{2m_0g}{kn^2}$、$\frac{3m_0g}{kn^2}$、…、$\frac{(n-1)m_0g}{kn^2}$,则弹簧的伸长量可以表示为 $\Delta L=\frac{m_0g}{kn^2}+\frac{2m_0g}{kn^2}+\frac{3m_0g}{kn^2}+\cdots+\frac{(n-1)m_0g}{kn^2}=\frac{m_0g}{kn^2}\times\frac{n(n-1)}{2}$,当 $n\to\infty$时 $\Delta L=\frac{m_0g}{2k}$,从而可以解得弹簧的重力 $m_0g=2k\Delta L=0.312\ \text{N}$ 或 $0.311\ \text{N}$。

【数据分析】

本题总分 6 分,学生平均分为 0.52 分,难度系数为 0.09,区分度仅为 0.18,属于应淘汰的题目。

【试题评价】

本题依据胡克定律测量弹簧劲度系数,紧扣考纲的考查要求。为了减小偶然误差,提高测量的精度,实验中常采用多次测量求平均值的方法进行数据处理。当弹簧竖直悬挂时,由于弹簧自重的影响,通过测量钩码的重力得到的弹簧弹力与相应状态下弹簧的伸长量并不直接对应,所以采用逐差法或者用图像法求斜率等数据处理方法测量弹簧的劲度系数。本题将“弹簧弹力与伸长量的关系”与逐差法相结合,具有一定的创新性。相当数量的学生没有理解题目中“弹簧自重的影响”,想当然地把实际弹簧视作理想弹簧处理,得出 0.156 N 的结果。通过数据比较不难发现,本题是全卷所有试题中得分率最低的一道。在一定程度上反映出日常教学中,“注重结论的教学,缺少对过程的教学”现象是存在的,必须引起教师的足够的重视。

【题源追溯】

参考 2018 年高考理综新课标Ⅰ卷第 22 题。

【启示】

实验原理是灵魂,数据处理是关键。应加强实验探究过程的教学,提升探究能力。实验数据的处理是实验题中重要的考查内容,要训练学生处理数据的能力,要求掌握常用的数据处理方法,比如平均值法、逐差法、图像法等,同时要切实提高学生的计算能力。

题目 15 如右图所示,倾角为 θ 的光滑斜面固定在水平面上,一质量为 m 的小物块受到一沿斜面向上的恒定拉力 F 的作用,由 A 点从静止开始向上加速运动。当小物块运动到斜面上的 B 点时,它的动能与重力势能之和增加了 18 J,此时将拉力 F 反向,但大小不变,

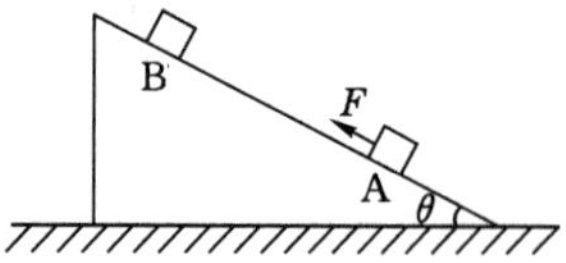

直到物块再次返回出发点 A。已知物块从 A 到 B 的时间为从 B 到 A 时间的一半，重力加速度为 g，求：

（1）拉力 F 的大小（用 m、θ、g 表示）；

（2）以 A 为零势能点，当物块动能为 6 J 时，物块的重力势能。

【答案】（1）$9mg\sin\theta$；（2）0.75 J 或 3 J。

【解析】

解法一：

（1）设物块在 t 时间内从 A 到 B，则从 B 返回 A 的时间为 $2t$，t 时间内和 $2t$ 时间内的加速度大小分别为 a_1 和 a_2。由于 t 时间内和 $2t$ 时间内位移大小相等、方向相反，则有

$$\frac{1}{2}a_1t^2=-\left[a_1t\cdot 2t-\frac{1}{2}a_2\,(2t)^2\right]$$

解得$\frac{a_1}{a_2}=\frac{4}{5}$。

根据牛顿第二定律得，t 时间内有 $F-mg\sin\theta=ma_1$。同理，$2t$ 时间内有 $F+mg\sin\theta=ma_2$。联立得 $F=9mg\sin\theta$。

（2）物块动能为 6 J 的位置有两个，设第一个动能为 6 J 的位置距离 A 为 s_1，第二个动能为 6 J 的位置距离 B 为 s_2，A、B 间距离为 s，根据动能定理得 $(F-mg\sin\theta)s_1=E_k$。

解得 $mgs_1\sin\theta=\frac{1}{8}E_k=0.75$ J。

该点重力势能 $E_{p1}=mgs_1\sin\theta=0.75$ J。

从开始到动能第二次为 6 J，由动能定理得 $(F-mg\sin\theta)s-(mg\sin\theta+F)s_2=E_k$。

由于 $F=9mg\sin\theta$，上式化简得$\frac{8}{9}Fs-10mgs_2\sin\theta=6$ J。

因 $Fs=18$ J，解得 $mgs_2\sin\theta=1$ J。

该点重力势能 $E_{p2}=mgs\sin\theta+mgs_2\sin\theta$。

又因 $mgs\sin\theta=\frac{1}{9}Fs=2$ J，故 $E_{p2}=2\text{ J}+1\text{ J}=3$ J。

解法二（比例法求解）：

在第一阶段匀加速过程中，合外力做功和重力势能比例是 8∶1，动能与重力势能增加量是 18 J，所以动能增加 16 J，重力势能增加 2 J。当动能为 6 J 时，有两个位置，如果在 A、B 之间，按比例计算，重力势能是 0.75 J；如果在 B 点上方，合外力做功和重力势能比例是 10∶1，从 B 点到动能减为 6 J 过程中，动能减少 10 J，势能增加 1 J，以 A 点为零势能点，物块的重力势能为 3 J。

【命题意图】

本题以物块和斜面为背景，通过两段匀变速运动将运动学公式、牛顿第二定律和功能关系紧密结合在一起，考查物理观念中的运动与相互作用观、能量观及科学思维中的模型建构和科学推理等素养。本题作为最后一道计算题，运动过程不太复杂，但是给出的信息不是特别多，需要学生巧妙地找出物理量之间的联系并加以运用。从两段匀变速运动时间关系和位移关系入手，可以找出加速度之间的关系，从而求出力 F。动能是标量，动能为 6 J 的位置有两个，考查学生思维的严密性。

【试题评价】

本题涉及匀变速直线运动、牛顿第二定律、能量守恒定律等必备知识，较好地考查了运动观念、相互作用观念、能量观念，体现了高考命题综合性的要求。科学思维方面，侧重模型建构、科学推理。试题紧扣课程标准和考试大纲，将物理必备知识和真实问题情境有机融合，考查学生能否运用物理观念和科学思维解决问题，从而检验物理学习是否实现了学科素养的培养。

【数据分析】

本题共 18 分，平均分为 1.91 分，难度系数为 0.11，区分度仅为 0.23，属于不太好等级。

【巩固训练】

1. 物体静止在光滑水平面上，先对物体施一水平向右的恒力 F_1，经时间 t 后撤去 F_1，立即再对它施一水平向左的力 F_2，又经过时间 t 后物体回到原出发点。在这一过程中 F_1、F_2 分别对物体所做的功 W_1、W_2 的关系是(　　)。

A. $W_1=W_2$　　B. $W_2=2W_1$　　C. $W_2=3W_1$　　D. $W_2=5W_1$

答案：C。

解析：设加速度分别为 a_1 和 a_2，撤去 F_1 时，物体的速度 $v=a_1t$，根据两次的位移大小相同，方向相反，可列式 $\frac{1}{2}a_1t^2=-\left(vt-\frac{1}{2}a_2t^2\right)$，得到 $a_2=3a_1$，所以 $F_2=3F_1$。又两次的位移大小相同，则 $W_2=3W_1$。

2. 一个物体从斜面底端的 A 点冲上斜面，滑到 B 点时，其动能减少 100 J，机械能减少 30 J。当它再次返回 A 点时，动能为 100 J。那么当它刚冲上斜面通过 A 点时具有动能为________ J。

答案：250 J。

解析：物体从开始到 B 点的过程，由动能定理得，损失的动能 $\Delta E_k=mgL\sin\theta+fL$。

损失的机械能等于克服摩擦阻力做功，得 $\Delta E=fL$。

则可得 $\frac{\Delta E_k}{\Delta E}=\frac{mg\sin\theta+f}{f}=$ 常数，$\frac{\Delta E_k}{\Delta E}=\frac{10}{3}$，比值与 L 无关。

设物体的初动能为 E_{k0}，则有上滑至速度为零时，$\frac{\Delta E_0}{\Delta E}=\frac{10}{3}$。

上滑和下滑过程机械能损失相等，$E_{k0}-2\Delta E=100$ J。

联立两式可得 $E_{k0}=250$ J。

邯郸市2019—2020第一学期高一期末质检试题评析(节选)

题目6 物体受三个共点力 F_1、F_2 和 F_3 作用，其大小分别是 $F_1=5$ N、$F_2=6$ N、$F_3=12$ N，则无论这三个力之间的夹角为何值，它们的合力不可能是(　　)。

A. 0　　B. 5 N　　C. 10 N　　D. 15 N

【答案】A。

【解析】

三力合成，首先看三力大小作为边长是否能构成封闭三角形，若能则三力合力最小值为0，最大值为三者之和；若不能则三力合力最小值为最大力减去另外两个力，最大值为三者之和。由此可判断选项A正确。

【数据分析】

全市范围内统计的难度系数为0.75，属于容易题目；区分度为0.49，属于较好等级。

答案	平均分	A		B		C		D	
		人数	占比	人数	占比	人数	占比	人数	占比
A	3.01	48 481	75.25%	5 472	8.49%	3 610	5.60%	6 861	10.65%

【考查方向】

力的合成与分解。

【试题评析】

评价内容	解读	备注
情境、模型	力的合成	抽象
知识点	力的矢量性、平行四边形定则	
五大能力	理解能力、推理能力	
核心素养	物理观念、科学思维	
一核	立德树人、服务选才、导向教学	
四层	必备知识、关键能力	
四翼	基础性、应用性、综合性	

题目主要考查物理观念和科学思维中的推理和论证。注意力的矢量性，运算遵循平行四边形定则，较为抽象。由此演变的三角形法则更为抽象，是学生学习的一个难点。

【试题溯源】

源自人教版教材必修1第三章第4节第64页中的“问题与练习”1，对两个共点力进行合成。

【变式拓展】

1. 如下图所示，质点 O 受到 $F_1=8\ \text{N}$，$F_2=5\ \text{N}$ 两个共点力的作用，F_1、F_2 夹角为 θ，其中 F_2 可以在平面内转动，F_1、F_2 合力为 F，则当 $F>F_2$ 时，F_2 所在范围占整个圆周角的比例为多少？

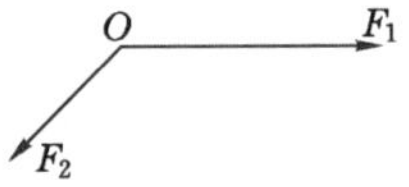

解析：如下图所示，建立矢量三角形，当 $F=F_2$ 时，三个力构成等腰三角形，由几何关系可知 $\theta=37°$。由此可知当 $F>F_2$ 时，F_2 所在范围占整个圆周角的比例为 $\frac{286}{360}$。

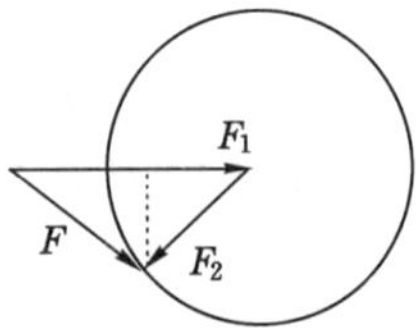

2. 质量为 M、倾角为 θ 的斜面体在水平地面上，质量为 m 的小木块(可视为质点)放在斜面上，现用一平行于斜面的、大小恒定的拉力 F 作用于小木块，拉力在斜面所在的平面内绕小木块旋转一周的过程中，斜面体和木块始终保持静止状态(右图)。下列说法正确的是(　　)。

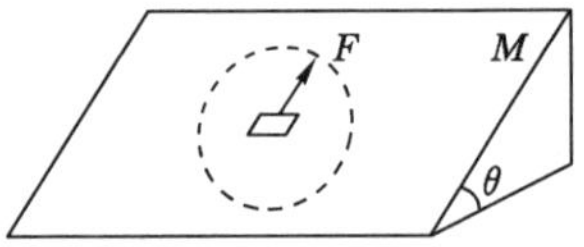

A. 小木块受到斜面的最大摩擦力为 $\sqrt{F^2+(mg\sin\theta)^2}$

B. 小木块受到斜面的最大摩擦力为 $F-mg\sin\theta$

C. 斜面体受到地面的最大摩擦力为 F

D. 斜面体受到地面的最大摩擦力为 $F\cos\theta$

答案：C。

解析：对小木块进行受力分析可得其在斜面上的受力情况(如图 1 所示)。由于小木块始终静止，故重力沿斜面向下的分量 $mg\sin\theta$ 始终不变，其与 F 和 F_f 需构成一个封闭的三角形。当 F 方向变化时，矢量三角形随之变化。由图 2 可知当 F 与 $mg\sin\theta$ 方向相同时 F_f 最大，其值为 $F+mg\sin\theta$。对于 C、D 选项，将斜面和小木块作为整体进行研究，当力 F 水平向左时摩擦力最大值为 F，故 C 选项正确。

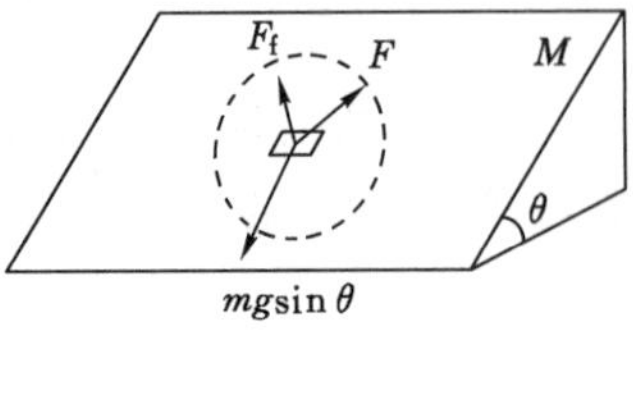

图 1

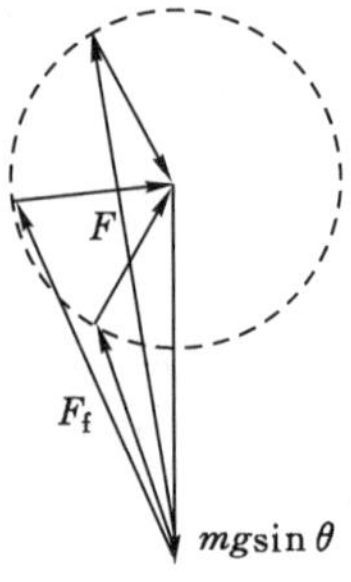

图 2

【教学建议】

要立足教材以及教材中的概念法则和课后习题，讲解透彻。可以适当放慢教学进度，待学生有较好理解和运用后再进行下一步教学。

平行四边形（三角形）定则的理解和掌握离不开必要的训练，要通过典型的示例，让学生自己动手去画、去分析，及时反馈纠正。

计算机、多媒体等现代教育技术进课堂，为培养学生空间思维能力提供了条件。建议教师尝试利用计算机相关软件来模拟物理图像，直观地展示抽象规律。

力的三角形定则用途很多，利用它解题简便直观。尤其是可以突出力矢量的动态变化过程，是求解动态平衡问题的利器。

求解动态平衡问题的一般步骤如下：确定研究对象；分析对象状态和受力情况，画出示意图；将各力首尾相连，画出封闭的矢量三角形；根据题意，画出动态变化的边角关系；确认未知量变化情况。

题目 14 如右图所示，质量 $m=1$ kg 的物块沿质量 $M=6$ kg，倾角为 37°的斜面下滑时，加速度大小为 2.5 m/s^2（沿斜面向下），斜面不固定但仍静止，重力加速度 $g=10$ m/s^2，则斜面受到水平面的摩擦力 F_f 和支持力 F_N 为

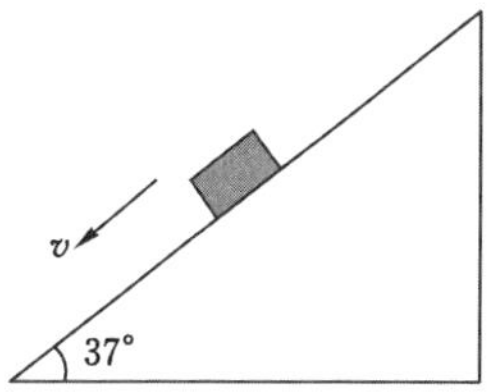

A. $F_f=2$ N　　B. $F_f=1.5$ N

C. $F_N=61.5$ N　　D. $F_N=68.5$ N

【答案】 AD。

【解析】

方法一：

对 M、m 受力分析如图 1 所示。对 m，沿斜面和垂直于斜面正交分解得 $mg\sin 37°-F_{f1}=ma$，$mg\cos 37°=F_{N1}$。对 M 水平和竖直正交分解得 $F_N=Mg+F_{N2y}+F_{f2y}$，$f+F_{f2x}=F_{N2x}$。代入数据解得 $F_f=2$ N、$F_N=68.5$ N，故 A、D 正确。

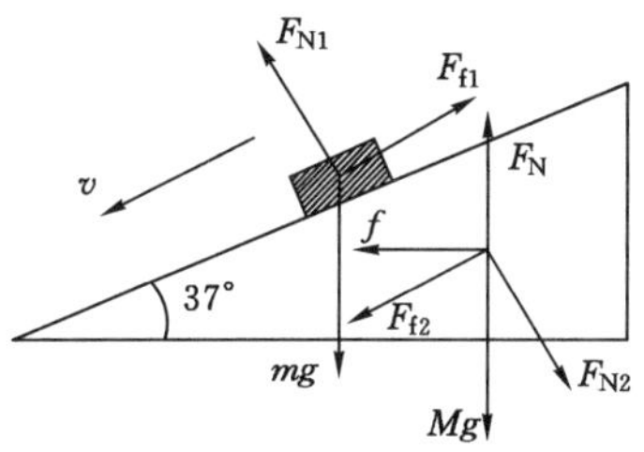

图 1

方法二：

物体加速下滑，加速度方向沿斜面向下，对整体受力分析，受到总重力、支持力和向左的静摩擦力，如图 2 所示。根据牛顿第二定律，在 x 轴上进行受力分析有 $F_f=ma\cos 37°$，在 y 轴上进行受力分析有 $(M+m)g-F_N=ma\sin 37°$，代入数据得 $F_f=2$ N、$F_N=68.5$ N，故 A、D 正确。

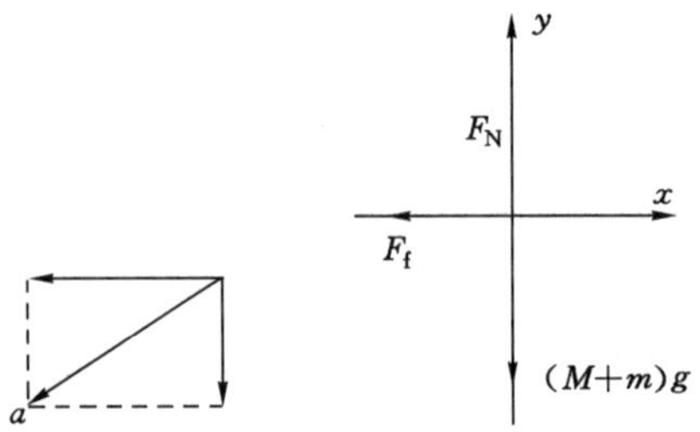

图 2

【数据分析】

全市范围内统计的难度系数为0.28,属于较难题目;区分度为0.35,属于较好等级。

答案	平均分	正确人数及比例	其他情况统计
AD	1.38	7 182(11.1%)	A:6 430(10%);B:18 213(28.2%);C:10 902(16.9%);D:11 232(17.4%);AB:135(0.2%);BC:2 790(4.3%);BCD:70(0.1%);ABD:36(0.1%);AC:3 273(5.1%);空选:236(0.4%);ACD:32(0.1%);BD:3745(5.8%);ABCD:21(0%);CD:145(0.2%);ABC:40(0.1%)

【试题评析】

评价内容	解读	备注
情境、模型	物块在斜面体上运动	运动和力
知识点	受力分析、力的合成和分解、牛顿第二定律	
五大能力	理解、推理能力,分析综合能力	
核心素养	物理观念、科学思维	
一核	服务选才、教学导引	
四层	必备知识、关键能力、学科素养	
四翼	基础性、应用性、综合性	

本题以斜面体上滑块运动为背景,突出考查了物理核心素养中的物理观念和科学思维。题目解答涉及受力分析、正交分解、整体法和隔离法在牛顿运动定律问题中的综合应用,难度较大。在教学过程中要引导学生注重常见物理模型的总结。

【考查方向】

本题主要考查力的合成法则、受力分析、正交分解法、整体法和隔离法在涉及牛顿运动定律问题中的综合应用。

【试题溯源】

物块在斜面体上运动,分析地面对斜面体的支持力和摩擦力属于经典试题,各地考试中经常出现。如2008年海南卷第2题:如下图所示,质量为M的楔形物块静置在水平地面上,其斜面的倾角为θ。斜面上有一质量为m的小物块,小物块与斜面之间存在摩擦。用恒力F沿斜面向上拉小物块,使之匀速上滑。在小物块运动的过程中,楔形物块始终保持静止。地面对楔形物块的支持力为(　　)。

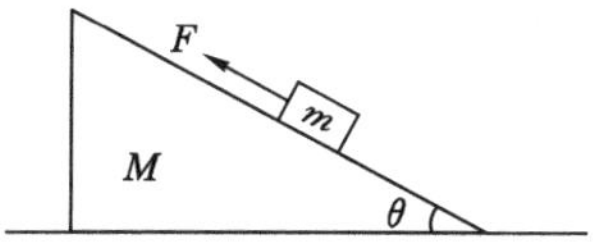

A. $(M+m)g$　　　　B. $(M+m)g-F$

C. $(M+m)g+F\sin\theta$　　　　D. $(M+m)g-F\sin\theta$

答案:D。

解析:本题可用整体法的牛顿第二定律求解。竖直方向上由平衡条件 $F\sin\theta+N=mg+Mg$,得到 $N=mg+Mg-F\sin\theta$,故D选项正确。

【变式拓展】

如下图所示,物块A和斜面B叠放在粗糙水平地面上,A、B间动摩擦因数 $\mu=\frac{\sqrt{3}}{3}$,$M_A=2\ \text{kg}$,$M_B=4\ \text{kg}$。现在A上施加一个方向沿斜面向下大小 $F=10\ \text{N}$ 的外力,使A沿斜面做匀加速运动,B仍静止在地面上,在此过程中,地面对B的支持力 F_B 的大小和地面对B的摩擦力 f_B 的大小分别为(　　)。(g 取 $10\ \text{m/s}^2$)

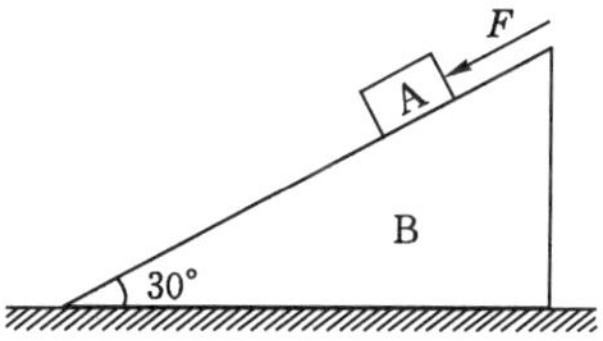

A. $F_B=60\ \text{N}$　$f_B=0\ \text{N}$　　　　B. $F_B=65\ \text{N}$　$f_B=5\sqrt{3}\ \text{N}$

C. $F_B=55\ \text{N}$　$f_B=5\sqrt{3}\ \text{N}$　　　　D. $F_B=40\ \text{N}$　$f_B=10\sqrt{3}\ \text{N}$

答案:A。

解析:物块A的重力沿斜面方向的分力 $F_{A1}=m_A g\sin 30°=\frac{1}{2}m_A g$;A与B之间摩擦力 $f_A=\mu m_A g\cos 30°=\frac{1}{2}m_A g$,$F_{A1}=f_A$;则A对B的压力与A对B摩擦力的合力方向竖直向下,大小为 $m_A g$;当在A上施加外力 F 后,A将沿斜面B向下做匀加速直线运动,但不改变A对B的压力和摩擦力,故地面对B的支持力 $F_B=(m_A+M_B)g=60\ \text{N}$,地面对B的摩擦力 $f_B=0$。故A正确。

【教学建议】

1. 注重引导学生进行知识构建

本题得分率较低反映出学生对整体法、隔离法的理解不够深刻、运用不得心应手,只是机械地记住了整体法、隔离法的概念,究竟什么情况下运用整体法、什么情况下运用隔离法不能明确地总结出来。学生对这部分知识缺乏整体的认知,没有合理地建构出相应的知识体系,教师在教学的过程中应注重引导学生进行知识构建,增强学生对知识的理解能力。

2. 注重难点教学的层次性

习题的设计应层层深入,将难点剖析透彻。例如,在斜面模型中从物块静止在斜面上,逐渐拓展到物块在斜面上匀速运动、物块在斜面上加速运动、物块在斜面上受到平行于斜面向上的力情况下加速、物块在斜面上受到向上的力或者向下的力的运动情况，步步深化，引导学生对斜面模型进行深入的理解。最后合理选取试题巩固训练，突破难点。

3. 注重引导学生对常见物理模型进行总结和整理

对物理中常见的模型，教师讲过学生未必就会自觉总结和整理，我们在教学过程中应该重视引导学生对模型记忆和理解，让学生切身感受到物理模型的重要性，进而由被迫总结整理物理模型引导为自觉总结和整理，逐渐构建完整的物理模型体系。

题目 16 某同学设计了如下图所示的装置，利用米尺、秒表、轻绳、轻滑轮、轨道、小车、托盘和砝码等器材来“探究加速度与力、质量的关系”。小车和托盘上分别放有若干砝码，小车和小车上砝码总质量为 M，托盘和盘中砝码的总质量为 m。实验中，先将轨道左端适当垫高，小车在轨道上从 A 到 B 做初速度为零的匀加速直线运动，重力加速度 g 取 10 m/s^2。

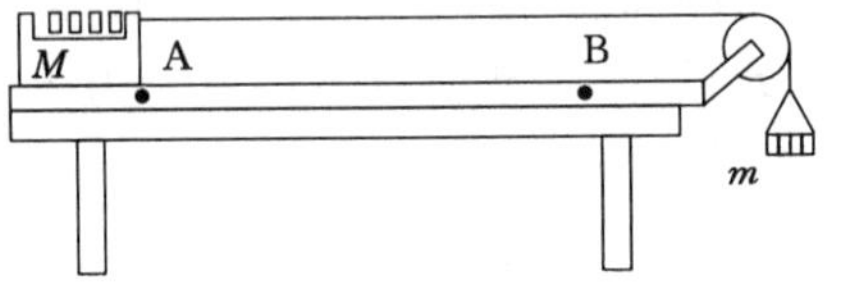

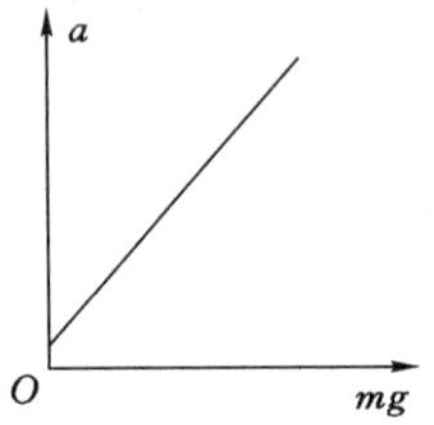

(1) 为测量小车的加速度 a，需要测出它在 A、B 间运动的位移 x 与时间 t，则 a 的表达式 $a=$________；

(2) 某次实验中，为使小车运动时所受的拉力 F 近似等于托盘和盘中砝码的总重力，M 与 m 应该满足的条件是 m ________ M(填“远小于”“远大于”“等于”)；

(3) 上面右图为 M 一定时，根据实验数据描绘的小车加速度 a 与 mg 之间的实验关系图像。图像不过原点的原因是________。

【答案】(1) $\frac{2x}{t^2}$；(2) 远小于；(3) 平衡摩擦力过度。

【解析】

(1) 滑块从静止开始做匀加速运动，由运动学公式 $x=\frac{1}{2}at^2$，得 $a=\frac{2x}{t^2}$；

(2) 对 M 和 m 利用牛顿第二定律，计算可知拉力 $F=\frac{M}{M+m}mg=\frac{1}{1+\frac{m}{M}}mg$，可知当 m 远小于 M 时，拉力 F 近似等于 mg；

(3) 当重力 mg 为零时，小车有加速度，可知平衡摩擦力时轨道抬的角度过大，平衡摩擦力过度。

【数据分析】

全市范围内统计的难度系数为 0.44，属中等难度题目；区分度为 0.66，属于优秀等级。

题号	分值	平均分	标准差	得分率	难度系数	鉴别指数(区分度)
16	6	2.63	2.17	0.44	0.44	0.66

【考查方向】

本题综合考查利用运动学公式求加速度,加速度与力、质量的关系实验条件和数据分析等。

【试题评析】

评价内容	解读	备注
情境、模型	探究实验、控制变量法	牛顿运动定律
知识点	运动学公式、牛顿第二定律	
五大能力	推理能力、实验能力、分析综合能力	
核心素养	科学思维、科学探究、科学态度与责任	
一核	立德树人、服务选才、教学导引	
四层	必备知识、关键能力、学科素养、核心价值观	
四翼	基础性、应用性	

本题突出考查了学科素养中的科学探究、科学思维,学生通过分析综合、推理论证,解释实验中出现的物理问题。学生要能运用运动学公式推导加速度,运用科学方法——控制变量法分析具体问题,运用牛顿第二定律解决连接体问题。需要指出的是,第(2)问中渗透了极限思想和近似的方法。正确分析、处理数据所反映物理本质问题,结合物理规律(牛顿第二定律)来进行求解,是解决该类实验问题的常规方法。通过对该实验学习和总结,可以促进学生树立科学的世界观,提升学生科学推理和论证的能力。

【试题溯源】

本题主要源于人教版物理教材必修 1,第 71 页的“探究加速度与力、质量的关系”。

【变式拓展】

在“探究加速度与力、质量的关系”这一实验中:

(1) 甲、乙两位同学根据实验数据画出的小车的加速度 a 与小车所受拉力 F 的图像分别为右图中的直线Ⅰ和直线Ⅱ,直线Ⅰ、Ⅱ在纵轴或横轴上的截距较大,明显超出了误差范围。下面给出了关于形成这种情况原因的四种解释,其中可能正确的是________。

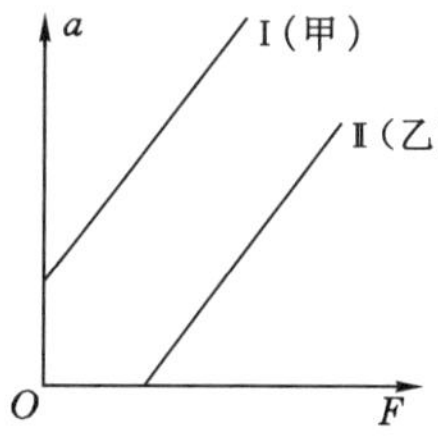

A. 实验前甲同学没有平衡摩擦力

B. 甲同学在平衡摩擦力时把长木板的末端抬得过高了

C. 实验前乙同学没有平衡摩擦力

D. 乙同学在平衡摩擦力时把长木板的末端抬得过高了

(2) 如下图给出了该次实验中从 O 点开始,每 5 个点取一个计数点的纸带(频率为 50 Hz),1、2、3、4、5 都为计数点,其中 $x_1=1.41$ cm,$x_2=1.91$ cm,$x_3=2.39$ cm,$x_4=2.91$ cm。由纸带数据计算可得计数点 4 所代表时刻的瞬时速度大小 $v_4=$________ m/s,小车的加速度大小 $a=$________ m/s^2。

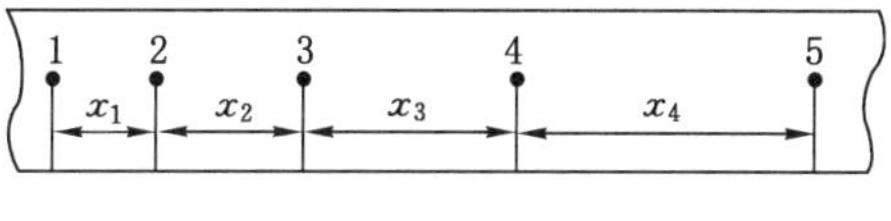

答案:(1) BC;(2) 0.265,0.495。

解析:(1) 甲的图像表明在小车的拉力为0时,小车的加速度大于0,说明合外力大于0,平衡摩擦力过度,即把长木板的末端抬得过高了,故A错误,B正确。乙的图像表明在拉力大于0时,小车的加速度为0,即需要一定拉力的情况下合外力才为0,是没有平衡摩擦力或平衡摩擦力不足导致的,可能是没有将长木板的末端抬高或抬高不够,故C正确,D错误。

(2) 每5个点取一个计数点,则相邻计数点间的时间间隔 $T=0.1$ s,根据匀变速直线运动中时间中点的速度等于该过程的平均速度,得 $v_4=\frac{0.0239+0.0291}{2\times0.1}$ m/s $=0.265$ m/s,由匀变速直线运动的推论公式 $\Delta x=aT^2$ 可求出加速度大小 $a=\frac{x_4-x_2+x_3-x_1}{4T^2}=0.495$ m/s²。

【教学建议】

(1) 实验教学要让学生明确实验目的,理解实验原理和方法,控制实验条件,会使用仪器,会观察、分析实验现象,会记录、处理实验数据,并得出结论,对结论进行分析和评价。

(2) 教会学生发现问题、提出问题,并制定解决问题的方案;能运用已学过的物理理论、实验方法和实验仪器处理问题。

(3) 让学生亲手做实验,培养学生动脑和动手能力。在做实验过程中必须清楚地理解实验的原理、思想和方法;熟悉并掌握实验仪器的工作原理、使用方法;了解某些实验中可能存在的系统误差和消除系统误差的方法;知道某些实验中误差的主要来源,会用多次测量求平均值的方法减小偶然误差;会记录实验数据和处理实验数据并得出结果。

(4) 让学生灵活地运用学过的理论实验方法、仪器去处理、分析、研究某些未做过的实验,包括设计某些比较简单的实验。在实验过程中有所体会,能从具体的、个别的实验中悟出某些共性的东西,可以把它们迁移到别处,用它们来解决没有做过的实验中的某些问题。

题目18 如下图甲所示是位于河北邯郸永年广府古城城东的拱形桥弘济桥,其结构简化为图乙所示的半圆形实验拱券。实验拱券由六块大小、形状、质量都相等的楔块组成,每个楔块质量 $m=2$ kg,不计楔块之间的摩擦,则:

(1) 实验拱券对支撑物A的压力是多大?

(2) 如图丙所示,如果在中间两个楔块上加一个向下的40 N的压力 F,楔块2对楔块3的支持力为 F_1,楔块5对楔块4的支持力为 F_2,求支持力 F_1 的大小。(g 取10 m/s²)

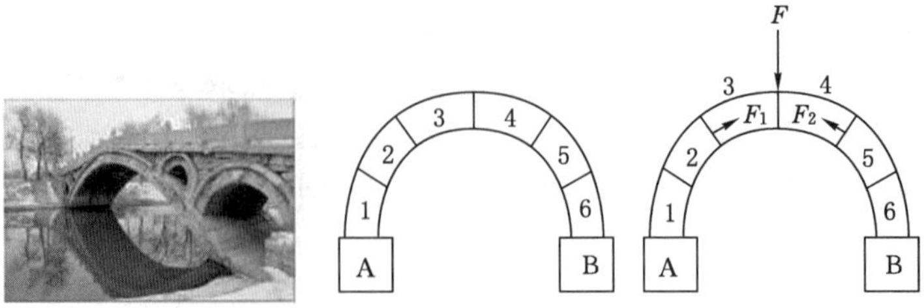

甲 乙 丙

【答案】(1) 60 N;(2) 80 N。

【解析】

(1) 六块楔块受到的总重力 $G=6mg=120$ N,由二力平衡条件知拱券对一边支撑物的压力为$\frac{G}{2}$,即 60 N。

(2) 以中间两楔块为研究对象,其受力如下图所示,F_1 和 F_2 间夹角为 120°,由对称性可知 $F_1=F_2$,由互成 120°角二力合成的特点知 $F_1=F_2=2mg+F=80$ N。

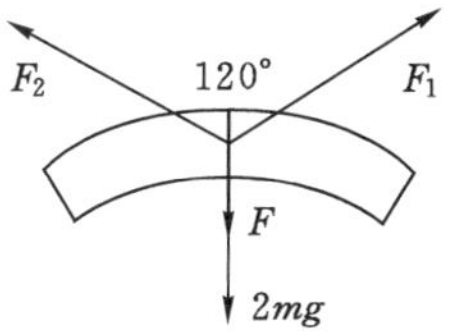

【数据分析】

全市范围内统计的难度系数为 0.23,属于难题;区分度 O 0.38,属于较好等级。

题号	分值	平均分	标准差	得分率	难度系数	鉴别指数(区分度)
18	8	1.84	2.09	0.23	0.23	0.38

【考查方向】

本题考查方向有三个:受力分析、共点力的平衡和牛顿第三定律。对物体受力分析考查学生的基本功,合理运用整体法和隔离法是对解题能力的考查。

【试题评析】

评价内容	解读	备注
情境、模型	共点力作用下物体的平衡、整体法和隔离法	生活实践
知识点	受力分析、弹力方向、共点力平衡、牛顿第三定律	
五大能力	理解能力、推理能力	
核心素养	模型建构、科学推理	
一核	立德树人、服务选才、教学导引	
四层	必备知识、关键能力、学科素养	
四翼	基础性、综合性、应用性	

本题体现了科学思维的核心素养,并把生活中的实际情境转换成学过的物理知识,也就是从生活到物理,再从物理到生活。第一问以整体为研究对象,受到竖直向上的两个支持力和竖直向下的重力,关键在于由对称思想得出两个支持力相等;第二问以中间两个楔块为研究对象,受到两个弹力、重力和压力,运用平行四边形定则和对称思想得到两个弹力相等。这道题既考查了必备知识和方法(重力、弹力、整体法和隔离法、对称思想),也对关键能力进行了考查。

【试题溯源】

本题源自人教版物理教材必修 1 第四章第 7 节,第 85 页的"共点力的平衡",该类知识点的考查以各种物体的平衡为基础,一般都是针对受力分析和力的合成与分解,列平衡方程求解,也涉及牛顿第三定律。

【变式拓展】

拱券结构是古代人们解决建筑跨度问题的有效方法,像欧洲古罗马的万神庙、我国古代的赵州桥都是拱券结构的典型建筑。拱券结构的特点是利用石块的楔形结构,将受到的重力和压力分解为向两边的压力,最后由拱券两端的基石来承受,如下图甲所示。现有六块大小、形状、质量都相等的楔块组成一个半圆形实验拱券,如图乙所示,半圆的半径是 2 m。每个楔块质量 $m=50$ kg,重力加速度 g 取 10 m/s^2。设一辆汽车质量 $M=1\ 000$ kg,行驶到桥的顶部,速度 $v=2$ m/s,可以把车看成质点,楔块之间的摩擦不计。汽车对中间两个楔块有向下的力,楔块 2 对楔块 3 的支持力多大?

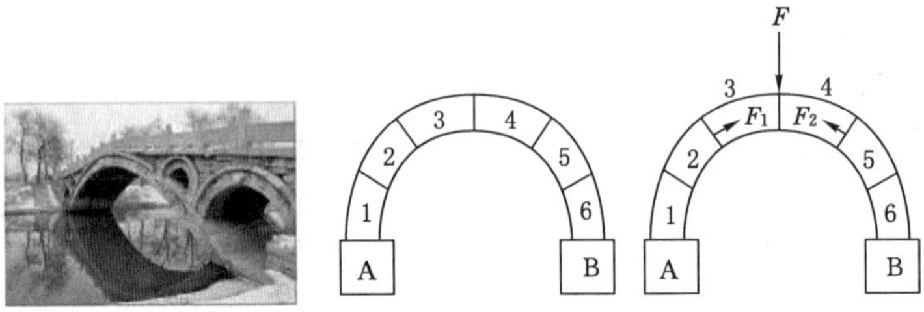

甲　　乙　　丙

解析:对汽车进行受力分析,其受向上的支持力和向下的重力,有 $F_N-Mg=M\dfrac{v^2}{R}$,汽车对中间两个楔块有向下的力 $F=F_N$,以楔块 3、4 整体为研究对象,其受力如下图所示,F_1 和 F_2 间夹角为 120°,由对称性可知 $F_1=F_2$,由成 120°角二力合成的特点知 $F_1=F_2=2mg+F$,联立可解得 $F_1=F_2=12\ 000$ N。

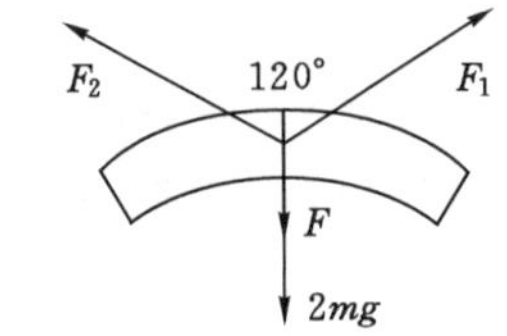

【教学建议】

(1) 让学生充分认识到选取研究对象的重要性,并指导学生如何根据问题选择合适的研究对象。

(2) 矢量和不同于代数和,加强矢量的运算。

(3) 部分学生对牛顿第三定律只停留在记忆水平,不能自如运用,根源在于对不同物体间相互作用的逻辑关系不清楚,要通过具体事例进行分析。

(4) 不要单纯追求多讲多练,而应精选例题,课堂上留足时间让学生独立思考,进行相关的变式训练,彻底弄懂搞清,突破难点。

邯郸市2020届高三空中课堂检测试题评析(节选)

题目16 某倾角为θ的斜面中点为P，P点以上光滑，P点以下粗糙，一可视为质点的物体由斜面顶端由静止释放，恰好到达底端时速度为零。取沿斜面向下为正方向，则该物体下滑过程中的位移x、速度v、合外力F、合外力的冲量I与时间t的函数图像可能正确的是(　　)。

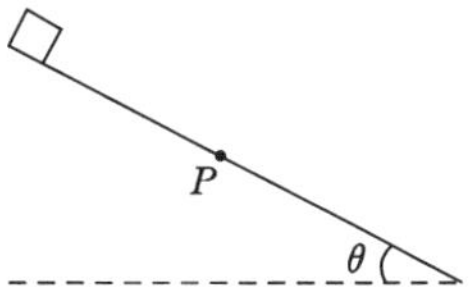

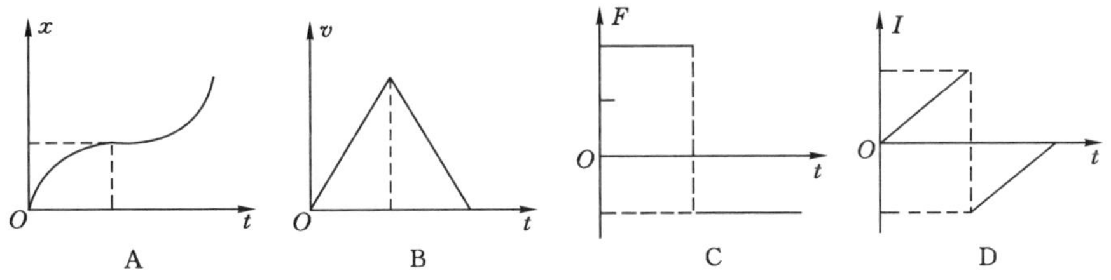

【试题情境】

本题属综合性题目，以考生十分熟悉的斜面模型为载体，考查学生应用匀变速直线运动、牛顿第二定律等相关知识解决问题的能力。

【必备知识】

本题考查的知识点为必修1中Ⅱ级考点“匀变速直线运动及其公式、图像”、Ⅱ级考点“力的合成与分解”、Ⅱ级考点“牛顿第二定律的应用”，选修3-5中的Ⅱ级考点“动量、动量定理”。

【关键能力】

本题中出现了考生能够十分熟悉的斜面模型，但是“两段式”分布的斜面上半部分光滑、下半部分粗糙，对考生的物理观念提出较高要求，必须在受力分析、运动分析等环节格外留意。而且本题的两段式分布的斜面模型中的“$0\sim v\sim 0$”特点使得模型建构能力显得更为重要，x-t、v-t、F-t、I-t关系图像形式在数形结合之外还考查了学生信息加工、分析综合、逻辑推理等关键能力。

【学科素养】

物理观念：两段式分布的斜面模型着重考查了学生的相互作用观念，而“$0\sim v\sim 0$”特点则更需要考生具备正确的运动观念。

科学思维：x-t、v-t、F-t、I-t关系图像考查得十分全面，综合度很高，考生必须从物理学的视角对物块下滑过程的本质属性、内在规律及相互作用关系具有正确的认识，能够基于经验事实对理想化模型进行抽象概括，最终将对题目的分析综合、推理论证整合在一起，从而明确斜率、面积、正负区间所对应的物理含义。

【解题思路】

物体在光滑的斜面上做匀加速直线运动，然后做匀减速直线运动，则$x=\frac{1}{2}at^2$，位移-

时间图线的斜率先增大后减小，如图 1 所示。A 错误。

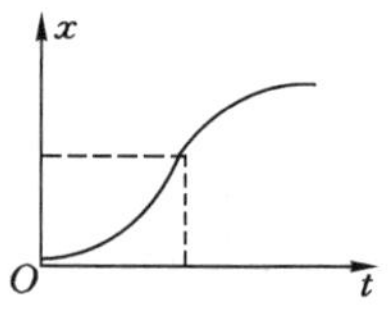

图 1

物体在前半段做匀加速直线运动，后半段做匀减速直线运动，由于到达底端的速度为零，所以前半段和后半段的平均速度相等，由位移相等，则在前半段和后半段的运动时间相等，加速度等大反向，则合力大小相等，方向相反，如图 2 所示。B 正确，C 错误。

根据冲量的计算公式可得 $I=F_{合}t=mat$，前半段和后半段的时间相等，匀加速和匀减速直线运动的加速度大小相等，方向相反，合外力的冲量方向相反，如图 3 所示，整个过程中合外力冲量为零。D 错误。

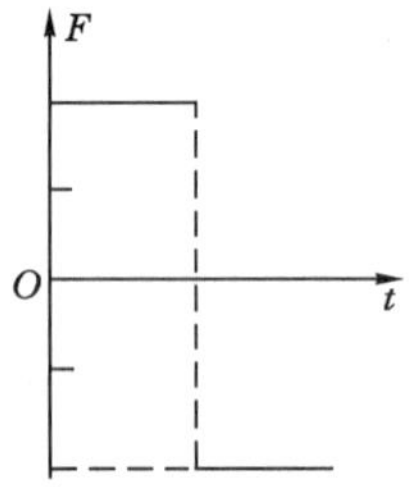

图 2

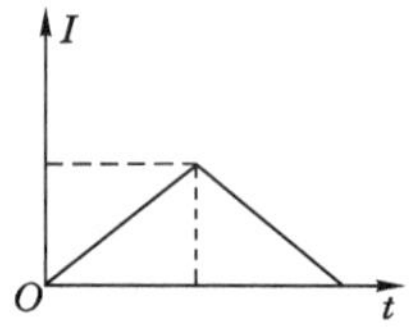

图 3

【高考赏析】

(2018·全国Ⅰ卷，T15)如下图所示，轻弹簧的下端固定在水平桌面上，上端放有物块 P，系统处于静止状态，现用一竖直向上的力 F 作用在 P 上，使其向上做匀加速直线运动。以 x 表示 P 离开静止位置的位移，在弹簧恢复原长前，下列表示 F 和 x 之间关系的图像可能正确的是(　　)。

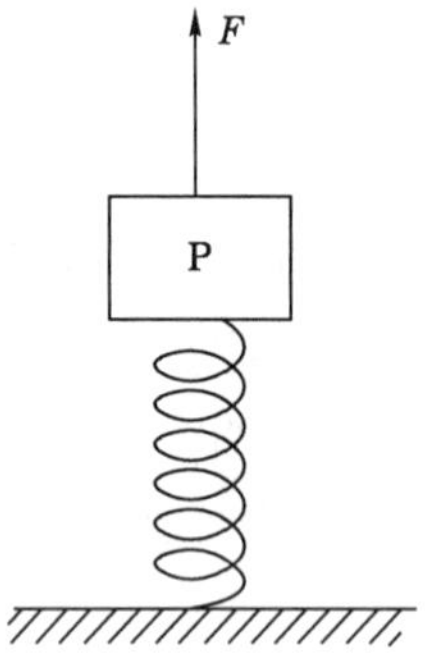

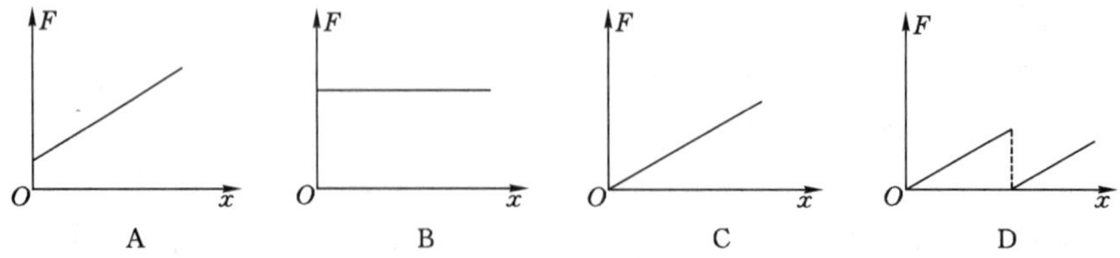

答案：A。

解析：本题考查牛顿第二定律与图像的综合应用。由牛顿第二运动定律有 $F-mg+F_{弹}=ma$，$F_{弹}=k(x_0-x)$，$kx_0=mg$，联立解得 $F=ma+kx$，对比四个图像，可能正确的是 A。

题目 21　在地球上将物体 P 水平抛出做平抛运动，物体的动能 E_k 与下降高度 h 之间的关系如下图中实线所示。在某一星球 H 上改用质量相同的物体 Q 水平抛出做平抛运动，其动能 E_k 与下降高度 h 之间的关系如下图中虚线所示。假设地球和星球 H 均为质量均匀分布的球体。已知地球的半径是星球 H 的 2 倍，地球的重力加速度 $g=10\ \text{m/s}^2$，则下列说法正确的是（　　）。

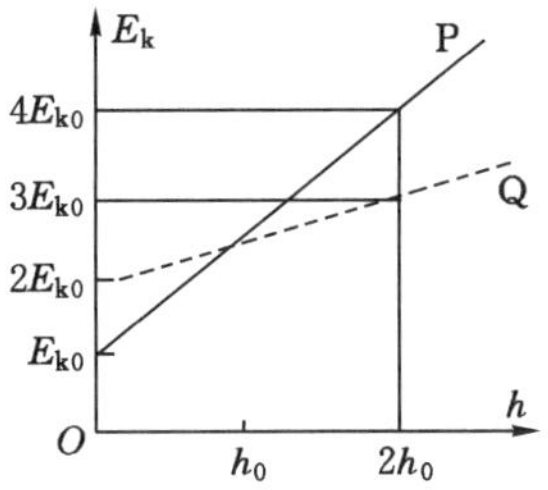

A. 地球的质量是星球 H 质量的 6 倍

B. 地球与星球 H 的密度之比为 3∶2

C. 已知地球的半径约为 6.4×10^6 m，则星球 H 的第一宇宙速度约为 3.3 km/s

D. 若 P、Q 下落过程中重力的瞬时功率相同，则 Q 下降的高度是 P 下降高度的 9 倍

【试题情境】

本题属综合性、应用性题目，以平抛运动中动能的变化为情境考查考生对平抛、天体运动等规律的掌握。

【必备知识】

本题考查的知识点为必修 2 中的Ⅱ级考点“抛体运动”“功和功率”“动能和动能定理”“万有引力定律及其应用”等。

【关键能力】

本题考查的关键能力主要是分析综合能力和信息加工能力。一是要求根据平抛运动规律和 E_k-h 图像的斜率找到星球和地球重力加速度的关系，考查了考生信息收集和整理能力，需要考生具有较强的分析综合能力；二是考生需要应用物理公式和数学运算去求解星球的质量和密度等，考查了考生应用数学解决物理问题的能力。

【学科素养】

物理观念：考查平抛运动的运动观念以及平抛运动中动能和高度变化的能量观念。

科学思维：考生需要应用万有引力定律等求解天体质量和密度，考查考生科学推理和论证的科学思维。

【解题思路】

物体做平抛运动，由动能定理可得 $E_k=E_{k0}+mgh$，可知地球的重力加速度为星球 H 重力加速度的 3 倍，在星球表面，根据万有引力等于重力可得 $\dfrac{GMm}{R^2}=mg$，其中 $M=\rho\dfrac{4}{3}\pi R^3$，解得 $\rho=\dfrac{3g}{4G\pi R}$，得地球与星球 H 的密度之比为 3∶2，地球的质量是星球 H 质量的 12 倍，故选项 B 正确，A 错误。第一宇宙速度为 $v=\sqrt{gR}$，代入数据可求得星球 H 的第一宇宙速度约为 3.3 km/s，故选项 C 正确。重力的功率为 $p_G=mgv=mg\sqrt{2gh}$，功率相等时，Q 下降的高度是 P 下降高度的 27 倍，故选项 D 错误。故选 BC。

【高考赏析】

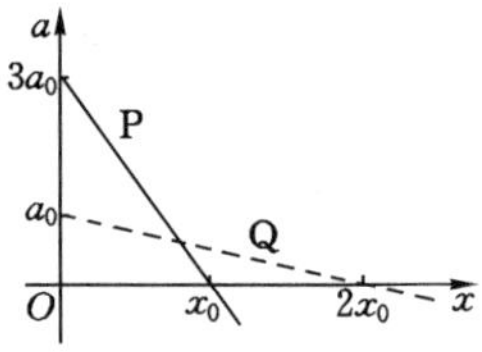

(2019·全国Ⅰ卷,T21)在星球M上将一轻弹簧竖直固定在水平桌面上,把物体P轻放在弹簧上端,P由静止向下运动,物体的加速度a与弹簧的压缩量x间的关系如右图中实线所示。在另一星球N上用完全相同的弹簧,改用物体Q完成同样的过程,其a-x关系如图中虚线所示。假设两星球均为质量均匀分布的球体。已知星球M的半径是星球N的3倍,则(　　)。

A. M与N的密度相等

B. Q的质量是P的3倍

C. Q下落过程中的最大动能是P的4倍

D. Q下落过程中弹簧的最大压缩量是P的4倍

答案:AC。

解析:设物体P、Q的质量分别为m_P、m_Q;星球M、N的质量分别为M_1、M_2,半径分别为R_1、R_2,密度分别为ρ_1、ρ_2;M、N表面的重力加速度分别为g_1、g_2。在星球M上,弹簧压缩量为0时有$m_Pg_1=3m_Pa_0$,所以$g_1=3a_0=G\dfrac{M_1}{R_1^2}$,密度$\rho_1=\dfrac{M_1}{\dfrac{4}{3}\pi R_1^3}=\dfrac{9a_0}{4\pi GR_1}$;在星球N上,弹簧压缩量为0时有$m_Qg_2=m_Qa_0$,所以$g_2=a_0=G\dfrac{M_2}{R_2^2}$,密度$\rho_2=\dfrac{M_2}{\dfrac{4}{3}\pi R_2^3}=\dfrac{3a_0}{4\pi GR_2}$;因为$R_1=3R_2$,故$\rho_1=\rho_2$,选项A正确。当物体的加速度为0时有$m_Pg_1=3m_Pa_0=kx_0$,$m_Qg_2=m_Qa_0=2kx_0$,解得$m_Q=6m_P$,选项B错误。$a$-$x$图线与$x$轴所围面积和质量的乘积表示合外力做的功,可知,$E_{kmP}=\dfrac{3}{2}m_Pa_0x_0$,$E_{kmQ}=m_Qa_0x_0$,所以$E_{kmQ}=4E_{kmP}$,选项C正确。根据运动的对称性可知,Q下落时弹簧的最大压缩量为$4x_0$,P下落时弹簧的最大压缩量为$2x_0$,选项D错误。

题目23　某实验小组利用如图(a)所示的电路探究在25～80 ℃范围内某热敏电阻的温度特性。所用器材有:热敏电阻R_T,放在控温容器M内;Ⓐ为电流表,量程I_m为6 mA,内阻r为10 Ω;E为直流电源,电动势E为3 V,内阻忽略不计;R为电阻箱,最大阻值为999.9 Ω;S为开关。

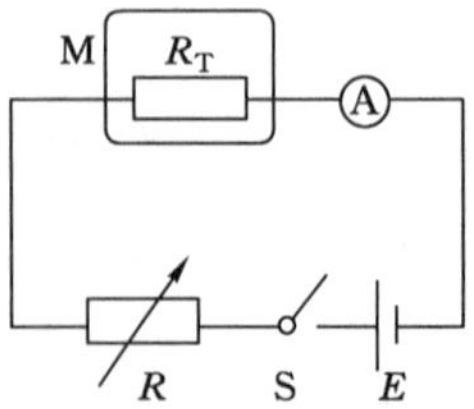

图(a)

实验时,先按图(a)连接好电路,再将温控室的温度t升至80.0 ℃,将开关S接通,调节R,使电流表读数半偏,记下此时R的读数。逐步降低温控室的温度t,调节R,使电流表读数半偏,得到相应温度下R的阻值,直至温度降到25.0 ℃。实验得到的R-t数据见下表。

t/℃	25.0	30.0	40.0	50.0	60.0	70.0	80.0
R/Ω	90.0	310.0	490.0	600.0	670.0	720.0	750.0

回答下列问题：

(1) 在闭合 S 前，图中 R 的阻值应调到________(填“最大”或“最小”)；

(2) 写出 R_T 的表达式________(用题中给的字母 I_m、r、E、R 表示)；

(3) 利用上面的表达式，根据不同温度下的 R，可以算出对应 R_T 的数值，部分计算结果已经标在图(b)所示坐标纸上，请补齐其余的数据，并作出 R_T-t 曲线；

(4) 将 R_T 握于手心，调节 R，使电流表读数半偏，此时 R 的读数如图(c)所示，该读数为________Ω，手心温度为________℃。

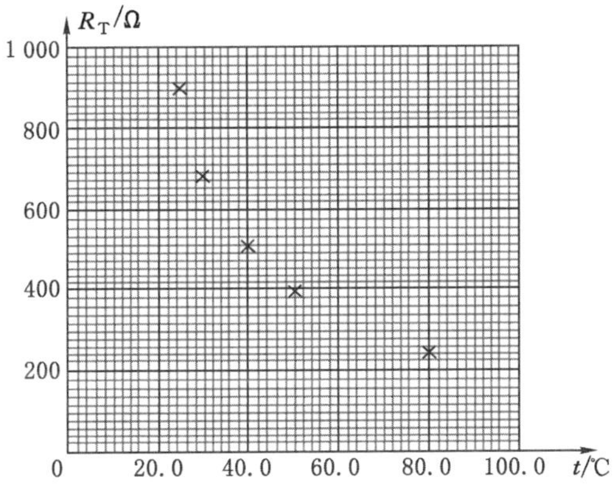

图(b)

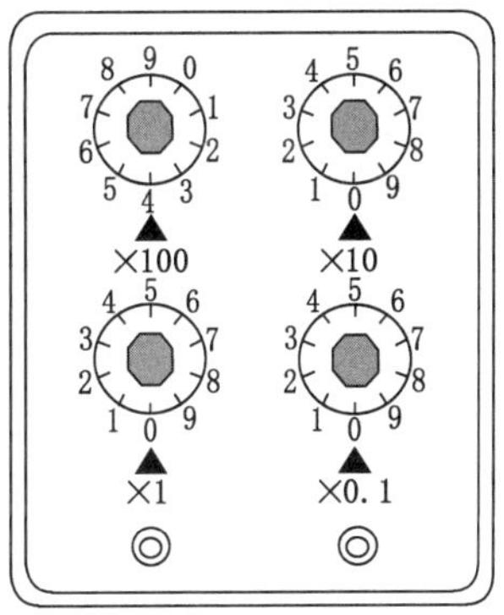

图(c)

【试题情境】

本题属于创新性试题，以高考热点“热敏电阻的测量”为素材，利用闭合电路欧姆定律对热敏电阻进行测量，考查考生对闭合电路的欧姆定律的理解，实验原理和欧姆表类似。

【必备知识】

本题考查的知识点为选修 3-1 中的Ⅱ级考点“闭合电路的欧姆定律”等。

【关键能力】

本题突出考查考生的实验探究能力和创新能力。考生通过审题，了解题中的情境和实验电路图，利用闭合电路的欧姆定律，理解实验原理。本题应用特殊方法测量热敏电阻的阻值，对考生的探究能力和创新能力有较高要求。

【学科素养】

科学思维：考生需要根据题干信息和实验原理图，建构模型和理解实验的原理。利用实验结果去分析手心的温度，考查了考生科学探究的素养。

【解题思路】

(1) 闭合开关后，为了让电路安全，需要电路的电阻最大，电流最小，因此在闭合开关前，电阻箱 R 的阻值应调到最大。

(2) 本实验的基本原理是利用闭合电路的欧姆定律去求解电阻，和欧姆表的原理类似。利用闭合电路的欧姆定律可得 $R_T+r+R=\frac{2E}{I_m}$，变式为 $R_T=\frac{2E}{I_m}-r-R$。

(3) 将其余的数据补齐,将各个点数据用平滑的曲线连接来,即可得到 R_T-t 曲线(下图)。

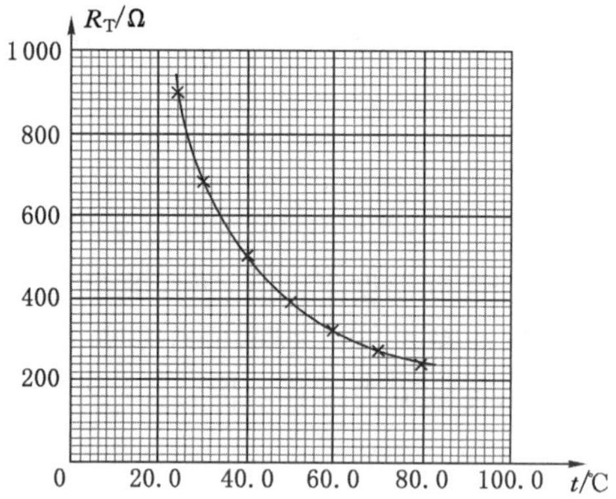

(4) 读出电阻箱的阻值为 400.0 Ω,求得热敏电阻的阻值为 590.0 Ω。利用 R_T-t 曲线读出对应的温度为 34 ℃。本题的结果保留位数的问题,可以参考 2018 年Ⅰ卷第 23 题,题中的 R_T-t 曲线中温度格式为一位小数,如 20.0,是因为原始温度数据是一位小数;由于温度坐标的最小刻度为 2,学生读出的数据准确应该是 33、34、35,写成 33.0、34.0、35.0,只是为了和题中的温度数据形式相同。因为在数据位数保留的时候:题目有特殊要求的,按题目要求写(比如保留两位有效数字或两位小数),题中没有特殊要求尽量和题中数据格式一致。

【高考赏析】

1. (2019·全国Ⅱ卷,T23) 某小组利用图(a) 所示的电路,研究硅二极管在恒定电流条件下的正向电压 U 与温度 t 的关系。图中Ⓥ₁和Ⓥ₂为理想电压表;R 为滑动变阻器,R_0 为定值电阻(阻值 100 Ω);S 为开关;E 为电源。实验中二极管置于控温炉内,控温炉内的温度 t 由温度计(图中未画出) 测出。图(b) 是该小组在恒定电流为 50.0 μA 时得到的某硅二极管 U-t 关系曲线。回答下列问题:

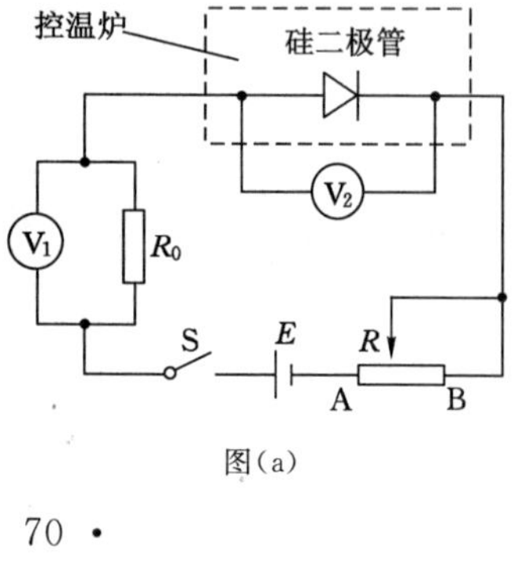

图(a)

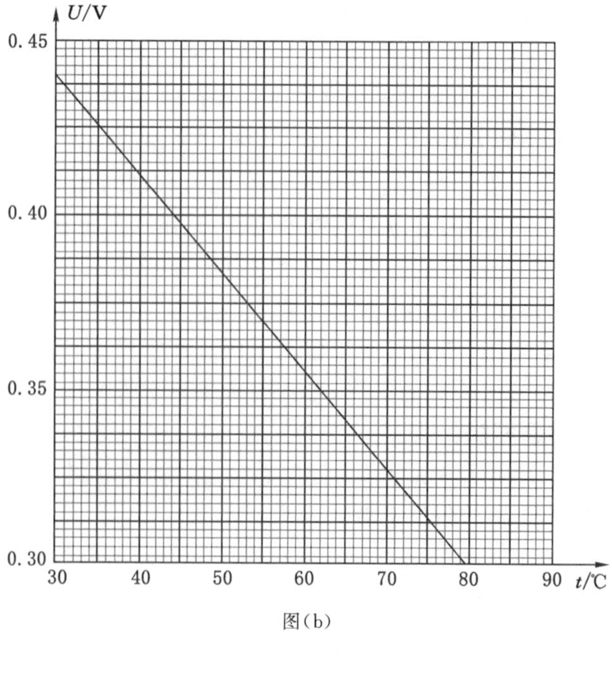

图(b)

(1) 实验中,为保证流过二极管的电流为 50.0 μA,应调节滑动变阻器 R,使电压表Ⓥ₁的示数为 $U_1=$ ________ mV;根据图(b)可知,当控温炉内的温度 t 升高时,硅二极管正向电阻________(填"变大"或"变小"),电压表V_1示数________(填"增大"或"减小"),此时应将 R 的滑片向________(填"A"或"B")端移动,以使V_1示数仍为 U_1。

(2) 由图(b)可以看出 U 与 t 呈线性关系,硅二极管可以作为测温传感器,该硅二极管的测温灵敏度为 $\left|\frac{\Delta U}{\Delta t}\right|=$ ________ $\times 10^{-3}$ V/℃(保留 2 位有效数字)。

答案:(1) 5.00,变小,增大,B;(2) 2.8。

解析:(1) $U_1=IR_0=100\ \Omega\times 50\times 10^{-6}\ \text{A}=5\times 10^{-3}\ \text{V}=5\ \text{mV}$。$R=\frac{U}{I}$,$I$ 不变,温度升高,U 减小,故 R 减小;由于 R 变小,总电阻减小,电流增大;R_0 两端电压增大,即V_1表示数变大,只有增大电阻才能使电流减小,故滑动变阻器向右调节,即向 B 端调节。

(2) 由图可知 $\left|\frac{\Delta U}{\Delta t}\right|=2.8\times 10^{-3}$ V/℃。

2. (2016·全国Ⅰ卷,T23)现要组装一个由热敏电阻控制的报警系统,要求当热敏电阻的温度达到或超过 60 ℃时,系统报警。提供的器材有:热敏电阻,报警器(内阻很小,流过的电流超过 I_C 时就会报警),电阻箱(最大阻值为 999.9 Ω),直流电源(输出电压为 U,内阻不计),滑动变阻器 R_1(最大阻值为 1 000 Ω),滑动变阻器 R_2(最大阻值为 2 000 Ω),单刀双掷开关一个,导线若干。

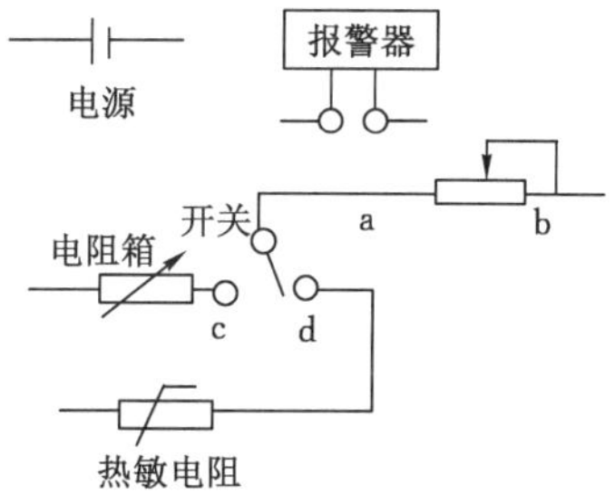

在室温下对系统进行调节,已知 U 约为 18 V,I_C 约为 10 mA;流过报警器的电流超过 20 mA 时,报警器可能损坏;该热敏电阻的阻值随温度升高而减小,在 60 ℃时阻值为 650.0 Ω。

(1) 在答题卡上完成待调节的报警系统原理电路图的连线。

(2) 电路中应选用滑动变阻器________(填"R_1"或"R_2")。

(3) 按照下列步骤调节此报警系统:

① 电路接通前,需将电阻箱调到一固定的阻值,根据实验要求,这一阻值为________Ω;滑动变阻器的滑片应置于________(填"a"或"b")端附近,不能置于另一端的原因是________。

② 将开关向________(填"c"或"d")端闭合,缓慢移动滑动变阻器的滑片,直至________。

(4) 保持滑动变阻器滑片的位置不变,将开关向另一端闭合,报警系统即可正常使用。

答案:(1) 如下图所示。(2) R_2。(3) ① b;保证报警器安全。② c;开始报警。

解析:(1) 热敏电阻工作温度达到 60 ℃时,报警器报警。故需调节电阻箱使其电阻为 60 ℃时的热敏电阻的阻值,即调节到阻值 650.0 Ω,光使报警器能正常报警,电路图如图所示。

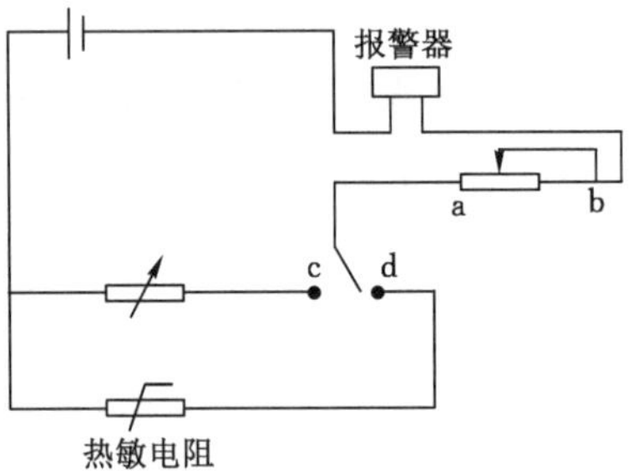

(2) $U=18$ V,当通过报警器的电流 10 mA$\leqslant I_C\leqslant$20 mA 时,电路中总电阻应满足 $R=\frac{U}{I_C}$,980 Ω$\leqslant R\leqslant$1 800 Ω,故滑动变阻器选 R_2。

(3) ① 本题采用的是等效替换法,先用变阻箱来代替热敏电阻,所以变阻箱的阻值要调节到热敏电阻的临界电阻也就是在 60 ℃时阻值为 650.0 Ω;为防止接通电源后流过报警器的电流超过 20 mA(报警器可能损坏),滑动变阻器的滑片应置于 b 端。② 先把变阻箱接入电路,调节滑动变阻器的电阻,调至报警器开始报警时,保持滑动变阻器的阻值不变,接到热敏电阻上,当热敏电阻的阻值是 650.0 Ω时,也就是温度达到了 60 ℃,报警器开始报警。

题目 25 如下图所示,AB 是长度足够长的光滑水平轨道,水平放置的轻质弹簧一端固定在 A 点,另一端与质量 $m_1=2$ kg 的物块 P 接触但不相连。一水平传送带与水平轨道 B 端平滑连接,物块 P 与传送带之间的动摩擦因数 $\mu=0.3$,传送带右端与水平光滑轨道 CD 平滑连接,传送带始终以 $v=2$ m/s 的速率匀速顺时针转动。质量为 $m_2=6$ kg 的小车放在光滑水平轨道上,位于 CD 右侧,小车左端与 CD 段平滑连接,右侧是一段半径 $R=0.5$ m 的光滑的四分之一圆弧,物块 P 与小车左段水平上表面的动摩擦因数 $\mu=0.2$。用外力缓慢推动物块 P,将弹簧压缩至储存的弹性势能 $E_p=9$ J,然后放开,P 开始沿轨道运动,冲上传送带后开始做减速运动,到达传送带右端时速度恰好与传送带速度大小相等。物块 P 在小车上上升的最大高度 $H=0.1$ m,重力加速度大小 $g=10$ m/s^2。求:

(1) 传送带的水平长度 L_0;

(2) 小车的水平长度 L_1;

(3) 要使物块 P 既可以冲上圆弧又不会从小车上掉下来,小车左侧水平长度的取值范围。

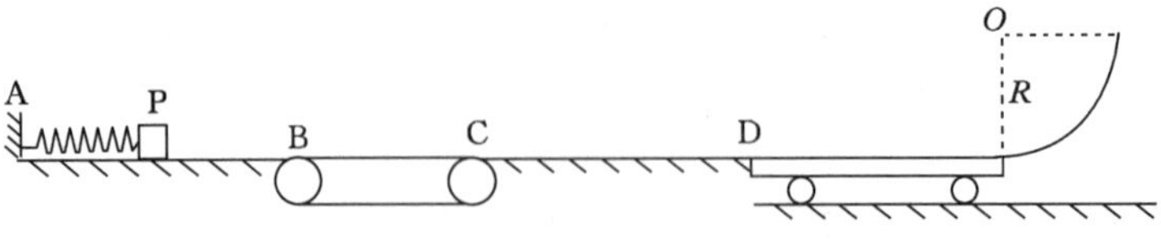

【试题情境】

本题属综合性题目,将弹簧模型、传送带模型、板块模型等几个独立的过程复合为一道综合性极强的题目呈现出来,情境多,过程复杂。

【必备知识】

本题考查的知识点为必修 1 中的Ⅱ级考点“匀变速直线运动及其公式”“牛顿运动定律、牛顿定律的应用”；必修 2 中的Ⅱ级考点“动能和动能定理”“功能关系、机械能守恒定律及其应用”；选修 3-5 中的Ⅱ级考点“动量、动量守恒定律及其应用”。

【关键能力】

本题属于较高难度的题目，处于理综试卷物理部分压轴题的位置，对考生的思维、综合程度、数学运算等环节均有较高的要求。

(1) 弹簧、传送带、板块等都是高中物理的常见模型，考生需要能从中抽象、概括出具有典型代表性的理想化物理模型。

(2) 本题的过程较为繁复，弹簧恢复、传送带上减速、小车上往复这三个不同的阶段有不同的物理规律蕴含其中，考生需要运用所学的知识，经过独立思考，进行受力分析、运动分析与能量分析，并解决“多过程”问题中每个阶段所涉及的受力、运动、能量转化等问题。

【学科素养】

物理观念：多过程、多变化、临界讨论的呈现方式，对考生的物理观念中的运动观念、相互作用观念、能量观念及其应用方面进行了重点考查。

科学思维：本题是典型的“多过程”问题，“弹簧”“传送带”“小车”这三个不同的模型组合在一起，不同的阶段有不同情境，需要考生根据提炼出的信息进行受力分析、运动分析与能量分析。对于“多过程”问题，还需要对每个阶段中的受力、运动、能量转化进行逻辑推理与科学论证，尤其是第三问中需要对各种可能性进行讨论，这些均体现了本题对考生的物理关键能力中的科学思维有较高要求。

【解题思路】

(1) 设物块 P 离开弹簧时的速度为 v_0。在物块与弹簧相互作用过程中，由机械能守恒定律有 $E_p=\frac{1}{2}m_1v_0^2$。物块在传送带上运动过程中，由动能定理有 $-\mu_1 m_1 gL_0=\frac{1}{2}m_1v^2-\frac{1}{2}m_1v_0^2$。

联立方程代入数据可得传送带的水平长度 $L_0=\frac{5}{6}$ m。

(2) 当物块运动到小车的最高点时，对于 P 与小车构成的系统，水平方向动量守恒，有 $m_1v=(m_1+m_2)v_1$。由能量守恒定律有 $\frac{1}{2}m_1v^2=\frac{1}{2}(m_1+m_2)v_1^2+m_1gH+\mu_2 m_1 gL_1$。

与前式联立后代入数据可得小车的水平长度 $L_1=\frac{1}{4}$ m。

(3) 设当小车水平长度为 L_2 时，物块到达小车水平右端时与小车有共同速度 v_1，则 $\frac{1}{2}m_1v^2=\frac{1}{2}(m_1+m_2)v_1^2+\mu_2 m_1 gL_2$。

与前式联立后代入数据可得 $L_2=\frac{3}{4}$ m。

设当小车水平长度为 L_3 时，物块到达小车水平左端时与小车有共同速度 v_1，则 $\frac{1}{2}m_1v^2=\frac{1}{2}(m_1+m_2)v_1^2+2\mu_2 m_1 gL_3$。

与前式联立后代入数据可得 $L_3=\frac{3}{8}$ m。

要使物块P既可以冲上圆弧又不会从小车上掉下来，小车左侧水平长度的取值范围为 $\frac{3}{8}\ \text{m}\leqslant L\leqslant\frac{3}{4}\ \text{m}$。

【高考赏析】

(2016·全国Ⅱ卷，T25)轻质弹簧原长为 $2l$，将弹簧竖直放置在地面上，在其顶端将一质量为 $5m$ 的物体由静止释放，当弹簧被压缩到最短时，弹簧长度为 l。现将该弹簧水平放置，一端固定在A点，另一端与物块P接触但不连接。AB是长度为 $5l$ 的水平轨道，B端与半径为 l 的光滑半圆轨道BCD相切，半圆的直径BD竖直，如右图所示。物块P与AB间的动摩擦因数 $\mu=0.5$。用外力推动物块P，将弹簧压缩至长度 l，然后放开，P开始沿轨道运动，重力加速度大小为 g。

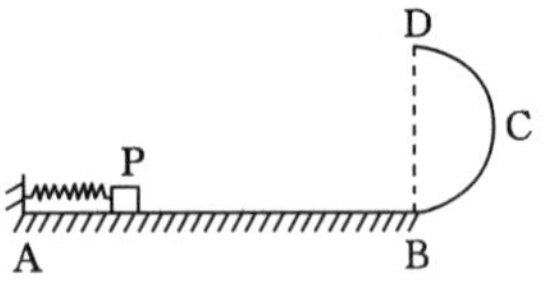

(1) 若P的质量为 m，求P到达B点时速度的大小，以及它离开圆轨道后落回到AB上的位置与B点间的距离。

(2) 若P能滑上圆轨道，且仍能沿圆轨道滑下，求P的质量的取值范围。

答案：(1) $s=2\sqrt{2}l$；(2) $\frac{5}{3}m\leqslant M\leqslant\frac{5}{2}m$。

解析：(1) 依题意，当弹簧竖直放置，长度被压缩至 l 时，质量为 $5m$ 的物体的动能为零，其重力势能转化为弹簧的弹性势能。由机械能守恒定律，弹簧长度为 l 时的弹性势能为 $E_p=5mgl$。

设P的质量为 M，到达B点时的速度大小为 v_B，由能量守恒定律得 $E_p=\frac{1}{2}mv_B^2+\mu Mg\cdot 4l$。

联立后，取 $M=m$ 并代入题给数据，得 $v_B=\sqrt{6gl}$。

若P能沿圆轨道运动到D点，其到D点时向心力不能小于重力，即P此时的速度 v 应满足 $\frac{mv^2}{l}-mg\geqslant 0$。

设P滑到D点时的速度为 v_D，由机械能守恒定律得 $\frac{1}{2}mv_B^2=\frac{1}{2}mv_D^2+mg\cdot 2l$。

联立可得 $v_D=\sqrt{2gl}$。

v_D 满足上式要求，故P能运动到D点，并从D点以速度 v_D 水平射出。设P落回到轨道AB所需的时间为 t，由运动学公式得 $2l=\frac{1}{2}gt^2$。

P落回到AB上的位置与B点之间的距离为 $s=v_D\cdot t$。

联立各式得 $s=2\sqrt{2}l$。

(2) 为使P能滑上圆轨道，它到达B点时的速度不能小于零，由上面的式子可知 $5mgl>\mu Mg\cdot 4l$。

要使P仍能沿圆轨道滑回，P在圆轨道的上升高度不能超过半圆轨道的中点C，由机械能守恒定律有 $\frac{1}{2}Mv_B^2\leqslant Mgl$。

联立各式得$\frac{5}{3}m \leqslant M \leqslant \frac{5}{2}m$。

题目 34(2) ［选修 3-4］如下图所示，空气中有一个横截面为直角三角形的三棱镜，其中棱镜的折射率为$n=\sqrt{3}$，$\angle A=90°$，$\angle C=60°$。一极细光束沿平行于底面的方向入射到 AB 面上，经 AB 面折射后进入三棱镜。

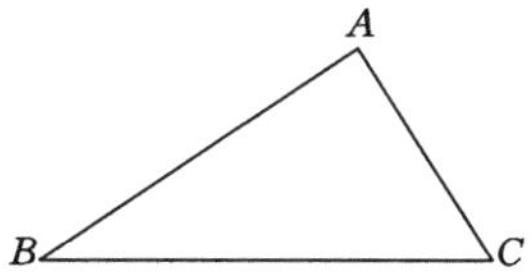

(1) 如果光束从 AB 面上直接射到 AC 面上，那么光束能否从 AC 面射出？说明原因。

(2) 如果光束从 AB 面上直接射到 BC 面上，那么光束将从哪个面射出(只讨论 BC、AC 两个面)？射出的光束的折射角是多大？

【必备知识】

本题考查的知识点为选修 3-4 中的Ⅰ级考点“折射率”“全反射”和Ⅱ级考点“光的折射定律”等。

【关键能力】

本题考查的关键能力主要是理解、分析综合、逻辑推理、判断和模型建构能力，考生应能够建构光的传播模型，应用光学知识和几何知识进行分析综合、推理判断。

【学科素养】

物理观念：理解光的折射定律和全反射。

科学思维：建构光的传播模型，应用折射定律、全反射以及几何知识进行科学分析、推理判断。

【解题思路】

(1) 如图 1 所示由几何知识可知，$\angle B=30°$，光束在 AB 面上的入射角为$i=60°$，设光束在 AB 面上的折射角为α，由折射定律得$n=\frac{\sin i}{\sin \alpha}$，解得$\alpha=30°$。

由几何知识可知，光束在 AC 面上的入射角为$\beta=60°$。

设光在三棱镜中发生全反射的临界角为 C，则$\sin C=\frac{1}{n}=\frac{\sqrt{3}}{3}$，因为$\sin 60°=\frac{\sqrt{3}}{2}>\sin C$，所以光束在 AC 面上发生全反射，不能从 AC 面射出。

(2) 如图 2 所示，如果光束从 AB 面上折射后直接射到 BC 面上，由几何关系得在 BC 面上入射角为 60°，大于临界角 C，将发生全反射，发射到 AC 面。由几何知识知，在 AC 面上的入射角为 0，即该光束垂直于 AC 面射出，折射角为 0。据光路的可逆性，AC 面的反射光束逆着入射光束，不会再从 BC 面射出。

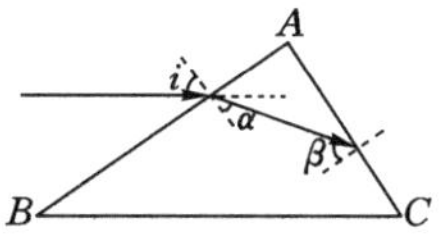

图 1

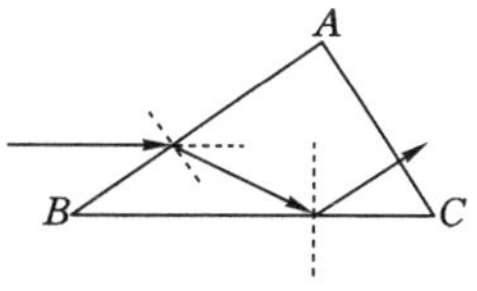

图 2

【高考赏析】

[2019·全国Ⅲ卷,T34(2)]如图,直角三角形 ABC 为一棱镜的横截面,$\angle A=90^\circ$,$\angle B=30^\circ$。一束光线平行于底边 BC 射到 AB 边上并进入棱镜,然后垂直于 AC 边射出。

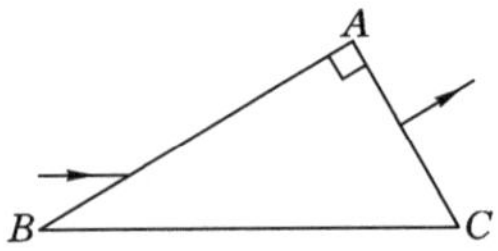

(1) 求棱镜的折射率。

(2) 保持 AB 边上的入射点不变,逐渐减小入射角,直到 BC 边上恰好有光线射出。求此时 AB 边上入射角的正弦。

答案:(1) $\sqrt{3}$;(2) $\sin i'=\dfrac{\sqrt{3}-\sqrt{2}}{2}$。

解析:(1) 光路图及相关量如下图所示。光束在 AB 边上折射,由折射定律得 $\dfrac{\sin i}{\sin \alpha}=n$,式中 n 是棱镜的折射率。由几何关系可知 $\alpha+\beta=60^\circ$。

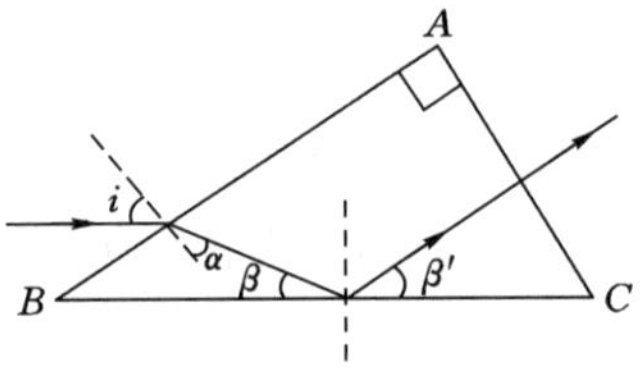

由几何关系和反射定律得 $\beta+\beta'=\angle B$。

联立方程,并代入 $i=60^\circ$,解得 $n=\sqrt{3}$。

(2) 设改变后的入射角为 i',折射角为 α',由折射定律得 $\dfrac{\sin i'}{\sin \alpha'}=n$。

依题意,光束在 BC 边上的入射角为全反射的临界角 θ_c,且 $\sin \theta_c=\dfrac{1}{n}$。

由几何关系得 $\theta_c=\alpha'+30^\circ$。

解得入射角的正弦为 $\sin i'=\dfrac{\sqrt{3}-\sqrt{2}}{2}$。

邯郸市2020届高三一模试题评析(节选)

题目15 如图所示，以两等量异种点电荷连线的中点 O 为圆心画圆，在圆上有 a、b、c、d 四点，b、d 两点在两电荷连线的垂直平分线上，下列说法正确的是(　　)。

A. a 点的电场强度大于 c 点的电场强度

B. b、d 两点的电场强度大小相等、方向相同

C. 负电荷在 a 点的电势能大于在 c 点的电势能

D. 将正电荷由 b 点沿直线移到 d 点，其受到的电场力先做负功后做正功

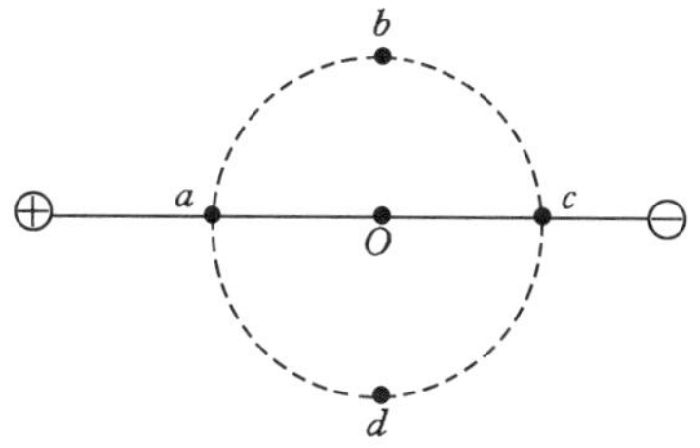

【答案】B。

【解析】

如下图所示，两等量异种点电荷产生的电场具有对称性，可知 a、c 两点的电场强度相同，b、d 两点的电场强度也相同，所以选项A错，B对。b、O、d 三点在同一等势线上，所以正电荷由 b 点沿直线移到 d 点静电力不做功，所以选项D错。负电荷由 a 点移动到 c 点，电场力做负功，电势能增大，因此负电荷在 a 点的电势能小，所以选项C错。

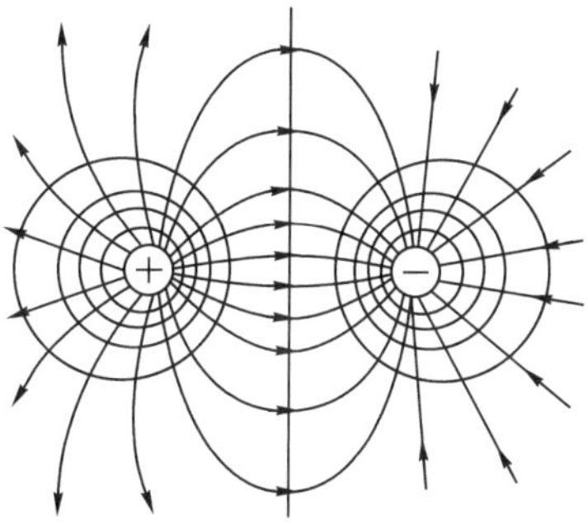

【数据分析】

全市范围内统计的难度系数为0.74，属于较容易题目；区分度0.64，属于优秀等级。

答案	平均分	A		B		C		D	
		人数	占比	人数	占比	人数	占比	人数	占比
B	4.43	813	2.70%	22 266	73.80%	2 502	8.30%	4 518	15.00%

【易错点】

错选C、D的学生占五分之一多，究其可能原因有以下几点：审题错误，没有看清电荷的电性，这也是平时学生经常出错的地方；没有掌握电势能大小的比较方法；不清楚电势能、电场力做功的正负的确切含义。

【应答策略】

解答这类题目关键是审好题，记清楚电场中典型电场的模型及其电场线、等势线的分布特征，还要熟悉比较电势能的方法及求解电场力做功的方法。

【试题情境】

本题以教材中呈现的等量异号点电荷为载体，考查考生对电场强度、电场线、电势能等基本概念的理解与分析。

【必备知识】

本题考查的知识点为选修 3-1 中的两个Ⅱ级考点“电场强度 、电场线”和“电势能、电势差、电势、等势面”。

【关键能力】

本题要求考生以等量异号点电荷模型为背景，以假想的电场线为抓手，引出多个基本概念，突出考查了学生的阅读理解能力、归纳概括能力等关键能力。

【学科素养】

本题考查的高中物理核心素养主要为：物理观念和科学思维。具体来说，主要包括能量观念及模型建构。

【教学建议】

高考评价体系中，在考查要求方面首先强调的是基础性。以学生的发展为本，从终身发展的视角来审视学习的内容，强调学习内容的基础性。物理学科的基础知识，就是最基本的、缺少便不足以为继的，同时又是不必过量和过度发展、能为未来留出更多发展空间和发展余地的，能让未来的发展具有更强的可持续性的内容。高考物理从考查核心概念和渗透基本的科学方法入手，增强考试内容的基础性，同时也体现物理学科核心素养的考查。电场中涉及的基本概念较多，如电场强度、电场线、电场力做功、电势、电势能等。对这些基本概念的复习必须足够重视，绝对不能有丝毫麻痹思想，想当然认为很简单，学生都会。教师要讲透电场相关概念的内涵，帮助学生全方位地对基本概念再学习、再理解。复习教学中可以引导学生运用思维导图来展示上述基本概念，建立有效的思维秩序和逻辑结构，促进学生物理概念结构化和系统化。

【高考赏析】

(2013·山东卷，T19)如图所示，在 x 轴上相距为 L 的两点固定两个等量异种电荷 $+Q$、$-Q$，虚线是以 $+Q$ 所在点为圆心、$L/2$ 为半径的圆，a、b、c、d 是圆上的四个点，其中 a、c 两点在 x 轴上，b、d 两点关于 x 轴对称。下列说法正确的是(　　)。

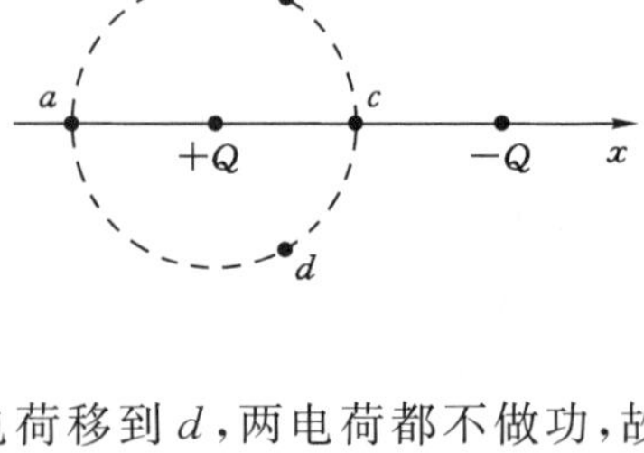

A. b、d 两点处的电势相同

B. 四个点中 c 点处的电势最低

C. b、d 两点处的电场强度相同

D. 将一试探电荷 $+q$ 沿圆周由 a 点移至 c 点，$+q$ 的电势能减小

答案：ABD。

解析：b、d 两点关于 x 轴对称，电势相等，即从 b 把电荷移到 d，两电荷都不做功，故 A 选项正确；四个点均在 $+Q$ 电荷的等势面上，c 离 $-Q$ 电荷最近，故电荷 c 的电势最低，B 选项正确；b、d 两点的电场强度是两电荷的电场的叠加，但方向不同，故 C 选项错误；试探电荷

$+q$ 沿圆周由 a 移至 c 点，电势降低，电势能减小，选项 D 正确。

题目 19 如图所示，质量均为 1 kg 的物块 A、B 用轻弹簧相连放置于倾角为 30°的光滑固定斜面上，物块 B 与垂直于斜面的挡板 C 接触，物块 A 系一轻质细绳，细绳、轻弹簧均与斜面平行，细绳绕过斜面顶端的轻质光滑定滑轮系一重物 D，静止时物块 B 恰好不离开挡板（此时弹簧在弹性限度内）。已知弹簧的劲度系数 $k=50$ N/m，重力加速度 $g=10$ m/s²，则下列分析正确的是（　　）。

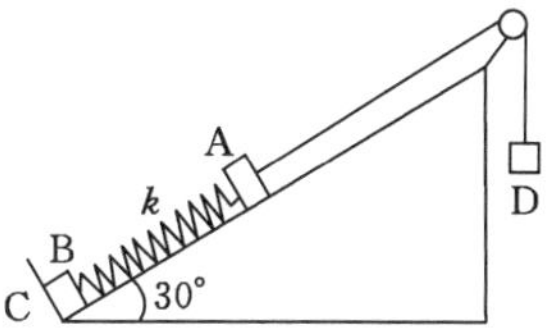

A. 若在与物块 A 接触处剪断弹簧，则剪断瞬间 A 的加速度大小为 2.5 m/s²

B. 若在与物块 A 接触处剪断弹簧，则剪断瞬间 A 的加速度大小为 5 m/s²

C. 若剪断细绳，则剪断瞬间 A 的加速度大小为 5 m/s²

D. 若剪断细绳，则剪断瞬间 A 的加速度大小为 10 m/s²

【答案】 AD。

【解析】

对 A、B、D 和弹簧整体受力分析可知，$m_D g=2mg\sin 30°$，解得 $m_D=1$ kg。剪断弹簧瞬间，A、D 整体有 $m_D g-m_A g\sin 30°=(m_D+m_A)a_1$，解得 $a_1=2.5$ m/s²，选项 A 正确，B 错误。剪断细绳瞬间，对 A 受力分析，A 受力只有细绳的拉力消失，其他不变，则 A 受到的合力与原来细绳的拉力等大反向，则有 $T=m_D g=m_A a_2$，解得 $a_2=10$ m/s²，选项 D 正确，C 错误。

【数据分析】

全市范围内统计的难度系数为 0.19，属于较难题目；区分度 0.23，属于区分度不太好的试题，需要修改。

答案	平均分	正确人数及比例	答题情况统计
AD	1.13	3 165(10.5%)	A:2 456(8.1%);B:5 960(19.8%);C:4 690(15.5%);D:2 616(8.7%);BD:8 796(29.2%);ABD:1(0%);AC:1 206(4%);BCD:1(0%);AB:23(0.1%);CD:19(0.1%);BC:1 134(3.8%);ABC:6(0%);空选:96(0.3%)

【易错点】

本题学生错选 B 的同学全市高达 53%。学生错选 B 主要有两个原因：剪断弹簧，对物块 A 分析时，没有考虑到细绳的弹力发生突变，认为细绳的弹力不变，导致结果错误；剪断弹簧，对物块 A、重物 D 整体分析，列式为 $m_D g-m_A g\sin 30°=m_A a_1$，对牛顿第二定律的同体性理解不够，导致结果错误。

【应答策略】

解答这类题目关键是理解牛顿第二定律的瞬时性：弹簧未破坏情形下弹力不变，而细绳的拉力可以突变。

【试题情境】

本题以弹簧、物块连接体的模型为载体,考查考生对共点力的平衡和牛顿第二定律瞬时性知识的理解和分析。

【必备知识】

本题考查的知识点为必修1中的相互作用和牛顿运动定律的两个Ⅱ级考点:共点力的平衡和牛顿运动定律及应用。

【关键能力】

本题要求考生以弹簧、物块连接体的模型为背景,从中提炼信息,利用整体隔离法,确定研究对象,构建物理模型,通过受力分析,运用力学平衡和牛顿第二定律,解决问题,突出考查了学生的信息搜索、整理和演绎推理等关键能力。

【学科素养】

本题考查的物理核心素养是物理观念和科学思维,主要包括相互作用观念、模型建构、科学推理等。如弹簧和细绳连接物块之间的相互作用观念,对弹簧、物块连接体模型的多物体问题,需要合理选择研究对象构建模型,结合弹簧未破坏情形下弹力不变,而细绳的拉力可以突变,利用牛顿第二定律进行科学推理和分析。

【教学建议】

牛顿第二定律是高中物理的核心规律,弹簧和绳模型是牛顿第二定律瞬时性问题中的典型模型,是我们教学的重点,也是学生加深理解牛顿第二定律的经典模型。从学生作答情况来看,学生整体掌握比较差。这反映学生对部分典型的模型掌握还不够牢固。在后期的备考复习中,根据学生暴露出来的共性问题,可以通过微专题的形式进行巩固和强化;对于学生暴露的个性问题,可以给学生提供素材,让学生进行专题强化训练并进行同步指导。

【高考赏析】

(2015·海南卷,T8)如图,物块a、b和c的质量相同,a和b、b和c之间用完全相同的轻弹簧S_1和S_2相连,通过系在a上的细线悬挂于固定点O。整个系统处于静止状态。现将细绳剪断,将物块a的加速度记为a_1,S_1和S_2相对原长的伸长分别为Δl_1和Δl_2,重力加速度大小为g,则在剪断的瞬间有(　　)。

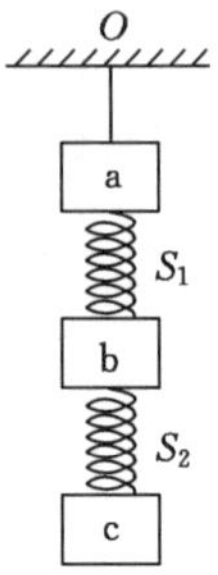

A. $a_1=3g$　　B. $a_1=0$

C. $\Delta l_1=2\Delta l_2$　　D. $\Delta l_1=\Delta l_2$

答案:AC。

解析:设物体的质量为m,在剪断绳子的瞬间,绳子的拉力消失,弹簧的弹力还没有来得及改变,所以剪断绳子的瞬间a受到重力和弹簧S_1的拉力T_1,剪断前对b、c和弹簧组成的整体分析可知$T_1=2mg$,故a受到的合力$F=mg+T_1=3mg$,所以加速度$a_1=\frac{F}{m}=3g$,选项A正确,B错误。设弹簧S_2的拉力为T_2,则$T_2=mg$,根据胡克定律$F=k\Delta x$可得$\Delta l_1=2\Delta l_2$,所以C正确,D错误。

题目22　某同学利用打点计时器做实验时,发现实验数据误差很大,怀疑电源的频率不是50 Hz,采用如图甲所示的实验装置来测量电源的频率。已知砝码及砝码盘的总质量$m=0.3$ kg,小车的质量$M=0.32$ kg,不计摩擦阻力,重力加速度$g=9.8\ \text{m/s}^2$。由静止释放小车，图乙为某次记录小车运动情况的纸带，图中 A、B、C、D、E 为相邻的计数点，已知相邻的计数点之间还有四个点未画出。（下列计算结果均保留三位有效数字）

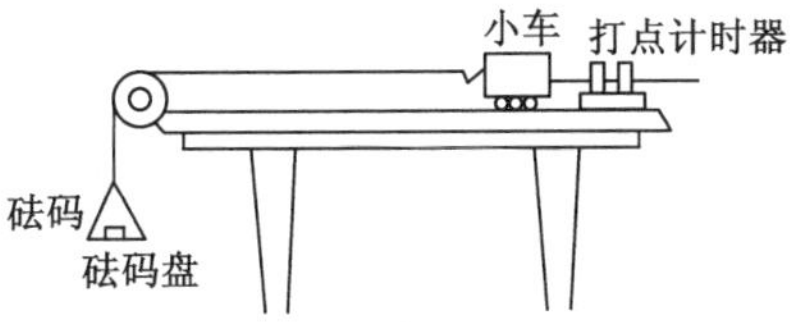

甲

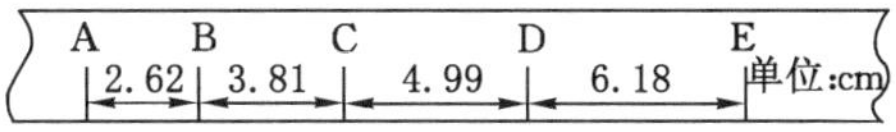

乙

（1）根据牛顿第二定律，小车的加速度大小为________ m/s^2。

（2）根据纸带上所给出的数据，可求出电源的频率为________ Hz。

（3）纸带上 C 点时小车的瞬时速度大小为________ m/s。

【答案】（1）4.74；（2）100；（3）0.880。

【解析】

（1）由公式 $mg=(m+M)a$，解得 $a=4.74\ m/s^2$。

（2）由公式 $x_4+x_3-x_2-x_1=4a\times(5T)^2$，解得 $T=0.01$ s，即频率为 100 Hz。

（3）由公式 $v_C=\dfrac{x_2+x_3}{2\times5T}$，解得 $v_C=0.880$ m/s。

【数据分析】

本题共 5 分，平均分为 0.83 分，难度系数为 0.17，属于难度较大题目；区分度 0.36，属于较好等级。

分值	平均分	标准差	得分率	难度	鉴别指数（区分度）
5	0.83	1.46	0.17	0.17	0.36

【易错点】

考生在答题中出现的问题主要表现为：学生在进行受力分析时，研究对象没有搞清楚，容易把小车当成研究对象，由牛顿第二定律列方程 $mg=Ma$，解得 $a=9.19\ m/s^2$；由第一问的 $9.19\ m/s^2$ 进一步求解时，就陷入了计算的麻烦，不能得出正确结果。有的学生依据题意，猜想频率为 40 Hz、51 Hz、60 Hz 等错误结果。最后一空的计算是要用到第二问结果的，由于错误的传递，而得出结果 0.440 m/s。有的是按照 100 Hz 计算的，但是换算单位出现错误得出 0.088 0 m/s。

【应答策略】

解答这类题目的关键是明确研究对象，确定以砝码、砝码盘和小车这一系统为研究对象，并进行正确的受力分析，即可列出牛顿第二定律方程，得出加速度。由逐差法得出电源的频率。利用匀变速直线运动的规律，中间时刻的瞬时速度等于这段时间的平均速度，得出 C 点的瞬时速度。

【试题情境】

测量加速度，是高中物理学实验的重要内容。本题以纸带法测加速度的基础实验为背景，逆向求解电源频率。题目考查兼具基础性、综合性及创新性。

【必备知识】

本题考查的知识点为必修1中的Ⅱ级考点“匀变速直线运动及其公式”“牛顿运动定律及其应用”。

【关键能力】

本题巧妙地把“研究匀变速直线运动”和“验证牛顿运动定律”两个实验相结合，以砝码、砝码盘与小车整体为研究对象，构建物理模型，通过受力分析，列出牛顿第二定律方程，用逐差法进行数据处理，利用加速度计算电源频率，利用平均速度计算中间时刻的瞬时速度。突出考查了学生的实验操作能力、信息加工能力等关键能力。

【学科素养】

本题考查的高中物理核心素养主要为：物理观念方面，考查了以小车和砝码及砝码盘为载体的物质观念、运动与相互作用观念；科学探究则体现为基于观察和实验，运用牛顿运动定律、逐差法、匀变速直线运动规律对获取的信息进行处理，并能基于数据得出结论。

【教学建议】

从学生的得分情况来看，平均分只有0.83，得分率仅为0.17。物理实验绝不只是动手操作那么简单，学生的动手能力必须建立在“动脑”的基础之上。

打点计时器是高中力学实验中非常重要的一个仪器，其核心思想是在纸带上以相等时间间隔的方式记录下物体运动的位置和时间信息，从而研究物体的运动。纸带留迹类似于频闪照片，记录了时间和空间信息，蕴含了力和运动的关系以及功和能量转化的奥妙。纸带留迹法在中学物理探究性实验中运用广泛。比如，“研究匀变速直线运动”“探究加速度与力、质量的关系”“探究功与速度变化的关系”“验证机械能守恒定律”等实验都与纸带相关。纸带的选择、数据处理与科学分析是高考实验考核的重点，是学生实验分析能力的重要体现。

实验复习，必须坚定夯实基础的理念，力求理解透彻、运用灵活。要理解纸带上点的意义：① 表示和纸带相连的物体在不同时刻的位置；② 通过研究纸带上各点之间的间隔，可以判断物体的运动情况；③ 可以利用纸带上打出的点来确定计数点间的时间间隔。要熟练掌握利用纸带判断物体的运动状态、计算某点的瞬时速度、求解加速度等的方法。可以引导学生对加速度的求解方法进行拓展训练，分别以逐差法、图像法、纸带剪贴法、两段法等进行思考与分析。通过题目的变式，还可以用纸带求当地的重力加速度、水平桌面的动摩擦因数、转轮角速度等物理量。

【高考赏析】

(2019·全国Ⅱ卷，T22)如图，某同学设计了测量铁块与木板间动摩擦因数的实验。所用器材有：铁架台、长木板、铁块、米尺、电磁打点计时器、频率50 Hz的交流电源，纸带等。回答下列问题：

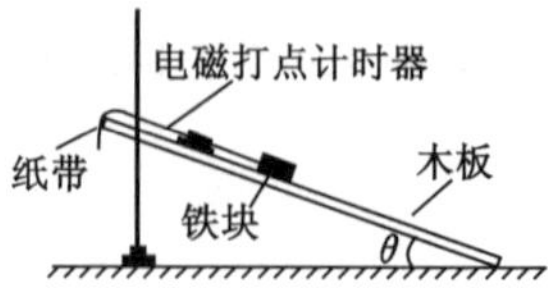

(1) 铁块与木板间动摩擦因数 $\mu=$________(用木板与水平面的夹角 θ、重力加速度 g 和铁块下滑的加速度 a 表示)。

(2) 某次实验时，调整木板与水平面的夹角 $\theta=30°$。接通电源，开启打点计时器，释放铁块，铁块从静止开始沿木板滑下。多次重复后选择点迹清晰的一条纸带，如图所示。图中的点为计数点(每两个相邻的计数点间还有 4 个点未画出)。重力加速度为 9.8 m/s^2。可以计算出铁块与木板间的动摩擦因数为________(结果保留 2 位小数)。

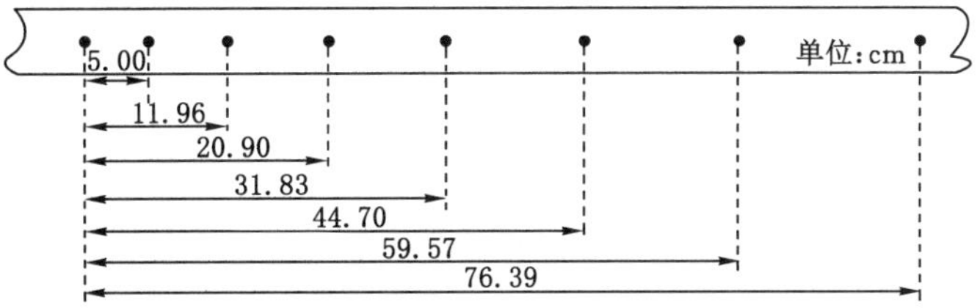

答案:(1) $\dfrac{g\sin\theta-a}{g\cos\theta}$；(2) 0.35。

解析:(1) 由 $mg\sin\theta-\mu mg\cos\theta=ma$，解得 $\mu=\dfrac{g\sin\theta-a}{g\cos\theta}$。

(2) 采用逐差法，$a=\dfrac{S_{\text{II}}-S_{\text{I}}}{9T^2}$。由纸带图知，$S_{\text{II}}=(76.39-31.83)\times10^{-2}$ m，$T=0.10$ s，$S_{\text{I}}=(31.83-5.00)\times10^{-2}$ m。

故 $a=\dfrac{44.56\times10^{-2}-26.83\times10^{-2}}{9\times10^{-2}}$ $m/s^2=1.97$ m/s^2。

解得 $\mu=\dfrac{9.8\times\dfrac{1}{2}-1.97}{9.8\times\dfrac{\sqrt{3}}{2}}=0.35$。

题目 24 如图所示，Oxy 为竖直面内的直角坐标系，y 轴正方向竖直向上，空间中存在有一沿 y 轴负方向的匀强电场(图中未画出)。质量为 m 的小球，不带电时以某一速度从点 $P(0,d)$ 沿平行于 x 轴的方向水平抛出，小球通过 x 轴上的 $Q(2d,0)$ 点。若使小球带上电荷量为 q 的正电荷，仍从 P 点以同样的速度抛出，小球恰好通过 $N(d,0)$ 点，不计空气阻力，重力加速度大小为 g。求:

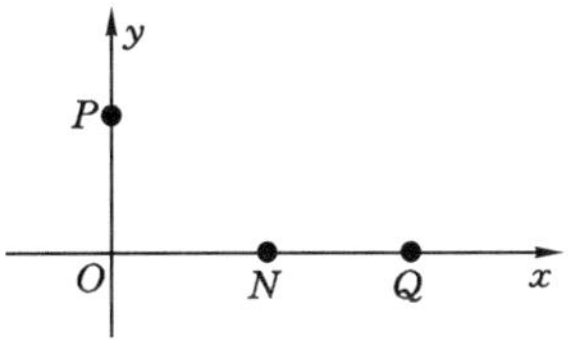

(1) 小球通过 N 点时的速度大小；

(2) 匀强电场的电场强度大小。

【答案】(1) $v=\sqrt{10gd}$；(2) $E=\dfrac{3mg}{q}$。

【解析】

(1) 小球从 P 到 Q 为平抛运动，$v_0t_1=2d$，$\dfrac{1}{2}gt_1^2=d$，解得 $v_0=\sqrt{2gd}$。

小球从 P 到 N 为类平抛运动，设类平抛运动的加速度为 a_2，时间为 t_2，有 $v_0t_2=d$，$\frac{1}{2}a_2t_2^2=d$，$v=\sqrt{v_0^2+v_{yN}^2}$，解得 $v=\sqrt{10gd}$。

(2) 方法1：小球从 P 到 N 过程中，由动能定理可知 $qEd+mgd=\frac{1}{2}mv^2-\frac{1}{2}mv_0^2$，得 $E=\frac{3mg}{q}$。

方法2：$qE+mg=ma_2$，解得 $E=\frac{3mg}{q}$。

方法3：两次运动，水平方向速度相同，水平位移之比为2∶1，故时间之比为2∶1；竖直方向上，位移相同，由表达式 $h=\frac{1}{2}at^2$ 可知加速度之比为1∶4，即 $g:a_2=1:4$，$qE+mg=ma_2$，解得 $E=\frac{3mg}{q}$。

【数据分析】

本题共12分，平均分为5.01，难度系数为0.42，属于中等难度题目；区分度0.78，属于优秀等级。

分值	平均分	标准差	得分率	难度	鉴别指数(区分度)
12	5.01	4.58	0.42	0.42	0.78

【易错点】

考生在答题中出现的问题主要表现为：部分学生对动能定理掌握不到位，不知道动能定理不能单方向应用(动能定理为标量式，不可进行分解)，在 y 轴方向应用动能定理列式 $qEd+mgd=\frac{1}{2}mv_{yN}^2$；做题不够规范，缺乏受力分析，错误将牛顿第二定律列式为 $qE-mg=ma_2$；字母乱用，题中给出平抛高度 d 但不少学生仍然使用 $h=\frac{1}{2}gt_1^2$；不能从原始公式出发，直接使用二级结论 $\tan\theta=2\tan\varphi$ 解速度，理论依据不够充分。

【应答策略】

解答带电粒子在电场中的运动这一类问题，首先要对研究对象进行受力分析、运动分析，明确具体运动情况，如本题，不带电小球做平抛运动，带电小球做类平抛运动，根据运动的分解与合成即可解答相关问题。另外，从能量角度出发也是解答该类问题的一种选择。学生在作答过程中要注意的事项有：文字叙述应详略得当；思维要严密且有条理；区分物理量的定义。

【试题情境】

以小球的平抛运动为情境，考查对平抛运动和类平抛运动的理解能力、推理能力和分析综合能力。

【必备知识】

本题考查的知识点为必修1中的Ⅱ级考点“匀变速直线运动及其公式、图像”“牛顿运动定律及其应用”，必修2中Ⅱ级考点“运动的合成与分解”“抛体运动”“动能和动能定理”以及选修 3-1 中的Ⅱ级考点“电场强度”。

【关键能力】

本题注重对基本概念、基本规律的考查，以小球平抛运动的信息为背景，可以通过类比的方法去分析和解决问题。要求学生从题目所给的运动情境中提炼小球两次运动均为做抛体运动的信息，构建出物理模型，通过受力分析、运动过程分析、能量转化和守恒的分析，运用合理的物理规律，解决这一实际问题。突出考查了学生的模型建构能力、信息加工能力，还考查学生对细节的处理、把握能力，以及运算能力。

【学科素养】

本题涉及物理观念中的物质观念、运动与相互作用观念、能量观念。

本题涉及科学思维中的模型建构、科学推理、科学论证。

本题体现出对学生严谨认真的科学态度和实事求是的科学精神的要求，体现了立德树人的高考选人导向，有较强的综合性和较好的区分度。

【教学建议】

答题规范性与学生的重视程度、学习态度以及教师平时的要求和训练有很大关系。相当数量的学生对解题的规范性没有重视，认为只要知道怎样解答就可以了，不愿意在表达规范、准确上花时间，更愿意将时间花在追求解题的数量及技巧上。教师在这个问题上也存在缺位的问题。高中物理平时的教学节奏快，容量大，教师往往更注重考生知识网络的构建、思维技巧的点拨，板书简洁，跳跃性强，书写潦草。这在客观上使板书失去了示范作用。

复习的任务之一就是让学生思考问题有方向、表达清晰有条理、解决问题有方法。必须深刻认识规范答题的教学意义，按物理学科的规范要求答题，能培养学生严谨学习态度，养成良好的思维习惯与意识，有效提高分析处理物理问题的能力。给学生讲清楚解题规范性也能有效地提高考试成绩。“丢三落四，叙述不完整；言不达意，表述不确切；公式拼凑，缺乏连贯性；字迹潦草，卷面不整洁”等不规范解题，往往是许多考生失分的重要原因之一。

规范答题的基本要求为：说理要充分，层次要清楚，逻辑要严密，语言要规范，文字要简洁，字母符号要规范。

【高考赏析】

(2014・全国Ⅰ卷，T25)如图，O、A、B 为同一竖直平面内的三个点，OB 沿竖直方向，$\angle BOA=60^\circ$，$OB=\frac{3}{2}OA$。将一质量为 m 的小球以一定的初动能自 O 点水平向右抛出，小球在运动过程中恰好通过 A 点。使此小球带电，电荷量为 $q(q>0)$，同时加一匀强电场，场强方向与 $\triangle OAB$ 所在平面平行。现从 O 点以同样的初动能沿某一方向抛出此带电小球，该小球通过了 A 点，到达 A 点时的动能是初动能的 3 倍；若该小球从 O 点以同样的初动能沿另一方向抛出，恰好通过 B 点，且到达 B 点时的动能为初动能的 6 倍。重力加速度大小为 g。求：

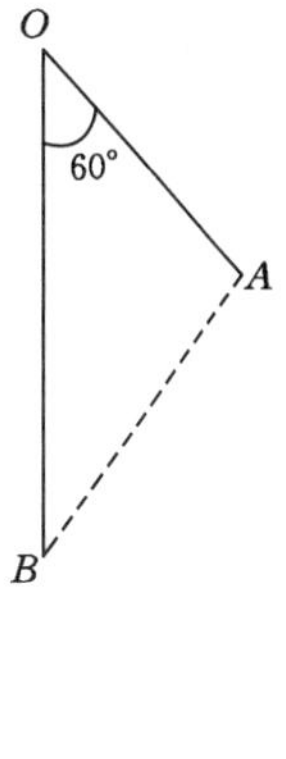

(1) 无电场时，小球到达 A 点时的动能与初动能的比值；

(2) 电场强度的大小和方向。

答案：(1) $\frac{7}{3}$；(2) $E=\frac{\sqrt{3}mg}{6q}$。

解析:(1) 设小球的初速度为 v_0,初动能为 E_{k0},从 O 点运动到 A 点的时间为 t,令 $OA=d$,则 $OB=\frac{3}{2}d$,根据平抛运动的规律,有 $d\sin 60^\circ=v_0t$,$d\cos 60^\circ=\frac{1}{2}gt^2$。

又有 $E_{k0}=\frac{1}{2}mv_0^2$,解得 $E_{k0}=\frac{3}{8}mgd$。

设小球到达 A 点时的动能为 E_{kA},则 $E_{kA}=E_{k0}+\frac{1}{2}mgd$,解得$\frac{E_{kA}}{E_{k0}}=\frac{7}{3}$。

(2) 加电场后,小球从 O 点到 A 点和 B 点,高度分别降低了$\frac{d}{2}$和$\frac{3d}{2}$,设电势能分别减小 ΔE_{pA} 和 ΔE_{pB},由能量守恒得$\frac{1}{2}mgd+\Delta E_{pA}=2E_{k0}-E_{k0}$,$\frac{3}{2}mgd+\Delta E_{pB}=6E_{k0}-E_{k0}$。

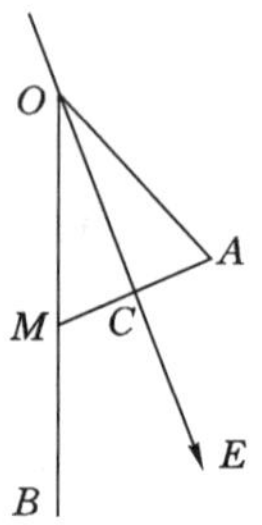

沿任一直线,电势的降落是均匀的。设直线 OB 上的 M 点与 A 点等电势,M 与 O 点的距离为 x,如右图所示,则有$\frac{x}{\frac{3}{2}d}=\frac{\Delta E_{pA}}{\Delta E_{pB}}$,解得 $x=d$。

MA 为等势线,电场必与其垂线 OC 方向平行。设电场方向与竖直向下的方向的夹角为 α,由几何关系可得 $\alpha=30^\circ$,设场强的大小为 E,有 $qEd\cos 30^\circ=\Delta E_{pA}$,解得 $E=\frac{\sqrt{3}mg}{6q}$。

题目 33 [选修 3-3]

(1) 用油膜法估测分子的大小实验的方法及步骤如下:

① 向体积 $V_{油}=1$ mL 的油酸中加酒精,直至总量达到 $V_a=250$ mL,配制成均匀的油酸酒精溶液;

② 用注射器吸取①中配制好的油酸酒精溶液,把它一滴一滴地滴入小量筒中,当滴入 $n=100$ 滴时,测得其体积恰好是 $V_0=1$ mL;

③ 往边长为 30~40 cm 的浅盘里倒入 2 cm 深的水;

④ 用注射器往水面上滴 1 滴该油酸酒精溶液,待油酸薄膜形状稳定后,将事先准备好的玻璃板放在浅盘上,并在玻璃板上描下油酸膜的形状;

⑤ 将画有油酸膜轮廓的玻璃板放在坐标纸上,如图所示,数得轮廓范围内小方格的个数为 115 个,小方格的边长 $l=20$ mm。

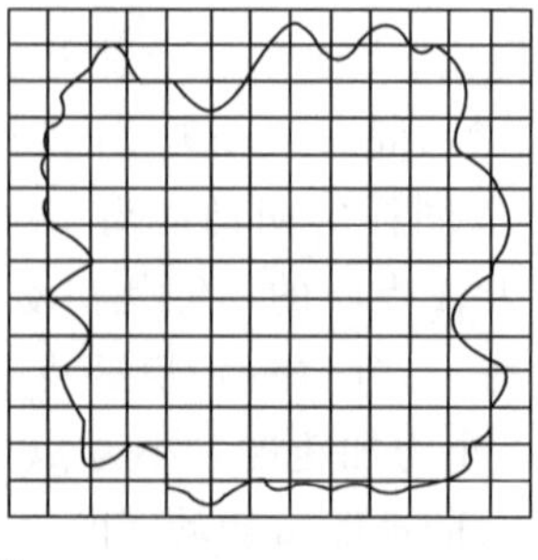

根据以上信息,回答下列问题:

(ⅰ) 以上步骤中,在步骤________后,还应该进行的实验步骤是:

____。

（ⅱ）油酸分子直径为________ m。（结果保留两位有效数字）

(2) 如图所示，一内径粗细均匀的 U 形管竖直放置，导热性能良好。U 形管右侧 B 管上端封闭，左侧 A 管上端开口且足够长。管内注入水银，并在 A 管内装配有光滑的轻质活塞，使两管中均封入 $l=15$ cm 的空气柱，活塞上方的大气压强为 $P_0=75$ cmHg，这时两管内水银面高度差 $h=10$ cm。环境温度 $T_1=300$ K。现缓慢升高环境温度，使两管内水银面一样高。求（计算结果均保留一位小数）：

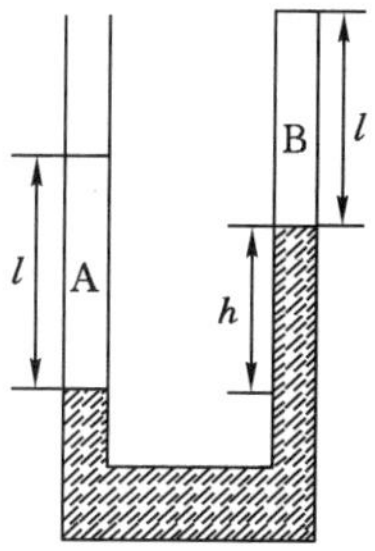

（ⅰ）此时环境的热力学温度；

（ⅱ）轻质活塞移动的距离（单位：cm）。

【答案】

(1)（ⅰ）③，在水面上均匀撒上痱子粉（或石膏粉、炭粉）；（ⅱ）8.7×10^{-10}。

(2)（ⅰ）461.5 K；（ⅱ）13.1 cm。

【解析】

(1) 本题考查用油膜法估测分子的大小，目的是考查学生的实验能力。

（ⅰ）为了显示单分子油膜的形状，需要在水面上撒痱子粉或石膏粉。

（ⅱ）1 滴油酸酒精溶液中纯油酸的体积 $V'=\frac{V_0}{n}\cdot\frac{V_{油}}{V_{总}}=4\times10^{-5}$ mL，油膜占据的面积 $S=115\times20\times20=4.6\times10^4(\text{mm}^2)$，油酸分子直径 $d=\frac{V'}{S}=8.7\times10^{-10}$ m。

(2) 本题考查气体实验定律，目的是考查学生的分析综合能力。

（ⅰ）当两管内水银面一样高时，B 管内空气柱长度 $l_{B2}=20$ cm，$P_{B2}=P_0=75$ cmHg，则根据理想气体的状态方程可得 $\frac{P_{B1}l_{B1}}{T_1}=\frac{P_{B2}l_{B2}}{T_2}$，其中 $P_{B1}=75\ \text{cmHg}-10\ \text{cmHg}=65$ cmHg，$l_{B1}=15$ cm，$T_1=300$ K。

解得 $T_2=461.5$ K。

（ⅱ）A 管中空气柱做等压变化，则有 $\frac{l_{A1}}{T_1}=\frac{l_{A2}}{T_2}$，解得 $l_{A2}=23.1$ cm。

又因为 B 管中水银流到 A 管 5 cm，所以轻质活塞移动的距离应为 23.1 cm－15 cm＋5 cm＝13.1 cm。

【数据分析】

全市范围内统计数据显示，本题目的选做率 0.37。本题共 15 分，平均得分 3.27，难度系数 0.22，属于较难题目；区分度 0.41，属于较好等级。

分值	平均分	标准差	得分率	难度系数	鉴别指数(区分度)
15	3.27	3.63	0.22	0.22	0.41

【易错点】

第(1)题部分，建立模型是关键。让油酸滴在水面上尽量散开，形成单分子的薄膜，已知 n 滴油酸的总体积为 V，则 1 滴油酸的体积为 $\frac{V}{n}$，由于 1 滴油酸所形成的油膜面积为 S，所以

油膜的厚度为 $d=\frac{V}{nS}$，即分子的直径为 $d=\frac{V}{nS}$。油酸在水面上扩散后，会将水面上的痱子粉推开，形成清晰的边缘，中间油酸扩散形成的图形是透明的。如果不用痱子粉，油酸扩散的边缘看不清，因为油酸是透明的。

第(2)题部分，考查理想气体状态方程应用。对于 B 管中气体，压强、体积、温度都在变化，应用理想气体状态方程求出压强。水银面相平时，两部分气体压强相等。再研究 A 管中气体，做等压变化，根据盖-吕萨克定律求出 A 管中气体体积，根据几何关系求出轻质活塞移动的距离。

【应答策略】

必须系统复习实验，让学生掌握好实验目的、实验原理、实验器材、实验步骤、数据处理、误差分析、注意事项等。

正确选择研究对象，分析气体所处状态各物理量之间的关系。

【试题情境】

第(1)题以油膜法测定分子直径大小实验为背景，考查考生对理想模型的理解、测量微观量的思想。

第(2)题以理想气体状态变化为载体，考查考生对气体实验定律的理解与应用。

【必备知识】

本题考查的知识点为选修 3-3 中的Ⅱ级考点“气体实验定律和用油膜法测定分子直径大小实验”。

【关键能力】

第(1)题以油膜法测定分子直径大小实验为背景，考生需要理解测量微观物理量的思想和方法，能通过科学、合理的操作获得实验数据，并能在实验中体现减小误差的方法，是对理解能力、模型建构能力、分析综合能力及信息加工能力的具体考查。

第(2)题以理想气体为载体，要求学生能建构理想气体模型，应用理想气体模型分析和研究实际气体的问题，用等温、等压、等容的理想过程正确认识和分析现实生活中的气体状态变化，突出考查了考生的模型建构能力、逻辑推理能力及分析综合能力。

【学科素养】

本题考查物质观念、物理模型建构等物理学科核心素养。通过油膜法测定分子直径大小实验，让学生体会和掌握测量微观量的思想和方法，要求能利用不同的方法和手段分析和处理信息，运用气体实验定律解决实际问题。

【教学建议】

(1) 热学基本内容，特点是概念和规律多，考点较分散，记忆性内容较多。主要内容有：分子动理论、固体液体和气体的性质理解、气体实验定律的理解和应用、热力学定律的理解和应用、气体状态变化的图像问题等。高考考查的形式一般是选择题考查热学基本内容，计算题考查气体实验定律的应用。

(2) 油膜法估测油酸分子大小的实验，设计思想十分巧妙，体现了构建分子模型的物理思想，利用许多不溶性的长链脂肪酸在适当溶剂的帮助下能在水面上铺开，会形成厚度为一个分子的表面膜的特性，将微观量的测量转化为宏观量的测量。

用油膜法估测油酸分子大小的实验中蕴含着丰富的科学方法，必须让学生体会：

① 理想化的方法：忽略了油酸分子的复杂结构和形状，把每一个油酸分子看作球形。将油膜分子看成紧密排列的球形，在水面形成单分子油膜。这都是理想化的方法。

② 转换的方法：估测分子的大小（直径）$d=\frac{V}{nS}$，把微小的不易测量的物理量分子直径转化为明显的易于测量的油酸体积$\frac{V}{n}$和这滴油酸形成油膜的面积S。

③ 累积的方法：配制好一定浓度的油酸酒精溶液后，用注射器吸取这样的油酸酒精溶液，把它一滴一滴地滴入小量筒中，记下液滴的总滴数N和它们的体积V_N，这样就获得了1滴油酸酒精溶液的体积，即$V_0=\frac{V_N}{N}$。这个累积的方法可以减少测量的相对误差。

④ 估算的方法：通过数正方形的个数，面积超过正方形一半算一个，不足一半的不算，数出正方形的总个数乘以一个正方形的面积，近似算出油酸膜的面积。

⑤ 放大法：若将1滴纯油酸滴于水面上，形成的单分子油膜的面积太大，不便于测量，且纯油酸在水面上扩张也太慢，因此，本实验中使用用酒精稀释的油酸溶液，利用的是酒精易挥发的特点，使油滴尽快在水面上扩张形成单分子油膜；而酒精又溶于水，这样在水面上形成的还是纯油酸的薄膜。

⑥ 留迹法：表面张力的作用使油酸溶液迅速展开成以痱子粉（或石膏粉、炭粉）为边界的区域。由于酒精挥发，随后展开的面积缩小，最终形成以痱子粉（或石膏粉、炭粉）为边界的油酸单分子膜。

由此可见，指导学生做好这个实验意义重大，有利于学生深化对微观世界的认识，促进学生基本物理观念的形成和思维能力、探究能力的发展。

(3) 气体实验定律的应用是热学的重点和难点。气体实验定律与牛顿第二定律、力的平衡问题有机地结合起来，形成综合性较强的力学问题，有利于考查综合分析能力及对物理过程的分析推理能力，较好地考查了物理核心素养。解题的一般程序是正确地选取研究对象，确定初、末状态气体的参量（压强、体积、温度等），弄清楚状态变化过程，选择相应规律列方程解题。

应用气体实验定律主要解决玻璃管封闭气体和气缸类问题。其中气缸类问题较为复杂。建议将常见的单缸单室、单缸双室和双缸双室的情境做成小微专题，进行巩固和强化，提高综合分析能力。这类问题，取气缸、活塞或活塞上的物体进行研究，然后根据平衡条件或牛顿第二定律列方程即可求出压强这一关键物理量。有两个或多个气缸时，注意挖掘题目隐含条件，综合应用气体之间的相互关联，分别研究各部分气体，找出各自的规律以及相互联系来列方程。

另外，要强化书写的规范性、表达的准确性、结果的正确性。

【高考赏析】

1. [2019·全国Ⅲ卷，T33(1)] 用油膜法估算分子大小的实验中，首先需将纯油酸稀释成一定浓度的油酸酒精溶液，稀释的目的是________。实验中为了测量出1滴已知浓度的油酸酒精溶液中纯油酸的体积，可以________。为得到油酸分子的直径，还需测量的物理量是________。

答案：使油酸在浅盘的水面上容易形成一块单分子层油膜；把油酸酒精溶液一滴一滴地滴入小量筒中，测出1 mL油酸酒精溶液的滴数，得到1滴溶液中纯油酸的体积；油膜稳

定后的表面积 S。

解析:用油膜法测量分子大小需要形成单分子油膜,故而需要降低油酸浓度;1 滴油酸的体积非常微小,不易准确测量,故而使用累积法,测出 N 滴油酸溶液的体积 V,用 V 与 N 的比值计算 1 滴油酸的体积;由于形成单分子油膜,油膜的厚度 h 可以认为是分子直径,故而还需要测量出油膜的面积 S,以计算厚度 $h=\frac{V}{S}$。

2. [2016·全国Ⅲ卷,T33(2)] 一 U 形玻璃管竖直放置,左端开口,右端封闭,左端上部有一光滑的轻活塞。初始时,管内汞柱及空气柱长度如图所示。用力向下缓慢推活塞,直至管内两边汞柱高度相等时为止。求此时右侧管内气体的压强和活塞向下移动的距离。已知玻璃管的横截面积处处相同;在活塞向下移动的过程中,没有发生气体泄漏;大气压强 $P_0=75.0$ cmHg。环境温度不变。

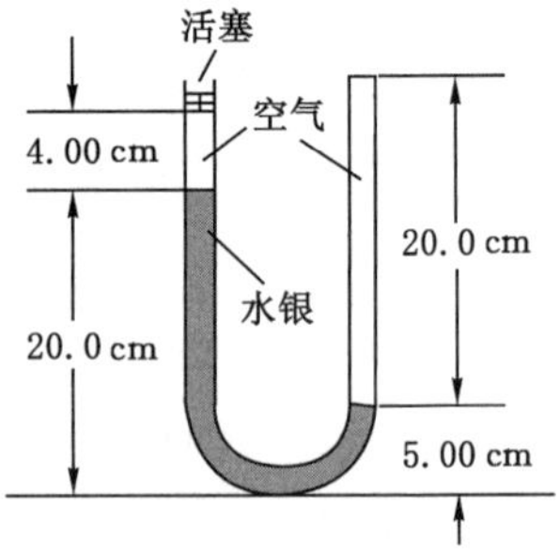

答案:144 cmHg,$h=9.42$ cm。

解析:设初始时,右管中空气柱的压强为 P_1,长度为 l_1;左管中空气柱的压强为 $P_2=P_0$,长度为 l_2。活塞被推下 h 后,右管中空气柱的压强为 P'_1,长度为 l'_1;左管中空气柱的压强为 P'_2,长度为 l'_2。以 cmHg 为压强单位,由题给条件得

$$P_1=P_0+[20.0+(20.0-5.00)]\text{cmHg},\quad l'_1=\left(20.0-\frac{20.0-5.00}{2}\right)\text{cm}$$

根据玻意耳定律有 $P_1l_1=P'_1l'_1$。

联立解得 $P'_1=144$ cmHg。

根据题意可得 $P'_1=P'_2,l'_2=4.00+\frac{20.0-5.00}{2}-h$。

根据玻意耳定律可得 $P_2l_2=P'_2l'_2$,解得 $h=9.42$ cm。

邯郸市2020届高三二模试题评析(节选)

题目15 大量研究发现,太阳的巨大辐射能量来自轻核聚变,事实上,宇宙中许多恒星内部时刻在激烈地进行着聚变反应。目前在实验室中能观察到的一种典型的核聚变反应为$^{2}_{1}H+^{3}_{1}H\rightarrow^{4}_{2}He+^{1}_{0}n+17.6\ MeV$,对这个反应的认识,下列说法正确的是(　　)。

A. 这个反应必须在高温下才能进行,是一种化学反应

B. 一个$^{2}_{1}H$和一个$^{3}_{1}H$的质量和一定小于一个$^{4}_{2}He$和一个$^{1}_{0}n$的质量和

C. 反应中释放17.6 MeV的能量是以内能形式出现的

D. $^{4}_{2}He$的比结合能要大于$^{3}_{1}H$的比结合能

【答案】D。

【解析】

轻核聚变必须在高温下进行,是一种原子核的反应,不是化学反应,A选项错误;根据爱因斯坦质能方程,聚变时释放能量是由于反应后产生了质量亏损,所以B选项错误;核反应中的能量一般以光子的形式释放,C选项错误;聚变反应中产生新核的比结合能比反应核的比结合能大,D选项正确。

【数据分析】

全市范围内统计的难度系数为0.48,属于中等难度题目;区分度0.56,属于优秀等级。

答案	平均分	A		B		C		D	
D	2.9	人数	占比	人数	占比	人数	占比	人数	占比
		1 499	5.16%	2 505	8.62%	11 003	37.88%	14 041	48.34%

【关键能力】

本题要求考生以核反应中的聚变反应为背景,多方面考查聚变反应条件和实质、质量亏损和核能、比结合能的含义等知识。本题题眼为“一种典型的聚变反应”,运用聚变反应相关知识,解释和判断命题,突出考查了学生的理解能力、逻辑推理能力和分析综合能力等关键能力。

【教学建议】

利用教材系统复习衰变、裂变、聚变和人工核转变的典型实例,从反应方程特点、质量亏损和核能等方面总结各类型反应的特征,培养学生类比思维;利用课件帮助解决较抽象的概念的理解问题,如比结合能,有意识进行与核物理相关的STSE(STSE是“科学、技术、社会、环境”的英文缩写)的信息收集。

【高考赏析】

1. (2019·天津卷,T6)我国核聚变反应研究大科学装置“人造太阳”2018年获得重大突破,等离子体中心电子温度首次达到1亿度,为人类开发利用核聚变能源奠定了重要的技术基础。下列关于聚变的说法正确的是(　　)。

A. 核聚变比核裂变更为安全、清洁

B. 任何两个原子核都可以发生聚变

C. 两个轻核结合成质量较大的核,总质量较聚变前增加

D. 两个轻核结合成质量较大的核,核子的比结合能增加

答案:AD。

解析:核聚变不产生废料,基本不污染环境,而核裂变会产生固体核废料,因此核聚变更加清洁和安全,A 选项正确;发生核聚变需要在高温高压下进行,大核不能发生核聚变,故 B 选项错误;核聚变反应会放出大量的能量,根据质能关系可知反应会发生质量亏损,故 C 选项错误;因聚变反应放出能量,因此反应前的比结合能小于反应后的比结合能,故 D 选项正确。

2. [2017·江苏卷,T12C(1)] 原子核的比结合能曲线如图所示,根据该曲线,下列判断中正确的有________。

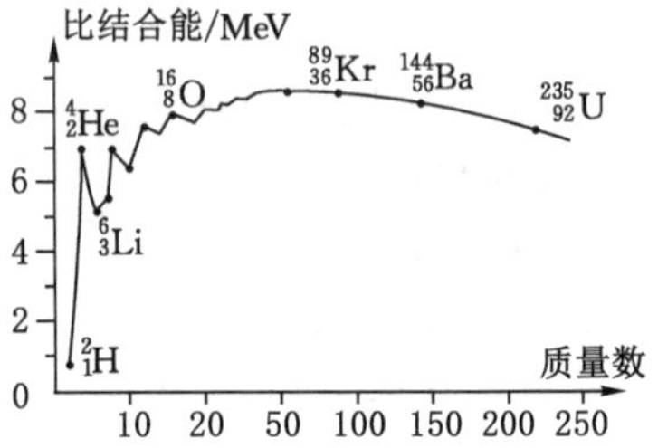

A. $^{4}_{2}$He 核的结合能约为 14 MeV

B. $^{4}_{2}$He 核比$^{6}_{3}$Li 核更稳定

C. 两个$^{2}_{1}$H 核结合成$^{4}_{2}$He 核时释放能量

D. $^{235}_{92}$U 核中核子的平均结合能比$^{89}_{36}$Kr 核中的大

答案:BC。

解析:由图知$^{4}_{2}$He 核的比结合能约为 7 MeV,所以结合能约为 $4\times7=28$ MeV,故 A 选项错误;$^{4}_{2}$He 核比$^{6}_{3}$Li 核的比结合能大,所以$^{4}_{2}$He 核比$^{6}_{3}$Li 核更稳定,B 选项正确;两个$^{2}_{1}$H 核结合成$^{4}_{2}$He 核时,即由比结合能小的反应生成比结合能大的释放能量,C 选项正确;由图知$^{235}_{92}$U 核中核子的平均结合能比$^{89}_{36}$Kr 核中的小,所以 D 选项错误。本题主要是要理解比结合能的含义,知道结合能与比结合能的区分与关系,以及在核反应过程中由比结合能小的反应生成比结合能大的要释放能量。

题目 18 水平传感器可以测量器械摆放所处的水平角度,属于角度传感器的一种,其作用就是测量载体的水平度,又叫倾角传感器。如图为一个简易模型,截面为内壁光滑的竖直放置的正三角形,内部有一个小球,其半径略小于内接圆半径,三角形各边有压力传感器,分别感受小球对三边压力的大小,根据压力的大小,信息处理单元能将各边与水平面间的夹角通过显示屏显示出来。如果图中此时 BC 边恰好处于水平状态,将其以 C 为轴在竖直平面内顺时针缓慢转动,直到 AC 边水平,则在转动过程中(　　)。

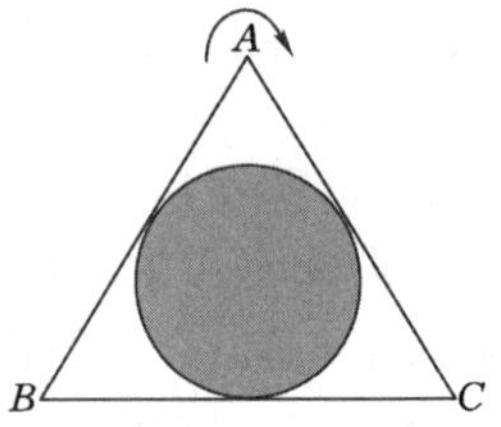

A. 当 BC 边与 AC 边所受压力大小相等时,AB 处于水平状态

B. 球对 AC 边的压力一直增大

C. 球对 BC 边的压力一直减小

D. BC 边所受压力不可能大于球的重力

【答案】A。

【解析】

方法一(正弦定理法):对球做转动过程中受力分析,球受三个力作用,重力 mg、BC 边的弹力 F_{BC} 和 AC 边的弹力 F_{AC},根据平行四边形定则将 F_{BC} 和 F_{AC} 合成为 F,F 与重力 mg

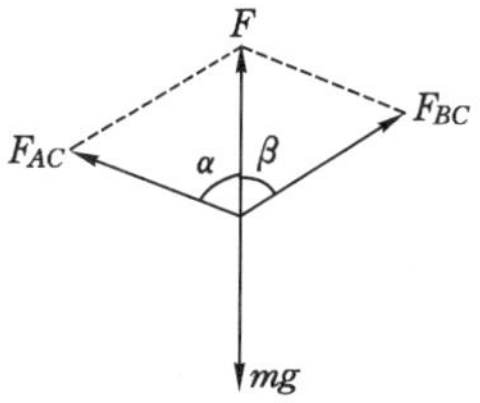

大小相等方向相反。如右图所示，弹力 F_{AC} 与竖直方向的夹角为 α，弹力 F_{BC} 与竖直方向的夹角为 β，由正弦定理得 $\frac{F_{AC}}{\sin\beta}=\frac{F_{BC}}{\sin\alpha}=\frac{F}{\sin(180^\circ-\alpha-\beta)}$，则 $F_{AC}=\frac{mg\sin\beta}{\sin 60^\circ}(0^\circ\leqslant\beta<120^\circ)$，在转动过程中 β 逐渐增大，F_{AC} 先增大后减小；$F_{BC}=\frac{mg\sin\alpha}{\sin 60^\circ}(0^\circ\leqslant\alpha<120^\circ)$，在转动过程中 α 逐渐减小，F_{AC} 先增大后减小。当 $\alpha=\beta=60^\circ$ 时，两个弹力相等，大小均等于重力，此时 AB 水平。综合以上分析可知 B、C、D 选项错误，A 选项正确。

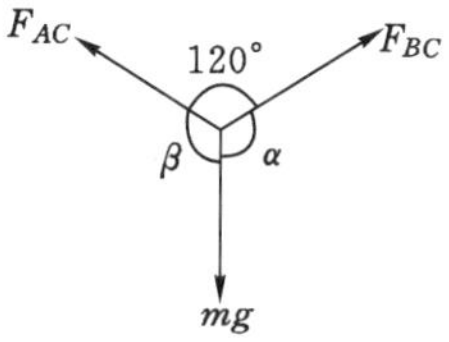

方法二（拉密定理法）：对球做转动过程中受力分析，球受重力 mg、BC 边的弹力 F_{BC} 和 AC 边的弹力 F_{AC} 三个力作用，弹力 F_{AC} 与重力的夹角为 β，弹力 F_{BC} 与重力的夹角为 α，如右图所示。由拉密定理得 $\frac{F_{AC}}{\sin\alpha}=\frac{F_{BC}}{\sin\beta}=\frac{mg}{\sin 120^\circ}$，则 $F_{AC}=\frac{mg\sin\alpha}{\sin 120^\circ}(60^\circ<\alpha\leqslant 180^\circ)$，在转动过程中 α 逐渐减小，F_{AC} 先增大后减小；$F_{BC}=\frac{mg\sin\beta}{\sin 120^\circ}(60^\circ<\beta\leqslant 180^\circ)$，在转动过程中 β 逐渐增大，F_{AC} 先增大后减小。当 $\alpha=\beta=120^\circ$ 时，即两个弹力相等，大小均等于重力，此时 AB 水平。综合以上分析可知 B、C、D 选项错误，A 选项正确。

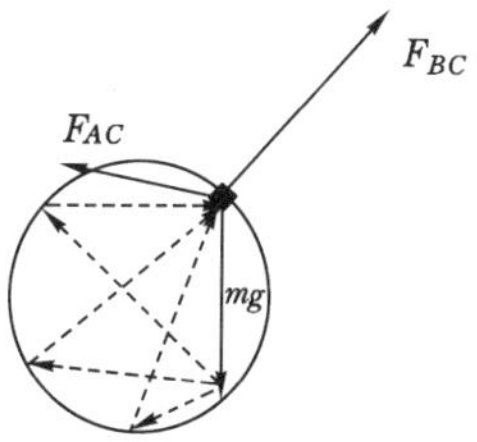

方法三（圆周角法）：对球做转动过程中受力分析，球受三个力作用，重力、BC 边的弹力和 AC 边的弹力。在变化过程中重力恒定，而两个弹力方向同时变化，但两个弹力方向夹角恒定为 120°。根据三角形定则可知，三个力构成的三角形外接圆中，重力为一固定弦，两个弹力变化过程中对应两个弦在圆周上移动，如右图所示。可直观看出，球对 BC 边的压力先增大后减小，球对 AC 边的压力也是先增大后减小，两个力大小均会出现大于重力的情况，当两个弹力相等时，大小均等于重力，此时 AB 水平。综合以上分析可知 B、C、D 选项错误，A 选项正确。

方法四（正交分解法）：对球做转动过程中受力分析，球受三个力作用，重力 mg、BC 边的弹力 F_{BC} 和 AC 边的弹力 F_{AC}，建立平面直角坐标系（图 1），设弹力 F_{BC} 与 y 轴正方向的夹角为 α。

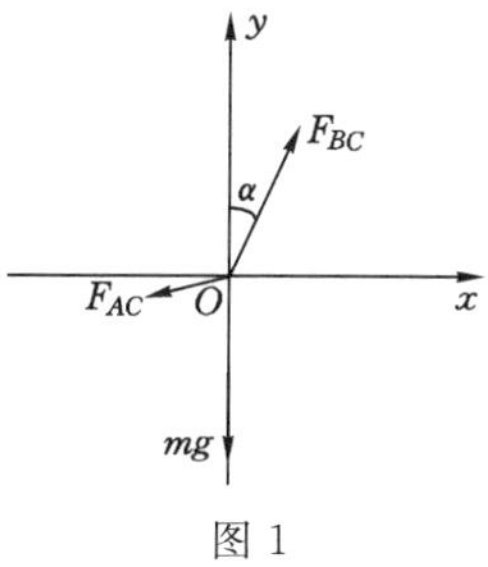

图 1

（1）$0^\circ\leqslant\alpha\leqslant 30^\circ$（图 1）

由物体平衡条件得：

在 x 轴上 $F_{BC}\sin\alpha=F_{AC}\cos(30^\circ-\alpha)$。

在 y 轴上 $F_{BC}\cos\alpha-F_{AC}\sin(30^\circ-\alpha)=mg$。

联立解得 $F_{BC}=\frac{mg\cos(30^\circ-\alpha)}{\cos 30^\circ}$，$F_{AC}=\frac{mg\sin\alpha}{\cos 30^\circ}$。

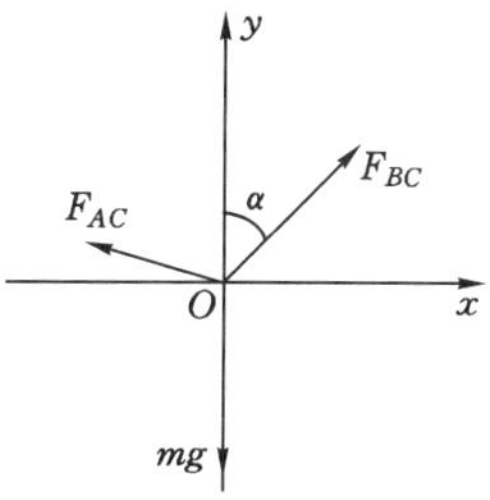

图 2

（2）$30^\circ\leqslant\alpha\leqslant 90^\circ$（图 2）

由物体平衡条件得：

在 x 轴上 $F_{BC}\sin\alpha=F_{AC}\cos(\alpha-30^\circ)$。

在 y 轴上 $F_{BC}\cos\alpha+F_{AC}\sin(\alpha-30^\circ)=mg$。

联立解得 $F_{BC}=\frac{mg\cos(\alpha-30^\circ)}{\cos 30^\circ}$，$F_{AC}=\frac{mg\sin\alpha}{\cos 30^\circ}$。

(3) $90°\leqslant\alpha<120°$(图 3)

由物体平衡条件得：

在 x 轴上 $F_{BC}\cos(\alpha-90°)=F_{AC}\sin(120°-\alpha)$。

在 y 轴上 $F_{AC}\cos(120°-\alpha)-F_{BC}\sin(\alpha-90°)=mg$。

联立解得 $F_{BC}=\dfrac{mg\sin(\alpha-30°)}{\cos 30°}$，$F_{AC}=\dfrac{mg\sin\alpha}{\cos 30°}$。

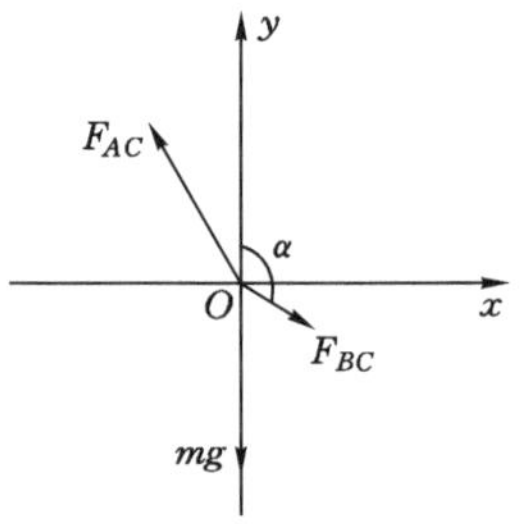

图 3

由此可以判断，在转动过程中 α 逐渐增大，F_{AC} 先增大后减小；F_{AC} 先增大后减小。当 $\alpha=60°$时，两个弹力相等，大小均等于重力，此时 AB 水平。综合以上分析可知 B、C、D 选项错误，A 选项正确。

【数据分析】

全市范围内统计的难度系数为 0.68，属于中等难度题目；区分度 0.48，属于很好等级。

答案	平均分	A		B		C		D	
A	4.05	人数	占比	人数	占比	人数	占比	人数	占比
		19 650	67.5%	3 231	11.1%	2 093	7.2%	4 024	13.8%

【关键能力】

本题要求考生以倾角传感器测压力的大小信息为背景，从中提炼信息，确定研究对象，通过受力分析和动态平衡分析，运用合理的物理概念或物理规律，解决物理问题，突出考查了学生的理解能力、模型建构能力、逻辑推理能力、分析综合能力等关键能力。

【教学建议】

物体在缓慢移动过程中均处于平衡状态，但物体所受的某些力的大小和方向会发生变化，使结果出现一些不确定性。本部分在高考中一般以选择题形式出现，试题情境简单，直接考查受力平衡问题，定性判断居多，经常要求定性判断受力个数、某一个力方向变化时引起各力大小的变化情况；也可能要求定量计算力的大小。对考生理解和推理能力有较高要求。解决这类问题的一般思路是化“动”为“静”，“静”中求“动”。根据不同情况，选择合适的方法，基本方法如下：

(1) 解析法：画出研究对象的受力示意图，根据动态变化的原因(一般是某一夹角发生变化)，用三角函数表示出各个作用力与变化夹角之间的关系，从而判断各作用力的变化。

(2) 图解法：三个力中一个力大小方向不变、一个力的方向不变大小可以改变、一个力大小方向都改变。常常把三个力放置在一个矢量三角形中，有时涉及相似三角形的知识。

(3) 圆周角法：三个力中一个力大小方向不变，另外两个力的夹角不变、方向和大小改变。常常把三个力组成一个矢量三角形，画出该三角形的外接圆，不变力为一固定弦，以两个变力变化过程中对应两个弦在圆周上移动来判断变化情况。

(4) 正弦定理(或拉密定理)：三个力中一个力大小方向不变、另外两个力的夹角不变，采用正弦定理(或拉密定理)会更容易判断另外两个力的变化情况或求极值。

(5) 相似三角形法：物体只受三个力作用，且其中一个力大小、方向均不变，另外两个力的方向都在发生变化，根据平行四边形定则画出其中任意两个力的合力与第三个力等值反向,可能有力三角形与题设图中的几何三角形相似,进而得到力三角形与几何三角形对应边成比例,根据比值便可计算出未知力的大小与方向。

【高考赏析】

(2017·全国Ⅰ卷,T21)如图,柔软轻绳 ON 的一端 O 固定,其中间某点 M 拴一重物,用手拉住绳的另一端 N。初始时,OM 竖直且 MN 被拉直,OM 与 MN 之间的夹角为 $\alpha\left(\alpha>\frac{\pi}{2}\right)$。现将重物向右上方缓慢拉起,并保持夹角 α 不变。在 OM 由竖直被拉到水平的过程中(　　)。

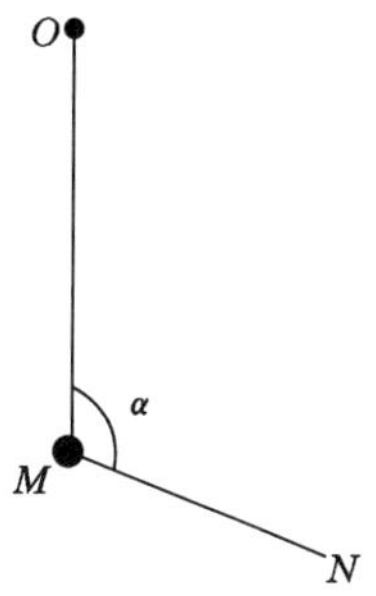

A. MN 上的张力逐渐增大

B. MN 上的张力先增大后减小

C. OM 上的张力逐渐增大

D. OM 上的张力先增大后减小

答案:AD。

解析:设重物的质量为 m,绳 OM 中的张力为 T_{OM},绳 MN 中的张力为 T_{MN}。开始时 $T_{OM}=mg$,$T_{MN}=0$。由于缓慢拉起,则重物一直处于平衡状态,两绳张力的合力与重物的重力 mg 等大、反向。

方法一(图解法):如图 1 所示,画出初态受力情况、末态受力情况以及中间过程某一状态。

T_{OM}:竖直向上 1→2→3,T_{OM} 先增大后减小。T_{MN}:零 →2→3,T_{MN} 一直增大。

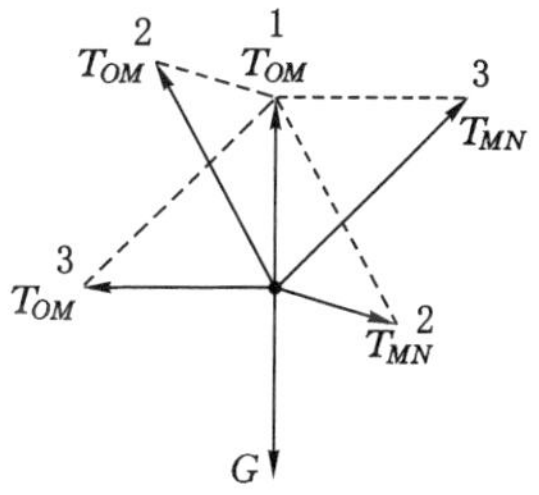

图 1

方法二(正弦定理法):如图 2 所示,已知角 α 不变,在绳 MN 缓慢拉起的过程中,角 β 逐渐增大,则角 $(\alpha-\beta)$ 逐渐减小,但角 θ 不变,在三角形中,利用正弦定理得 $\frac{T_{OM}}{\sin(\alpha-\beta)}=\frac{mg}{\sin\theta}$,$(\alpha-\beta)$ 由钝角变为锐角,则 T_{OM} 先增大后减小,D 选项正确;同理知 $\frac{T_{MN}}{\sin\beta}=\frac{mg}{\sin\theta}$,在 β 由 0 变为 $\frac{\pi}{2}$ 的过程中,T_{MN} 一直增大,A 选项正确。

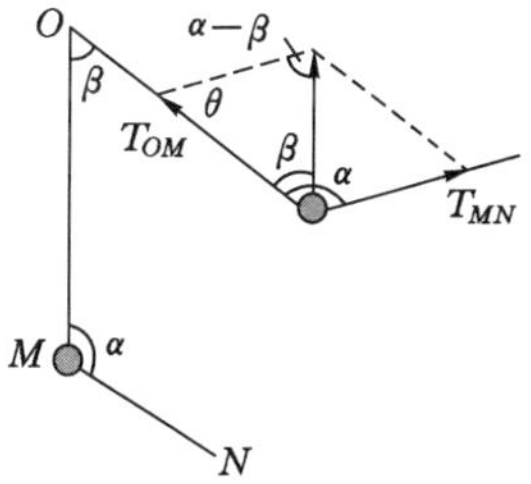

图 2

方法三(正交分解法):如图 3 所示,建立平面直角坐标系,设 T_{OM} 与 y 轴的夹角为 θ,则 T_{MN} 与 x 轴的夹角 $\beta=\alpha-90^\circ-\theta$,由物体平衡条件得:

在 x 轴上:$T_{OM}\sin\theta=T_{MN}\cos\beta$,$T_{OM}\sin\theta=T_{MN}\cos(\alpha-\theta-90^\circ)$,$T_{OM}\sin\theta=T_{MN}\sin(\alpha-\theta)$。

在 y 轴上:$T_{OM}\cos\theta=T_{MN}\sin\beta+G$,$T_{OM}\cos\theta=T_{MN}\sin(\alpha-\theta-90^\circ)+G$,$T_{OM}\cos\theta=T_{MN}\sin(\alpha-\theta)+G$。

联立各式解得 $T_{OM}=\frac{G\sin(\alpha-\theta)}{\sin\alpha}$,$T_{MN}=\frac{G\sin\theta}{\sin\alpha}$。

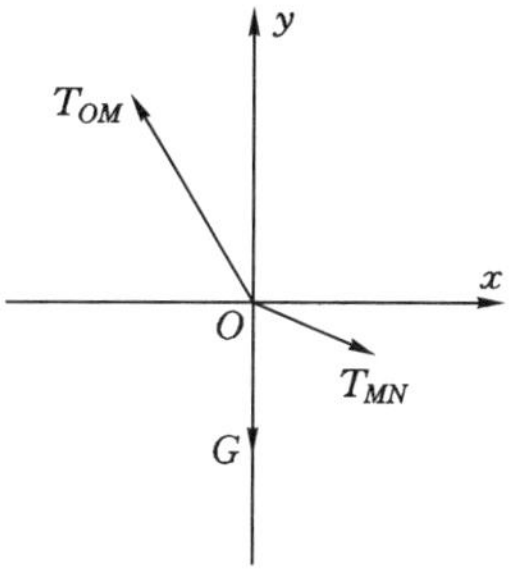

图 3

$(\alpha-\theta)$ 由钝角变为锐角,则 T_{OM} 先增大后减小;在 θ 由 0

变为$\frac{\pi}{2}$的过程中,T_{MN}一直增大。

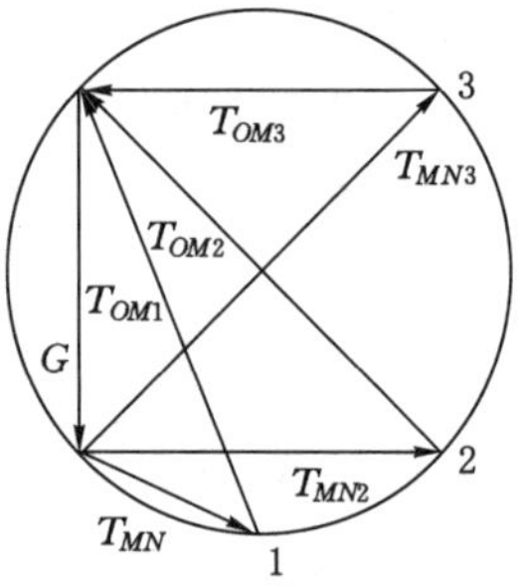

图 4

方法四(圆周角法):物体所受三个力合力始终为零,矢量三角形如图 4 所示,在 T_{OM} 转至水平的过程中,MN 上的张力 T_{MN} 逐渐增大,OM 上的张力 T_{OM} 先增大后减小,所以 A、D 选项正确,B、C 选项错误。

题目 22 某学习小组用如图所示装置来研究碰撞中的动量守恒,其实验步骤如下:

① 将斜槽固定在桌面上,调节轨道的末端水平;

② 在一个平木板表面上依次铺上白纸和复写纸,用图钉固定,然后将该木板竖直贴紧槽口放置,让小球 a 从斜槽轨道上某一位置由静止开始滚下,撞到木板,在白纸上留下砸痕 O;

③ 将木板向右平移适当距离,使小球 a 从同一位置由静止释放,撞到木板,在白纸上留下砸痕;

④ 把另一个半径相同、质量较小的小球 b 放在斜槽轨道出口处,让小球 a 仍从原位置由静止开始滚下,与 b 球相碰后,两球撞在木板上,在白纸上留下两个砸痕。

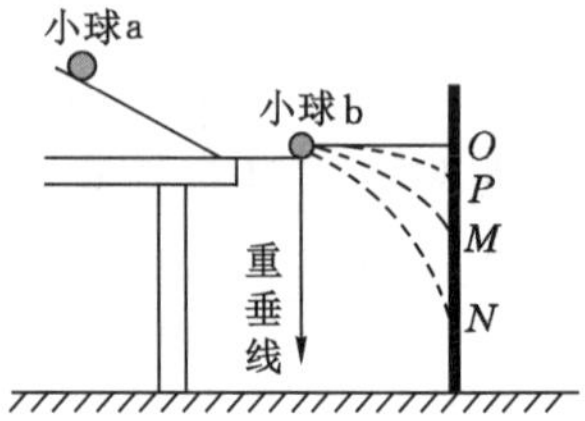

根据以上操作回答下列问题:

(1) 图中在木板白纸上留下三个砸痕 P、M、N 中哪一个是被碰小球 b 撞击留下的?________(填“P 点”“M 点”或“N 点”)

(2) 本实验除了测量三个砸痕与 O 的距离 OP、OM、ON 以外,还需测量的物理量(并写出相应的符号)是________。

(3) 若用(2)中所测得的物理量来表示两球碰撞过程动量守恒,其表达式为________。

【答案】(1) P 点;(2) 小球 a 的质量 m_a、小球 b 的质量 m_b;(3) $\frac{m_a}{\sqrt{OM}}=\frac{m_a}{\sqrt{ON}}+\frac{m_b}{\sqrt{OP}}$。

【解析】

(1) 被碰小球 b 离开轨道时速度最大,所以 P 点是被碰小球 b 留下的。

(2) 本实验必须测量的物理量是小球 a、b 的质量 m_a、m_b。

(3) 设 a 单独滚下经过斜槽轨道末端的速度为 v_a,两球碰撞后 a、b 的速度分别为 v'_a、v'_b,若两球碰撞动量守恒,则 $m_av_a=m_av'_a+m_bv'_b$。

根据平抛运动规律得 $v_a=\frac{x}{t}=x\sqrt{\frac{g}{2OM}}$,$v'_a=\frac{x}{t}=x\sqrt{\frac{g}{2ON}}$,$v'_b=\frac{x}{t}=x\sqrt{\frac{g}{2OP}}$。

联立可得应满足的表达式为$\frac{m_a}{\sqrt{OM}}=\frac{m_a}{\sqrt{ON}}+\frac{m_b}{\sqrt{OP}}$。

【数据分析】

全市范围内统计的难度系数为 0.37,属于较难题目;区分度 0.51,属于优秀等级。

题号	分值	平均分	标准差	难度	鉴别指数(区分度)
22	6	2.21	1.99	0.37	0.51

【关键能力】

本题要求考生以碰撞中的动量守恒为背景，从中提炼信息，确定小球 a 和 b 为研究对象，通过分析两小球碰撞前后的运动过程，运用动量守恒定律和平抛运动规律，解决小球在碰撞中的动量守恒。突出考查了学生的模型建构能力、信息加工能力和实验探究能力等关键能力。

【教学建议】

实验复习应以实验原理为核心，以不变应万变，让学生学会举一反三。本实验，以教材中的实验为原型，小球从斜面固定位置自由滚下，从水平轨道末端抛出，落到水平地面，通过测量水平位移，来获得小球平抛的初速度，运用动量守恒定律验证碰撞中的不变量——动量的守恒。需要明确研究对象——入射小球和被碰小球，加上竖直木板后，确定小球打在白纸上位置，运用平抛规律，求出平抛的初速度，同样列出动量守恒定律方程，验证实验，得出结论。

学生问题多表现为落点不清楚，测量的物理量不确定或画蛇添足，动量守恒定律方程不化简，或由于落点错误，而致使结论错误。这些充分表明学生对基本实验过程不清晰，对实验结果死搬硬套，不能从变化的实验方案中找出原有的实验模型，处理数据能力较差，计算能力不足。

在教学中，应充分还原实验过程，回扣教材、夯实基础，明确实验步骤，提炼实验信息，对数据进行加工处理，得出结论，并指出存在误差和提出改进的建议。

在教学中重视常规实验的同时，应注意对实验进行拓展，善用变式训练。通过变式训练，进行对比或类比，可以帮助学生明晰概念的本质和规律运用的基本思路，进而提升学生处置新情境问题的能力。

【考题赏析】

(2019 · 陕西榆林模拟)验证动量守恒定律实验设计如图所示，回答以下问题：

(1) 实验装置中应保持斜槽末端________。

(2) 每次小球下滑要从________处由静止释放。

(3) 入射小球的质量 m_A 和被碰小球的质量 m_B 的大小关系是________。

(4) 在图中，小球的水平射程的数值分别用 OP、OM 和 ON 表示，小球半径均为 r。因此只需验证________。

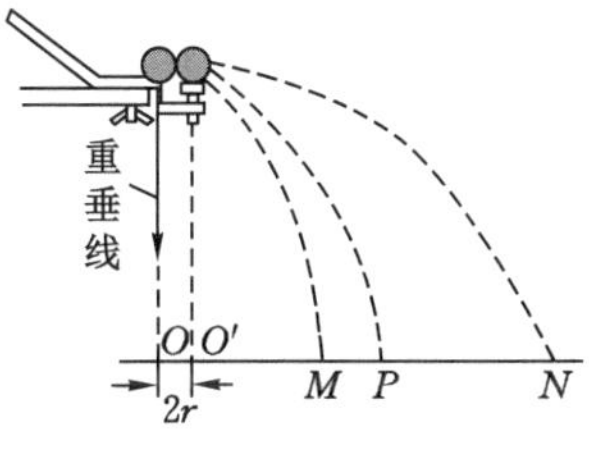

答案：(1) 水平。(2) 同一高度。(3) $m_A > m_B$。(4) $m_A OP = m_A OM + m_B(ON - 2r)$。

解析：(1) 要保证每次小球都做平抛运动，则轨道的末端必须水平。

(2) 每次小球下滑要从同一高度处由静止释放，从而保证平抛运动的初速度相同。

(3) 为防止碰撞过程入射小球反弹，入射小球的质量应大于被碰小球的质量，即 $m_A > m_B$。

(4) 小球离开轨道后做平抛运动，由于小球抛出点的高度相等，小球的运动时间 t 相等，如果碰撞过程动量守恒，则 $m_A v_A = m_A v'_A + m_B v'_B$，两边同时乘以时间 t 得 $m_A v_A t = m_A v'_A t + m_B v'_B t$，则 $m_A OP = m_A OM + m_B(ON - 2r)$。

题目 25　如图所示，平面直角坐标系第二象限内有一直线边界 OS，OS 与 y 轴的夹角为 30°，在 OS 与 y 轴之间存在垂直于平面的匀强磁场，第一象限和第二象限的其他区域内

有与 OS 平行、方向指向 x 轴的匀强电场，强场大小为 E；一带负电的粒子，质量为 m、电荷量为 q，由 x 轴上的 M 点静止释放后通过 y 轴上的 N 点(图中未画出)进入磁场(OM 间距离为 L)，之后垂直于 OS 进入第二象限的电场，粒子重力忽略不计(结果可保留根号)。

(1) 求磁场的方向和磁感应强度的大小。

(2) 若改变粒子的释放位置，使粒子仍从 N 点进入磁场，并能够穿过 OS，则释放点满足什么条件？

(3) 由 M 点释放的粒子在第二象限能否通过 x 轴，若能，求通过 x 轴的位置；若不能，求与 x 轴的最近距离。

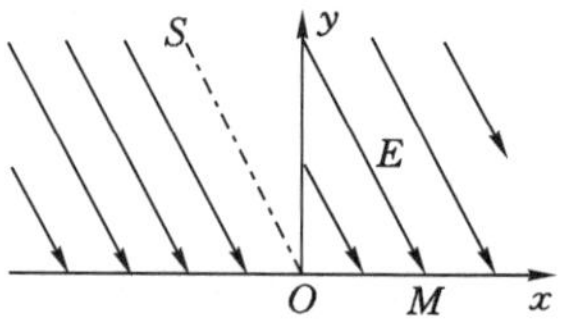

【答案】(1) $B=\sqrt{\frac{16mE}{3qL}}$；(2) $\frac{L}{2}<d\leqslant 2L$；(3) 粒子不能到达 x 轴，最近距离为 $\frac{9+5\sqrt{3}}{12}L$。

【解析】

本题考查带电粒子在匀强电场和匀强磁场中的运动、类平抛运动、匀速圆周运动等知识，目的是考查学生的分析综合能力。

(1) 由题意可知，粒子进入场后向下偏转，由左手定则得磁场方向垂直纸面向外。

由几何关系知 $MN=2L$。由动能定理有 $2qEL=\frac{1}{2}mv_0^2$。由几何关系知粒子进入磁场做圆周运动的半径 $R=\frac{\sqrt{3}}{2}L$。由牛顿第二定律有 $Bqv_0=m\frac{v_0^2}{R}$。联立解得 $B=\sqrt{\frac{16mE}{3qL}}$。

(2) 粒子从 N 点进入磁场，释放位置必须在 MN 连线上，设释放点到 N 的距离为 d，有 $qEd=\frac{1}{2}mv^2$。恰好不能穿过磁场时满足圆周轨迹与边界 OS 相切，对应轨道半径 $r=\frac{\sqrt{3}}{4}L$。运动满足 $Bqv=\frac{mv^2}{r}$。解得 $d=\frac{L}{2}$。综合题意得 $\frac{L}{2}<d\leqslant 2L$。

(3) 粒子穿过 OS 后，速度垂直于电场，沿 y 轴方向做匀减速运动有 $v_y=v_0\cos 60°$，沿 y 轴方向的加速度 $a_y=\frac{qE\cos 30°}{m}$。y 轴方向运动的最大位移为 $\Delta y=\frac{v_y^2}{2a_y}=\frac{\sqrt{3}}{3}L$。粒子离开 OS 时的位置 P 满足 $OP=\frac{3+\sqrt{3}}{2}L$。P 点的纵坐标为 $y=OP\cos 30°=\frac{3+3\sqrt{3}}{4}L$，则 $\Delta y<\frac{3+3\sqrt{3}}{4}L$。所以粒子不能到达 x 轴，距离 x 轴最近时 $y_1=OP\cos 30°-\Delta y=\frac{9+5\sqrt{3}}{12}L$。

【数据分析】

本题满分 18 分，全市平均分为 3.03 分；总体难度系数为 0.17，属于较难题目；本题区分度为 0.36，属于较好等级。

题号	分值	平均分	标准差	得分率	难度	鉴别指数(区分度)
25	18	3.03	3.59	0.17	0.17	0.36

【关键能力】

本题属综合性题目，要求考生以带电粒子在组合场（匀强电场和匀强磁场）中的运动为背景，从中提炼信息，确定研究对象，通过轨迹弯曲方向确定洛伦兹力方向，进而确定磁感应强度的方向。而类平抛运动、匀速圆周运动的过程分析需要考生运用合理的物理概念或物理规律，突出考查了学生的理解能力、模型建构能力、逻辑推理能力、分析综合能力、信息加工能力等关键能力。

【教学建议】

从考点设置与情境呈现来看，本题符合传统式的高考压轴题特征。这类压轴题目综合性强，灵活性大，分析能力要求较高。根据阅卷老师们的反馈，考生们在答题过程中出现了以下问题：

(1) 基础不扎实，没有理清各个环节的物理过程（如没有正确使用左手定则确定磁感强度方向），公式应用错误。

(2) 思维混乱，逻辑性差。前后缺乏因果关系，经不起推敲，暴露了其解答过程中的盲目性和拼凑性。

(3) 学科语言不规范，缺乏科学性。叙述时用语不规范，随意性强，尤其是自定义的中间物理量，不作说明，令人费解。

(4) 字母符号滥用，缺乏连贯性。不按要求使用字母符号，或者同一题中同一字母符号先后表示几个不同的物理量，缺乏连贯性。

(5) 作答时间安排不合理。不少学生的答题次序最后才是物理学科，导致本题的零分卷很多。

针对出现的种种问题，对下阶段的复习备考工作提出以下建议：

(1) 回归教材，梳理脉络。要牢牢抓住基础，实现基础知识扎实、基本方法掌握、基本能力具备，达到高考对知识和能力的考查要求。

(2) 回归真题，找准方向。根据高考中压轴题的高频考点确定常用的物理模型和解题套路，确保学生在不同情境下、不同过程中都能快速、准确地命中问题本质。

(3) 回归自信，增添力量。在后期复习中要帮助学生克服畏难情绪，通过实际的试卷分析讲解，让学生认识到物理学科的压轴题并非高不可攀，首先从杜绝空白卷开始，逐步过渡到完成第(1)问、完成第(2)问……

(4) 回归规范，落笔准确。物理解题的最终落点是书写的规范性、表达的完整性、计算结果的准确性。因此必须强调规范答题和卷面有序书写，尽量减少非智力性因素造成的无谓失分。

【高考赏析】

(2017·天津卷，T11)平面直角坐标系 Oxy 中，第Ⅰ象限存在垂直于平面向里的匀强磁场，第Ⅲ现象存在沿 y 轴负方向的匀强电场，如图所示。一带负电的粒子从电场中的 Q 点以速度 v_0 沿 x 轴正方向开始运动，Q 点到 y 轴的距离为到 x 轴距离的 2 倍。粒子从坐标原点 O 离开电场进入磁场，最终从 x 轴上的 P 点射出磁场，P 点到 y 轴距离与 Q 点到 y 轴距离相等。不计粒子重力，问：

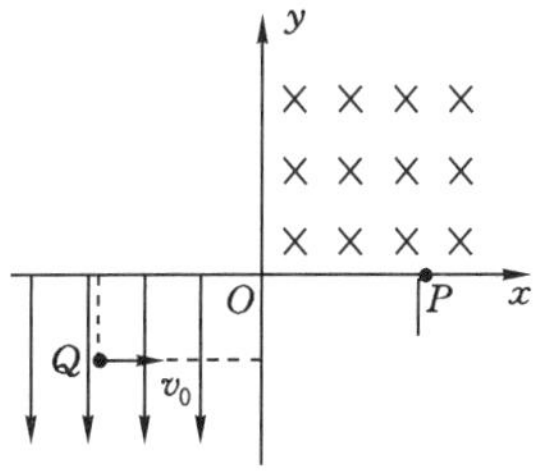

(1) 粒子到达 O 点时速度的大小和方向；

(2) 电场强度和磁感应强度的大小之比。

答案：(1) $v=\sqrt{2}v_0$，方向与 x 轴方向的夹角为 45°角斜向上；(2) $\frac{E}{B}=\frac{v_0}{2}$。

解析：(1) 在电场中，粒子做类平抛运动，设 Q 点到 x 轴距离为 L，到 y 轴距离为 $2L$，粒子的加速度为 a，运动时间为 t，有 $2L=v_0t$，$L=\frac{1}{2}at^2$。

设粒子到达 O 点时沿 y 轴方向的分速度为 v_y，则 $v_y=at$。

设粒子到达 O 点时速度方向与 x 轴正方向夹角为 α，有 $\tan\alpha=\frac{v_y}{v_0}$。

解得 $\alpha=45°$。

即粒子到达 O 点时速度方向与 x 轴正方向成 45°角斜向上(图 1)。

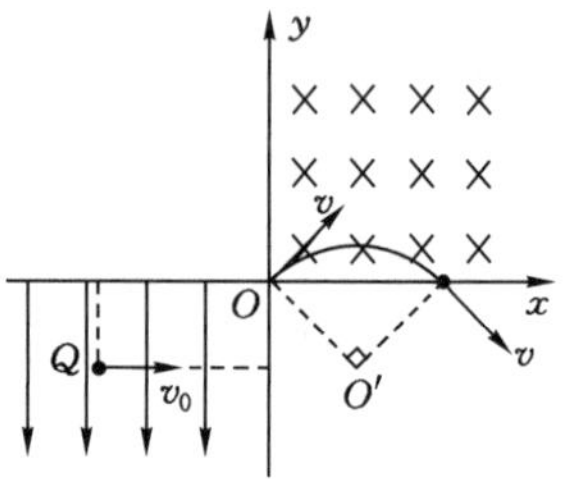

图 1

设粒子到达 O 点时速度大小为 v，由运动的合成有 $v=\sqrt{v_0^2+v_y^2}$。

解得 $v=\sqrt{2}v_0$。

(2) 设电场强度为 E，粒子电荷量为 q，质量为 m，粒子在电场中受到的电场力为 F，则粒子在电场中运动的加速度 $a=\frac{qE}{m}$。

设磁感应强度大小为 B，粒子做匀速圆周运动的半径为 R，洛伦兹力提供向心力，有 $qvB=m\frac{v^2}{R}$，根据几何关系可知 $R=\sqrt{2}L$，整理可得 $\frac{E}{B}=\frac{v_0}{2}$。

题目 34 (1) 如图所示的一束复色光斜射入平行玻璃砖，进入玻璃砖后分解成了两束单色光 a、b，已知两束光的折射角均小于 45°，以下对两束光的说法中正确的是________。(填正确答案的标号。选对 1 个得 2 分，选对 2 个得 4 分，选对 3 个得 5 分，每选错 1 个扣 3 分，最低得分为 0 分)

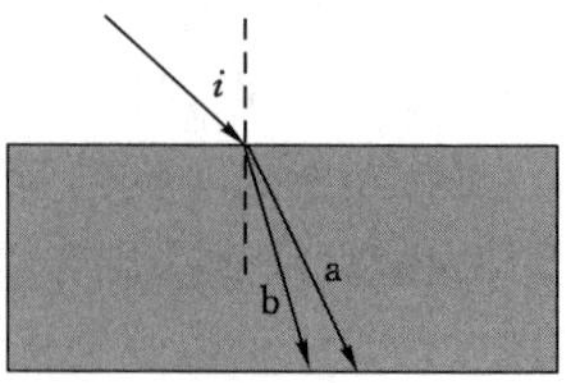

A. 增大光的入射角 i，单色光 b 可能会在下界面发生全反射

B. 单色光 a 在玻璃砖中的传播速度较大

C. 单色光 b 通过玻璃砖的时间较长

D. 两束光通过同一个双缝干涉装置，a 光的干涉条纹更宽一些

E. 两束光从空气进入玻璃砖后频率均变小

(2) 某波源由平衡位置开始振动，引起的一列简谐波沿 x 轴传播，波源振动一段时间后开始计时，如图甲所示为 $t=5$ s 时的波形图。已知沿波的传播方向上依次有两个质点 P、Q，并且两质点平衡位置间的距离小于 30 m，图乙为两个质点的振动图像，其中质点 P 的平衡位置坐标为 $x=9$ m。求：

① 波的传播方向及波速的大小；

② 波由 P 传到 Q 的过程中质点 P 比质点 Q 多走路程的可能值(取 $\sqrt{2}=1.4$)。

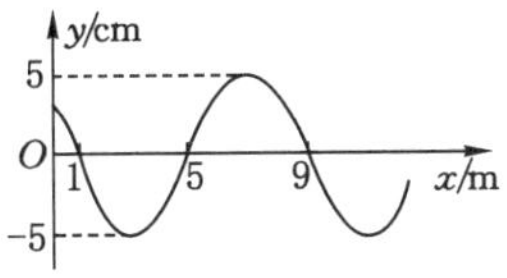

甲

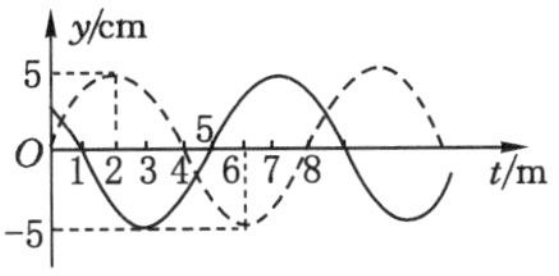

乙

【答案】(1) BCD。(2) ① 波沿 x 轴正方向传播,$v=1$ m/s;② 6.5 cm,26.5 cm,46.5 cm,66.5 cm。

【解析】

(1) 玻璃砖上下表面平行,在下界面处的入射角等于进入玻璃砖的折射角,一定会小于临界角,所以不可能发生全反射,A 选项错误。由图可以看出,相同入射角的条件下,单色光 a 的折射角大,根据光的折射定律及折射率的计算式 $n=\dfrac{\sin i}{\sin r}=\dfrac{c}{v}$,可知单色光 a 在玻璃砖中的传播速度较大,B 选项正确。设玻璃砖的厚度为 d,则光通过玻璃砖的时间 $t=\dfrac{d}{v\cos r}$,$v=\dfrac{c}{n}=\dfrac{c\sin r}{\sin i}$,可得 $t=\dfrac{2d\sin i}{c\sin 2r}$,单色光 b 对应的折射角较小,所以通过时间长,C 选项正确。a 的传播速度大,可知 a 的波长较长,同样干涉条件下,a 光的干涉条纹更宽一些,D 选项正确。光从一种介质进入另一种介质过程中,其频率不变,E 选项错误。

(2) ① 5 s 时质点 P 位于平衡位置,所以图乙中实线为 P 的振动图线,虚线为 Q 的振动图线。5 s 时质点 P 位于平衡位置向上振动,故波沿 x 轴正方向传播。由图像可知,振动周期 $T=8$ s,波长 $\lambda=8$ m,则波速为 $v=\dfrac{\lambda}{T}=1$ m/s。

② 由题意可知,Q 在 P 右侧,即波由 P 传到 Q,由 P、Q 两质点的振动图像可知,P 比 Q 多振动 $\Delta t=(8k+3)$ s($k=0$、1、2、3、…),Q 到 P 的距离为 $\Delta x=v\Delta t=(8k+3)$ m($k=0$、1、2、3、…),由于 $\Delta x<30$ m,则 $k=1$、2、3。设振幅为 A,四分之一周期 P 的路程为 A,再八分之一周期 P 的路程为 $A-\dfrac{\sqrt{2}}{2}A$,所以 P 比 Q 多走的路程为 $s=2A-\dfrac{\sqrt{2}}{2}A+4kA$,当 $k=1$、2、3,对应的路程为 $s=6.5$ cm,26.5 cm,46.5 cm,66.5 cm。

【数据分析】

全市统计数据显示,本题的选做率 0.62。该题目的难度系数为 0.32,属于较难题目;区分度 0.29,表明此题的区分度不太好,需要修改。

题型	题号	分值	平均分	标准差	得分率	难度	鉴别指数(区分度)
主观题	34	15	4.86	2.9	0.32	0.32	0.29

【关键能力】

第(1)问以几何光学中复色光在玻璃砖中折射信息为背景,从中提炼出几何光学和波动光学的相关知识。通过折射定理判断出 a 光和 b 光的折射率的大小,运用折射率的表达式判断出 a 光和 b 光在玻璃砖中传播的速度。运用数学知识计算出各自在玻璃砖中传播的时间的长短,还可以判断出 a 光和 b 光的波长大小,进而考查双缝干涉实验。突出考查了学生的理解能力、模型建构能力、逻辑推理能力、分析综合能力、信息加工能力、实验探究能力等关键能力。

第(2)问以机械振动机械波图像为背景,从中提炼出波形图和振动图相联系的相关知识,要求能够灵活运用同侧法判断波传播方向,应用波速表达式、时间和空间的多解方法,确定多解的范围进而解决物理问题。本题对学生的能力要求较高,具有一定的创新性,突出考查了学生的理解能力、模型建构能力、逻辑推理能力、分析综合能力、信息加工能力等关键能力。

【教学建议】

近十年高考选修题中计算题考查几何光学的较多。2015、2016、2018 年计算题大题考查了机械波,难度很大。

光学选择题主要是波动光学和几何光学相结合的问题,备考过程中知识要达到全覆盖,整理出相应的考点,让学生熟练掌握,务必保证该题的满分。同时关注近期综合复习中没有覆盖考纲中涉及光学的考点。同时关注课本中涉及的各种与波动光学相关的现象,并能用波动理论加以解释,对一些著名的物理实验现象的成因用波动理论分析。例如:薄膜干涉的形成成因、图样特点、薄膜干涉的应用;一些常见的生活现象(如马路上油斑形成的彩色条纹);著名的实验现象(牛顿环、泊松亮斑等)。

机械振动机械波计算题主要考查机械振动和机械波相联系的知识体系,考查热点是振动图像与波动图像结合及综合分析问题的能力。例如波的传播方向、波速问题、多解问题、波的叠加问题、某质点的振动方程及某质点在一段时间中振动的路程问题等。综合复习过程中没有涉及的应该及时补充,保证这部分试题类型全覆盖。

【高考赏析】

1. (2014·天津卷,T8)一束由两种频率不同的单色光组成的复色光从空气射入玻璃三棱镜后,出射光分成 a、b 两束,如图所示,则 a、b 两束光(　　)。

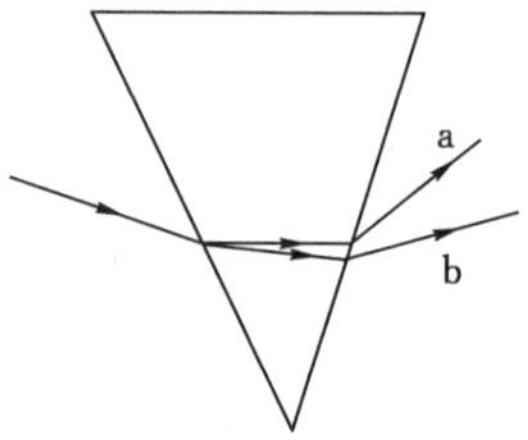

A. 垂直穿过同一块平板玻璃,a 光所用的时间比 b 光长

B. 从同种介质射入真空发生全反射时,a 光临界角比 b 光的小

C. 分别通过同一双缝干涉装置,b 光形成的相邻亮条纹间距小

D. 若照射同一金属都能发生光电效应,b 光照射时逸出的光电子最大初动能大

答案:AB。

解析:本题考查了光的折射率、全反射、双缝干涉及光电效应等知识点。根据图中光线的偏转角度可以判断出三棱镜对 a 光的折射率比对 b 光的大,所以 a 光的频率大,在玻璃中速度小,通过玻璃所用的时间长,A 选项正确。a 光发生全反射的临界角小于 b 光发生全反射的临界角,B 选项正确。发生双缝干涉时相邻条纹间的距离公式为 $\Delta x=\dfrac{l}{d}\lambda$,由于 b 光的波长长,所以 b 光形成的相邻亮条纹间距大,C 选项错误。由于 a 光的频率大于 b 光的频率,根据公式 $E_k=hv-W_0$ 得出 a 光照射金属时逸出的光电子的最大初动能大,D 选项错误。

2. [2017·海南卷,T16(2)] 从两个波源发出的两列振幅相同、频率均为 5 Hz 的简谐横波,分别沿 x 轴正、负方向传播,在某一时刻到达 A、B 点,如图中实线、虚线所示。两列波的波速均为 10 m/s。求：

（ⅰ）质点 P、O 开始振动的时刻之差；

（ⅱ）再经过半个周期后，两列波在 $x=1$ m 和 $x=5$ m 之间引起的合振动振幅极大和极小的质点的 x 坐标。

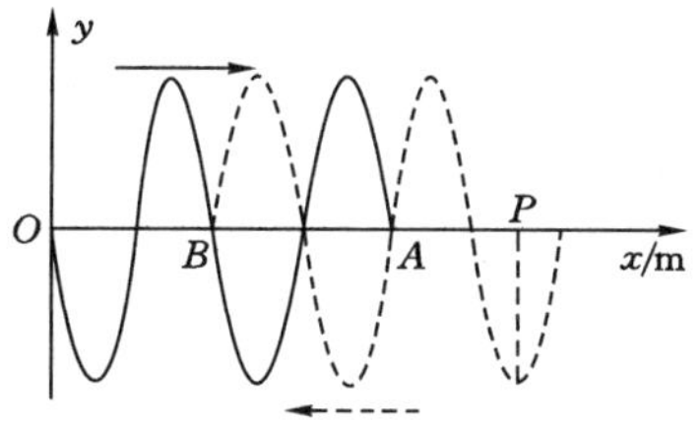

答案：（ⅰ）质点 P、O 开始振动的时刻之差为 0.05 s。

（ⅱ）两列波在 $x=1$ m 和 $x=5$ m 之间引起的合振动振幅极大的质点的 x 坐标为 1 m、2 m、3 m、4 m、5 m。合振动振幅极小的质点的 x 坐标为 1.5 m、2.5 m、3.5 m、4.5 m。

解析：（ⅰ）该波的周期为 $T=\frac{1}{f}=\frac{1}{5}=0.2$ s。由图可知质点 P、O 开始振动的时刻之差为 $\Delta t=\frac{T}{4}=0.05$ s。

（ⅱ）该波的波长为 $\lambda=vT=10\times0.2\ \text{m}=2$ m。根据波峰与波峰相遇或波谷与波谷相遇时振动加强，当波峰与波谷相遇时振动减弱，可知两列波在 $x=1$ m 和 $x=5$ m 之间引起的合振动振幅极大的质点的 x 坐标为 1 m、2 m、3 m、4 m、5 m。合振动振幅极小的质点的 x 坐标为 1.5 m、2.5 m、3.5 m、4.5 m。

邯郸市2021届高三摸底考试试题评析(节选)

题目4 如图所示，长为 $L=1\ \text{m}$ 的轻杆一端与小球相连，另一端可绕光滑转轴在竖直面内自由转动。现在最低点使小球获得 $v_0=8\ \text{m/s}$ 的水平速度，使小球在竖直面内做完整的圆周运动，g 取 $10\ \text{m/s}^2$，则小球在运动轨迹的最高点受到杆的作用力为(　　)。

A. 向上的支持力

B. 向下的拉力

C. 沿速度方向向前的推力

D. 小球不受杆对它的作用力

【答案】 B。

【解析】

由最低点到最高点过程，根据机械能守恒定律得 $\frac{1}{2}mv_0^2-\frac{1}{2}mv^2=2mgL$，在最高点由向心力公式得 $F_N+mg=m\frac{v^2}{L}$，联立两式解得 $F_N=1.4mg>0$，故方向向下，所以B选项正确。

【思维过程】

问1：本题属于什么模型？

思考1：……

答1：有支撑物的竖直面内的圆周运动。

问2：研究对象选谁？

思考2：……

答2：小球。

问3：小球机械能守恒吗？

思考3：……

答3：根据题的意思机械能应该守恒。

问4：能列出机械能守恒的方程吗？

思考4：……

答4：能，$\frac{1}{2}mv_0{}^2-\frac{1}{2}mv^2=2mgL$。

问5：本题让求最高点时球受到杆的作用力，我们还能用到什么规律？

思考5：……

答5：应用牛顿第二定律，列出向心力方程。

问6：如何列向心力方程？

思考6：……

答6：$F_N+mg=m\frac{v^2}{L}$。

问7：现在可以求出小球在最高点受到杆的作用力了吗？

思考 7：……

答 7：可以，经计算得 $F_N=1.4mg>0$，所以向下。

问 8：若弹力计算出来为负值，说明什么？

思考 8：……

答 8：说明其方向与假设方向相反，应该向上。

【数据分析】

全市范围内统计的难度系数为 0.56，属于中等难度题目；区分度 0.71，属于优秀等级。

答案	平均分	A		B		C		D	
B	2.23	人数	占比	人数	占比	人数	占比	人数	占比
		6 346	22.0%	16 090	55.70%	3 238	11.20%	3 156	11.90%

【必备知识】

本题考查的知识点为必修 1 中的两个Ⅱ级考点“向心力”及“机械能守恒定律及其应用”。

【关键能力】

本题要求考生熟练掌握球杆模型，通过受力分析、能量转化和守恒的分析，运用合理的物理概念或物理规律，解决物理问题，突出考查了学生的理解能力、逻辑推理能力、分析综合能力及信息加工能力。

【高考赏析】

1.（2020·浙江卷，T20）小明将如图所示的装置放在水平地面上，该装置由弧形轨道、竖直圆轨道、水平直轨道 AB 和倾角 $\theta=37°$ 的斜轨道 BC 平滑连接而成。质量 $m=0.1$ kg 的小滑块从弧形轨道离地高 $H=1.0$ m 处静止释放。已知 $R=0.2$ m，$L_{AB}=L_{BC}=1.0$ m，滑块与轨道 AB 和 BC 间的动摩擦因数均为 $\mu=0.25$，弧形轨道和圆轨道均可视为光滑，忽略空气阻力。

（1）求滑块运动到与圆心 O 等高的 D 点时对轨道的压力。

（2）通过计算判断滑块能否冲出斜轨道的末端 C 点。

（3）若滑下的滑块与静止在水平直轨道上距 A 点 x 处的质量为 2 m 的小滑块相碰，碰后一起运动，动摩擦因数仍为 0.25，求它们在轨道 BC 上到达的高度 h 与 x 之间的关系。（碰撞时间不计，$\sin 37°=0.6$，$\cos 37°=0.8$）

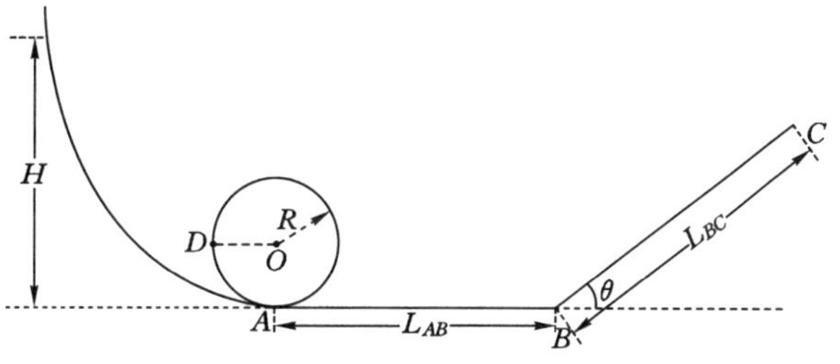

答案：（1）8 N，方向水平向左。（2）不会冲出。（3）$h=\frac{1}{6}x-\frac{5}{48}\left(\frac{5}{8}\text{ m}<x\leqslant 1\text{ m}\right)$；

$h=0\left(0\leqslant x\leqslant\frac{5}{8}\text{ m}\right)$。

解析:(1) 根据机械能守恒定律有 $mgH=mgR+\frac{1}{2}mv_D^2$。根据牛顿第二定律有 $F_N=\frac{mv_D^2}{R}=8\text{ N}$。根据牛顿第三定律有 $F'_N=F_N=8\text{ N}$,方向水平向左。

(2) 设能在斜轨道上到达的最高点为 C' 点,根据功能关系有 $mgH=\mu mgL_{AB}+\mu mgL_{BC'}\cos\theta+mgL_{BC'}\sin\theta$,得 $L_{BC'}=\frac{15}{16}\text{ m}<1.0\text{ m}$,故不会冲出。

(3) 设滑块运动到距 A 点 x 处的速度为 v,由动能定理有 $mgH-\mu mgx=\frac{1}{2}mv^2$。设碰撞后的速度为 v',由动量守恒定律有 $mv=3mv'$。

设碰撞后滑块滑到斜轨道的高度为 h,由动能定理有 $-3\mu mg(L_{AB}-x)-3\mu mg\frac{h}{\tan\theta}-3mgh=0-\frac{1}{2}(3m)v'^2$。得 $h=\frac{x}{6}-\frac{5}{48}\left(\frac{5}{8}\text{ m}<x\leqslant1\text{ m}\right)$,$h=0\left(0\leqslant x\leqslant\frac{5}{8}\text{ m}\right)$。

2. (2020·全国Ⅰ卷,T16)如图,一同学表演荡秋千。已知秋千的两根绳长均为 10 m,该同学和秋千踏板的总质量约为 50 kg。绳的质量忽略不计,当该同学荡到秋千支架的正下方时,速度大小为 8 m/s,此时每根绳子平均承受的拉力约为(　　)。

A. 200 N　　B. 400 N

C. 600 N　　D. 800 N

答案:B。

解析:在最低点由 $2T-mg=\frac{mv^2}{r}$ 知,$T=410\text{ N}$,即每根绳子拉力约为 410 N,故选 B 选项。

题目 8　如图所示,在平面直角坐标系第二象限的 $OABC$ 矩形区域内存在沿 y 轴方向的匀强电场(方向未画出),第四象限的 $ODEF$ 矩形区域内存在垂直于第四象限的匀强磁场(方向未画出),磁感应强度大小为 B。一带电粒子从 B 点以速度 v_0 沿 x 轴正向飞入电场,恰好从坐标原点 O 飞入磁场,经过一段时间,粒子最终从 F 点飞出磁场。已知 $OC=OF=2OA=2OD=2L$,C、F 两点位于 x 轴上,不计粒子重力。则粒子的比荷为(　　)。

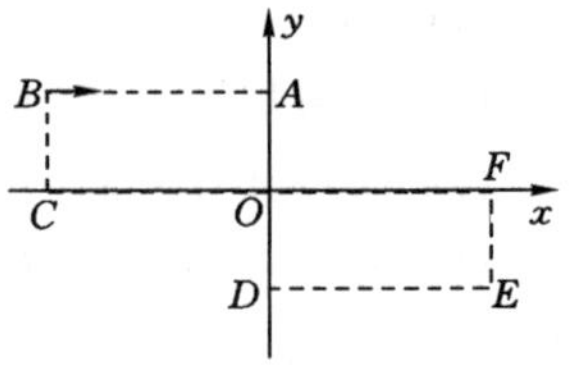

A. $\frac{BL}{v_0}$　　B. $\frac{v_0}{\sqrt{2}BL}$　　C. $\frac{v_0}{BL}$　　D. $\frac{\sqrt{2}BL}{v_0}$

【答案】 C。

【解析】

根据类平抛运动公式的推论,O 点的速度反向延长线过 AB 边的中点,因此速度方向与 x 轴正向成 45°角,作出粒子在磁场中的运动轨迹,如图 a 所示。设粒子在磁场中运动的轨迹半径为 R,根据几何关系可知:$R=\sqrt{2}L$,又 $R=\frac{mv}{qB}$,粒子在电场中做类平抛运动,根据几

何关系可知 $v=\sqrt{2}v_0$，代入半径表达式得 $\frac{q}{m}=\frac{v_0}{BL}$，故 C 选项正确。

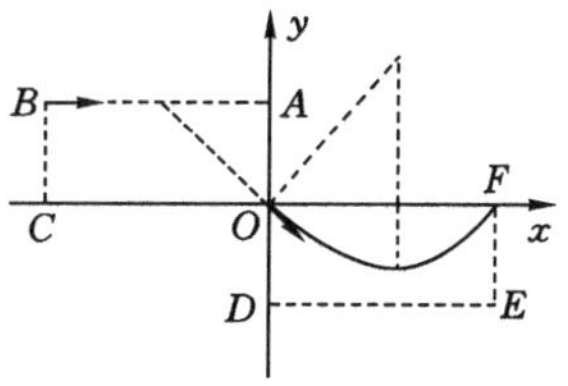

图 a

【思维过程】

问 1：带电粒子在第二象限的 $OABC$ 矩形区域内做什么运动？

思考 1：从题中寻找信息，首先，此区域中存在沿 y 轴方向的匀强电场；其次，不计带电粒子的重力，故粒子只在电场力作用下运动；再次，粒子从 B 点以速度 v_0 沿 x 轴正向飞入此电场，即粒子的初速度方向与所受合力方向垂直，则可直接判断出带电粒子在匀强电场中做类平抛运动。

答 1：带电粒子做类平抛运动。

问 2：带电粒子在匀强电场中从 B 点运动到 O 点，能否判断出粒子经过 O 点时的速度大小和方向？

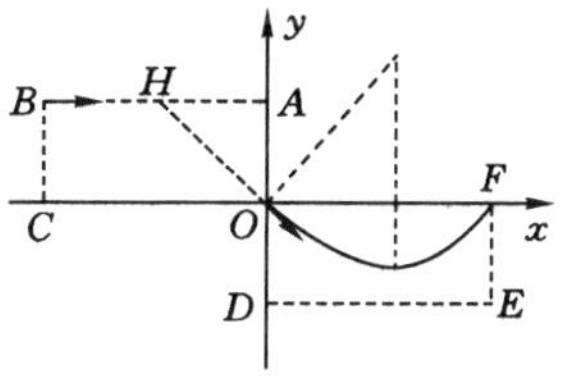

思考 2：根据类平抛运动的推论：速度的反向延长线交于水平位移的中点，可知，粒子在 O 点的速度方向反向延长线交于 AB 线段的中点 H（右图），而题中给出 $OC=2OA$，也就是说 $AB=2OA$，所以 $OA=AH$，$\triangle OAH$ 为等腰直角三角形，所以 $\angle AHO=45^\circ$，则可判断出粒子在 O 点的速度方向为与 x 轴成 45°。再根据运动的合成与分解，将 O 点的速度分解为水平分速度和竖直分速度，而水平分速度就是粒子在 B 点的初速度 v_0，则由几何关系直接得出粒子在 O 点的速度大小。

答 2：能，速度大小为 $\sqrt{2}v_0$，方向与 x 轴正向夹 45°。

问 3：带电粒子在第四象限的 $ODEF$ 矩形区域内做什么运动？

思考 3：从题中寻找信息，首先，此区域中存在垂直于第四象限的匀强磁场；其次，运动过程中不计粒子的重力，只受洛伦兹力，且粒子速度方向与洛伦兹力方向垂直，所以可以判断出带电粒子在匀强磁场中做匀速圆周运动，洛伦兹力提供向心力。

答 3：带电粒子在第四象限做匀速圆周运动。

问 4：利用带电粒子的匀速圆周运动，我们可以获得什么量之间的关系？

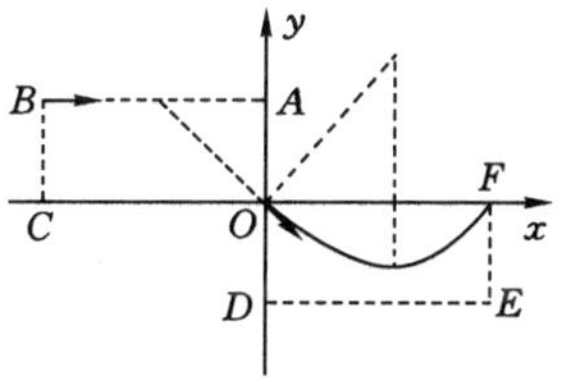

思考 4：在处理带电粒子在匀强磁场中的匀速圆周运动时，做题的一般思路是：画轨迹、找圆心、求半径。此题中，通过入射点 O 和出射点 F，可以画出带电粒子的运动轨迹，如右图所示，可知轨迹的弦长为 $2L$，同时也观察到带电粒子相当于在单边界匀强磁场中的运动。由单边界磁场中的结论"粒子多大角度进入磁场，则一定以多大角度离开磁场"，由几何关系可以直接得出圆弧半径的大小为 $\sqrt{2}L$，最后根据洛伦兹力提供向心力，可得 $R=\frac{m\sqrt{2}v_0}{Bq}=\sqrt{2}L$，解得比荷的大小为 $\frac{q}{m}=\frac{v_0}{BL}$。

答 4：可通过画轨迹、找圆心、求半径，得出粒子的电量与质量的关系，即比荷的大小。

【数据分析】

全市范围内统计的难度系数为 0.29,属于较难题目;区分度 0.37,属于较好等级。

答案	平均分	A		B		C		D	
C	1.18	人数	占比	人数	占比	人数	占比	人数	占比
		1 776	6.17%	8 760	30.43%	8 494	29.50%	9 762	33.91%

【必备知识】

本题考查的知识点为选修 3-1 中的Ⅱ级考点“带电粒子在电磁场中的运动”。

【关键能力】

本题属于典型的带电粒子在组合场中运动的题目,要求考生从题中提炼出物理知识的信息,确定研究对象(即题中所给的带电粒子),通过对带电粒子在匀强电场中和匀强磁场中的受力分析,来确定带电粒子的运动过程(即第二象限的类平抛运动和第四象限的匀速圆周运动),运用合理的物理概念或物理规律(类平抛运动的速度反向延长线交于水平位移的中点;带电粒子在单边界匀强磁场中运动时,以多大角度进入磁场,一定以多大角度离开磁场),解决物理问题,突出考查了学生的理解能力、模型建构(类平抛运动模型及匀速圆周运动模型的建构及应用)能力、分析综合能力。

【高考赏析】

(2020·天津卷,T7)如图所示,在 Oxy 平面的第一象限内存在方向垂直纸面向里,磁感应强度大小为 B 的匀强磁场。一带电粒子从 y 轴上的 M 点射入磁场,速度方向与 y 轴正方向的夹角 $\theta=45°$。粒子经过磁场偏转后在 N 点(图中未画出)垂直穿过 x 轴。已知 $OM=a$,粒子电荷量为 q,质量为 m,重力不计。则(　　)。

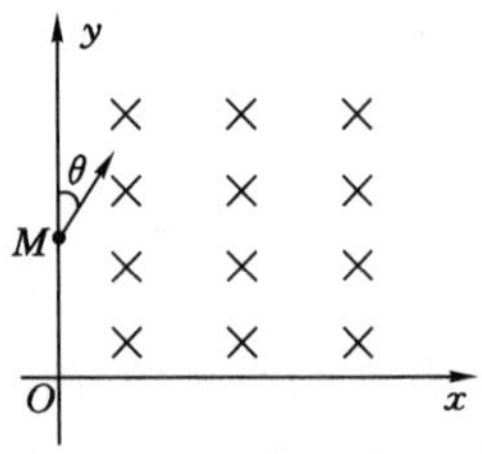

A. 粒子带负电荷

B. 粒子速度大小为$\dfrac{qBa}{m}$

C. 粒子在磁场中运动的轨道半径为 a

D. N 与 O 点相距$(\sqrt{2}+1)a$

答案:AD。

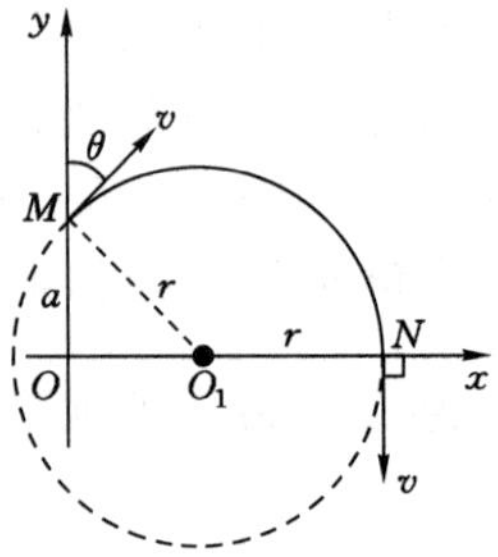

解析:粒子向下偏转,根据左手定则,可知粒子带负电,A 选项正确。粒子运动的轨迹如右图所示,由于速度方向与 y 轴正方向的夹角 $\theta=45°$,根据几何关系可知$\angle OMO_1=\angle OO_1M=45°$,$OM=OO_1=a$,则粒子运动的轨道半径为 $r=O_1M=\sqrt{2}a$。而洛伦兹力提供向心力,则有 $qvB=m\dfrac{v^2}{r}$,可解得 $v=\dfrac{\sqrt{2}qBa}{m}$,可知 B、C 选项错误。N 与 O 点的距离为 $NO=OO_1+r=(\sqrt{2}+1)a$,D 选项正确。

题目 14　随着居民生活水平的提高,纯净水已经进入千家万户。某市对市场上出售的纯净水质量进行了抽测,结果发现竟有不少样品的电导率(电导率是电阻率的倒数,是检验

纯净水是否合格的一项重要指标)不合格。某研究性学习小组对某种纯净水样品进行检验,实验步骤如下:

(1) 将采集的水样装满绝缘性能良好的圆柱形塑料容器,容器长为 L,两端用金属圆片电极密封,用游标卡尺测量圆柱形容器内径如图甲所示,其示数为 $d=$________ mm。

(2) 用欧姆表"×1 k"档,粗略测量容器内水样的电阻如图乙所示,则测得的阻值为________ Ω。

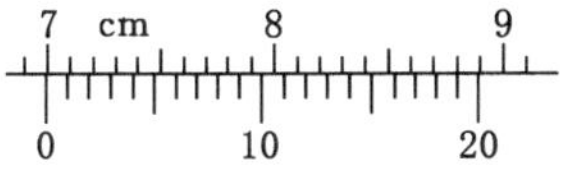

甲

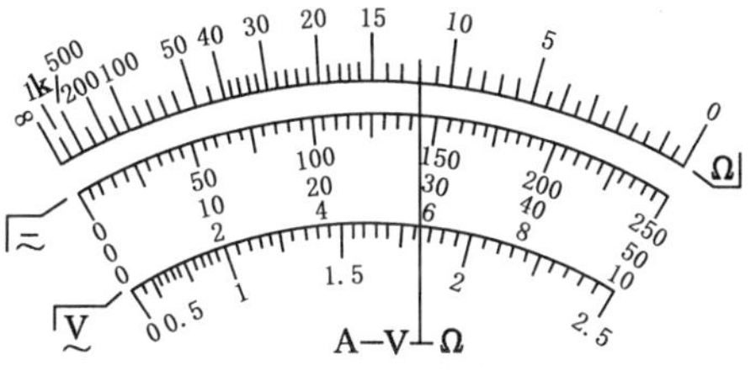

乙

(3) 为了准确测量水样的电导率,学习小组准备利用以下器材进行研究。

A. 电压表(0～3 V,内阻约为 1 kΩ)。

B. 电压表(0～15 V,内阻约为 5 kΩ)。

C. 电流表(0～1 mA,内阻约为 1 Ω)。

D. 电流表(0～0.6 A,内阻约为 10 Ω)。

E. 滑动变阻器(最大阻值约为 100 Ω)。

F. 蓄电池(电动势约为 12 V,内阻约为 2 Ω)。

G. 开关、导线若干。

实验要求测量尽可能准确,请你在方框中设计出实验电路图,电路中电压表应选择________,电流表应选择________。(填器材前面的字母序号)

(4) 水样电导率的表达式为 $\sigma=$________。[用测得的物理量(U、I、d、L)表示]

【答案】(1) 69.95。(2) 1.20×10^4。(3) 电路图如右图所示;B;C。(4) $\dfrac{4IL}{\pi Ud^2}$。

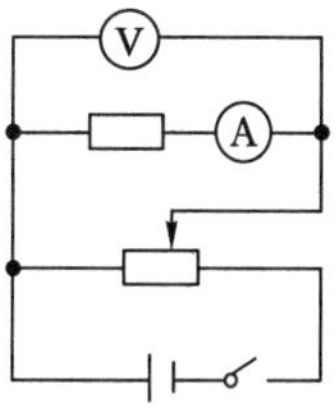

【解析】

(1) 主尺读数 69 mm 加上游标尺读数 19×0.05 mm,即为 69.95 mm。

(2) 欧姆表读数为表盘刻度 12.0,再乘以倍率 1 k,即电阻为 1.20×10^4 Ω。

(3) 电动势为 12 V,则电压表选择 B。电阻粗测为 1.20×10^4 Ω,则电路中电流最大约为 1 mA,即电流表选择 C。滑动变阻器的阻值比待测电阻小得多,为精确测量,电路接法为滑动变阻器分压,电流表内接。

(4) 由欧姆定律 $R=\dfrac{U}{I}$,电阻定律 $R=\rho\dfrac{L}{S}$,横截面积 $S=\pi\left(\dfrac{d}{2}\right)^2$,计算得出:$\sigma=\dfrac{1}{\rho}=\dfrac{4IL}{\pi Ud^2}$。

【思维过程】

问 1:本实验的实验目的是什么?

思考 1:……

答 1:测纯净水的电导率。

问 2:题目给出“电导率是电阻率的倒数”,该怎么求电导率你有思路吗?

思考 2:……

答 2:先求电阻率。

问 3:求导体电阻率,你认为该用什么知识?能用公式表达吗?

思考 3:……

答 3:电阻定律,$R=\rho\dfrac{L}{S}$。

问 4:题目给出了盛水容器的长度 L,要求电阻率还需要什么量?

思考 4:……

答 4:导体横截面积 S 和电阻 R。

问 5:导体横截面积就是柱状容器内径的横截面积,是个圆形,会求圆的面积吗?

思考 5:……

答 5:会,$S=\pi r^2$。

问 6:题目给出的条件能求这个面积吗?能的话怎么表示?

思考 6:……

答 6:能,游标卡尺测得了容器的内径,代入圆形面积公式求得 $S=\pi\left(\dfrac{d}{2}\right)^2$。

问 7:游标卡尺的读数组成知道吗?

思考 7:……

答 7:知道,主尺读数+游标尺读数。

问 8:主尺数据怎么读知道吗?

思考 8:……

答 8:知道,读取游标尺 0 刻度左侧的主尺刻度读数。

问 9:知道游标尺怎么读吗?

思考 9:……

答 9:知道,先看游标尺总刻度确定精确度;再看游标尺与主尺刻度线对齐的位置,游标尺上读出对齐线到零刻度线的小格数;最后用小格数乘以精确度,得到的就是游标尺读数了。

问 10:甲图中游标卡尺读数是多少?

思考 10:……

答 10:主尺读数是 69 mm 加游标尺读数 19×0.05 mm,是 69.95 mm。

问 11:$R=\rho\dfrac{L}{S}$,公式中电阻 R,用欧姆表进行了粗测,能读一下它的阻值吗?

思考 11:……

答 11:12 000 Ω。

问 12:欧姆表读数规则有哪些?

思考 12:……

答 12:读出指针所指刻度数再乘以倍率。

问 13:你读的表头的读数是多少?

思考 13:……

答 13:12.0。

问 14:那么填空中书写的话,想体现出来你的估读位怎么写更合适?

思考 14:……

答 14:$1.20\times10^4\ \Omega$。

问 15:欧姆表读出的阻值只是粗测,误差较大,题目提供了更精确的测量,给出电压表、电流表、滑动变阻器、电源等器材,其中电源"电动势约为 12 V……",你能选出合适的电压表吗?

思考 15:……

答 15:选 B 选项。

问 16:"电动势约为 12 V……",水样电阻粗测约 $1.20\times10^4\ \Omega$,电流最大值约多少?

思考 16:……

答 16:电流最大值约 1 mA。

问 17:能选出合适的电流表吗?

思考 17:……

答 17:能,选择 C 选项。

问 18:水样电阻约 $1.20\times10^4\ \Omega$,电压表内阻约为 15 kΩ,电流表内阻约为 1 Ω,设计电路时测量电路中电流表怎么接?

思考 18:……

答 18:电流表内接。

问 19:水样电阻约 $1.20\times10^4\ \Omega$,滑动变阻器最大阻值约为 100 Ω,控制电路中滑动变阻器应该怎么接?

思考 19:……

答 19:滑动变阻器分压接入。

问 20:你能画出实验需要的电路图吗?

思考 20:……

答 20:可以,如右图所示。

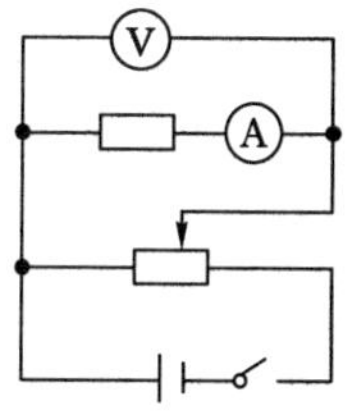

问 21:"[用测得的物理量(U、I、d、L)表示]",R 能用这些物理量中的某些物理量表示吗?

思考 21:……

答 21:能,实验测得的物理量有 U 和 I,用欧姆定律 $R=\dfrac{U}{I}$ 就能表示。

问 22:"[用测得的物理量(U、I、d、L)表示]",电导率可以表示出来了吗?

思考 22:……

答 22:可以,$\sigma=\dfrac{4IL}{\pi Ud^2}$。

【数据分析】

全市范围内统计的难度系数为 0.24,属于较难题目;区分度 0.39,属于较好等级。

分值	平均分	标准差	得分率	难度	鉴别指数(区分度)
10	2.44	2.37	0.24	0.24	0.39

【必备知识】

本题考查的知识点包括电学实验基础知识和选修 3-1 中的Ⅱ级考点“欧姆定律”。

【关键能力】

本题要求考生以检验纯净水质量的信息为背景,从中提炼信息,以确定检测指标电导率为目标,通过运用电阻定律、欧姆定律,确定求解电导率所需测量物理量的方法,进而设计测量、求解,突出考查了学生的理解能力、逻辑推理能力、分析综合能力和实验探究能力。

【高考赏析】

1. [2018·天津卷,T9(3)] 某同学用伏安法测定待测电阻 R_x 的阻值(约为 10 kΩ),除了 R_x,开关 S、导线外,还有下列器材供选用:

A. 电压表(量程 0～1 V,内阻约为 10 kΩ)。

B. 电压表(量程 0～10 V,内阻约为 100 kΩ)。

C. 电流表(0～1 mA,内阻约为 30 Ω)。

D. 电流表(0～0.6 A,内阻约为 0.05 Ω)。

E. 电源(电动势 1.5 V,额定电流 0.5 A,内阻不计)。

F. 电源(电动势 12 V,额定电流 2 A,内阻不计)。

G. 滑动变阻器 R_0(阻值范围 0～10 Ω,额定电流 2 A)。

① 为使测量尽量准确,电压表选用________,电流表选用________,电源选用________。(均填器材的字母代号)

② 画出测量 R_x 阻值的实验电路图。

③ 该同学选择器材、连接电路和操作均正确,从实验原理上看,待测电阻测量值会________其真实值(填“大于”“小于”或“等于”),原因是________。

答案:① B;C;F。② 电路图见解析。③ 大于;电压表的读数大于待测电阻两端实际电压(其他正确表述也可)。

解析:由于本题的被测电阻达到 10 kΩ,所以电源要选择电动势大的,然后根据电路电流选择电流表、电压表;若采用限流接法,则电路中电流和电压变化不明显,故采用滑动变阻器的分压接法,根据$\frac{R_V}{R_x}$和$\frac{R_x}{R_A}$的关系分析电流表的接法;根据电流表的接法判断实验误差。

① 若选用电源 1.5 V,由于被测电阻很大,电路中电流非常小,不利于实验,即电源选用 12 V 的,即 F;则电压表就应该选取 B;电压表最大值为 10 V,电路中最大电流为 1.0 mA,故选用电流表 C。

② 因为给的滑动变阻器的最大阻值只有 10 Ω,若采用限流接法,则电路中电流和电压变化不明显,故采用滑动变阻器的分压接法,由于$\frac{R_V}{R_x}<\frac{R_x}{R_A}$,所以采用电流表内接法,电路图

如右图所示。

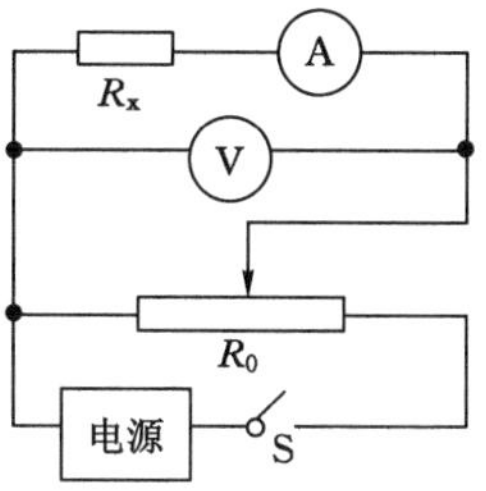

③ 由于电流表的分压，而导致电压测量值偏大，而电流准确，根据 $R_x=\dfrac{U}{I}$ 可知测量值偏大。

2.（2017·海南卷，T12）某同学用伏安法测量待测电阻的阻值。现有器材为：待测电阻 R（阻值约为 5 Ω）、电源（电动势 3 V）、滑动变阻器（阻值范围 0～10 Ω）、电流表（量程 0.6 A，3 A）、电压表（量程 3 V，15 V）、开关、导线若干。实验要求在测量电路中将电流表外接，滑动变阻器起限流作用。回答下列问题：

（1）按照实验要求在图(a)中画出实物连线图。

图(a)

（2）若已按实验要求接线，闭合开关后移动滑动变阻器的滑片，电压表的示数始终约为 3 V，电流表的示数始终接近 0。写出产生这种现象的一个原因：________。

（3）在连线正确后，闭合开关。电压表和电流表的示数分别如图(b)和图(c)所示。由图可知，电压表读数为________ V，电流表读数为________ A。由此可得待测电阻的阻值为________ Ω（结果保留 3 位有效数字）。

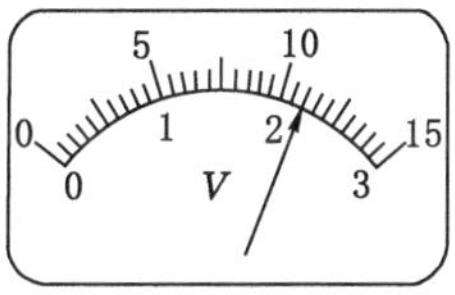

图(b)

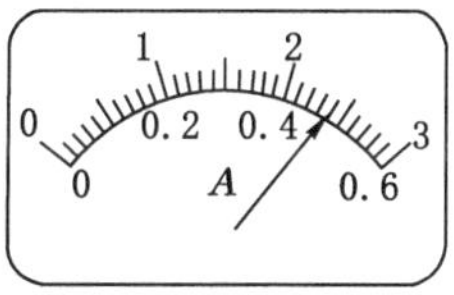

图(c)

答案：（1）实物连线图如右图所示。（2）待测电阻 R 断路。（3）2.20；0.48；4.58。

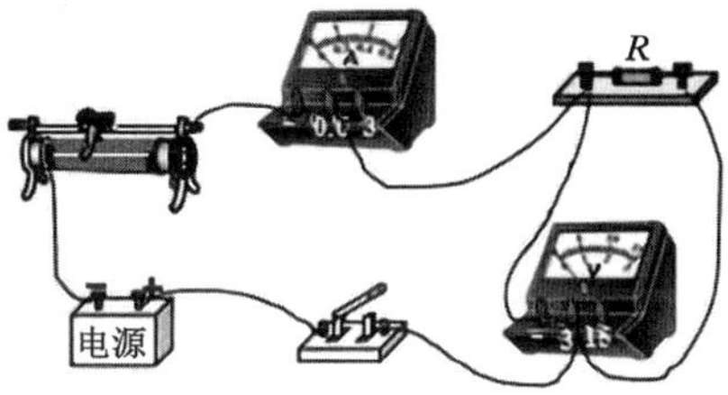

解析：（1）实物连线图如右图所示。

（2）待测电阻 R 断路。

（3）电压表读数为 2.20 V，电流表读数为 0.48 A，待测电阻的阻值为 $R=\dfrac{U}{I}=\dfrac{2.20}{0.48}=4.58\ \Omega$。

3.（2019·江苏卷，T11）某同学测量一段长度已知的电阻丝的电阻率。实验操作如下：

（1）螺旋测微器如图所示。在测量电阻丝直径时，先将电阻丝轻轻地夹在测砧与测微螺杆之间，再旋动________（选填“A”“B”或“C”），直到听见“喀喀”的声音，以保证压力适当，同时防止螺旋测微器的损坏。

（2）选择电阻丝的________（选填“同一”或“不同”）位置进行多次测量，取其平均值作

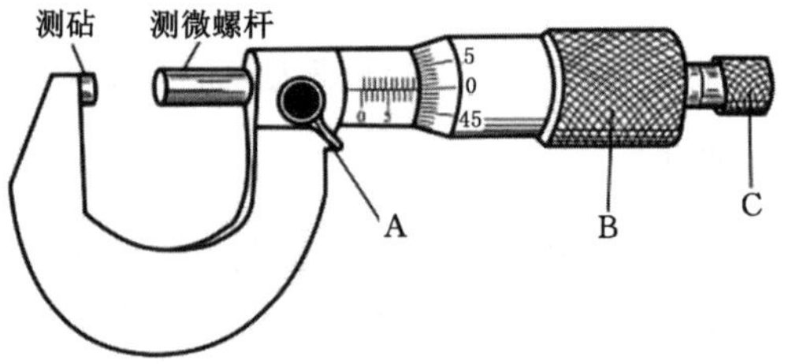

为电阻丝的直径。

(3) 图甲中 R_x 为待测电阻丝。请用笔画线代替导线，将滑动变阻器接入图乙实物电路中的正确位置。

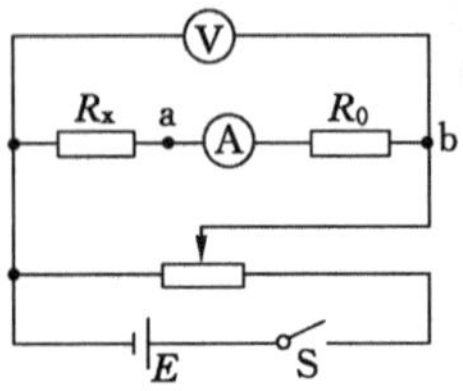

图甲

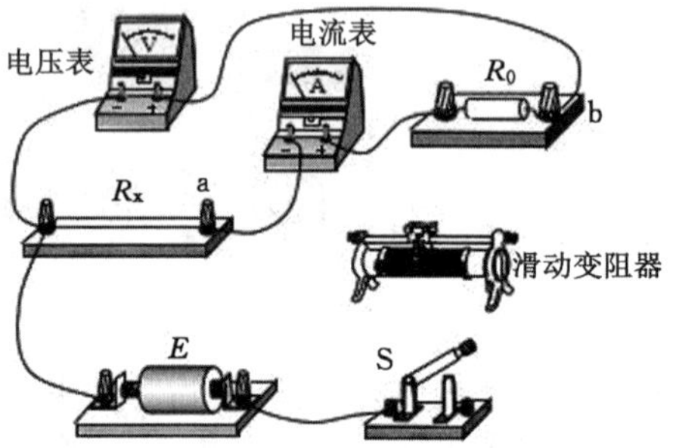

图乙

(4) 为测量 R_x，利用图甲所示的电路，调节滑动变阻器测得 5 组电压 U_1 和电流 I_1 的值，作出的 U_1-I_1 关系图像如图 1 所示。接着，将电压表改接在 a、b 两端，测得 5 组电压 U_2 和电流 I_2 的值，数据见下表。

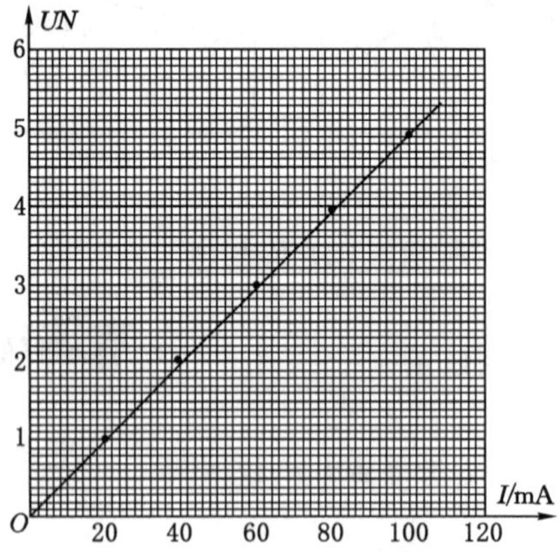

图 1

U_2/V	0.50	1.02	1.54	2.05	2.55
I_2/mA	20.0	40.0	60.0	80.0	100.0

请根据表中的数据，在方格纸上作出 U_2-I_2 图像。

(5) 由此,可求得电阻丝的 $R_x=$________ Ω。根据电阻定律可得到电阻丝的电阻率。

答案:(1) C。(2) 不同。(3) 实物电路图如图 2 所示。(4) 图像见图 3;(5) 23.5(23.0～24.0 都算对)。

解析:(1) 为保护螺旋测微器,将电阻丝轻轻地夹在测砧与测微螺杆之间,再旋动微调旋钮 C,直到听见"喀喀"的声音,以保证压力适当,同时防止螺旋测微器损坏。

(2) 为减小实验误差,选择电阻丝的不同位置进行多次测量,取其平均值作为电阻丝的直径。

(3) 根据图示电路图连接实物电路图,实物电路图如图 2 所示。

(4) 根据表格中各组数据在坐标纸上描出对应点,再连成一条直线,作出图像如图 3 所示。

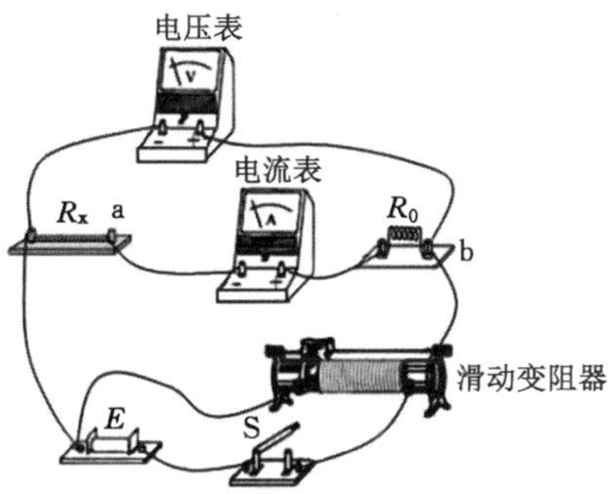

图 2

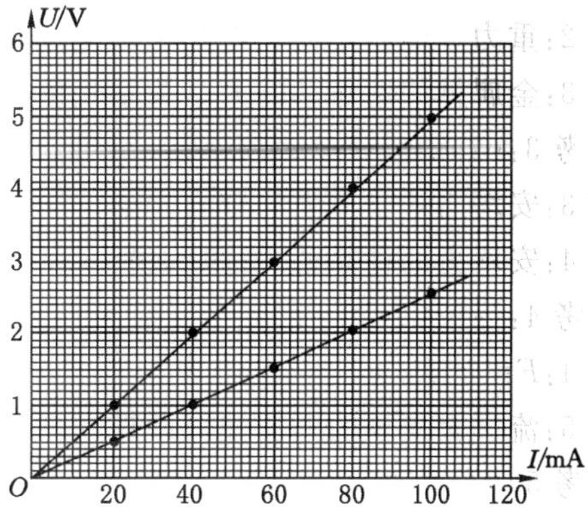

图 3

(5) 当电压表按甲图连接时,电压表测的电压为 R_x、R_A 与 R_0 的电压之和;当电压表接在 a、b 间时,电压表测的电压为 R_A 与 R_0 的电压。由图可得电阻丝阻值:$R_x=23.5\ \Omega$。

题目 17 如图,足够长的光滑平行金属导轨 MN、PQ 所在平面与水平面成 $\theta=30°$角,导轨间距为 $L=1$ m,M、P 两端之间接一阻值为 $R=3\ \Omega$ 的电阻,金属棒 ab 与导轨垂直且接触良好,整个装置处于方向垂直于导轨平面向上的匀强磁场中,磁感应强度 $B=2$ T。现在导轨上某一位置由静止释放金属棒,当其沿导轨下滑距离 $x=50$ m 后开始匀速下滑。已知金属棒的电阻 $r=1\ \Omega$,质量 $m=2$ kg,下滑过程中金属棒始终与导轨垂直,导轨电阻忽略不计,重力加速度 g 取 10 m/s^2。求金属棒从静止释放到开始匀速下滑的过程中:

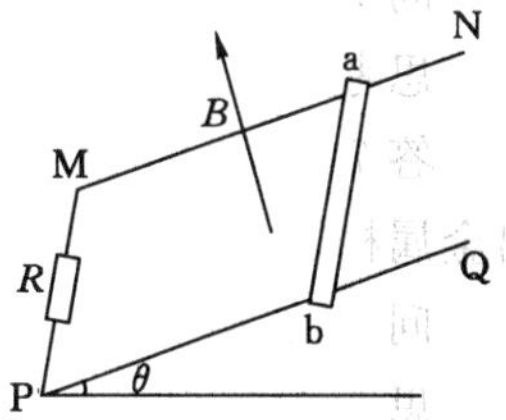

(1) 金属棒产生的热量;

(2) 金属棒运动的时间。

【答案】(1) 100 J;(2) 7 s。

【解析】

(1) 刚好匀速时,$BIL=mg\sin\theta$,其中 $I=\dfrac{E}{R+r}$,$E=BLv$。

根据能量守恒定律有 $mgx\sin\theta=Q+\dfrac{1}{2}mv^2$。

金属棒产生的热量 $Q_r=\frac{r}{r+R}Q$，解得 $Q_r=100\ \text{J}$。

(2) 设整个过程中电流的平均值为 $\bar{I}$，由动量定理可得 $mg\sin\theta\cdot t-B\bar{I}Lt=mv$，其中 $\bar{I}=\frac{\bar{E}}{R+r}$，$\bar{E}=\frac{\Delta\varphi}{\Delta t}=\frac{BLx}{t}$。解得 $t=7\ \text{s}$。

【思维过程】

问 1：金属棒产生的热量一般如何计算？

思考 1：……

答 1：可以利用能量守恒和焦耳定律 $Q=I^2Rt$。

问 2：金属棒从静止释放到开始匀速下滑过程中能量的变化是怎样的？

思考 2：……

答 2：重力势能转化为动能和焦耳热。

问 3：金属棒匀速运动的力学关系是怎样的？

思考 3：……

答 3：安培力等于重力的分力。

问 4：安培力的计算公式是什么？

思考 4：……

答 4：$F=BIL$。

问 5：流过金属棒的电流如何计算？

思考 5：……

答 5：$I=\frac{E}{R+r}$。

问 6：导体棒切割磁感线电动势的计算是怎样的？

思考 6：……

答 6：$E=BLv$。

问 7：金属棒产生的热量与总热量的关系是什么？

思考 7：……

答 7：金属棒产生的热量为 I^2rt，总热量为 $I^2(r+R)t$，求得总热量，按电阻占比即可求出金属棒产生的热量。

问 8：金属棒从静止释放到开始匀速下滑过程中动量的变化如何计算？

思考 8：……

答 8：可以使用动量定理。

问 9：重力的冲量如何计算？

思考 9：……

答 9：$I_G=(mg\sin\theta)\cdot t$。

问 10：安培力的冲量如何计算？

思考 10：……

答 10：$I_{安}=B\bar{I}Lt$。

问 11：平均电流如何计算？

思考 11：……

答 11：$\bar{I}=\dfrac{\bar{E}}{R+r}$。

问 12：平均电动势如何计算？

思考 12：……

答 12：$\bar{E}=\dfrac{\Delta\varphi}{\Delta t}=\dfrac{BLx}{t}$。

【数据分析】

全市范围内统计的难度系数为 0.11，属于很难的题目；区分度 0.28，属于较差等级。

分值	平均分	标准差	得分率	难度	鉴别指数(区分度)
14	1.58	2.48	0.11	0.11	0.28

【必备知识】

本题考查的知识点为必修 2 中的Ⅱ级考点“能量守恒定律”、选修 3-2 中的Ⅱ级考点“法拉第电磁感应定律”和选修 3-5 中Ⅱ级考点“动量定理”。

【关键能力】

本题要求考生以单棒切割磁感线为背景，通过受力分析、运动过程分析、能量转化和守恒的分析，运用法拉第电磁感应定律、能量守恒定律和动量定理，分析导体棒运动过程的力学关系和能量转化情况，突出考查了学生的理解能力、模型建构能力、逻辑推理能力和分析综合能力。

【高考赏析】

1. (2019·全国Ⅱ卷，T21)如图，两条光滑平行金属导轨固定，所在平面与水平面夹角为 θ，导轨电阻忽略不计。虚线 ab、cd 均与导轨垂直，在 ab 与 cd 之间的区域存在垂直于导轨所在平面的匀强磁场。将两根相同的导体棒 PQ、MN 先后自导轨上同一位置由静止释放，两者始终与导轨垂直且接触良好。已知 PQ 进入磁场时加速度恰好为零。从 PQ 进入磁场开始计时，到 MN 离开磁场区域为止，流过 PQ 的电流随时间变化的图像可能正确的是(　　)。

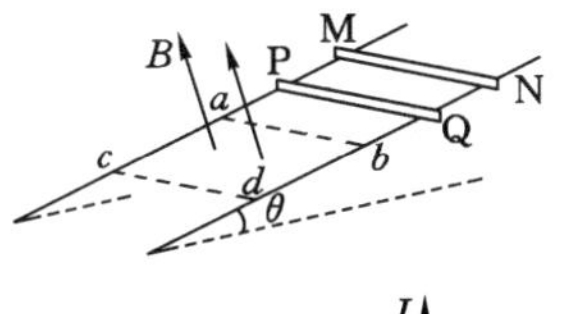

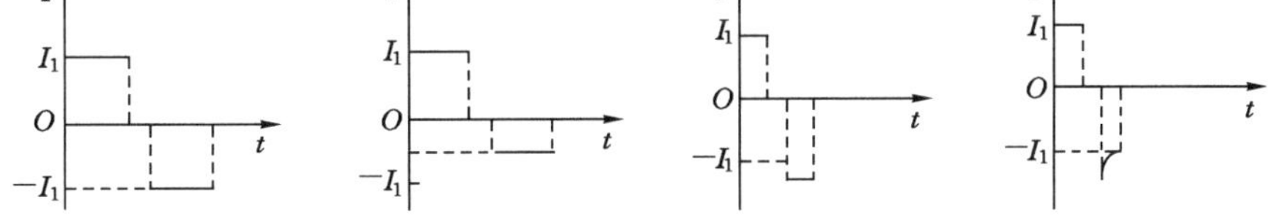

A　　B　　C　　D

答案：AD。

解析：由于 PQ 进入磁场时加速度为零，若 PQ 出磁场时 MN 仍然没有进入磁场，则 PQ 出磁场后至 MN 进入磁场的这段时间，磁通量 φ 不变，无感应电流。由于 PQ、MN 于同一位置释放，故 MN 进入磁场时与 PQ 进入磁场时的速度相同，所以电流大小也应该相同，A

选项正确,B 选项错误。

若 PQ 出磁场前 MN 已经进入磁场,由于磁通量 φ 不变,PQ、MN 均加速运动。PQ 出磁场后,MN 由于加速故电流比 PQ 进入磁场时电流大,对应安培力也大于 PQ 进入磁场时的安培力,合外力不为零,方向与安培力同向、与速度反向,MN 做减速运动,故 C 选项错误,D 选项正确。

2.(2020·全国Ⅰ卷,T21)如图,U 形光滑金属框 $abcd$ 置于水平绝缘平台上,ab 和 dc 边平行,和 bc 边垂直。ab、dc 足够长,整个金属框电阻可忽略。一根有一定电阻的导体棒 MN 置于金属框上,用水平恒力 F 向右拉动金属框,运动过程中,装置始终处于竖直向下的匀强磁场中,MN 与金属框保持良好接触,且与 bc 边保持平行。过一段时间后(　　)。

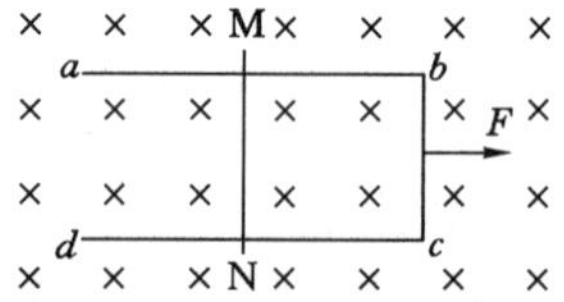

A. 金属框的速度大小趋于恒定值

B. 金属框的加速度大小趋于恒定值

C. 导体棒所受安培力的大小趋于恒定值

D. 导体棒到金属框 bc 边的距离趋于恒定值

答案:BC。

解析:bc 边切割磁感线产生电动势,形成电流,使得导体棒 MN 受到向右的安培力,做加速运动,bc 边受到向左的安培力,向右做加速运动。当 MN 运动时,金属框的 bc 边和导体棒 MN 一起切割磁感线,设导体棒 MN 和金属框的速度分别为 v_1、v_2,则电路中的电动势 $E=BL(v_2-v_1)$,电路中的电流 $I=\frac{E}{R}=\frac{BL(v_2-v_1)}{R}$,金属框和导体棒 MN 受到的安培力 $F_{安框}=\frac{B^2L^2(v_2-v_1)}{R}$,与运动方向相反,$F_{安MN}=\frac{B^2L^2(v_2-v_1)}{R}$,与运动方向相同。

设导体棒 1 和金属框的质量分别为 m_1、m_2,则对导体棒 MN 有 $\frac{B^2L^2(v_2-v_1)}{R}=m_1a_1$,对金属框有 $F-\frac{B^2L^2(v_2-v_1)}{R}=m_2a_2$。

初始速度均为零,则 a_1 从零开始逐渐增加,a_2 从 $\frac{F}{m_2}$ 开始逐渐减小,$a_1=a_2$ 时,相对速度 $v_2-v_1=\frac{FRm_1}{2B^2L^2(m_1+m_2)}$,大小恒定。

整个运动过程用速度-时间图像描述如下图所示。

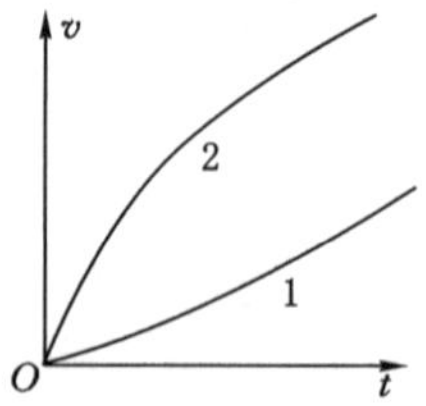

综上可得,金属框的加速度趋于恒定值,安培力也趋于恒定值,B、C 选项正确;金属框的速度会一直增大,导体棒到金属框 bc 边的距离也会一直增大,A、D 选项错误。

2020年普通高等学校招生全国统一考试理综能力测试(I卷)试题评析(节选)

题目18 一匀强磁场的磁感应强度大小为B,方向垂直于纸面向外,其边界如图中虚线所示,ab为半圆,ac、bd与直径ab共线,ac间的距离等于半圆的半径。一束质量为m、电荷量为$q(q>0)$的粒子,在纸面内从c点垂直于ac射入磁场,这些粒子具有各种速率。不计粒子之间相互作用。在磁场中运动时间最长的粒子,其运动时间为(　　)。

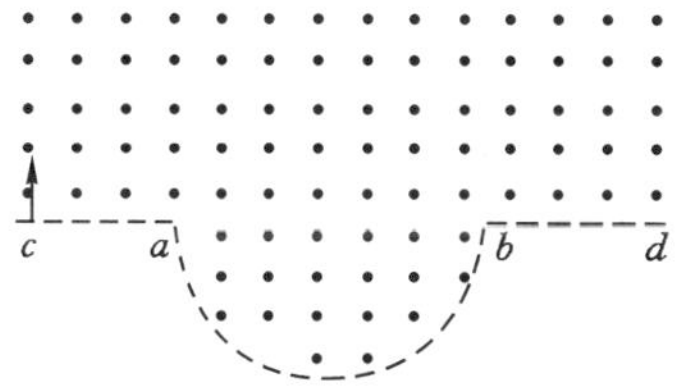

A. $\frac{7\pi m}{6qB}$　　B. $\frac{5\pi m}{4qB}$　　C. $\frac{4\pi m}{3qB}$　　D. $\frac{3\pi m}{2qB}$

【答案】C。

【解析】

解法一:如图1所示,设$OP=R$,$O_1P=r$(其中,O为半圆ab的圆心,O'为粒子运动轨迹的圆心),在$\triangle OO_1P$中有$OO_1=Oc-O_1c=2R-r$。

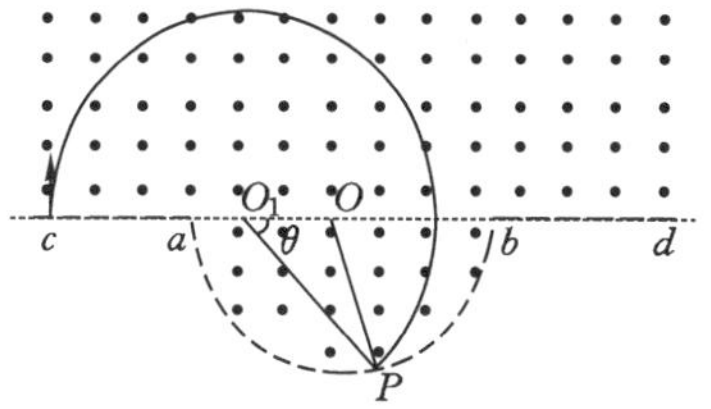

图1

在$\triangle OO_1P$中,由余弦定理有$R^2=(2R-r)^2+r^2-2r(2R-r)\cos\theta$,得

$$\cos\theta=\frac{(2R-r)^2+r^2-R^2}{2r(2R-r)}$$

$$\cos\theta=\frac{3R^2}{2r(2R-r)}-1=\frac{3R^2}{-2\,(r-R)^2+2R^2}-1$$

当$R=r$时,即得到$\cos\theta$有最小值$\frac{1}{2}$,此时θ有最大值$\frac{\pi}{3}$。

综上可知,粒子最大偏转角为$\frac{4\pi}{3}$,最大运动时间为$t_{\max}=\frac{\frac{4\pi}{3}}{2\pi}\frac{2\pi m}{qB}=\frac{4\pi m}{3qB}$。

解法二:设弦切角为θ,如图2所示,则粒子偏转角为$2\pi-2\theta$,θ越小,粒子偏转角越大,粒子在磁场中运动时越长,由几何关系可知,当弦与半圆ab相切时θ最小,运动时间最长。

过 c 作半圆 ab 的切线，由几何关系可知 $\angle OO_1P=\angle OPO_1=\frac{\pi}{3}$。粒子偏转角为 $\pi+\frac{\pi}{3}=\frac{4\pi}{3}$，综上可知，最大运动时间为 $t_{\max}=\frac{\frac{4\pi}{3}}{2\pi}\frac{2\pi m}{qB}=\frac{4\pi m}{3qB}$。

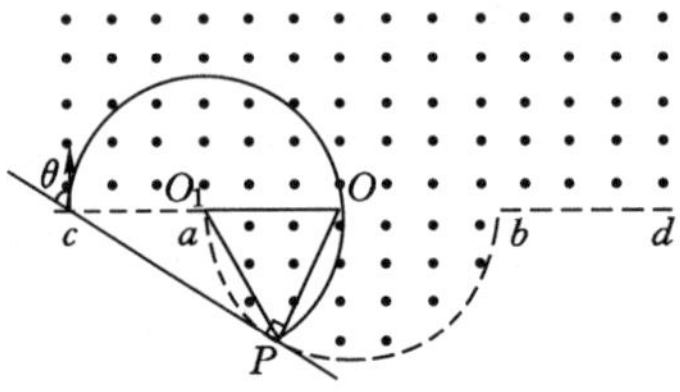

图 2

解法三：当粒子运动半径 $r\leqslant\frac{R}{2}$ 时，粒子的偏转角为 π；当粒子半径 $\frac{R}{2}<r<\frac{3R}{2}$ 时，运动轨迹如图 3 所示

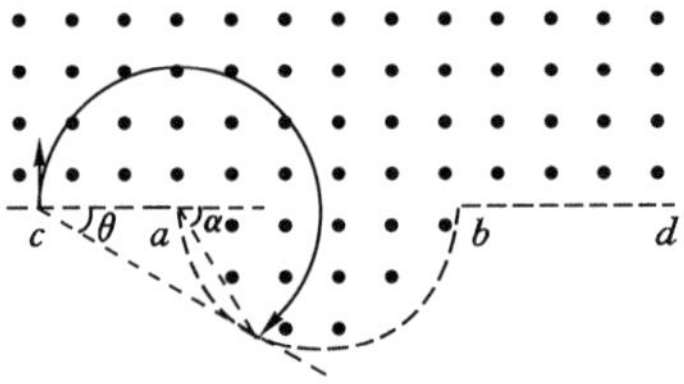

图 3

由几何关系可知 $\alpha=2\theta$，则当 θ 最大时 α 最大，过 c 作半圆 ab 的切线，此时对应的 θ 最大。由几何关系可知，此时 $\alpha=\frac{\pi}{3}$，粒子偏转角为 $\pi+\frac{\pi}{3}=\frac{4\pi}{3}$；当 $r\geqslant\frac{3R}{2}$ 时，粒子的偏转角也为 π。综上可知，粒子最大偏转角为 $\frac{4\pi}{3}$，最大运动时间为 $t_{\max}=\frac{\frac{4\pi}{3}}{2\pi}\frac{2\pi m}{qB}=\frac{4\pi m}{3qB}$。

解法一用到了数学中的余弦公式，对数学计算能力要求比较高；解法二运用了弦切角的判断，相对于解法一来说计算能力要求不高，能快速得到答案；解法三用到了数学中的几何关系，相对于解法二来说更简单。

【关键能力】

试题在设问上有所创新，考查知识点虽较为常见，但考查方式灵活。要求学生分析出不同速度的粒子在磁场中的运动情形，再从这些不同情形中分析出粒子在磁场中运动时间最长的情况，对学生的分析综合能力、逻辑推理能力要求较高。

题目 20 一物块在高 3.0 m、长 5.0 m 的斜面顶端从静止开始沿斜面下滑，其重力势能和动能随下滑距离 S 的变化如图中直线Ⅰ、Ⅱ所示，重力加速度取 10 m/s^2。则(　　)。

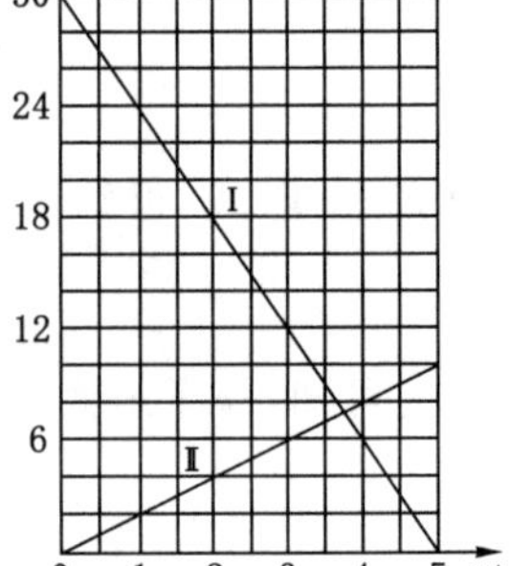

A. 物块下滑过程中机械能不守恒

B. 物块与斜面间的动摩擦因数为 0.5

C. 物块下滑时加速度的大小为 $6.0\ m/s^2$

D. 当物块下滑 2.0 m 时机械能损失了 12 J

【答案】 AB。

【解析】

由图可知重力势能的减少量大于动能的增加量，机械能不守恒。当物块下滑 2.0 m 时重力势能减少 18 J，动能增加 4 J，机械能损失 16 J，故 A 选项正确，D 选项错误。

设斜面高为 h，长为 L，倾角为 θ，则由几何关系可知 $\sin\theta=0.6$，$\cos\theta=0.8$。物块下滑过程能量守恒 $mgh=\frac{1}{2}mv^2+\mu mg\cos\theta$，由图知物块下滑过程重力势能减少为 $mgh=30$ J，下滑过程动能增加为 $\frac{1}{2}mv^2=10$ J，又 $h=3$ m，$\cos\theta=0.8$，得 $mg=10$ kg，$\mu=0.8$，B 选项正确。沿斜面方向进行受力分析有 $mg\sin\theta-\mu mg\cos\theta=ma$，解得 $a=2\ m/s^2$，C 选项错误。

【关键能力】

本题要求考生以斜面模型为背景，从图像中提取物块能量转化信息，通过受力分析、运动过程分析、能量转化和守恒的分析，运用合理的物理概念或物理规律，解决物理问题，考查了学生的理解能力、信息加工能力、分析综合能力等关键能力。

题目 23 某同学用如图所示的实验装置验证动量定理，所用器材包括：气垫导轨、滑块（上方安装有宽度为 d 的遮光片）、两个与计算机相连接的光电门、砝码盘和砝码等。

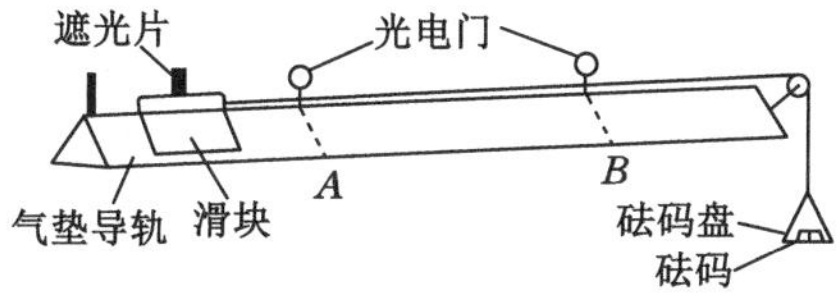

实验步骤如下：

(1) 开动气泵，调节气垫导轨，轻推滑块，当滑块上的遮光片经过两个光电门的遮光时间________时，可认为气垫导轨水平。

(2) 用天平测砝码与砝码盘的总质量 m_1、滑块（含遮光片）的质量 m_2。

(3) 用细线跨过轻质定滑轮将滑块与砝码盘连接，并让细线水平拉动滑块。

(4) 令滑块在砝码和砝码盘的拉动下从左边开始运动，和计算机连接的光电门能测量出遮光片经过 A、B 两处的光电门的遮光时间 Δt_1、Δt_2 及遮光片从 A 运动到 B 所用的时间 t_{12}。

(5) 在遮光片随滑块从 A 运动到 B 的过程中，如果将砝码和砝码盘所受重力视为滑块所受拉力，拉力冲量的大小 $I=$________，滑块动量改变量的大小 $\Delta p=$________。（用题中给出的物理量及重力加速度 g 表示）

(6) 某次测量得到的一组数据为：$d=1.000$ cm，$m_1=1.50\times10^{-2}$ kg，$m_2=0.400$ kg，$\Delta t_1=3.900\times10^{-2}$ s，$\Delta t_2=1.270\times10^{-2}$ s，$t_{12}=1.50$ s，取 $g=9.80\ m/s^2$。计算可得 $I=$________ N·s，$\Delta p=$________ $kg\cdot m\cdot s^{-1}$。（结果均保留 3 位有效数字）

(7) 定义 $\delta=\left|\frac{I-\Delta p}{I}\right|\times100\%$，本次实验 $\delta=$________%。（保留 1 位有效数字）

【答案】(1) 大约相等。(5) m_1gt_{12};$m_2d\left(\frac{1}{\Delta t_2}-\frac{1}{\Delta t_1}\right)$。(6) 0.221;0.212。(7) 4。

【解析】

步骤(1)中主要考查气垫导轨的调平。当滑块通过两光电门速度相等时即滑块上的遮光片经过两个光电门的遮光时间相等时可认为气垫导轨水平。

步骤(5)主要考查冲量大小和动量改变量大小的计算。拉力的大小可由题目中给出的砝码和砝码盘质量求得,注意滑块从 A 运动到 B 的过程中所用时间 t_{12},拉力冲量的大小 $I=m_1gt_{12}$,滑块经过 B 位置时的动量 $P_2=m_2v_2=m_2\frac{d}{\Delta t_2}$,经过 A 位置时的动量为 $P_1=m_2v_1=m_2\frac{d}{\Delta t_1}$,故 $\Delta p=p_2-p_1=m_2d\left(\frac{1}{\Delta t_2}-\frac{1}{\Delta t_1}\right)$。

步骤(6)主要考查考生的计算能力,将所给出的数据代入步骤(5)的表达式中,即 $I=1.50\times10^{-2}\times9.80\times1.50=0.221\ (\text{N}\cdot\text{s})$;$\Delta p=0.400\times1.000\times10^{-2}\left(\frac{1}{1.270\times10^{-2}}-\frac{1}{3.900\times10^{-2}}\right)=0.212\ (\text{kg}\cdot\text{m}\cdot\text{s}^{-1})$。

步骤(7)主要考查误差分析中的计算能力,将步骤(6)计算出的数据代入步骤(7)给出的公式中,即 $\delta=\left|\frac{I-\Delta p}{I}\right|\times100\%=\left|\frac{0.221-0.212}{0.221}\right|\times100\%=4\%$。

【关键能力】

本题以验证动量定理实验信息为背景,以气垫导轨、光电门为主要的实验装置,通过构建物理情境,从安装实验器材到实验操作,再到数据处理,整个实验过程渗透着对物理概念、物理规律的考查,让考生充分运用必备知识在物理情境中解答物理问题,突出考查了考生的分析综合能力、实验探究能力和信息加工能力。

【试题评价】

本道实验题主要在基本的实验基础上进行变形和拓展,注重考查基本概念和基本原理,突出考查学生实验探究能力和信息加工能力。注重学生学习知识建构的过程。该题对于一些不注重动手操作的学生而言是一种挑战,对于经常动手操作的学生而言难度适中,充分体现了物理学科的学科素养。

题目 24 我国自主研制了运-20 重型运输机。飞机获得的升力大小 F 可用 $F=kv^2$ 描写,k 为系数;v 是飞机在平直跑道上的滑行速度,F 与飞机所受重力相等时的 v 称为飞机的起飞离地速度。已知飞机质量为 1.21×10^5 kg 时,起飞离地速度为 66 m/s;装载货物后质量为 1.69×10^5 kg,装载货物前后起飞离地时的 k 值可视为不变。

(1) 求飞机装载货物后的起飞离地速度;

(2) 若该飞机装载货物后,从静止开始匀加速滑行 1 521 m 起飞离地,求飞机在滑行过程中加速度的大小和所用的时间。

【答案】(1) 78 m/s。(2) 2 m/s^2,39 s。

【解析】

本题考查匀变速直线运动、力和平衡等知识,目的是考查学生在运动学方面的分析综合能力。

(1) 设飞机装载货物前质量为 m_1,起飞离地速度为 v_1;装载货物后质量为 m_2,起飞离

地速度为 v_2；重力加速度大小为 g。飞机起飞离地应满足条件：$m_1g=kv_1^2$，$m_2g=kv_2^2$。解得 $v_2=78\ \text{m/s}$。

(2) 设飞机滑行距离为 s，滑行过程中加速度大小为 a，所用时间为 t 由匀变速直线运动公式有：$v^2=2as$，$v_2=at$。解得 $a=2.0\ \text{m/s}^2$，$t=39\ \text{s}$。

【试题情境】

本题属于运动学综合题目，以运输机在平直轨道上起飞为背景，将匀加速直线运动模型、受力平衡模型、临界分析等几个独立的过程复合为一道综合性题目呈现出来，情境相对单纯，过程并不复杂。主要考查学生的理解、推理、分析综合能力。

【必备知识】

本题考查的知识点为必修 1 中的Ⅱ级考点“匀变速直线运动及其公式”、Ⅱ级考点“共点力平衡”。这些知识点都属于高中物理的核心知识，属于高考的高频考点，也是第 24 题位置上的常见考点。

【关键能力】

本题属于中等难度的题目，处于理综试卷物理解答题部分“开场题”的位置，必定对考生的思维量、综合程度、数学运算等环节均有一定的要求。本题以运输机在平直轨道上起飞为背景，要求考生从中提炼信息，确定研究对象，构建物理模型，通过受力分析、运动过程分析，运用合理的物理概念或物理规律，解决物理问题。突出考查了学生的理解能力、信息加工能力、分析综合能力、逻辑推理能力。

【试题评价】

本题作为 2020 年高考物理试题解答题的第一道题，坚持正确育人导向，优化考试内容，没有出现“偏、难、怪”的情况，而是突出基础性，更加注重贴近教材和教学实际，使学生在考试中倍感亲切；本题加强了理论与实际的联系，紧密结合生产生活、现代社会及科技发展设计试题，以我国自主研发的新一代重型军用运输机运-20 为载体，凸显情境的时代性；依托高考评价体系，结合物理学科特点，加强对信息获取与整理、运用物理学术语言表达等能力的考查，通过对匀变速直线运动的规律与临界状态的分析，引导学生培养适应终身发展和时代要求的关键能力，着力提升学生物理学科素养，促进高中物理育人方式改革。

【高考赏析】

(2014·海南卷，T13) 短跑运动员完成 100 m 赛跑的过程可简化为匀加速直线运动和匀速直线运动两个阶段。一次比赛中，某运动员用 11.00 s 跑完全程。已知运动员在加速阶段的第 2 s 内通过的距离为 7.5 m，求该运动员的加速度及在加速阶段通过的距离。

答案：10 m。

解析：根据题意，利用平均速度等于中点时刻的速度，设运动员在 1.5 s 时的速度为 v，则 $v=\dfrac{s}{t}=\dfrac{7.5\ \text{m}}{1\ \text{s}}=7.5\ \text{m/s}$。由公式知 $a=\dfrac{\Delta v}{\Delta t}=\dfrac{7.5\ \text{m/s}}{1.5\ \text{s}}=5\ \text{m/s}^2$。

设运动员做匀加速直线运动的时间为 t_1，匀速运动的时间为 t_2，匀速运动的速度为 v_2，跑完全程的时间为 t，全程的距离为 s，加速运动通过的距离为 s'。

依据题意及运动学规律得 $t=t_1+t_2$；$v=at_1$；$s=\dfrac{1}{2}at_1^2+vt_2$，则加速运动通过的距离为 $s'=\dfrac{1}{2}at^2$；联立以上各个公式得 $s'=10\ \text{m}$。

综上,运动员做加速运动时的加速度为 5 m/s^2,并且在加速阶段走过的位移为 10 m。

题目 33 ［选修 3-3］

(1) 分子间作用力 F 与分子间距 r 的关系如图所示,$r=r_1$ 时,$F=0$。分子间势能由 r 决定,规定两分子相距无穷远时分子间的势能为零。若一分子固定于原点 O,另一分子从距 O 点很远处向 O 点运动,在两分子间距减小到 r_2 的过程中,势能________(填"减小""不变"或"增大");在间距由 r_2 减小到 r_1 的过程中,势能________(填"减小""不变"或"增大");在间距等于 r_1 处,势能________零(填"大于""等于"或"小于")。

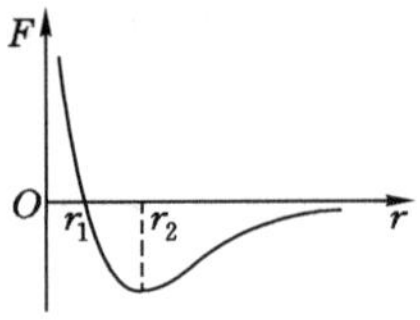

(2) 甲、乙两个储气罐储存有同种气体(可视为理想气体)。甲罐的容积为 V,罐中气体的压强为 p;乙罐的容积为 $2V$,罐中气体的压强为 $\frac{1}{2}p$。现通过连接两罐的细管把甲罐中的部分气体调配到乙罐中去,两罐中气体温度相同且在调配过程中保持不变,调配后两罐中气体的压强相等。求调配后:

(ⅰ) 两罐中气体的压强;

(ⅱ) 甲罐中气体的质量与甲罐中原有气体的质量之比。

【答案】(1) 减小,减小,小于。(2)(ⅰ) $p'=\frac{2}{3}p$;(ⅱ) $k=\frac{2}{3}$。

【解析】

(1) $r>r_1$ 时,分子间作用力 F 为引力,从距 O 点很远处运动到 r_1 的过程中,分子力做正功,分子势能减小,故第一个空填"减小",第二个空填"减小";因为规定两分子相距无穷远时分子间的势能为零,所以分子间距等于 r_1 处,分子势能小于零。

(2)(ⅰ)方法一:假设乙罐中的气体被压缩到压强为 p,其体积变为 V_1,由玻意耳定律有 $\frac{1}{2}p(2V)=pV_1$。

现两罐气体压强均为 p,总体积为 $(V+V_1)$,设调配后两罐中气体的压强为 p_1,由玻意耳定律有 $p(V+V_1)=p_1(V+2V)$。解得 $p_1=\frac{2}{3}p$。

方法二:假设甲罐中的气体膨胀到压强为 $\frac{1}{2}p$,其体积变为 V_2,由玻意耳定律有 $pV=\frac{1}{2}pV_2$。

现两罐气体压强均为 $\frac{1}{2}p$,总体积为 $(2V+V_2)$。设调配后两罐中气体的压强为 p_1,由玻意耳定律有 $\frac{1}{2}P(2V+V_2)=p_1(V+2V)$。

联立方程解得 $p_1=\frac{2}{3}p$。

方法三:设甲罐中气体的物质的量为 n_1,乙罐中气体的物质的量为 n_2,调配后两罐中气

体的压强为 p_1，由理想气体状态方程有：对于甲，$pV=n_1RT$；对于乙，$\frac{p}{2}\times 2V=n_2RT$。调配后，$p_1\times 3V=(n_1+n_2)RT$。

联立方程解得 $p_1=\frac{2}{3}p$

（ⅱ）若调配后甲罐中的气体再被压缩到原来的压强 p 时，体积为 V_2，由玻意耳定律有 $p_1V=pV_2$。设调配后甲罐中气体的质量与甲罐中原有气体的质量之比为 k，由密度的定义有 $k=\frac{V_2}{V}$。解得 $k=\frac{2}{3}$。

【试题情境】

（1）本题以分子间的作用力与分子间距的关系图像为背景，考查考生对分子力做功的理解和应用。

（2）本题属于基础性题目，以两个储气罐互相连通，在等温条件下考查玻意耳定律，考查了考生的理解和推理能力。

【必备知识】

本题考查的知识点为选修 3-3 中的Ⅰ级考点“分子动理论”、Ⅱ级考点“气体实验定律”。

【关键能力】

（1）本题要求考生以分子间的相互作用力和分子间距的关系为背景，从中提炼信息，确定研究对象，构建物理模型，通过分子间所受引力、由远及近的运动过程判断出分子引力做正功，分子势能减小，突出考查了学生的理解能力、分析图像信息的能力等关键能力。

（2）本题以两个储气罐为载体（其中气体可视为理想气体，相互连通过程中，属于等温变化），要求考生从中提炼信息，应用气体实验定律（玻意耳定律），判断出连通后的气体压强和联通后与原来的气体质量的比值。突出考查了学生的理解能力、分析综合能力和模型构建能力。

本题突出图像的呈现方式，考查了信息加工的能力，遵循了考试大纲，聚焦主干内容，突出了基础性，引导考生夯实基础，凸显了学科特点，强化了关键能力。

邯郸市 2020—2021 学年高三期末质检试题评析(节选)

题目 2 我国羽毛球运动员林丹是羽毛球史上第一位集奥运会、世锦赛、世界杯、苏迪曼杯、汤姆斯杯、亚运会、亚锦赛、全英赛、全运会及多座世界羽联超级系列赛冠军于一身的“全满贯”选手,被誉为中国羽毛球“一哥”。如图所示是林丹在某次羽毛球比赛中跃起击球的动作,击球过程中由静止竖直向上跳起,假设林丹与球拍重心上升的高度为 h,在最高点将羽毛球以原来的速度大小 v_0 斜向上回击。已知林丹与球拍的总质量为 M,羽毛球质量为 m,重力加速度为 g,不计空气阻力,则下列说法正确的是(　　)。

A. 林丹在整个起跳过程中机械能守恒

B. 林丹在起跳过程中地面对他的支持力做功为 Mgh

C. 林丹在起跳过程中林丹与球拍重力势能的增加量为 Mgh

D. 林丹击球过程中球拍对羽毛球做功 mv_0^2

【答案】 C。

【解析】

林丹在起跳过程中,消耗了体内一部分化学能转化为机械能,机械能不守恒,故 A 选项错误;林丹在起跳过程中,地面对其支持力的作用点在力的方向上没有发生位移,即地面的支持力不做功,故 B 选项错误;林丹与球拍重心上升的高度为 h,他们的重力做功为 $-Mgh$,由重力做功与重力势能的关系得,他们的重力势能的增加量为 Mgh,故 C 选项正确;由动能定理知,林丹击球过程中球拍对羽毛球做功等于羽毛球动能的变化量,因林丹在最高点将羽毛球以原来的速度大小 v_0 斜向上回击,所以羽毛球动能的变化量为零,球拍对羽毛球做功等于零,故 D 选项错误。

【数据分析】

全市范围内统计的难度系数为 0.76,属于较易题目;区分度 0.33,属于较好等级。

答案	平均分	A		B		C		D	
		人数	占比	人数	占比	人数	占比	人数	占比
C	3.04	3 016	10.37%	1 733	5.96%	22 107	76%	2 209	7.59%

【评析】

试题以体育运动为背景,以林丹在某次羽毛球比赛中击球过程为情境,引导学生积极参加体育运动,树立强健体魄的意识。考查学生由“实际问题”构建“物理模型”的能力及学生对功、动能定理、功能关系、机械能守恒定理的理解和应用;试题要求学生考虑林丹用球拍拍球的动作、起跳的过程、拍球时内力远大于羽毛球重力等因素,结合题目信息,应用质点模型对本题进行求解。试题突出物理学科的基础性,既注重对核心物理概念和规律的考查,也注重对探究过程、研究方法等内容的考查，意在强调情境与考查内容的有机融合，考查学生灵活运用所形成的物理观念、科学思维分析解决实际问题的能力，落实物理学科核心素养的培养。

【新课标要求】（必修）

2.1.2 理解动能和动能定理。能用动能定理解释生产生活中的现象。

2.1.3 理解重力势能，知道重力势能的变化与重力做功的关系。

2.1.4 通过实验，验证机械能守恒定律。理解机械能守恒定理，体会守恒观念对认识物理规律的重要性。能用机械能守恒定律分析生产生活的有关问题。

【高考评价体系要求】

（1）核心价值：引导学生积极参加体育运动，树立强健体魄的意识。

（2）关键能力：模型建构能力、理解能力、推理论证能力。

（3）必备知识：功、重力势能、动能定理、功能关系、机械能守恒定律。

（4）核心素养：

① 物理观念：

a. 物质观：质点。

b. 相互作用观：重力、弹力。

c. 能量观：能量转化、机械能守恒。

② 科学思维：

a. 模型建构：用林丹在某次羽毛球比赛中跃起、击球过程为情境，将林丹和球拍视为一个质点，建构竖直上抛运动模型。

b. 科学推理：情境分析→运动分析→最高点分析→选用解题规律分析→分析求解。

c. 质疑创新：

（a）林丹在起跳时获得多少的动能？

（b）林丹在起跳过程中消耗了多少化学能？

（c）羽毛球被击回时，如何求其与球拍之间作用力的大小？

（d）羽毛球被击回后（不计空气阻力），其机械能是否守恒？能上升的最大高度是多少？

（e）羽毛球被击回后（考虑空气阻力），其上升到最大高度（已知量）时，如何求空气阻力做的功？

③ 科学探究：

a. 问题：

（a）球拍击球时，羽毛球与球拍间的相互作用力怎么分析？

（b）若羽毛球被击回后其速度与竖直方向的夹角为 α，则羽毛球被击回后能上升的最大高度、时间分别为多少？（不计空气阻力）

（c）羽毛球落地时的速度为多大？（请用机械能守恒定律和动能定理分别讨论）

（d）羽毛球落地时的速度大小与哪些量有关？

b. 交流：包括牛顿第三定律、平抛运动向斜抛运动的拓展、运动的合成与分解、动能定理、机械能守恒。

④ 科学态度与责任：物理思维的连续性、物理知识的严谨性。

【教材回顾】

(1) 人教版新教材必修二,第 74 页,“功”

功

当力 F 的方向与运动方向成某一角度时(图 8.1-1),可以把力 F 分解为两个分力:与位移方向一致的分力 F_1,与位移方向垂直的分力 F_2。设物体在力 F 的作用下发生的位移的大小是 l,则分力 F_1 所做的功等于 F_1l。分力 F_2 的方向与位移的方向垂直,物体在 F_2 的方向上没有发生位移,F_2 所做的功等于 0。因此,力 F 对物体所做的功 W 等于 F_1l,而 $F_1=F\cos\alpha$,所以

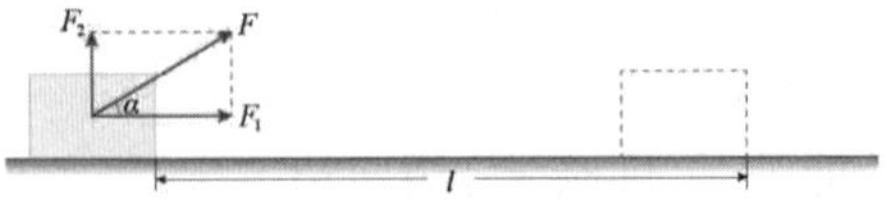

图 8.1-1 物体在力 F 的作用下发生位移 l

(2) 人教版新教材必修二,第 80 页,“重力势能”

重力势能

mgh 的特殊意义在于它一方面与重力做的功密切相关,另一方面它随着高度的增加而增加、随着质量的增加而增加,恰与前述重力势能的特征一致。因此,我们把 ***mgh*** 叫作物体的**重力势能**(gravitational potential energy),常用 E_p 表示,即

$$E_p = mgh$$

(3) 人教版新教材必修二,第 85 页,“动能定理”

动能定理

在得到动能的表达式后,$\frac{1}{2}mv_2^2-\frac{1}{2}mv_1^2$ 可以写成

$$W=E_{k2}-E_{k1}$$

其中 E_{k2} 表示一个过程的末动能,E_{k1} 表示这个过程的初动能。

这个关系表明,**力在一个过程中对物体做的功,等于物体在这个过程中动能的变化**。这个结论叫作**动能定理**

(4) 人教版新教材必修二,第 91 页,“机械能守恒定律”

图 8.4-4

同样可以证明,在只有弹力做功的系统内,动能和弹性势能互相转化时总的机械能也保持不变。**在只有重力或弹力做功的物体系统内,动能与势能可以互相转化,而总的机械能保持不变。**这叫作**机械能守恒定律**(law of conservation of mechanical energy)。它是力学中的一条重要定律,是普遍的能量守恒定律在力学范围内的表现形式。如图 8.4-4,滑雪者沿斜面下滑时,斜面的支持力与运动方向垂直,不做功;如果阻力做的功较少,可以忽略,则只有重力做功。此种情况下,动能与重力势能可以互相转化,总的机械能守恒。如果阻力做的功较大,不能忽略,则机械能不守恒。

【高考链接】

1. (2017·浙江卷,T12)火箭发射回收是航天技术的一大进步。如图,火箭在返回地面前的某段运动,可看成先匀速后减速的直线运动,最后撞落在地面上。不计火星质量变化,则(　　)。

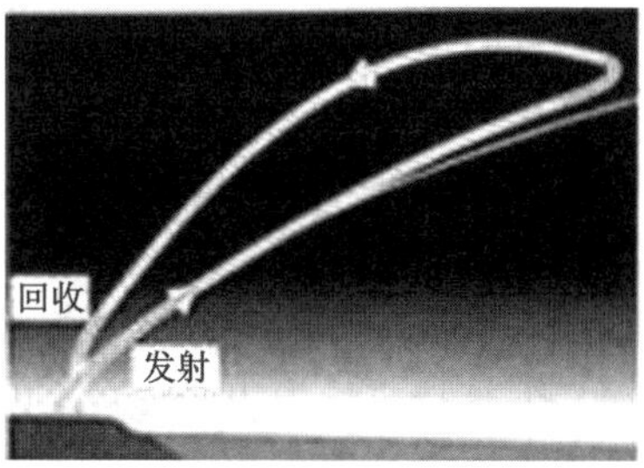

A. 火箭在匀速下降过程中机械能守恒

B. 火箭在减速下降过程中携带的检测仪器处于失重状态

C. 火箭在减速下降过程中合力做功,等于火箭机械能的变化

D. 火箭着地时,火箭对地的作用力大于自身的重力

答案:D。

解析:火箭匀速下降过程中,动能不变,重力势能减小,故机械能减小,A 选项错误。火箭在减速下降时,携带的检测仪器受到的支持力大于自身重力,故处在超重状态,B 选项错误。由功能关系知,合力做功等于火箭动能变化,而除重力外的其他力做功之和等于机械能变化,故 C 选项错误。火箭着地时,加速度向上,所以火箭对地面的作用力大于自身重力,D 选项正确。

2. (2017·全国Ⅱ卷,T14)如图,一光滑大圆环固定在桌面上,环面位于竖直平面内,在大圆环上套着一个小环。小环由大圆环的最高点从静止开始下滑,在小环下滑的过程中,大圆环对它的作用力(　　)。

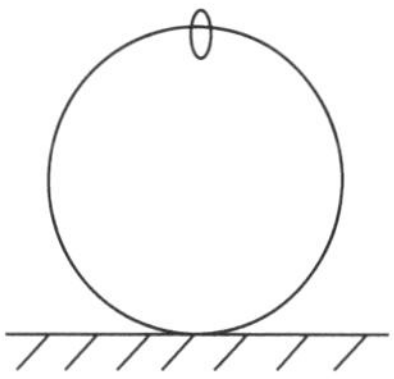

A. 一直不做功　　B. 一直做正功

C. 始终指向大圆环圆心　　D. 始终背离大圆环圆心

答案:A。

解析:本题考查竖直面内的圆周运动与做功问题。由于大圆环是光滑的,因此小环下滑的过程中,大圆环对小环的作用力方向始终与速度方向垂直,因此作用力不做功,A 选项正确,B 选项错误;小环刚下滑时,大圆环对小环的作用力背离大圆环的圆心,滑到大圆环圆心以下的位置时,大圆环对小环的作用力指向大圆环的圆心,C、D 选项错误。

3. (2017·天津卷,T23)“天津之眼”是一座跨河建设、桥轮合一的摩天轮,是天津市的地标之一。摩天轮悬挂透明座舱,乘客随座舱在竖直面内做匀速圆周运动。下列叙述正确的是(　　)。

A. 摩天轮转动过程中,乘客的机械能保持不变

B. 在最高点,乘客重力大于座椅对他的支持力

C. 摩天轮转动一周的过程中,乘客重力的冲量为零

D. 摩天轮转动过程中,乘客重力的瞬时功率保持不变

答案:B。

解析:本题考查机械能、向心力、冲量和功率等。摩天轮转动过程中乘客的动能不变,重力势能一直变化,故机械能一直变化,A 选项错误;在最高点乘客具有竖直向下的向心加速度,重力大于座椅对他的支持力,B 选项正确;摩天轮转动一周的过程中,乘客重力的冲量等

于重力与周期的乘积,C选项错误;重力瞬时功率等于重力与速度在重力方向上的分量的乘积,而转动过程中速度在重力方向上的分量是变化的,所以重力的瞬时功率也是变化的,D选项错误。

题目9 如图所示,两根相同的轻弹簧悬挂着一根通有电流 I_0 的直铜棒 MN,置于磁感应强度为 B 方向垂直于纸面向里的匀强磁场中,此时两根弹簧处于原长状态。若在铜棒下面悬挂一质量 m 的物块(图中未画出),将铜棒的电流改为 I_1,弹簧可恢复为原长状态。若在铜棒下悬挂质量为 M 的物块,将铜棒中的电流改为 I_2 或保持 I_1 不变使磁场增大为 B' 均可使弹簧恢复为原长状态。下列说法中正确的是(　　)。

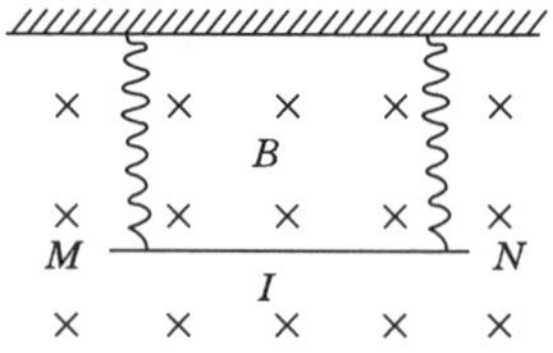

A. 电流方向由 M 指向 N

B. 若 $I_2=2I_1$,则 $M=2m$

C. 若 $M=2m$,B 不变,则 $I_2<2I_1$

D. 若 $M=2m$,电流为 I_1,则 $B'<2B$

【答案】 ACD。

【解析】

铜棒处于方向垂直于纸面向里的匀强磁场中,弹簧处于原长,安培力的方向应竖直向上。根据左手定则可得,棒中通有电流的方向是从 M 到 N,A选项正确。设铜棒质量为 m_0,则 $m_0g=BI_0L$,当悬挂上质量为 m 的物块时,满足 $m_0g+mg=BI_1L$,当悬挂上质量为 M 的物块时,满足 $m_0g+Mg=BI_2L$,若 $M=2m$,可得:$2BI_1L>BI_2L$,即 $2I_1>I_2$,C选项正确,B选项错误。同理 $2BI_1L>B'I_1L$,可得 $2B>B'$,D选项正确。

【数据分析】

全市范围内统计的难度系数为0.51,属于中等难度题目;区分度0.37,属于较好等级。

答案	平均分	正确人数及比例	答题情况统计
ACD	3.08	5 690(19.56%)	A:10 303(35.42%);C:3 626(12.46%);B:2 793(9.6%);D:2 253(7.74%);AB:1 903(6.54%);AC:1 447(4.97%);CD:489(1.68%);AD:359(1.23%);BD:95(0.33%);ABD:67(0.23%);BC:31(0.11%);ABC:7(0.02%);BCD:2(0.01%);ABCD:1(0%);空选:24(0.08%)

【评析】

本题所涉及的考点来自人教版选修3-1的第三章第四节第97页“磁场对通电导线的作用力”。试题属于高考的高频考点,而且该模型比较常见,在以往的高考和模拟考试中多次出现。本题将电流的变化与磁感应强度的变化都考虑进来,增加了对安培力影响因素的讨论,有一定的创新。本题考查学生运用所形成的物理观念、科学思维分析和解决问题的能力,增强学生的实践意识,促进学生物理学科素养的形成与发展。所涉及考点的基础性与普遍性强,引导课堂教学注重教材、注重基础、夯实根基、灵活应用。

【新课标要求】(选修)

2.1.1　通过实验,认识安培力。

【高考评价体系要求】

(1) 核心价值:引领学生认识科学的本质以及科学·技术·社会·环境(STSE)的关

系，形成科学态度、科学世界观和正确的价值观，为做有责任感的公民奠定基础。

(2) 必备知识：安培力、左手定则、胡克定律、受力分析。

(3) 关键能力：理解能力、模型建构能力、推理论证能力。

(4) 核心素养：本题需要学生从物理学视角出发，通过所形成的相互作用观的基本认识，在头脑中提取出安培力、胡克定律、受力平衡等物理概念和规律，并对其中内在规律——受力平衡及相互关系有清醒的认识。建构导体棒在磁场中的受力平衡模型的抽象概括过程是分析综合、推理论证等在物理问题中的具体运用。

① 物理观念：

a. 物质观：理想化模型(导体棒)。

b. 运动观：受力平衡。

c. 相互作用观：重力、安培力、弹簧弹力。

② 科学思维：

a. 模型建构：用通电直导线在磁场中受到安培力这个情境，并将弹簧模型整合在一起，建构成一个综合度高的受力平衡的模型。

b. 科学推理：情境分析→受力分析→解题规律选用分析→数据分析→运算求解。

c. 科学论证：在导体棒上安装拉力传感器。

d. 质疑创新：

(a) 若弹簧在弹性限度内，电流最大值为多少？

(b) 若将电流反向，弹簧形变量为多少？

(c) 若电流、劲度系数、形变量均可测得，能否得到磁场的磁感应强度？

本题可以拓展到电磁天平、磁强计等科学器材。

③ 科学探究：

a. 问题：如何确保弹簧在弹性限度内？如何控制电流、磁感应强度呢？

b. 交流：分两种情况讨论——电流保持原方向与电流反向。

④ 科学态度与责任：

a. 科学本质：安培力、胡克定律、受力平衡的综合应用。

b. 科学态度：严谨。

c. 社会责任：设计和制造电磁天平、磁强计等科学器材。

【教材回顾】

(1) 人教版新教材选择性必修二，第 3 页，“安培力的方向”

实验现象表明，通电导体棒受力方向与磁场方向、电流方向有关。你能尝试把各种情况下三者的方向画出来，进行归纳分析，找到规律吗？

众多事实表明，通电导线在磁场中所受安培力的方向与电流方向、磁感应强度的方向都垂直（图1.1-2）。安培力的方向可用以下方法判定：**伸开左手，使拇指与其余四个手指垂直，并且都与手掌在同一个平面内；让磁感线从掌心垂直进入，并使四指指向电流的方向，这时拇指所指的方向就是通电导线在磁场中所受安培力的方向**（图1.1-3）。这就是判定通电导线在磁场中受力方向的**左手定则**（left-hand rule）。

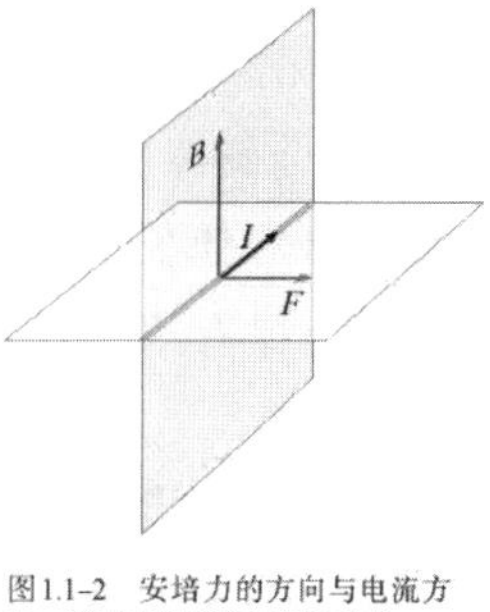

图1.1-2　安培力的方向与电流方向、磁感应强度的方向都垂直

(2) 人教版新教材选择性必修二,第 6 页,“练习与应用”3

2. 在图1.1-10中画出通电导体棒 ab 所受的安培力的方向。

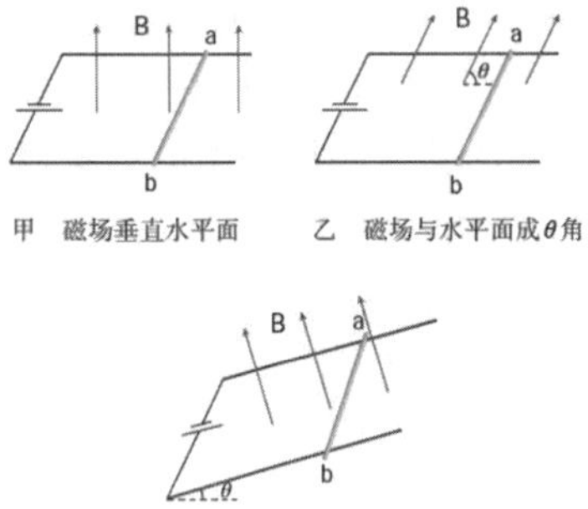

甲　磁场垂直水平面　　乙　磁场与水平面成 θ 角

丙　磁场垂直于斜面

图1.1-10

3. 图1.1-11所示为电流天平，可以用来测量匀强磁场的磁感应强度。它的右臂挂着矩形线圈，匝数为 n，线圈的水平边长为 l，处于匀强磁场内，磁感应强度 B 的方向与线圈平面垂直。当线圈中通过电流 I 时，调节砝码使两臂达到平衡。然后使电流反向，大小不变。这时需要在左盘中增加质量为 m 的砝码，才能使两臂再达到新的平衡。

(1) 导出用 n、m、l、I 表示磁感应强度 B 的表达式。

(2) 当 $n=9$，$l=10.0\ \text{cm}$，$I=0.10\ \text{A}$，$m=8.78\ \text{g}$ 时，磁感应强度是多少？

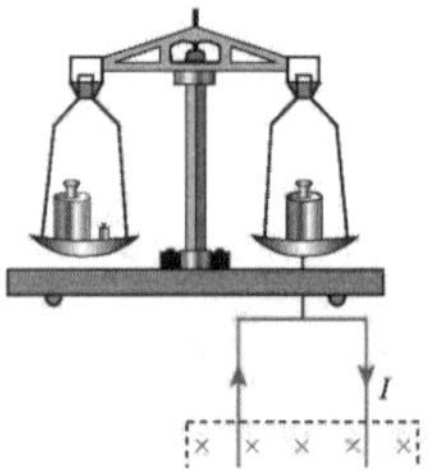

【高考链接】

1. (2015·全国卷Ⅰ卷,T24)如图,一长为 10 cm 的金属棒 ab 用两个完全相同的弹簧水平地悬挂在匀强磁场中;磁场的磁感应强度大小为 0.1 T,方向垂直于纸面向里;弹簧上端固定,下端与金属棒绝缘,金属棒通过开关与一电动势为 12 V 的电池相连,电路总电阻为 2 Ω。已知开关断开时两弹簧的伸长量均为 0.5 cm;闭合开关,系统重新平衡后,两弹簧的伸长量与开关断开时相比均改变了 0.3 cm,重力加速度大小取 10 m/s^2。判断开关闭合后金属棒所受安培力的方向,并求出金属棒的质量。

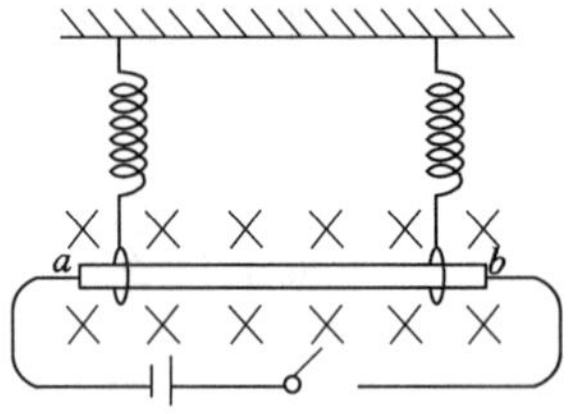

答案:安培力的方向竖直向下;金属棒的质量为 0.01 kg。

解析:依题意,开关闭合后,电流方向从 b 到 a,由左手定则可知,金属棒所受的安培力方向竖直向下。开关断开,两弹簧各自相对于其原长伸长为 $\Delta l_1=0.5$ cm。由胡克定律和力的平衡条件得 $2k\Delta l_1=mg$,式中 m 为金属棒的质量,k 是弹簧的劲度系数,g 是重力加速度的大小。开关闭合后,金属棒所受安培力的大小为 $F=IBL$,式中 I 是回路电流,L 是金属棒的长度。两弹簧各自再伸长了 $\Delta l_2=0.3$ cm,由胡克定律和力的平衡条件得 $2k(\Delta l_1+\Delta l_2)=mg+F$。由欧姆定律有 $E=IR$,式中 E 是电池的电动势,R 是电路总电阻。代入题给数据得 $m=0.01$ kg。

2. (2015·江苏卷,T4)如图所示,用天平测量匀强磁场的磁感应强度,下列各选项所示的载流线圈匝数相同,边长 NM 相等,将它们分别挂在天平的右臂下方,线圈中通有大小相同的电流,天平处于平衡状态,若磁场发生微小变化,天平最容易失去平衡的是(　　)。

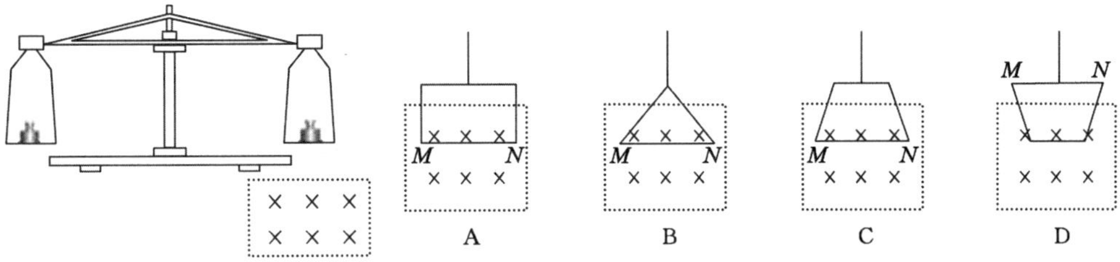

答案：A。

解析：处于磁场中的导体，受安培力作用的有效长度越长，根据 $F=BIL$ 知受安培力越大，越容易失去平衡。由图知选项 A 中导体的有效长度最大，所以 A 选项正确。

3. (2015·浙江卷，T24)小明同学设计了一个电磁天平，如图 1 所示，等臂天平的左臂为挂盘，右臂挂有矩形线圈，两臂平衡。线圈水平边长 $L=0.1$ m，竖直边长 $H=0.3$ m，匝数为 N_1。线圈的下边处于匀强磁场内，磁感应强度 $B_0=0.1$ T，方向垂直于线圈平面向里。线圈中通有可在 0～2.0 A 范围内调节的电流 I。挂盘放上待测物体后，调节线圈中电流使得天平平衡，测出电流即可测得物体的质量。(重力加速度取 $g=10\ \mathrm{m/s^2}$)

(1) 为使电磁天平的量程达到 0.5 kg，线圈的匝数 N_1 至少为多少？

(2) 进一步探究电磁感应现象，另选 $N_2=100$ 匝、形状相同的线圈，总电阻 $R=10\ \Omega$，不接外电流，两臂平衡，如图 2 所示，保持 B_0 不变，在线圈上部另加垂直于纸面向外的匀强磁场，且磁感应强度 B 随时间均匀变大，磁场区域宽度 $d=0.1$ m。当挂盘中放质量为 0.01 kg 的物体时，天平平衡，求此时磁感应强度的变化率 $\dfrac{\Delta B}{\Delta t}$。

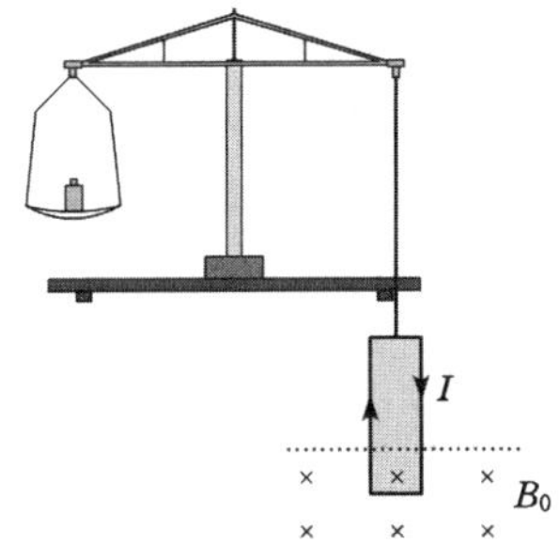

图 1

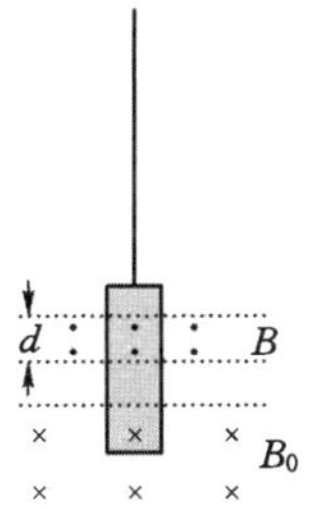

图 2

答案：(1) $N_1=25$ 匝；(2) $\dfrac{\Delta B}{\Delta t}=0.1$ T/s。

解析：(1) 线圈受到安培力 $F=N_1B_0IL$，天平平衡则 $mg=N_1B_0IL$。代入数据得 $N_1=25$ 匝。

(2) 由电磁感应定律得 $E=N_2\dfrac{\Delta B}{\Delta t}Ld$。由欧姆定律得 $I'=\dfrac{E}{R}$。线圈受到安培力 $F'=N_2B_0I'L$。天平平衡则 $mg'=N_2^2B_0\dfrac{\Delta B}{\Delta t}\dfrac{dL^2}{R}$，代入数据可得 $\dfrac{\Delta B}{\Delta t}=0.1$ T/s。

题目 11 某同学利用如图所示的器材验证“力的平行四边形定则”：在倾斜桌面上平铺一张白纸，在桌子边缘安装三个光滑的滑轮，其中，滑轮 P_1 固定在桌子边，滑轮 P_2、P_3 可沿桌边移动。将绳子打一个结点 O，每个钩码的重量相等，当系统达到平衡时，根据钩码个数读

出三根绳子的拉力 T_1、T_2 和 T_3，回答下列问题：

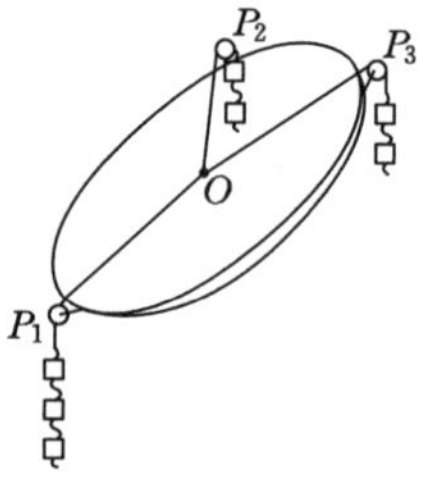

(1) 在实验中，若一根绳子挂的钩码质量为 m，另一根绳子挂的钩码质量为 $2m$，则第三根绳子所挂的钩码质量 M 应满足关系：________。

(2) 在拆下钩码和绳子前，最必要的一个步骤是(　　)。

A. 标记结点 O 的位置，并记录三段绳子的方向　　B. 量出三段绳子的长度

C. 用量角器量出三段绳子之间的夹角　　D. 用天平测出钩码的质量

(3) 若改变桌面的倾斜角度，________(填“会”或“不会”)影响实验的结论。

【答案】(1) $m<M<3m$；(2) A；(3) 不会。

【解析】

(1) 若一根绳子挂的钩码质量为 m，另一根绳子挂的钩码质量为 $2m$，则两根绳子的拉力分别为：mg、$2mg$，两根绳子不共线，两根绳子拉力的合力 F 的范围是：$2mg-mg<F<2mg+mg$，即 $mg<F<3mg$。当系统达到平衡时，三个力的合力为零，则第三根绳子拉力范围为 $mg<F_3<3mg$，第三根绳子挂的钩码质量 $m<M<3m$。

(2) 为了验证平行四边形定则，需要记录结点位置，还要记录力的方向和力的大小，最后作出力的图示。拉力的大小由钩码的个数得到，因此最必要的一个步骤是记录 O 点的位置和三段绳子的方向，A 选项正确。

(3) 静止时绳子的拉力等于钩码的重力的大小，与桌面倾角无关，故改变桌面倾角，不会影响实验结论。

【数据分析】

全市范围内统计的难度系数为 0.60，属于中档题目；区分度为 0.33，属于较好等级。

分值	平均分	区分度	得分率	满分人数	得分	人数	选择占比
6	3.6	0.33	60.03%	4 639	[0,2)	1 947	6.69%
					[2,4)	7 198	24.74%
					[4,6)	15 306	52.62%

【评析】

通过验证力的平行四边形定则实验考查学生实验探究能力、逻辑推理能力，实质上也是对三个共点力平衡的考查。

【新课标要求】(必修)

1.2.2　通过实验，了解力的合成与分解，知道矢量和标量。能用共点力的平衡条件分析生产生活中的问题。

【高考评价体系要求】

(1) 核心价值:通过新情境下验证力的平行四边形定则实验考查,提升科学探究能力,促进学生发展。

(2) 关键能力:实验探究能力、逻辑推理能力、信息加工能力。

(3) 核心素养:

① 物理观念:

a. 物理观:力的合成。

b. 运动观:三力平衡。

c. 相互作用观:三力平衡中某两个力的合力与第三个力共线等大反向。

② 科学思维:

a. 模型建构:将“OP_1、OP_2、OP_3三根绳之间力的关系”与“合力与分力具有等效替代”联系起来进行实验分析。

b. 科学推理:情境分析→物理量间的关系分析→实验过程中的细节分析→得出正确选项。

c. 科学论证:可用传感器代替钩码进行力的精确测量。

d. 质疑创新:若不把滑轮看作光滑滑轮(即考虑实验中的摩擦力),对实验的结果有何影响?

③ 科学探究:

a. 问题:探究性实验与验证性实验需要呈现怎样不同的实验和逻辑思维过程?

b. 交流:力的合成遵循怎样的规则?

④ 科学态度与责任:

a. 科学本质:合力与分力之间的关系。

b. 科学态度:严谨。

c. 社会责任:培养学生良好的科学思维及追根溯源的精神。

【教材回顾】

(1) 人教版新教材必修一,第 73 页,“力的合成和分解”

力的合成和分解

在物理学中,我们把求几个力的合力的过程叫作**力的合成**(composition of forces),把求一个力的分力的过程叫作**力的分解**(resolution of force)。

(2) 人教版新教材必修一,第 75 页 ,“练习与应用”5

5.两个力F_1和F_2之间的夹角为θ,其合力为F。请判断以下说法是否正确,并简述理由。

(1) 合力F总比分力F_1和F_2中的任何一个力都大。

(2) 若F_1和F_2大小不变,θ角越小,则合

【高考链接】

1. (2016·浙江卷,T21)某同学在“探究弹力和弹簧伸长的关系”的实验中,测得图中弹簧OC的劲度系数为 500 N/m。如图 1 所示,用弹簧OC和弹簧秤 a、b 做“探究求合力的方

法”实验。在保持弹簧伸长 1.00 cm 不变的条件下:

(1) 若弹簧秤 a、b 间夹角为 90°,弹簧秤 a 的读数是________ N(图 2 中所示),则弹簧秤 b 的读数可能为________ N。

(2) 若弹簧秤 a、b 间夹角大于 90°,保持弹簧秤 a 与弹簧 OC 的夹角不变,减小弹簧 b 与弹簧 OC 的夹角,则弹簧秤 a 的读数________、弹簧秤 b 的读数________(填“变大”“变小”或“不变”)。

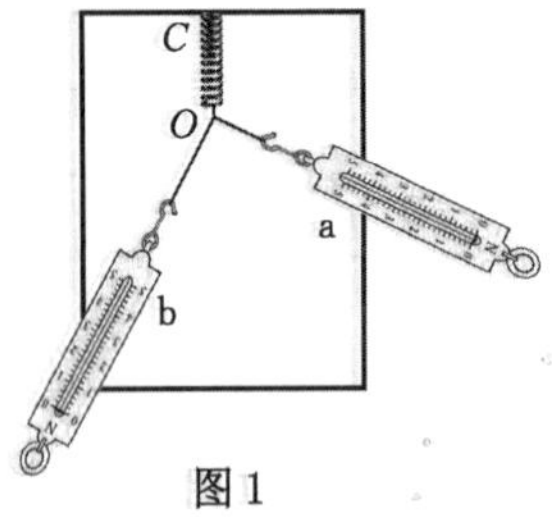

图1

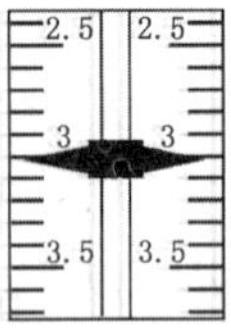

图2

答案:(1) 3.00～3.02,3.99～4.1(有效数字不作要求,答案在此范围内都算对);(2) 变大,变大。

解析:(1) 由题图 2 可知弹簧秤 a 的读数是 $F_1=3.0$ N;因合力为 $F=kx=500\times0.01=5$ (N),两分力的夹角为 90°,则另一个分力的大小为 $F_2=\sqrt{F^2-F_1^2}=4.00$ N。

(2) 若弹簧秤 a、b 间的夹角大于 90°,保持弹簧秤 a 与弹簧 OC 的夹角不变,减小弹簧秤 b 与弹簧 OC 的夹角,根据力的平行四边形法则可知,弹簧秤 a 的读数变大,弹簧秤 b 的读数变大。

2. (2011·江苏卷,T10)某同学用如图所示的实验装置来验证“力的平行四边形定则”。弹簧测力计 A 挂于固定点 P,下端用细线挂一重物 M。弹簧测力计 B 的一端用细线系于 O 点,手持另一端向左拉,使结点 O 静止在某位置。分别读出弹簧测力计 A 和 B 的示数,并在贴于竖直木板的白纸上记录 O 点位置和拉线方向。

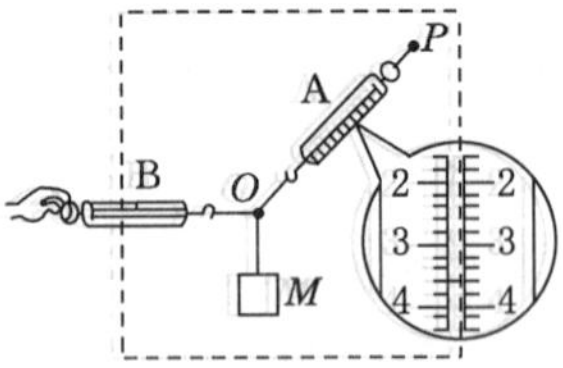

(1) 本实验用的弹簧测力计示数的单位为 N,图中 A 的示数为________ N。

(2) 下列不必要的实验要求是________。(请填写选项前对应的字母)

A. 应测量重物 M 所受的重力

B. 弹簧测力计应在使用前校零

C. 拉线方向应与木板平面平行

D. 改变拉力,进行多次实验,每次都要使 O 点静止在同一位置

(3) 某次实验中,该同学发现弹簧测力计 A 的指针稍稍超出量程,请您提出两个解决办法。

答案:(1) 3.6。(2) D。(3) ① 改变弹簧测力计 B 拉力的大小;② 减小重物 M 的质量

(或将 A 更换为量程较大的测力计,改变弹簧测力计 B 拉力的方向)。

解析:(1) 如图,弹簧测力计 A 的示数为 3.6 N。

(2)"验证平行四边形定则",只要验证每次 F_A、F_B和 Mg 满足平行四边形即可,D 选项不必要。

(3) 弹簧测力计 A 的指针稍稍超出量程,说明拉弹簧测力计 A 的力大了,由力的平行四边形定则可得:改变弹簧测力计 B 拉力的大小;减小重物 M 的质量;改变弹簧测力计 B 拉力的方向,可以减小弹簧测力计 A 的拉力,或将 A 更换为较大的测力计。

题目 14 如图所示,一足够长的光滑倾斜面与光滑水平轨道平滑相接,水平轨道上有一质量为 m 的物块 B,轨道右端平滑连接一倾角为 $\theta=37°$ 的传送带,传送带长度 $L=15.0$ m,传送带以恒定速率 $v=5$ m/s 顺时针转动。一质量为 $2m$ 的滑块 A 由斜面上高为 $h=0.45$ m 处由静止滑下,在水平面上与 B 发生弹性碰撞,之后 B 滑上传送带,并从顶端沿传送带方向滑出斜抛落至地面上。已知滑块 B 与传送带之间的动摩擦因数 $\mu=0.8$,当地重力加速度 $g=10\ \text{m/s}^2$,$\sin 37°=0.6$,$\cos 37°=0.8$。求:

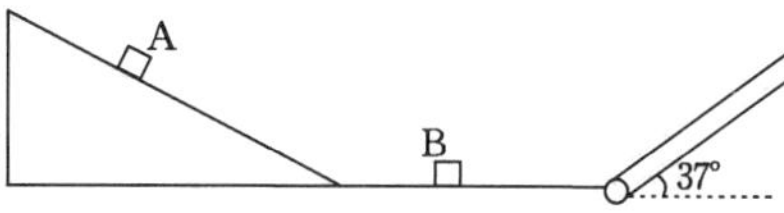

(1) 滑块 B 滑出传送带时的速度。

(2) 若每次开始时滑块 A 下滑高度不同,要使滑块 B 滑离传送带后总能落至地面上的相同位置,A 下滑高度满足的条件(结果可用分式表示)。

【答案】(1) 5 m/s;(2) $\frac{117}{320}\text{m}\leqslant h\leqslant\frac{3\,573}{320}\text{m}$。

【解析】

(1) 设 A、B 碰撞前 A 的速度为 v_1,碰撞后 A 的速度为 v_A,B 的速度为 v_B。

A 在光滑斜面下滑过程中,只有重力做功,机械能守恒,由此可得 $2mgh=\frac{1}{2}\times 2mv_1^2$,则 $v_1=\sqrt{2gh}$。

在 A、B 短暂的碰撞过程中,系统所受合外力为零,动量守恒,由此可得 $2mv_1=2mv_A+mv_B$。

由于是弹性碰撞,系统机械能守恒,由此可得$\frac{1}{2}\times 2mv_1^2=\frac{1}{2}\times 2mv_A^2+\frac{1}{2}mv_B^2$。

联立以上三式可得,$v_B=\frac{4}{3}v_1=\frac{4}{3}\sqrt{2gh}=4$ m/s。

由于 $mg\sin\theta<\mu mg\cos\theta$,所以 B 滑上传送带后做匀加速直线运动,直到和传送带共速,若共速后仍未到达最高点,则以后 B 和传送带相对静止。由牛顿第二定律得 $\mu mg\cos\theta-mg\sin\theta=ma_1$,由运动学公式得 $v^2-v_B^2=2a_1x$,解得 $x=11.25\ \text{m}<L$。

所以 B 滑出传送带时的速度等于传送带的速度 5 m/s。

(2) 由(1)的分析可知,碰撞后 B 的速度 $v_B=\frac{4}{3}v_1=\frac{4}{3}\sqrt{2gh}$,若 $v_B<v$ 且一直加速到顶端时,和传送带刚好共速,此种情况下下落高度最小,由 $v^2-v_B^2=2a_1L$,$mg\sin\theta-\mu mg\cos\theta=ma_1$,联立求解得 $h_{max}=\frac{117}{320}$ m。

若 $v_B>v$ 且一直减速到顶端时，和传送带刚好共速，此种情况下下落高度最大，由 $v_B^2-v^2=2a_2L$，$\mu mg\cos\theta+mg\sin\theta=ma_2$，联立后解得 $h_{max}=\frac{3\ 573}{320}$ m。

所以 A 下滑的高度满足 $\frac{117}{320}\text{ m}\leqslant h\leqslant\frac{3\ 573}{320}\text{ m}$。

【数据分析】

全市范围内统计的难度系数为 0.19，属于难度较大题目；区分度为 0.41，属于较好等级。

分值	平均分	区分度	得分率	满分人数	得分	人数	选择占比
16	3.11	0.41	19.46%	289	[0,4)	20 494	70.45%
					[4,8)	5 207	17.9%
					[8,12)	2 182	7.5%
					[12,16)	918	3.16%

【评析】

试题涉及课本中正碰模型，结合生产生活中常见的传送带模型、斜面模型，体现了应用性，让学生在考试中感受到学习物理的实用性，并且上手比较容易，侧重对必备知识的基础性考查，同时又把多个过程有机结合起来，体现了物理试题命制的综合性。

【新课标要求】(选修)

1.1.1　理解冲量和动量。通过理论推导和实验，理解动量定理和动量守恒定律，能用其解释生产生活中的有关现象。知道动量守恒定律的普适性。

1.1.2　通过实验，了解弹性碰撞和非弹性碰撞的特点。定量分析一维碰撞问题并能解释生产生活中的弹性碰撞和非弹性碰撞现象。

1.1.3　体会用守恒定律分析物理问题的方法，体会自然界的和谐与统一。

【高考评价体系要求】

(1) 核心价值：通过对复杂过程的研究，让学生体会物质是运动的且是有规律的辩证唯物主义观点。

(2) 关键能力：理解能力、模型建构能力、逻辑推理能力、分析综合能力、信息加工能力。

(3) 必备知识：机械能守恒定律、弹性碰撞、动量守恒定律、牛顿运动定律、运动学规律。

(4) 核心素养：

① 物理观念：

a. 运动观：匀变速运动。

b. 相互作用观：弹力、重力、摩擦力。

c. 能量观：机械能守恒。

② 科学思维：

a. 模型建构：滑块参与了多个过程，不同的过程可以归类到不同的模型，在斜面上运动时看成匀变速直线运动模型，碰撞时看成弹性碰撞模型。

b. 科学推理：先明确研究对象，再按运动的实际情境分段研究运动情况，建构碰撞模型及匀变速直线运动模型，最后应用动量、能量及动力学三大观点综合分析列方程求解。

③ 科学探究：根据物块在传送带上运动情况的临界条件，逆向思维，推出释放高度应该有极大值和极小值，再根据机械能守恒、动量守恒，得出碰撞后滑块 B 运动速度的通式，然后进行研究，可以简化问题。

④ 科学态度与责任：研究过程合理选择，可以选择正向，也可选择逆向；研究方法涉及假设法、极值法、程序法。

【教材回顾】

(1) 人教版新教材选择性必修一，第 21 页，“弹性碰撞和非弹性碰撞”

如果系统在碰撞前后动能不变，这类碰撞叫作**弹性碰撞**（elastic collision）。如果系统在碰撞后动能减少，这类碰撞叫作**非弹性碰撞**（inelastic collision）。

钢球、玻璃球碰撞时，机械能损失很小，它们的碰撞可以看作弹性碰撞；橡皮泥球之间的碰撞是非弹性碰撞。

▶ 在第 4 节实验的“参考案例 1”中，第 1、3 两种情况是弹性碰撞，第 2 种是非弹性碰撞。

(2) 人教版新教材选择性必修一，第 23 页，“练习与应用”3

3. 有些核反应堆里要让中子与原子核碰撞，以便把中子的速度降下来。为此，应该选用质量较大的还是质量较小的原子核？为什么？

【高考链接】

1. (2015 · 天津卷，T9) 如图所示，在光滑水平面的左侧固定一竖直挡板，A 球在水平面上静止放置，B 球向左运动与 A 球发生正碰，B 球碰撞前、后的速率之比为 3∶1，A 球垂直撞向挡板，碰后原速率返回，两球刚好不发生碰撞。A、B 两球的质量之比为________，A、B 碰撞前、后两球总动能之比为________。

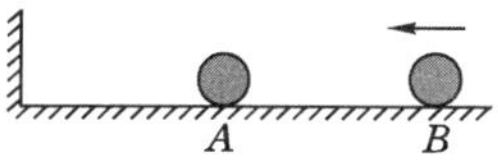

答案：4∶1，9∶5。

解析：A 球与挡板碰后两球刚好不发生碰撞，说明 A、B 碰后速率大小相同设为 v，规定向左为正方向，由动量守恒定律 $m_B v_B = m_A v - m_B v$，由题意知 $v_B : v = 3:1$，解得 $m_A : m_B = 4:1$，碰撞前、后两球总动能之比为 $\dfrac{E_{k1}}{E_{k2}} = \dfrac{\frac{1}{2}m_B v_B^2}{\frac{1}{2}(m_A + m_B)v^2} = 9:5$。

2. (2019 · 全国Ⅲ卷，T25) 静止在水平地面上的两小物块 A、B，质量分别为 $m_A = 1.0$ kg，$m_B = 4.0$ kg；两者之间有一被压缩的微型弹簧，A 与其右侧的竖直墙壁距离 $l = 1.0$ m，如图所示。某时刻，将压缩的微型弹簧释放，使 A、B 瞬间分离，两物块获得的动能之和为 $E_k = 10.0$ J。释放后，A 沿着与墙壁垂直的方向向右运动。A、B 与地面之间的动摩擦因数均为 $\mu = 0.20$。重力加速度取 $g = 10\ \text{m/s}^2$。A、B 运动过程中所涉及的碰撞均为弹性碰撞且碰撞时间极短。

(1) 求弹簧释放后瞬间 A、B 速度的大小。

(2) 物块 A、B 中的哪一个先停止？该物块刚停止时 A 与 B 之间的距离是多少？

(3) A 和 B 都停止后，A 与 B 之间的距离是多少？

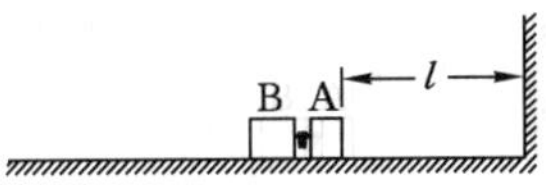

答案:(1) $v_A=4.0\ \text{m/s}$,$v_B=1.0\ \text{m/s}$;(2) B,0.50 m;(3) 0.91 m。

解析:(1) 设弹簧释放瞬间A和B的速度大小分别为 v_A、v_B,以向右为正,由动量守恒定律和题给条件有 $0=m_Av_A-m_Bv_B$,$E_k=\frac{1}{2}m_Av_A^2+\frac{1}{2}m_Bv_B^2$。联立并代入题给数据得 $v_A=4.0\ \text{m/s}$,$v_B=1.0\ \text{m/s}$。

(2) A、B两物块与地面间的动摩擦因数相等,因而两者滑动时加速度大小相等,设为 a。假设A和B发生碰撞前,已经有一个物块停止,此物块应为弹簧释放后速度较小的B。设从弹簧释放到B停止所需时间为 t,B向左运动的路程为 s_B,则有 $m_Ba=\mu m_Bg$,$s_B=v_Bt-\frac{1}{2}at^2$,$v_B-at=0$。

在时间 t 内,A可能与墙发生弹性碰撞,碰撞后A将向左运动,碰撞并不改变A的速度大小,所以无论此碰撞是否发生,A在时间 t 内的路程 s_A 都可表示为 $s_A=v_A-\frac{1}{2}at^2$。

联立并代入数据可得 $s_A=1.75\ \text{m}$,$s_B=0.25\ \text{m}$。

这表明在时间 t 内A已与墙壁发生碰撞,但没有与B发生碰撞,此时A位于出发点右边0.25 m处。B位于出发点左边0.25 m处,两物块之间的距离 s 为 $s=0.25\ \text{m}+0.25\ \text{m}=0.50\ \text{m}$。

(3) t 时刻后A将继续向左运动,假设它能与静止的B碰撞,碰撞时速度的大小为 v'_A,由动能定理有 $\frac{1}{2}m_Av'^2_A-\frac{1}{2}m_Av_A^2=-\mu m_Ag(2l+s_B)$。

与前式联立并代入题给数据得 $v'_A=\sqrt{7}\ \text{m/s}$。

故A与B将发生碰撞。设碰撞后A、B的速度分别为 v''_A 和 v''_B,由动量守恒定律与机械能守恒定律有 $m_A(-v'_A)=m_Av''_A+m_Bv''_B$,$\frac{1}{2}m_Av'^2_A=\frac{1}{2}m_Av''^2_A+\frac{1}{2}m_Bv''^2_B$。联立并代入题给数据得 $v''_A=\frac{3\sqrt{7}}{5}\text{m/s}$,$v''_B=-\frac{2\sqrt{7}}{5}\text{m/s}$。

这表明碰撞后A将向右运动,B继续向左运动。设碰撞后A向右运动距离为 s'_A 时停止,B向左运动距离为 s'_B 时停止,由运动学公式有 $2as'_A=v''^2_A$,$2as'_B=v''^2_B$。

由以上各式及题给数据得 $s'_A=0.63\ \text{m}$,$s'_B=0.28\ \text{m}$。s'_A 小于碰撞处到墙壁的距离。由此可得两物块停止后的距离 $s'=s'_A+s'_B=0.91\ \text{m}$。

题目16 [选修3-4]

(1) 在地震中产生的地震波既有横波也有纵波,假设某次地震中,震源在地面上 A 点正下方,地面上 B 点与 A 点距离为100 km,地震波中纵波波速为6.4 km/s,横波波速为3.2 km/s,地震波频率为10 Hz。位于 A 点的观察者在接收到纵波2 s后才接收到横波,则以下说法中正确的是(　　)。

A. 震源距离 A 点深度为12.8 km

B. 位于 B 点的观察者先感觉到左右晃动,后感觉到上下振动

C. 纵波的波长大于横波的波长

D. 位于 B 点的观测者接收到纵波到达时间比横波到达时间也要早 2 s

E. 地震波传播到地面后可能会出现次声波，一定是横波传播到空气中产生的

(2) 由某种新型材料做成的某个光学元件，其中一个截面是半径为 R 的半圆形，PQ 为半圆的直径，O 为该柱形截面的圆心(图 1)。一激光器发出的光与直径 PQ 呈 45° 角的方向射入元件内，入射点沿 PQ 由下向上移动，当移动到 B 点时，光线恰好从元件的中点 E 射出，如图所示，继续上移到位置 C(图中未标出)时光线恰好不能从圆弧面射出(不考虑经半圆柱内表面反射后射出的光)。已知该新型材料的折射率 $n=\sqrt{2}$，光在真空中传播的速度为 c。求：

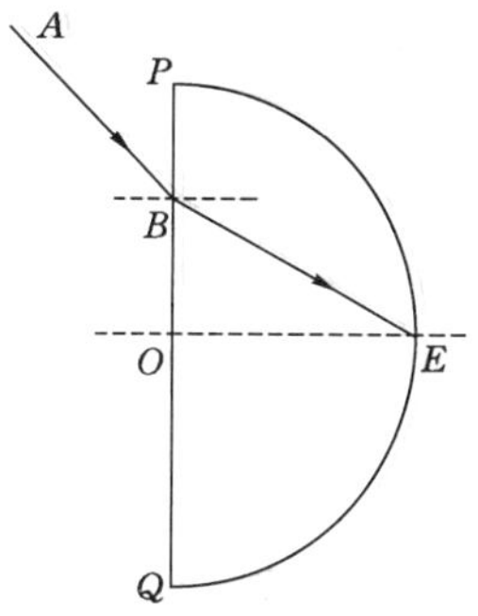

图 1

① 由 B 点射入的光线在元件内通过的时间。

② C 点与 O 点的距离。

【答案】(1) ABC。(2) ① $\dfrac{2\sqrt{6}R}{3c}$；② $\dfrac{\sqrt{6}R}{3}$。

【解析】

(1) 设震源距离 A 点的深度为 x，则 $\dfrac{x}{3.2}-\dfrac{x}{6.4}=2$，解得 $x=12.8$ km，A 选项正确；由于 100 km 比 12.8 km 大得多，所以当纵波传到 B 点的位置时，观察者感受到的是左右晃动，横波传播到 B 点的位置时观察者感受到的是上下振动，因为纵波速度大，所以先到达，所以 B 选项正确；根据公式 $v=\lambda\cdot f$ 可知，当频率相同时速度越大，波长越长，故 C 选项正确；根据 $\dfrac{x}{3.2}-\dfrac{x}{6.4}=\Delta t$ 可知，距离越大纵、横波到达的时间间隔越长，B 点与振源距离大，所以时间差一定大于 2 s，D 选项错误；在空气中只能传播纵波，所以在空气中的次声波一定是由纵波引起的，E 选项错误。

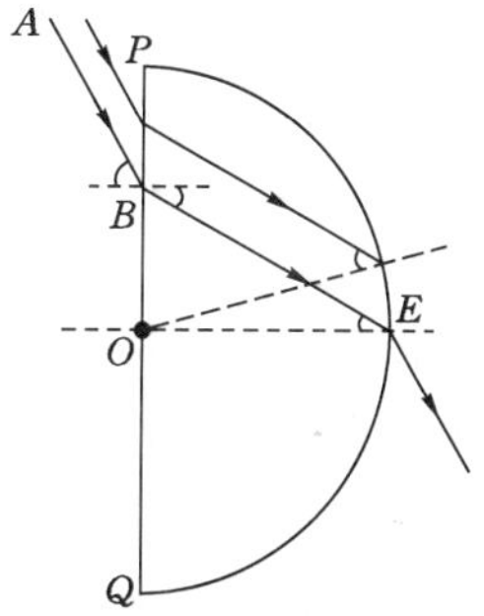

图 2

(2)① 由题意知，入射角 $i=45^\circ$，设对应折射光线 BE 的折射角 r，如图 2 所示。

根据折射定律有 $n=\dfrac{\sin i}{\sin r}$，解得 $r=30^\circ$。

光线 BE 在玻璃砖内传播的速度为 $v=\dfrac{c}{n}$，传播的距离为 $BE=\dfrac{R}{\cos r}=\dfrac{2}{3}\sqrt{3R}$，光线从 B 点传播到 E 点所用的时间 $t=\dfrac{BE}{v}=\dfrac{2\sqrt{6}R}{3c}$。

② 当光线由 C 点入射时，到达圆弧面的入射角恰好等于临界角 C，$\sin C=\dfrac{1}{n}$。由正弦定理得 $\dfrac{R}{\sin 60^\circ}=\dfrac{OC}{\sin C}$。联立解得 $OC=\dfrac{\sqrt{6}R}{3}$。

【数据分析】

该题满分为12分。全市均分3.68,得分率30.64%,难度系数为0.31,属于较难题目;区分度为0.39,属于较好等级。

选做率	平均分	区分度	得分率	满分人数	选项/得分	选择人数	选择占比
18.84%	3.68	0.39	30.64%	23	[0,3)	2 514	45.86%
					[3,6)	1 718	31.34%
					[6,9)	908	16.56%
					[9,12)	319	5.82%

【评析】

试题(1)以地震波的传播为情境,考查考生的理解能力,考查内容主要涉及横波、纵波的传播速度以及波传播方向和振动方向的关系。通过本题的考查,能够增强考生应用物理知识解决实际问题的能力,提高学生安全意识和面对自然灾害的应急避险能力。

试题(2)以光线在半圆形透明光学元件中传播为情境,考查内容主要有光的折射定律、全反射等。本题解题的重点是分析光线两次由 PQ 进入半圆形光学元件中的角度关系和几何关系,然后应用几何知识和三角函数的正弦定理等进行推理和求解,考查学生的模型建构能力和信息加工能力。

【新课标要求】(选修)

1.2.4　通过观察,认识波的特征。能区别横波和纵波。能利用图像描述横波。理解波速、波长和频率的关系。

1.3.1　通过实验,理解光的折射定律。会测量材料的折射率。

1.3.2　知道光的全反射现象及其产生的条件。

【高考评价体系要求】

(1) 核心价值:坚持正确的世界观和方法论。引导学生一切从实际出发,实事求是,尊重客观规律。相信科学,尊重事实,追求和传播真理。坚持理论联系实际,在实践中检验真理、修正错误。

(2) 必备知识:机械波、横波和纵波、光的折射定律、全反射。

(3) 关键能力:理解能力、模型建构能力、逻辑推理能力、分析综合能力、信息加工能力。

(4) 核心素养:

① 物理观念:

a. 物质观:光。

b. 运动观:直线运动、折射、反射、全反射。

② 科学思维:

a. 模型建构:根据光线两次在光学元件中传播的特点,简化为两个典型的光传播模型:光的折射和全反射。

b. 科学推理:情境分析→运动分析(折射、全反射)→解题规律→几何关系分析→数据分析→运算求解。

c. 质疑创新：

(a) 光线从点 E 射出的角度是多少？

(b) 保证入射点不变，旋转光线 AB，改变入射角(或光线不动，旋转光学元件)，使光线恰好不能从圆弧面射出，求旋转的角度。

③ 科学态度与责任：

a. 科学本质：机械波、光的折射定律和全发射。

b. 科学态度：认真、严谨。

【教材回顾】

(1) 人教版新教材选择性必修一，第 61 页，“机械波”

空气等是波借以传播的物质，叫作**介质**（medium）。组成介质的质点之间有相互作用，一个质点的振动会引起相邻质点的振动。机械振动在介质中传播，形成了**机械波**（mechanical wave）。

(2) 人教版新教材选择性必修一，第 63 页，“波长、频率和波速”

在波的传播方向上，振动相位总是相同的两个相邻质点间的距离，叫作**波长**（wave length），通常用 λ 表示（图 3.2–3）。

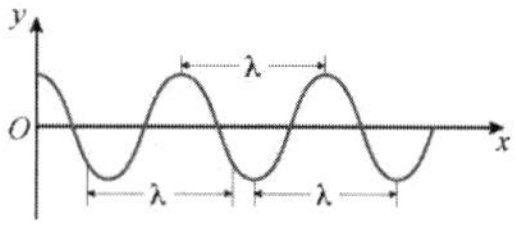

图 3.2–3 波长

在横波中，两个相邻波峰或两个相邻波谷之间的距离等于波长。在纵波中，两个相邻密部或两个相邻疏部之间的距离等于波长。

在波动中，各个质点的振动周期或频率是相同的，它们都等于波源的振动周期或频率，这个周期或频率也叫作波的周期或频率。在图 3.1–2 中，由质点 P_0 发出的振动，经过一个周期传到质点 P_8，也就是说，经过一个周期 T，振动在介质中传播的距离等于一个波长 λ，所以机械波在介质中传播的速度为

$$v=\frac{\lambda}{T}$$

0 ℃时几种介质中的声速 $v/(\mathrm{m\cdot s^{-1}})$	
空气	332
水	1 450
铜	3 800
铁	4 900

(3) 人教版新教材选择性必修一，第 81 页，“折射定律”

我们可以通过做类似图 4.1–2 所示的实验，测量多个入射角和折射角，找出这些数据之间的关系。1621 年，荷兰数学家斯涅耳在分析了大量实验数据后，找到了两者之间的关系，并把它总结为光的**折射定律**（refraction law）：**折射光线与入射光线、法线处在同一平面内，折射光线与入射光线分别位于法线的两侧；入射角的正弦与折射角的正弦成正比**，即

$$\frac{\sin\theta_1}{\sin\theta_2}=n_{12} \qquad (1)$$

式中 n_{12} 是比例常数，它与入射角、折射角的大小无关，只与两种介质的性质有关。① 我们在初中学过的透镜就是根据光的折射原理制成的。

事实表明，当光从水中斜射入空气时也会发生偏折，

(4) 人教版新教材选择性必修一，第 86 页，“全反射”

当光从光密介质射入光疏介质时，同时发生折射和反射。如果入射角逐渐增大，折射光离法线会越来越远，而且越来越弱，反射光却越来越强。当入射角增大到某一角度，使折射角达到90°时，折射光完全消失，只剩下反射光，这种现象叫作**全反射**（total reflection），这时的入射角叫作**临界角**（critical angle）。

当光从光密介质射入光疏介质时，如果入射角等于或大于临界角，就会发生全反射现象。

【高考链接】

1. (2015·四川卷，T2)平静湖面传播着一列水面波(横波)，在波的传播方向上有相距3 m的甲、乙两小木块随波上下运动，测得两小木块每分钟上下30次，甲在波谷时，乙在波峰，且两木块之间有一个波峰。这列水面波(　　)。

A. 频率是30 Hz　　B. 波长是3 m　　C. 波速是1 m/s　　D. 周期是0.1 s

答案：C。

解析：木块的上下运动反映了所在位置水面质点的振动情况，波传播方向上的质点每分钟完成30次全振动，因此周期为$T=2$ s，D选项错误；频率为$f=\frac{1}{T}=0.5$ Hz，A选项错误；甲在波谷时，乙在波峰，且两木块之间有一个波峰，所以$s_{AB}=\frac{3}{2}\lambda$，解得波长为$\lambda=2$ m，B选项错误；根据波长、波速与周期间的关系得$v=\frac{\lambda}{T}=\frac{2}{2}=1$ m/s，C选项正确。

2. (2016·全国Ⅰ卷，T33)某同学漂浮在海面上，虽然水面波正平稳地以1.8 m/s的速率向着海滩传播，但他并不向海滩靠近。该同学发现从第1个波峰到第10个波峰通过身下的时间间隔为15 s。下列说法正确的是(　　)。

A. 水面波是一种机械波

B. 该水面波的频率为6 Hz

C. 该水面波的波长为3 m

D. 水面波没有将该同学推向岸边，是因为波传播时能量不会传递出去

E. 水面波没有将该同学推向岸边，是因为波传播时振动的质点并不随波迁移

答案：ACE。

解析：水面波是一种机械波，故A选项正确；该同学发现从第1个波峰到第10个波峰通过身下的时间间隔为15 s，所以周期$T=\frac{t}{n}=\frac{15}{9}=\frac{5}{3}$(s)，该水面波的频率$f=0.6$ Hz，故B选项错误；该水面波的波长$\lambda=vT=3$ m，故C选项正确；水面波没有将该同学推向岸边，只能说是因为波传播时振动的质点并不随波迁移，不能说波传播时能量不会传递出去，波的传播过程也是能量传递过程，故D选项错误，E选项正确。

邯郸市2020—2021学年第一学期 高一期末质量检测试题评析(节选)

题目1 下列单位全部为国际单位制中基本单位的是(　　)。

A. 牛顿 千克 秒　　B. 米 千克 秒　　C. 厘米 千克 焦耳　　D. 牛顿 焦耳 瓦特

【答案】 B。

【解析】

在物理学中,只要选定几个物理量的单位,就可以利用物理量之间的关系推导出其他物理量的单位,这些被选定的物理量叫作基本量,它们相应的单位叫作基本单位。物理学中基本量包括:长度、质量、时间、电流、热力学温度、物质的量、发光强度,它们对应的国际单位制中的基本单位是:米、千克、秒、安培、开尔文、摩尔、坎德拉。

【数据分析】

全市范围内统计的难度系数为0.76,属于较易题目;区分度0.4,区分度很好。

答案	平均分	A		B		C		D	
		人数	占比	人数	占比	人数	占比	人数	占比
B	3.04	5 373	8.32%	49 087	76.01%	1 214	1.88%	8 819	13.66%

【评析】

新课标要求知道国际单位制中的力学单位,本题有针对性地对力学中的基本单位和导出单位进行了考查。做题时我们要做两个区分,一是基本量的基本单位和常用单位的区分,国际单位制中每个基本量都有对应的基本单位,如米是长度的基本单位,而厘米是长度的常用单位;二是基本单位和导出单位的区分,如米、千克、秒是国际单位制中的基本单位,而牛顿、焦耳、瓦特是国际单位制中的导出单位。

【新课标要求】(必修)

1.2.4　知道国际单位制中的力学单位。了解单位制在物理学中的重要意义。

【中国高考评价体系要求】

(1) 核心价值:引导学生回归基础,关注力学基本单位和导出单位。

(2) 关键能力:理解能力、分析综合能力。

(3) 学科核心素养:

① 物理观念:物质观——长度、质量和时间是表征物质基本性质的重要物理量。

② 科学思维:

a. 科学推理:基本单位需记忆,导出单位需要利用物理量之间的关系通过推导得出。

b. 质疑创新:本题如果考查国际单位制单位,怎么选呢?国际单位制包括基本单位和导出单位,像牛顿、焦耳、瓦特等导出单位都可以选择,而像厘米、小时、克还是不可以选。

③ 科学探究:

交流：牛顿、焦耳、瓦特如何写成由基本单位组成的形式？

④ 科学态度与责任：

a. 科学态度：建立国际单位制可以方便不同地区的交流，因此在平时做题时，应养成将最后结果变成国际单位制单位的习惯。

b. 社会责任：在进行国际合作的项目中，因单位不统一而造成严重后果的事件很多，因此我们在进行合作交流时，一定要重视单位的问题，保证合作的成功。

【教材回归】

人教版新教材必修一，第98页，“国际单位制”：

> 如果采用不同的物理量作为基本量，或者虽然采用相同的基本量，但采用的基本单位不同，导出单位自然随之不同，从而产生不同的单位制。不同的地区使用不同的单位制，不方便交流。1960年第11届国际计量大会制订了一种国际通用的、包括一切计量领域的单位制，叫作**国际单位制**（Le Système International d' Unités，法文），简称SI。
>
> 在力学范围内，规定长度、质量、时间为三个基本量，对热学、电磁学、光学等学科，除了上述三个基本量和相应的基本单位外，还要加上另外四个基本量和它们的基本单位，才能导出其他物理量的单位。

【试题拓展】

用国际单位制的基本单位表示能量的单位，下列正确的是(　　)。

A. $kg \cdot m^2/s^2$　　B. $kg \cdot m/s^2$　　C. N/m　　D. $N \cdot m$

答案：A。

解析：根据 $W=Fs$，$F=ma$，可得 $1\ J=1\ kg \cdot m/s^2 \cdot m=1\ kg \cdot m^2/s^2$，故A选项正确。

题目12　如图所示，木块A和木板B叠放在水平地面上，木块A的质量为3 kg，木板B的质量为2 kg且上下表面水平。已知木块A与木板B之间的动摩擦因数为0.3，木板B与地面之间的动摩擦因数为0.1。现对A施加一个水平拉力 F，F 随时间由0逐渐增大，重力加速度 $g=10\ m/s^2$，最大静摩擦力等于滑动摩擦力。下列说法中正确的是(　　)。

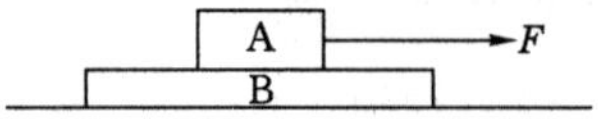

A. 当 F 增大到5 N时，B与地面之间开始滑动

B. 当 F 增大到9 N时，A与B间开始产生相对滑动

C. B的最大加速度为 $2\ m/s^2$

D. 当 F 大小为13 N时，A、B间的摩擦力大小为9 N

【答案】 AC。

【解析】

如图所示，木块A和木板B、木板B和与地面之间的最大静摩擦力分别为 $f_{AB}=9\ N$，$f_B=5\ N$，所以当拉力 F 增大过程中，增大到5 N时，B与地面之间开始滑动，A选项正确。之后两者会先一起加速运动，对B来说，当A、B间达到最大静摩擦力时，开始产生滑动，B的加速度达到最大，满足 $f_{AB}-f_B=m_B a$，解得 $a=2\ m/s^2$，C选项正确。此时A的加速度也恰好为 $2\ m/s^2$，对A满足 $F-f_{AB}=m_A a$，得 $F=15\ N$，B选项错误。当 F 大小为13 N时，A、B间保持相对静止，它们之间的摩擦力大小小于9 N，D选项错误。

【数据分析】

全市范围内统计难度系数为0.17，属很难的题目；区分度0.04，区分度不好，应淘汰。

答案	均分	正确人数及比例	答题情况统计
AC	0.67	2 031(3.14%)	A:8 665(13.42%)；B:20 541(31.81%)；D:9 618(14.89%)；C:8 849(13.7%)；AB:3 109(4.81%)；BD:2 881(4.46%)；ABD:2 875(4.45%)；AD:1 262(1.95%)；CD:1 138(1.76%)；ACD:972(1.51%)；BC:762(1.18%)；ABC:602(0.93%)；ABCD:642(0.99%)；BCD:417(0.65%)；空选:215(0.33%)

【评析】

本题以板块模型的临界问题为学习探究的情境，主要考查学生相互作用观念、模型建构能力和信息的加工能力，培养学生科学思维素养。本题所涉及的考点综合性较强，也是非常典型的模型，引导学生在物理学习的过程中加强核心知识的理解、典型模型的训练，从而提高自己的信息加工能力等。引导高中物理课堂教学以核心知识为基础，以不同情境下的典型模型为载体，通过对模型分析和教学，提升学生的物理核心素养。本题涉及的考点来自于人教版必修1的第四章第5节第101页“牛顿运动定律的应用”。该考点属于高考的高频考点，是典型的模型，在以往的高考和模拟考试中多次出现。

【新课标要求】

1.2.3　理解牛顿运动定律，能用牛顿运动定律解释生产生活中的有关现象、解决有关问题。

【高考评价体系要求】

(1) 核心价值：引领学生认识科学的本质，学会用科学思维的角度去分析和解决物理问题以及实际生活中问题，提升学生学科素养。

(2) 必备知识：静摩擦力和滑动摩擦力、受力分析、牛顿第二定律。

(3) 关键能力：模型建构能力、逻辑推理能力、分析综合能力和信息加工能力

(4) 核心素养：本题以板块模型临界问题为探索情境，考查学生相互作用观念、科学思维和科学探究的素养。

① 物理观念：

a. 物质观：板块模型。

b. 运动观：静止、匀变速。

c. 相互作用观：重力、静摩擦力、滑动摩擦力。

② 科学思维：

a. 模型建构：板块模型不同临界条件下的力学特点。

b. 科学推理：情境分析→受力分析→找准临界条件→列物理公式→运算求解。

c. 科学论证：可以使用力传感器分析和测量各临界点力的大小。

d. 质疑创新：改变外力作用的对象，也可以加入传感器分析摩擦力的变化。

③ 科学探究：

a. 问题：外力作用于下面木板上，摩擦力突变的临界点怎么求？

b. 交流：找准两个临界点分析和交流，并进行求解。

④ 科学态度与责任：

a. 科学本质：摩擦力、牛顿第二定律、匀变速直线运动。

b. 科学态度：严谨。

【教材回归】

人教版新教材必修一，第 101 页，“牛顿定律的应用”：

牛顿第二定律确定了运动和力的关系，使我们能够把物体的运动情况与受力情况联系起来。因此，它在许多基础科学和工程技术中都有广泛的应用。中学物理中我们只研究一些简单的实例。

从受力确定运动情况

如果已知物体的受力情况，可以由牛顿第二定律求出物体的加速度，再通过运动学的规律确定物体的运动情况。

【试题拓展】

1. 如图甲所示，足够长的木板 B 静置于光滑水平面上，其上放置小滑块 A，小滑块 A 受到随时间 t 变化的水平拉力 F 作用时，用传感器测出小滑块 A 的加速度 a，得到如图乙所示的 F-a 图像。取 $g=10\ \mathrm{m/s^2}$，最大静摩擦力等于滑动摩擦力。则(　　)。

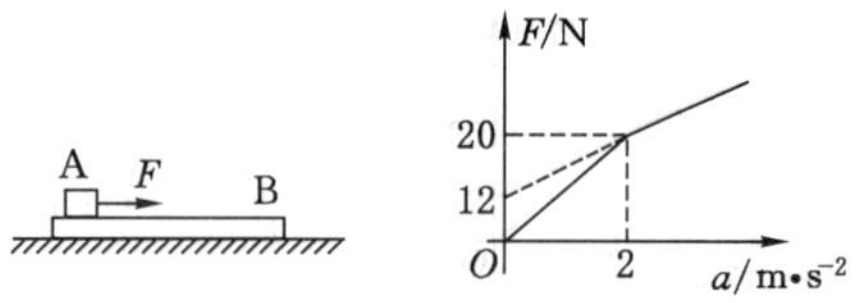

甲　　　　乙

A. 小滑块 A 的质量为 4 kg

B. 木板 B 的质量为 5 kg

C. 当 $F=40$ N 时，木板 B 的加速度为 $3\ \mathrm{m/s^2}$

D. 小滑块 A 与木板 B 间的最大静摩擦力为 12 N

答案：AD。

解析：由题图乙知，$F<20$ N 时，A、B 一起加速运动，对整体使用牛顿第二定律可得出 $F=(m_A+m_B)a'$。由题图乙可得 $\frac{F}{a}=\frac{20}{2}$ kg$=10$ kg，所以 $m_A+m_B=10$ kg。当 $F>20$ N 时，A、B 间发生相对滑动，根据牛顿第二定律可得 $F-\mu m_A g=m_A a$。图像的斜率为 $k=\frac{20-12}{2}=4$，可得 $m_A=4$ kg，$m_B=6$ kg，故 A 选项正确，B 选项错误。由 $F-\mu m_A g=m_A a$ 知，图像的纵截距为 $\mu m_A g=12$ kg，当 $F=40$ N 时，木板 B 的加速度为 $a_B=\frac{\mu m_A g}{m_B}=2\ \mathrm{m/s^2}$，故 C 选项错误。小滑块 A 与木板 B 间最大静摩擦力为 $F_f=\mu m_A g=12$ N，故 D 选项正确。

2. 如图所示，在光滑水平面上，一个小物块放在静止的小车上，物块和小车间的动摩擦因数 $\mu=0.2$，重力加速度 $g=10\ \mathrm{m/s^2}$。现用水平恒力 F 拉动小车，关于物块的加速度 a_m 和

小车的加速度 a_M 的大小(最大静摩擦力等于滑动摩擦力),下列选项可能正确的是(　　)。

A. $a_m=2\ m/s^2, a_M=1\ m/s^2$

B. $a_m=1\ m/s^2, a_M=2\ m/s^2$

C. $a_m=2\ m/s^2, a_M=4\ m/s^2$

D. $a_m=3\ m/s^2, a_M=5\ m/s^2$

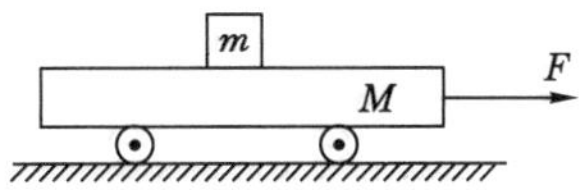

答案:C。

解析:若物块与小车保持相对静止一起运动,设加速度为 a,对系统受力分析,由牛顿第二定律可得 $F=(m+M)a$。隔离小物块受力分析,二者间的摩擦力 F_f 为静摩擦力,且 $F_f\leqslant\mu mg$,由牛顿第二定律可得 $F_f=ma$。联立可得 $a_m=a_M=a\leqslant\mu g=2\ m/s^2$。若物块与小车间发生了相对运动,二者间的摩擦力 F_f 为滑动摩擦力,且 $a_m\leqslant a_M$,隔离小物块受力分析,如图(a)所示,由牛顿第二定律可得 $F_f=\mu mg=ma_m$,解得 $a_m=2\ m/s^2$,C 选项正确,A、B、D 选项错误。

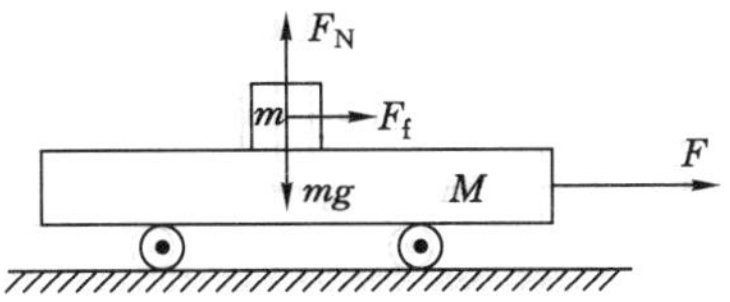

图(a)

题目 14　某学习小组利用以下装置来探究"加速度与力的关系"。如图甲所示,带滑轮的长木板放置在桌面上,力传感器固定在长木板上方,轻绳分别跨过吊着砂桶和长木板末端的滑轮,与力传感器和小车相连接,与小车连接的轻绳与长木板平行,吊砂桶部分细绳竖直,拉力可由传感器直接读出。小车可在砂桶重力作用下沿长木板做匀加速直线运动,小车左侧纸带通过打点计时器打出一系列点迹,选取一条点迹清晰的纸带,计算出加速度,不计轻绳与各滑轮之间的摩擦,试回答下列问题:

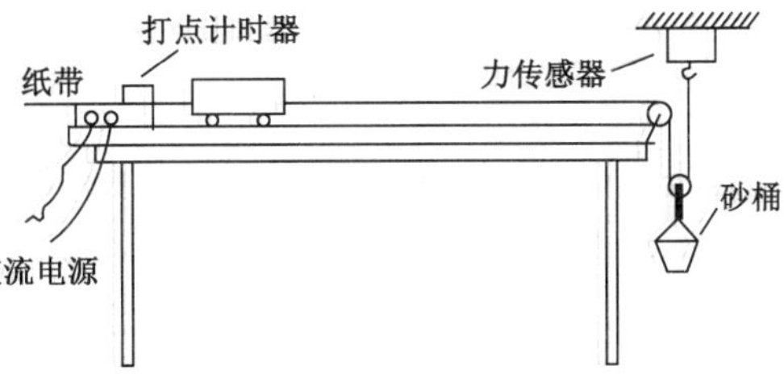

甲

(1) 关于该实验的操作,下列说法正确的是________。(多选)

A. 实验时必须平衡摩擦力

B. 必须保持定滑轮与小车间的轻绳与长木板平行

C. 应当先释放小车,再接通打点计时器电源

D. 一定要保证砂和砂桶总质量远小于小车的质量

(2) 实验得到的一条纸带如图乙所示,已知打点计时器使用的交流电源的频率为 50 Hz,相邻两计数点之间还有四个点未画出,由图中的数据可知,砂桶运动的加速度大小是________ m/s^2。(结果保留三位有效数字)

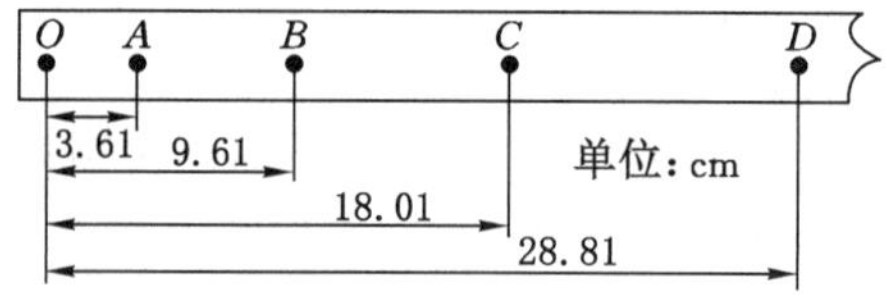

乙

(3) 根据实验得到小车的加速度 a 与力传感器示数 F 的关系如图丙所示，说明小车与轨道间存在阻力，由图可得其大小为 $F_f=$ ________ N，小车的质量为 ________ kg。(结果保留三位有效数字)

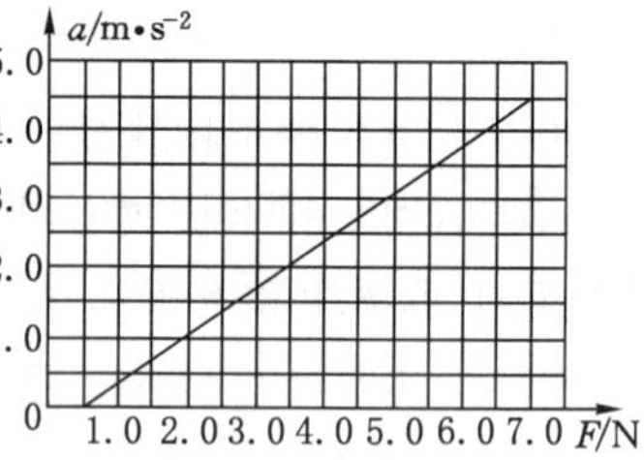

丙

【答案】(1) AB；(2) 2.4；(3) 0.5，1.44(1.43～1.49 均正确)。

【解析】

(1) 本实验目的为"探究加速度与合外力的关系"，需要细绳上的拉力作为小车的合外力，故应先进行"平衡摩擦力"操作，A 选项正确。同样，要想让细绳上的拉力充当合外力，应保持细绳与长木板平行，B 选项正确。为了更好地利用纸带，使用打点计时器时应先接通电源，再释放小车，C 选项错误。细绳上的拉力通过力的传感器获得，不需用砂和砂桶的重力来充当，故不需要保证砂和砂桶的质量远小于小车的质量，D 选项错误。

(2) 由题干"交流电源的频率为 50 Hz，相邻两计数点之间还有四个点未画出"可得出，相邻计数点间的时间间隔为 $T=5\times\frac{1}{f}=0.1\ \text{s}$，用逐差法求得小车的加速度大小为 $a=\frac{(x_{BC}-x_{OA})+(x_{CD}-x_{AB})}{4T^2}\approx 2.4\ \text{m/s}^2$。

(3) 对小车列牛顿第二定律有 $F-F_f=Ma$，得 $a=\frac{1}{M}(F-F_f)$；图线的斜率为小车的质量，图线与横轴的交点对应小车所受阻力，由此可得 $F_f=0.5\ \text{N}$，$M\approx 1.44\ \text{kg}$。

【数据分析】

全市范围内统计的难度系数为 0.28，属于较难题目；区分度 0.36，区分度较好。

分值	均分	得分率	得分	得分人数	得分占比
9	2.49	27.68%	[0,3)	34 959	54.14%
			[3,6)	23 350	36.16%
			[6,9]	6 270	9.71%

【评析】

该实验源于人教版新教材必修一，第 87 页"实验：探究加速度与力、质量的关系"。需要学生运用已形成的物理观念分析解决问题。对实验的考查涉及实验原理、实验步骤、数据处理及数据分析，需要学生能深入理解实验原理，明确实验操作步骤的具体原因，还需要掌握处理纸带的方法、正确计算分析。对学生的理解能力、模型建构能力、逻辑推理能力、分析综合能力和实验探究能力有一定要求。另一方面，涉及的考点相对广泛但较为基础，能够引导学生回归教材，引导课堂教学注重教材、注重基础，夯实根基，灵活应用。

【新课标要求】（必修）

1.2.3　通过实验，探究物体运动的加速度与物体受力、物体质量的关系。

【中国高考评价体系要求】

（1）核心价值：引导学生养成科学思维习惯，形成科学态度。

（2）关键能力：理解能力、推理论证能力、分析综合能力、实验探究能力。

（3）核心素养：

① 物理观念：

a. 物质观：打点计时器、纸带、小车、力的传感器、砂和砂桶。

b. 运动观：匀变速直线运动。

c. 相互作用观：重力、摩擦力、细绳弹力。

② 科学思维：

a. 模型建构：砂和砂桶、细绳、小车、纸带组成连接体，做匀速直线运动。

b. 科学推理：情境分析→受力分析→运动分析。

c. 科学论证：力的测量、加速度的测量→a-F 图像→探究 a 与 F 关系。

d. 质疑创新："探究物体运动的加速度与物体质量的关系"应如何操作？。

③ 科学探究：

a. 问题：将带定滑轮的长木板换成带定滑轮的气垫导轨有何优势？

b. 交流：减少"平衡摩擦力"这一操作步骤，实验误差更小，更便捷。

④ 科学态度与责任：

a. 科学本质：牛顿第二定律。

b. 科学态度：严谨、认真、实事求是。

c. 社会责任：学以致用。

【教材回归】

（1）人教版新教材必修一，第 36 页，第一章章末 B 组第 4 题

4. 为了测定气垫导轨上滑块的加速度，滑块上安装了宽度为 2.0 cm 的遮光条。如图 1–5，滑块在牵引力作用下先后通过两个光电门，配套的数字计时器记录了遮光条通过第一光电门的时间 Δt_1 为 0.20 s，通过第二个光电门的时间 Δt_2 为 0.05 s，遮光条从开始遮住第一个光电门到开始遮住第二个光电门的时间 t 为 2.5 s，试估算滑块的加速度。

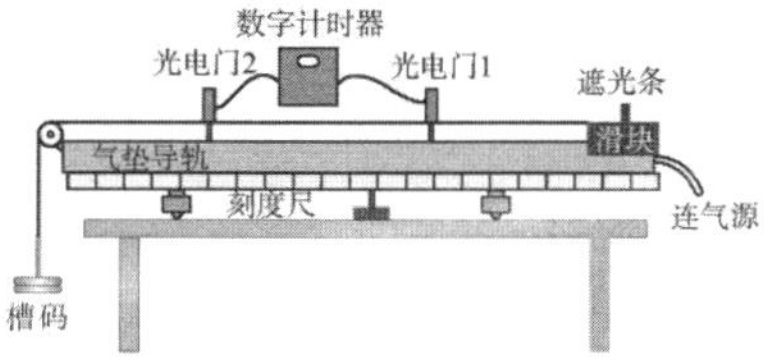

(2) 人教版新教材必修一，第 88 页，“实验：探究加速度与力、质量的关系”

参考案例 1

用阻力补偿法探究加速度与力、质量的关系

实验装置如图 4.2-2 所示。把木板的一侧垫高，以补偿打点计时器对小车的阻力及其他阻力。调节木板的倾斜度，使小车在不受牵引时能拖动纸带沿木板匀速运动。将槽码、小车、打点计时器、纸带安装好。通过改变槽码的个数可以成倍地改变小车所受的拉力，与此相对应，处理纸带上打出的点来测量加速度。

保持小车受的拉力不变，通过增减小车中的重物改变小车的质量。处理纸带上打出的点来测量加速度。

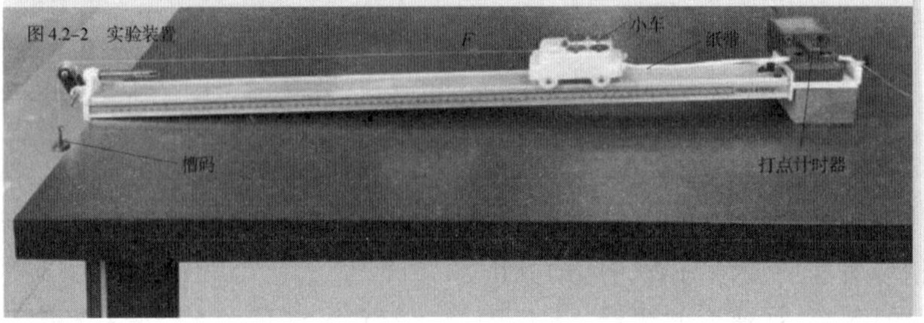

图 4.2-2 实验装置

【试题拓展】

“探究加速度与力、质量的关系”和用橡皮筋“探究做功与物体速度变化的关系”实验中：

(1) 都是通过分析纸带上的点来测量物理量，下列说法正确的是(　　)。

A. 都需要分析打点计时器打下的第一个点

B. 都不需要分析打点计时器打下的第一个点

C. 一条纸带只能获得一组数据

D. 一条纸带能获得多组数据

(2) 如图是两条纸带的一部分，A、B、C、…、G 是纸带上标出的计数点，每两个相邻的计数点之间还有 4 个打出的点未画出。其中图________(填“甲”或“乙”)所示的是用橡皮筋“探究做功与物体速度变化的关系”的实验纸带。“探究加速度与力、质量的关系”实验中，小车的加速度大小 $a=$________ m/s^2。(保留 2 位有效数字)

(3) 在用橡皮筋“探究做功与物体速度变化的关系”实验中，平衡阻力后，小车与橡皮筋组成的系统在橡皮筋恢复形变前机械能________(填“守恒”或“不守恒”)。

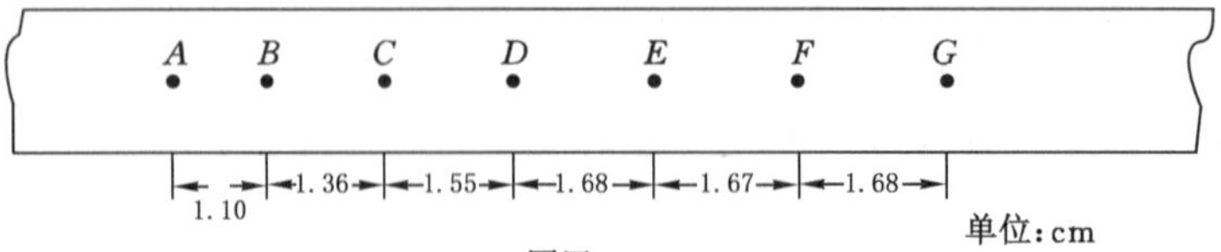

图甲

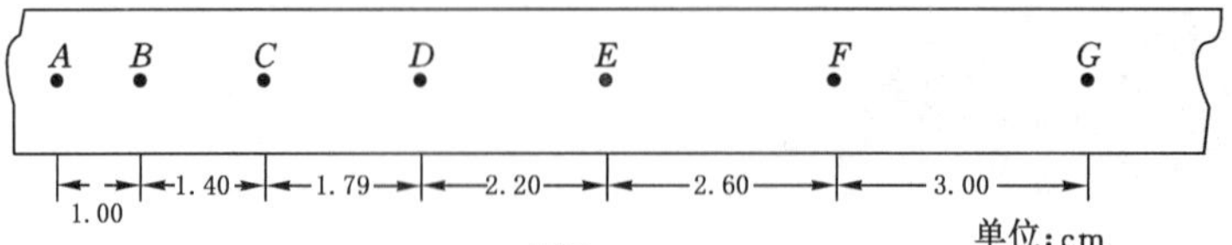

图乙

答案:(1) BC。(2) 甲,0.40。(3) 不守恒。

解析:(1) 在“探究加速度与力、质量的关系”和用橡皮筋“探究做功与物体速度变化的关系”实验中均不需要打下的第一个点,前者主要利用纸带求解加速度,后者主要研究两点间的动能的变化,无须从第一个点进行研究。故 A 选项错误,B 选项正确。牛顿第二定律实验探究一条纸带只能求解一个加速度,找到加速度 a 与质量 m 和合外力 F 的一组对应关系;动能定理探究也是从一条纸带上选择两个点作为一组数据进行过程分析,故 C 选项正确,D 选项错误。

(2) 甲图中纸带后边是匀速直线运动,说明甲图应为用橡皮筋“探究做功与物体速度变化的关系”实验;对乙纸带采用逐差法求解加速度 $a=\frac{x_{DG}-x_{AD}}{9T^2}=0.40\ \text{m/s}^2$。

(3) 小车与橡皮筋在运动过程中,除了斜面的摩擦力外还会受到空气的阻力作用,故平衡摩擦力运动过程中机械能不守恒。

题目 16 擦黑板是同学们的日常活动,某学校教室内黑板面为竖直平面,所用板擦的质量为 m,板擦与黑板间的动摩擦因数为 $\mu=0.5$,最大静摩擦力等于滑动摩擦力,重力加速度为 g。

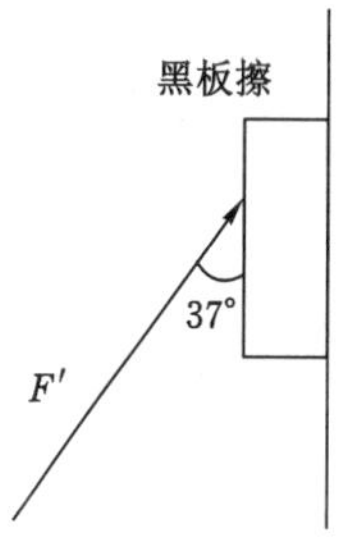

(1) 若使板擦能静止贴在黑板面上,则需对板擦施加垂直于板面的压力至少为多大?

(2) 如图所示,现某同学对板擦施加斜向上且与竖直方向成 37°角的推力 F',使板擦静止在黑板面上,求力 F' 的大小应满足什么条件。(已知 $\sin 37°=0.6$,$\cos 37°=0.8$)

【答案】(1) $2mg$;(2) $\frac{10}{11}mg\leqslant F'\leqslant 2mg$。

【解析】

(1) 对板擦施加垂直板面的压力时,设压力等于 F,板擦恰好不下滑时满足 $\mu F=mg$,解得 $F=\frac{mg}{\mu}=2mg$。

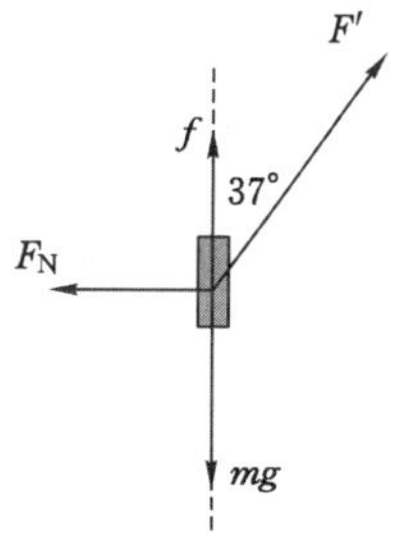

图(1)

(2) 当板擦恰好不下滑时,摩擦力沿黑板向上,受力如图(1)所示,水平方向 $F'\sin 37°=F_N$,竖直方向 $mg=F'\cos 37°+f$。又因为 $f=\mu F_N$,可得 $F'=\frac{10}{11}mg$。

当板擦恰好不上滑时,摩擦力沿黑板面向下,受力如图(2)所示,水平方向 $F'\sin 37°=F_N$,竖直方向 $mg=F'\cos 37°+f$。又因为 $f=\mu F_N$,可得 $F'=2mg$。

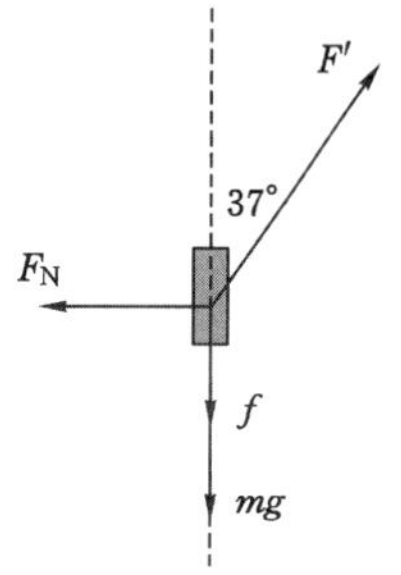

图(2)

综上可知,使板擦静止在黑板面时 F' 的大小满足 $\frac{10}{11}mg\leqslant F'\leqslant 2mg$。

【数据分析】

全市范围内统计的难度系数为 0.15,属于较难题目;区分度 0.42,属于优秀等级。

分值	均分	得分率	得分	人数	占比
12	1.74	14.53%	[0,3)	47 340	75.06%
			[3,6)	8 657	13.73%
			[6,9)	5 820	9.23%
			[9,12]	1 253	1.99%

【评析】

试题属于常规题型,以学生擦黑板为情境,以黑板擦为研究对象,考查了物体受力的平衡问题及力的合成与分解。试题考查最基本的受力分析,找到平衡状态下的受力情况,在水平方向和竖直方向分别列出平衡方程,然后即可求解。尤其在第二问中,考虑到在推力的作用下,黑板擦可以受到沿黑板面向上和向下两个方向的摩擦力,即可以得到推力的最大值和最小值。

本题考查了学生运用所形成的物理观念与科学思维分析和解决实际问题的能力,增强了学生的理解能力和逻辑推理能力,促进了学生物理学科素养的形成与发展。要引导学生重视基础,并能够独立地对所遇到的问题进行具体分析,弄清其中物理的受力情况并解决问题,养成科学思维的习惯。

【新课标要求】(必修)

1.2.1　认识重力、弹力与摩擦力。通过实验,了解胡克定律。知道滑动摩擦和静摩擦现象,能用动摩擦因数计算滑动摩擦力的大小。

1.2.2　通过实验,了解力的合成与分解,知道矢量和标量。能用共点力的平衡条件分析生产生活中的问题。

【中国高考评价体系要求】

(1) 核心价值:引导学生形成科学的世界观和正确的方法论。使学生学会以实证为依据,用事实解决问题、得出结论、总结规律。

(2) 关键能力:理解能力、逻辑推理能力。

(3) 学科核心素养:

① 物理观念:

a. 物质观:黑板擦。

b. 相互作用观:重力、弹力、摩擦力。

② 科学思维:

a. 模型建构:黑板擦相对于黑板面静止。

b. 科学推理:受力分析→正交分解→摩擦力方向分析→力的平衡方程→运算求解。

c. 科学论证:学生擦黑板,体验并判断摩擦力的方向。

d. 质疑创新:推力满足什么条件时,黑板擦沿黑板向上或向下运动?

③ 科学探究:

a. 证据:亲自体验黑板擦在推力作用下的情况,准确得出摩擦力的方向。

b. 解释:由平衡方程得出推力的大小。

④ 科学态度与责任:

a. 科学本质:物体的平衡、力的合成与分解。

b. 科学态度：严谨认真。

【教材回归】

人教版新教材必修一，第 64 页，“摩擦力”：

通过进一步的定量实验，测量同一接触面不同压力下的滑动摩擦力大小，结果表明：**滑动摩擦力的大小跟压力的大小成正比**。如果用F_f表示滑动摩擦力的大小，用$F_{压}$表示压力的大小，则有

$$F_f = \mu F_{压}$$

其中，μ是比例常数，叫作**动摩擦因数**（dynamic friction factor）。它的值跟接触面有关，接触面材料不同、粗糙程度不同，动摩擦因数也不同。

【试题拓展】

擦黑板也许同学们都经历过，手拿黑板擦在竖直的黑板面上，或上下或左右使黑板擦与黑板之间进行滑动摩擦，将黑板上的粉笔字等擦干净。已知黑板的规格是：4.5 m×1.5 m，黑板的下边沿离地的高度为 0.8 m，若小黑板擦（可视为质点）的质量为 0.1 kg，现假定某同学用力将黑板擦在黑板表面缓慢竖直向上擦黑板，当手臂对黑板擦的作用力 F 与黑板面成 45°角时，F=20 N，他所能擦到的最大高度为 2.05 m，g 取 10 m/s^2。

（1）求此黑板擦与黑板之间的滑动摩擦系数。

（2）如该同学擦到最高位置时意外让黑板擦沿黑板面竖直向下滑落，求黑板擦砸到黑板下边沿的速度大小。

（3）擦黑板时有这样的现象：粉笔字的位置越高或越远的地方，已经用力较大却还是不容易擦干净。请用物理知识简要解释。

答案：（1）$\mu=0.93$；（2）$v=5$ m/s；（3）见解析。

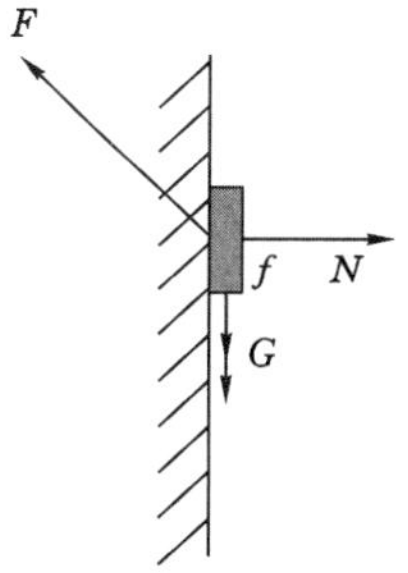

解析：（1）黑板擦向上缓慢移动，处于平衡状态，它的受力如右图所示。水平方向 $N-F\cdot\sin\theta=0$；竖直方向 $F\cdot\cos\theta-mg-f=0$，$f=\mu N$。

解得 $\mu=\dfrac{F\cos 45^\circ-mg}{F\sin 45^\circ}=0.93$。

（2）黑板擦可看成质点，它向下滑落的过程与黑板间无摩擦，做自由落体运动，有 $2gh=v^2$，所以 $v=\sqrt{2gh}=5$ m/s。

（3）在手臂的用力大小相同时，由 $f=\mu F\cdot\sin\theta$ 可知作用点的高度越高，手臂与黑板面的夹角越小，黑板擦与黑板间的摩擦力也就越小，所以，手臂与黑板面的夹角越小的地方越不容易擦干净。

邯郸市 2021 届高三一模测试试题评析(节选)

题目 2 研究光电效应的电路如图所示,电源电动势为 3 V。用频率为 6.4×10^{14} Hz 的光照射光电管阴极 K,当滑动变阻器的滑片在最左侧时,微安表中的电流不为零;当滑动变阻器的滑片向右滑动使电压表的示数为 0.5 V 时,微安表中的电流恰好为零。已知普朗克常量 $h=6.63\times10^{-34}$ J·s,则阴极 K 的逸出功为(　　)。

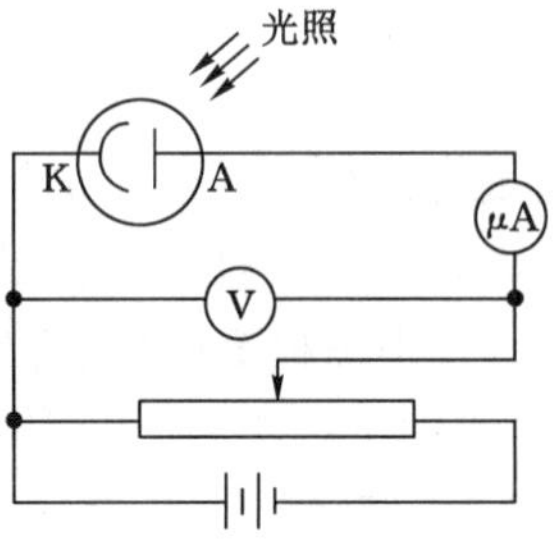

A. 2.15 eV　　B. 2.65 eV　　C. 1.56 eV　　D. 0.5 eV

【答案】A。

【解析】

频率为 6.4×10^{14} Hz 的光子能量 $h\nu=2.65$ eV,当电压为 0.5 V 时,微安表中的电流恰好为零,说明光电子最大初动能为 0.5 eV,由光电效应方程 $E_k=h\nu-W_0$ 可得,阴极 K 的逸出功为 2.15 eV,选项 A 正确。

【数据分析】

全市范围内统计的难度系数为 0.25,属于较难题目;区分度 0.35,属于较好等级。

答案	平均分	A		B		C		D	
		人数	占比	人数	占比	人数	占比	人数	占比
A	1	6 955	25.05%	10 150	36.56%	7 658	27.58%	2 890	10.41%

【试题情境】

本题以光电效应实验为载体,考查光电效应方程、逸出功的概念。

【必备知识】

本题考查的知识点为选修 3-5 中的Ⅰ级考点"光电效应"。

【关键能力】

本题主要考查理解能力、逻辑推理能力、信息加工能力。逸出功概念以及初动能与电压表示数关系体现对理解能力的考查;电流表示数为零与电子动能关系以及光电效应方程的运用考查了学生逻辑推理能力。

【学科素养】

物理观念：逸出功以及初动能的概念体现了能量的观念。

科学思维：电流表示数与电子初动能关系以及光电效应方程的运用体现了科学思维中的科学推理。

【好题赏析】

(2018·全国Ⅱ卷，T17)用波长为 300 nm 的光照射锌板，电子逸出锌板表面的最大初动能为 1.28×10^{-19} J。已知普朗克常量为 $h=6.63\times10^{-34}$ J·s，真空中光速为 3.0×10^{8} m/s，能使锌产生光电效应的单色光的最低频率约为(　　)。

A. 1×10^{14} Hz　　B. 8×10^{14} Hz　　C. 2×10^{15} Hz　　D. 8×10^{15} Hz

答案：B。

解析：由光电效应方程式 $E_k=h\nu-W_0$，得 $W_0=h\nu-E_k=h\dfrac{c}{\lambda}-E_k$，刚好发生光电效应的临界频率为 ν_0，则 $W_0=h\nu_0$，代入数据可得 $\nu_0=8\times10^{14}$ Hz，故 B 选项正确。

题目 7　如图所示，一固定斜面的倾角为 30°，一质量为 m 的小物块自斜面底端以一定的初速度沿斜面向上做匀减速运动，加速度大小等于 $0.8g$(g 为重力加速度大小)。物块上升的最大高度为 H，则此过程中(　　)。

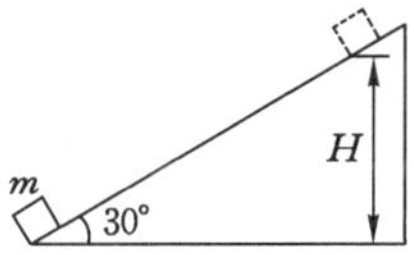

A. 物块的重力势能减少了 mgH　　B. 物块的动能损失了 $1.6mgH$

C. 物块的机械能损失了 $0.8mgH$　　D. 物块克服摩擦力做功 $0.6mgH$

【答案】BD。

【解析】

小物块从斜面底端往高处运动，重力势能增加，选项 A 错误；合力做的功 $W=-mas=-m\times0.8g\times2H=-1.6mgH$，由动能定理可知，动能的变化量等于合力做功，故动能损失了 $1.6mgH$，选项 B 正确；机械能的损失量取决于除重力以外其他力做的功，即等于摩擦力做功，由牛顿第二定律可知 $mg\sin 30°+f=ma$，可得摩擦力大小 $f=0.3mg$，物块克服摩擦力做功 $W_f=f\times2H=0.6mgH$，选项 C 错误，D 正确。

【数据分析】

全市范围内统计的难度系数为 0.596，属于中等难度题目；区分度 0.63，属于优秀等级。

答案	均分	正确人数及比例	答题情况统计
BD	3.58	13 882(50.01%)	A：2 684(9.67%)；B：3 318(11.95%)；C：2 108(7.59%)；D：2 000(7.2%)；AB：253(0.91%)；AD：696(2.51%)；BC：1 016(3.66%)；CD：301(1.08%)；AC：147(0.53%)；BCD：29(0.1%)；ABC：12(0.04%)；ABD：1 291(4.65%)；ACD：5(0.02%)；空选：18(0.06%)

【试题情境】

本题以高中物理常见的斜面滑块为背景，物体做摩擦力作用下的匀减速直线运动，考查动能定理和功能关系。滑雪上下坡、汽车斜面刹车、斜面传送带等具体问题都可由此而来。

【必备知识】

本题考查的知识点有必修 2 中的Ⅱ级考点“动能和动能定理”“功能关系、机械能守恒定律及其应用”等。

【关键能力】

本题主要考查理解能力、模型建构能力、逻辑推理能力、信息加工能力、分析综合能力。以经典的斜面模型为载体把高中物理的主干知识糅合在一起。

【学科素养】

(1) 物理观念:物质观、运动观、相互作用观、能量观。

(2) 科学思维:建构匀减速直线运动模型,判断是否满足机械能守恒模型,动能、势能、机械能、内能的变化用什么功去量度,如何用数学表达未知量。

(3) 科学态度与责任:严谨的科学态度和勇于追根溯源的精神。

【好题赏析】

(2018·全国卷Ⅰ卷,T18)如图,abc 是竖直面内的光滑固定轨道,ab 水平,长度为 $2R$;bc 是半径为 R 的四分之一的圆弧,与 ab 相切于 b 点。一质量为 m 的小球,始终受到与重力大小相等的水平外力的作用,自 a 点处从静止开始向右运动,重力加速度大小为 g。小球从 a 点开始运动到其轨迹最高点,机械能的增量为(　　)。

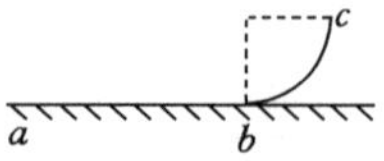

A. $2mgR$　　B. $4mgR$　　C. $5mgR$　　D. $6mgR$

答案:C。

解析:设小球运动到 c 点的速度大小为 v_c,则对小球由 a 到 c 的过程,由动能定理可得 $F\times 3R-mgR=\frac{1}{2}mv_c^2$,又 $F=mg$,解得 $v_c^2=4gR$。小球离开 c 点后,在水平方向做初速度为零的匀加速直线运动,竖直方向在重力作用力下做匀减速直线运动,由牛顿第二定律可知,小球离开 c 点后水平方向和竖直方向的加速度大小均为 g,则由竖直方向的运动可知,小球从离开 c 点到其轨迹最高点所需的时间为 $t=\frac{v_c}{g}=2\sqrt{\frac{g}{R}}$,小球在水平方向的加速度 $a=g$,在水平方向的位移为 $x=\frac{1}{2}at^2=2R$。由以上分析可知,小球从 a 点开始运动到其轨迹最高点的过程中,水平方向的位移大小为 $5R$,则小球机械能的增加量应为 $\Delta E=F\cdot 5R=5mgR$,选项 C 正确,A、B、D 错误。

题目 12　某小组同学在做“测定电源的电动势和内阻”的实验时,选用了一节新干电池(电池上标注的电动势为 1.5 V,内阻小于 1 Ω)。除新干电池外,实验室还提供了以下实验器材:

A. 电阻箱 R(0～99.9 Ω);

B. 电流表 A(量程为 1 mA,内阻 $r_A=100$ Ω);

C. 定值电阻 $R_1=2\ 900$ Ω;

D. 定值电阻 $R_2=1\ 900$ Ω;

E. 定值电阻 $R_3=1\ 800\ \Omega$；

F. 定值电阻 $R_4=1.0\ \Omega$；

G. 开关一个，导线若干。

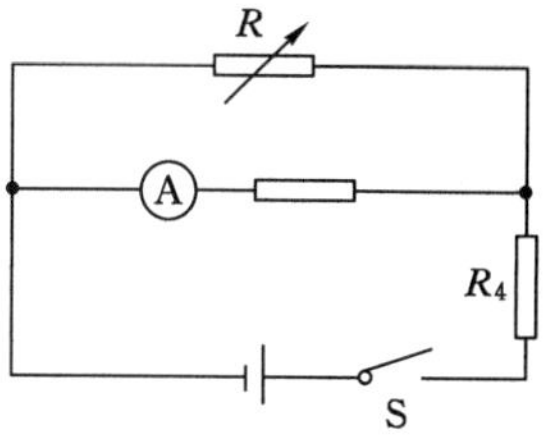

(1) 小华同学设计了如右图所示的电路，若将电流表Ⓐ与串联的电阻当作电压表使用，为了减小实验误差同时方便读数与计算，与电流表Ⓐ串联的电阻应选用________(填“R_1”“R_2”或“R_3”)。

(2) 闭合开关，调节电阻箱，可直接寻找 I 与 R 的关系，为便于使用图像法处理数据，应作出 $\frac{1}{I}$ 与________的关系图像。若作出的图像中直线斜率 $k=1.95\times10^{-3}\ \Omega/\mathrm{A}$，纵轴截距 $b=1.30\times10^{-3}\ \mathrm{A}^{-1}$，则电池的电动势 $E=$ ________ V，内阻 $r=$ ________ Ω。(结果均保留到小数点后两位)

【答案】(1) R_2(2 分)。(2) $\frac{1}{R}$(2 分)，1.54(2 分)，0.50(3 分)。

【解析】

(1) 电流表Ⓐ串联 R_1 当作电压表使用，量程为 3 V；电流表Ⓐ串联 R_2 当作电压表使用，量程为 2 V；电流表Ⓐ串联 R_3 当作电压表使用，量程为 1.9 V，不便于计算。根据题目“将电流表Ⓐ与串联的电阻当作电压表使用”要求“减小实验误差同时方便读数与计算”及“电池上标注的电动势为 1.5 V”，与电流表Ⓐ串联的电阻应选用 R_2。

(2) 该电路闭合电路欧姆定律的表示为 $E=\left[I+\frac{I(R_2+r_A)}{R}\right](R_4+r)+I(R_2+r_A)$，以 $\frac{1}{I}$ 为其中一坐标轴，可将闭合电路欧姆定律整理为 $\frac{1}{I}=\frac{(R_4+r)+(R_2+r_A)}{E}+\frac{(R_4+r)(R_2+r_A)}{E}\cdot\frac{1}{R}$，据此可知应作出 $\frac{1}{I}$-$\frac{1}{R}$ 图像，该图像的斜率 $k=\frac{(R_4+r)(R_2+r_A)}{E}$，纵截距 $b=\frac{(R_4+r)+(R_2+r_A)}{E}$。代入数据联立得电动势 $E=1.54$ V，内阻 $r=0.50\ \Omega$。

【数据分析】

全市范围内统计的难度系数为 0.27，属于较难题目；区分度 0.38，属于较好等级。

分值	均分	得分率	得分	得分人数	得分占比
9	2.4	26.71%	[0,3)	19 133	73.06%
			[3,6)	5 721	21.85%
			[6,9]	1 333	5.09%

【试题情境】

本题以“测定电源的电动势和内阻”为背景，考查了改装电压表、图像法处理实验数据等相关知识。该题以学科素养为导向，突出了基础性。具体要求学生能依据题目要求及信息完成电表改装中的电阻选择、根据闭合电路欧姆定律及图像信息完成数据处理,对学生的理解、分析综合、实验操作、数据处理等能力有较高要求。

【必备知识】

本题考查的知识点有选修3-1中的Ⅱ级考点"电源的电动势和内阻""闭合电路的欧姆定律"等。

【关键能力】

本题考查的关键能力主要有理解能力、推理论证、实验探究等。试题以测定电源的电动势和内阻为载体,通过分析电路中各器材的基本参数,考查学生的器材选择和综合分析、数据处理,是一道典型的电学实验题。

【学科素养】

(1) 物理观念:物质观——电源、电场。

(2) 科学思维、科学探究方面:要进行科学推理论证,解决电压表改装、图像法数据处理求解电源电动势及内阻问题。

(3) 科学态度与责任:体现了严谨、认真、实事求是的科学态度。

【好题赏析】

1. (2020·浙江卷,T17)某同学分别用图甲和图乙的电路测量同一节干电池的电动势和内阻。

(1) 在答题纸相应的方框中画出图乙的电路图________。

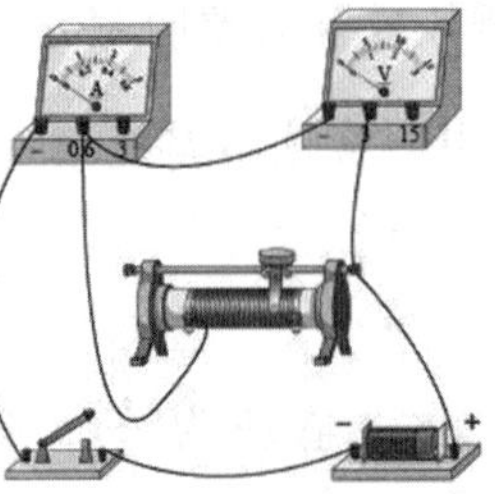

甲

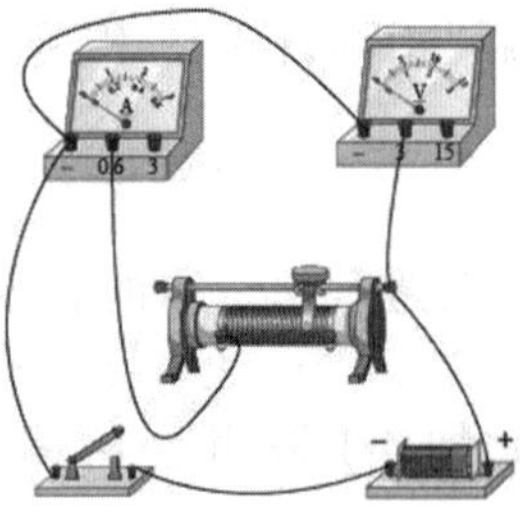

乙

(2) 某次测量时电流表和电压表的示数如图(1)所示,则电流 $I=$________ A,电压 $U=$________ V。

(3) 实验得到如图(2)所示的两条直线,图中直线Ⅰ对应电路是图________(选填"甲"或"乙")。

(4) 该电池的电动势 $E=$________ V(保留三位有效数字),内阻 $r=$________ Ω(保留两位有效数字)。

答案:(1) 见解析。(2) 0.40;1.30。(3) 乙。(4) 1.52;0.53。

解析:(1) 图乙中,电流表内接和变阻器串联接在电源两端,电压表测路段电压,则图乙对应的电路图应为图(3)。

(2) 一节干电池的电动势一般约为1.5 V,故电压表量程选择0~3 V,电流表量程选择0~0.6 A,所以量表的读数分别为1.30 V(1.29~1.31 V均可),0.40 A(0.39~0.41 A均可)。

(3) 由闭合电路欧姆定律可得 $U=E-Ir$,可得 U-I 图像的纵轴截距为电源电动势,斜

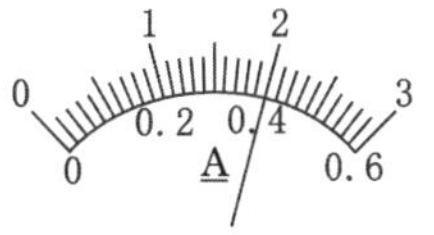

图(1)

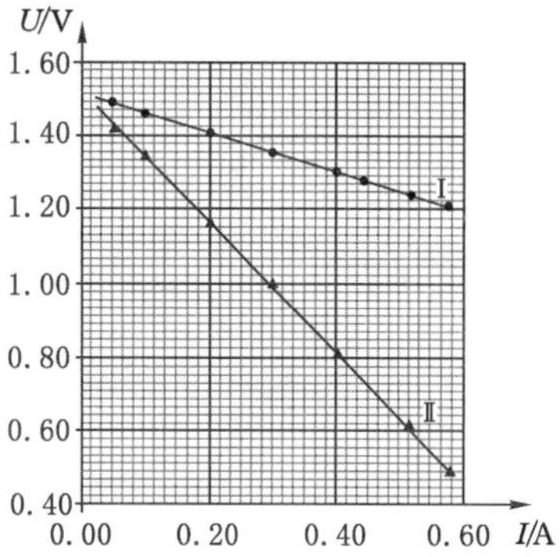

图(2)

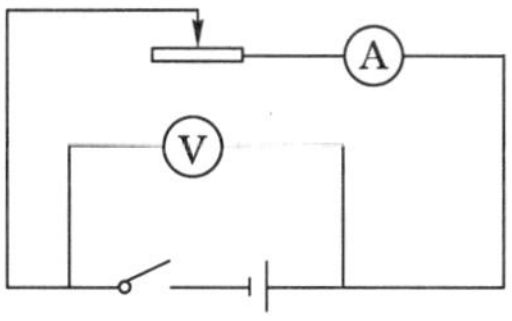

图(3)

率为电源内阻。图甲中电流表外接，则实验测得的电源内阻 $r_{测}=r_{内}+r_{A}$，测量值偏大；图乙中电路 $r_{测}=\frac{r_{V}}{r_{内}+r_{V}}r_{内}$，测量值偏小，但是由于 $R_{V}\gg r_{真}$，故图乙实验测出的内阻误差更小，故图线Ⅰ对应图乙，图线Ⅱ对应图甲。

(4) 图线Ⅱ与纵轴的交点为电源的电动势 $E=1.52\ \text{V}$；在图线Ⅰ与横轴的交点为短路电流 $I=2.86\ \text{A}$，因此 $r=\frac{E}{I}=\frac{1.52\ \text{V}}{2.86\ \text{A}}=0.53\ \Omega$。

2. (2020·天津卷，T16)某实验小组选用以下器材测定电池组的电动势和内阻，要求测量结果尽量准确：

(1) 电压表(量程 0～3 V，内阻约为 3 kΩ)。

(2) 电流表(量程 0～0.6 A，内阻约为 1 Ω)。

(3) 滑动变阻器(0～20 Ω，额定电流 1 A)。

(4) 待测电池组(电动势约为 3 V，内阻约为 1 Ω)。

(5) 开关、导线若干。

① 该小组连接的实物电路如图甲所示，经仔细检查，发现电路中有一条导线连接不当，这条导线对应的编号是________。

② 改正这条导线的连接后开始实验，闭合开关前，滑动变阻器的滑片 P 应置于滑动变阻器的________端(填“a”或者“b”)。

③ 实验中发现调节滑动变阻器时，电流表读数变化明显但电压表读数变化不明显。为了解决这个问题，在电池组负极和开关之间串联一个阻值为 5 Ω 的电阻，之后该小组得到了几组电压表读数 U 和对应的电流表读数 I，并作出 U-I 图像，如图乙所示。根据图像可知，电池组的电动势为________ V，内阻为________ Ω。(结果均保留两位有效数字)

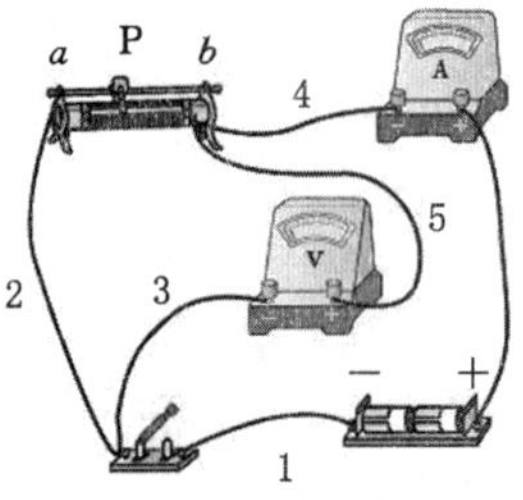

甲

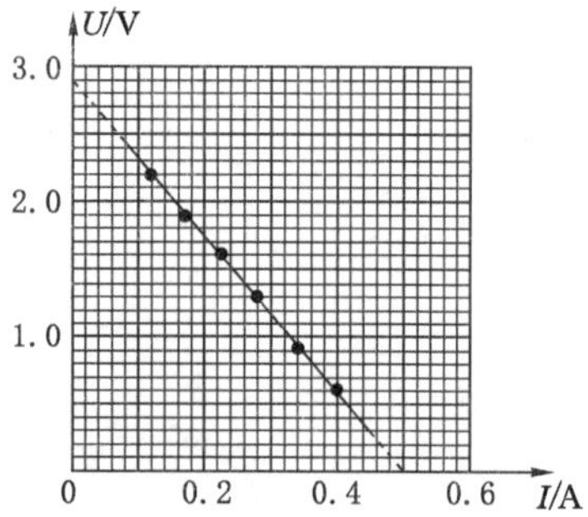

乙

答案:① 5。② a。③ 2.9;0.80。

解析:① 因为电源内阻较小,故对于电源来说应该采用电流表外接法,图中采用的是电流表内接,故导线5连接不当,应该从电压表正接线柱接到电流表正接线柱。

② 开始实验前应该让滑动变阻器以阻值最大连入电路,故应将滑片置于 a 端。

③ 由图线可知图线与纵轴的交点即为电源电动势,故 $E=2.9\ \text{V}$;图线与横轴的交点为短路电流 $I=0.50\ \text{A}$,故可得等效内阻为 $r=\dfrac{E}{I}=\dfrac{2.9}{0.5}\ \Omega=5.80\ \Omega$;又因为在开关和电池负极之间接有 $5\ \Omega$ 的电阻,在计算过程中等效为内阻,故电源内阻为 $r=5.80\ \Omega-5\ \Omega=0.80\ \Omega$。

题目14 如图,距光滑水平平台的右端 $L=0.5\ \text{m}$ 处有一木块A(视为质点),紧靠平台右端的水平地面 PQ 上放置一右侧带挡板(厚度不计)的水平木板B,木板的质量 $m_B=1\ \text{kg}$,长度 $L=0.5\ \text{m}$,且木板的上表面与平台等高。木块A在水平向右、大小 $F=6\ \text{N}$ 的拉力作用下由静止开始运动,当木块A运动到平台右端时立即撤去拉力。已知木块A与木板B、木板B与水平地面间的动摩擦因数均为 $\mu=0.2$,取重力加速度大小 $g=10\ \text{m/s}^2$。

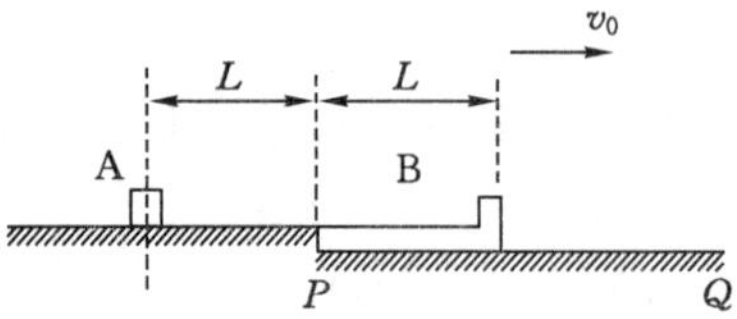

(1) 若木块A的质量 $m_A=2\ \text{kg}$,求木块A与木板B右侧挡板碰撞前的速度大小 v_1。

(2) 若木块A的质量 $m_A=2\ \text{kg}$,木块A与木板B的碰撞为弹性碰撞且碰撞时间极短,求木板B向右运动的最大距离 x_1。

(3) 若木块A与木板B碰撞后粘在一起,为使碰撞后整体向右运动的距离最大,求木块A的质量 m 及木板运动的最大距离 x_2。

【答案】(1) $v_1=1\ \text{m/s}$。(2) $x_1=\dfrac{5}{36}\ \text{m}$。(3) $m=\dfrac{3}{5}\ \text{kg}$;$x_2=\dfrac{9}{32}\ \text{m}$。

【解析】

(1) 由动能定理可知,A到达平台右端时的动能 $E_k=F\cdot L$。

此时对B进行受力分析可知 $\mu(m_A+m_B)g>\mu m_A g$。

由于地面对B的最大静摩擦力大于A对B的滑动摩擦力,所以A与B相碰前B保持静止,由动能定理可知,A到达B上滑行的过程中有 $-\mu m_A gL=\dfrac{1}{2}m_A v_1^2-E_k$。

解得 $v_1=1\ \mathrm{m/s}$。

(2) 木块 A 与木板 B 的碰撞为弹性碰撞，由动量守恒定律有 $m_Av_1=m_Av_A+m_Bv_B$。由能量关系有 $\frac{1}{2}m_Av_1^2=\frac{1}{2}m_Av_A^2+\frac{1}{2}m_Bv_B^2$。代入数据得 $v_A=\frac{1}{3}\ \mathrm{m/s}$，$v_B=\frac{4}{3}\ \mathrm{m/s}$。

对 A 受力分析有 $\mu m_Ag=m_Aa_A$。对 B 受力分析有 $\mu m_Ag+\mu(m_A+m_B)g=m_Ba_B$。

当 A、B 速度相等时有 $v_A+a_At=v_B-a_Bt$。解得 $t=\frac{1}{12}\ \mathrm{s}$。可得 A、B 速度相等时的速度大小 $v_{AB}=\frac{1}{2}\ \mathrm{m/s}$。

相对运动过程中，B 的位移大小为 $2a_Bx_{B1}=v_B^2-v_{AB}^2$，解得 $x_{B1}=\frac{11}{144}\ \mathrm{m}$。

之后对 A、B 整体分析，有 $2a_{AB}x_{B2}=v_{AB}^2$，由 A、B 一起向右运动有 $\mu(m_A+m_B)g=(m_A+m_B)a_{AB}$，解得 $x_{B2}=\frac{1}{16}\ \mathrm{m}$。

B 向右运动的最大距离 $x_1=x_{B1}+x_{B2}$，解得 $x_1=\frac{5}{36}\ \mathrm{m}$。

(2) 由动能定理可知，A 与 B 碰撞前有 $\frac{1}{2}mv_2^2=F\cdot L+\mu mgL$。A、B 碰撞粘连，由动量守恒定律有 $mv_2=(m+m_B)v$。由动能定理有 $\mu(m+m_B)gx_2=\frac{1}{2}(m+m_B)v^2$。解得 $x_2=\frac{3m-m^2}{2(m+1)^2}$。

令 $k=\frac{1}{m+1}$，可得 $x_2=2\times\left(-k^2+\frac{5}{4}k-\frac{1}{4}\right)$。当 $k=\frac{5}{8}$ 时，即 $m=\frac{3}{5}\ \mathrm{kg}$ 时，有最大距离 $x_2=\frac{9}{32}\ \mathrm{m}$。

【数据分析】

全市范围内统计的难度系数为 0.17，属于很难的题目；区分度 0.27，区分度不太好。

分值	平均分	得分率	得分	得分人数	得分占比
16	2.67	16.7%	[0,4)	19 930	71.91%
			[4,8)	6 683	24.11%
			[8,12)	728	2.63%
			[12,16]	375	1.35%

【试题情境】

本题以板块模型的多过程问题为学习探究的情境，主要考查学生相互作用观念、模型建构能力和信息的加工能力，培养学生科学思维的素养。本题所涉及的考点综合性较强，也是非常典型的模型，引导学生在物理学习的过程加强核心知识的理解、典型模型的训练，从而提高自己的信息加工能力等。

【必备知识】

本题考查的知识点有：必修 1 中的Ⅱ级考点“牛顿运动定律及其应用”；必修 2 中的Ⅱ级

考点“动能和动能定理”“功能关系、机械能守恒定律及其应用”;选修 3-5 中的Ⅰ级考点“弹性碰撞和非弹性碰撞”,Ⅱ级考点“动量、动量守恒定律及其应用”等。

【关键能力】

本题考查的关键能力主要有理解能力、模型建构能力、分析综合能力和信息加工能力等,试题以典型的板块模型为载体,通过分析板块的相互作用和碰撞过程,考查学生的模型建构能力和分析综合能力,同时涉及的多过程中的动力学分析和能量分析,考查学生的信息加工能力,试题的综合性很强。

【学科素养】

(1) 物理观念:试题需要分析板块之间的相互作用、碰撞等,考查了学生相互作用观念、运动观念和能量观念。

(2) 科学思维:试题需要对多个过程进行分析,板块的相互作用和碰撞都涉及了,从而有效地考查学生科学思维的素养。

【好题赏析】

(2015·全国卷Ⅰ卷,T25)一长木板置于粗糙水平地面上,木板左端放置一小物块,在木板右方有一墙壁,木板右端与墙壁的距离为 4.5 m,如图(a)所示。$t=0$ 时刻开始,小物块与木板一起以共同速度向右运动,直至 $t=1$ s 时木板与墙壁碰撞(碰撞时间极短)。碰撞前后木板速度大小不变,方向相反;运动过程中小物块始终未离开木板。已知碰撞后 1 s 时间内小物块的 v-t 图线如图(b)所示。木板的质量是小物块质量的 15 倍,重力加速度大小 g 取 10 m/s^2。求:

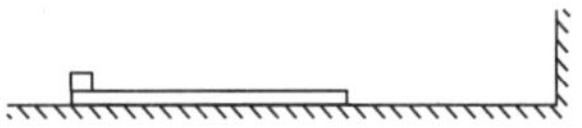

图(a)

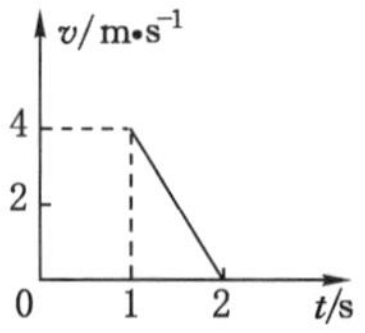

图(b)

(1) 木板与地面间的动摩擦因数 μ_1 及小物块与木板间的动摩擦因数 μ_2;

(2) 木板的最小长度;

(3) 木板右端离墙壁的最终距离。

答案:(1) $\mu_1=0.1$,$\mu_2=0.4$;(2) 最小长度为 6.0 m;(3) 最终距离为 6.5 m。

解析:(1) 设向右为正方向。木板与墙壁相碰前,小物块和木板一起向右做匀变速运动。设加速度为 a_1,小物块和木板的质量分别为 m 和 M。

由牛顿第二定律有 $-\mu_1(m+M)g=(m+M)a_1$。

由图可知,木板与墙壁碰前瞬间的速度 $v_1=4$ m/s,由运动学公式得 $v_1=v_0+a_1t_1$,$s_0=v_0t_1+\frac{1}{2}a_1t_1^2$。

$t_1=1$ s,$s_0=4.5$ cm 是木板碰前的位移,v_0 是小物块和木板开始运动时的速度。

联立得 $\mu_1=0.1$。

在木板与墙壁碰撞后,木板以 $-v_1$ 的初速度向左做匀变速运动,小物块以 v_1 的初速度向右做匀变速运动。设小物块的加速度为 a_2,由牛顿第二定律有 $-\mu_2mg=ma_2$,$a_2=$

$\frac{v_2-v_1}{t_2-t_1}$，式中，$t_2=2$ s，$v_2=0$，联立得 $\mu_2=0.4$。

(2) 设碰撞后木板的加速度为 a_3，经过时间 Δt，木板和小物块刚好具有共同速度 v_3。由牛顿第二定律及运动学公式得 $\mu_2 mg+\mu_1(M+m)g=Ma_3$，$v_3=-v_1+a_3\Delta t$，$v_3=v_1+a_2\Delta t$。碰撞后至木板和小物块刚好达到共同速度的过程中，木板位移为 $s_1=\frac{-v_1+v_3}{2}\cdot\Delta t$，小物块运动的位移为 $s_2=\frac{v_1+v_3}{2}\cdot\Delta t$，小物块相对木板的位移为 $\Delta s=s_2-s_1$，代入数据得 $\Delta s=6.0$ m。

因为运动过程中小物块没有脱离木板，所以木板的最小长度应为 6.0 m。

(3) 在小物块和木板具有共同速度后，两者向左做匀变速运动直至停止，设加速度为 a_4，此过程中小物块和木板运动的位移为 s_3。由牛顿第二定律及运动学公式得 $\mu_1(m+M)g=(m+M)a_4$，$0-v_3^2=2a_4s_3$。碰后木板运动的位移为 $s=s_1+s_3$。联立并代入数值得 $s=-6.5$ m，即木板右端离墙壁的最终距离为 6.5 m。

题目 15 ［选修 3-3］

如图，一竖直放置的气缸内上下两活塞(质量均可忽略不计)A、B之间封闭一定质量的理想气体，气缸顶部竖直连接有横截面积为气缸横截面积$\frac{1}{3}$的足够长圆筒，圆筒上端与大气相通，活塞 A 上方的气缸和圆筒内均装有水银，活塞 B 固定。当气缸内气柱长 $l_0=13$ cm 时，水银柱的高度分别为 $H=8$ cm 和 $h=5$ cm。两活塞与筒壁间的摩擦不计，外界大气压始终为 $P_0=75$ cmHg，环境的热力学温度 $T_0=330$ K。求：

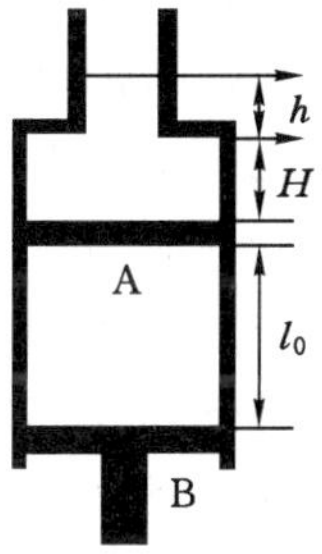

(1) 解除活塞 B 的固定，并用力缓慢推活塞 B，若气缸内其他温度不变，当水银刚好完全进入圆筒时，气缸内气柱的长度 l。

(2) 若保持活塞 B 不动而给气体加热，当水银刚好完全进入圆筒时，气缸内气体的热力学温度 T。

【答案】(1) 11 cm；(2) 630 K。

【解析】

(1) 由题意可得初始状态时，气体的压强 $P_1=P_0+\rho g(h+H)$。当水银刚好完全进入圆筒时，气体的压强 $P_2=P_0+\rho g(h+3H)$。由玻意耳定律有 $P_1l_0S=P_2lS$，解得 $l=11$ cm。

(2) 由理想气体状态方程有$\frac{p_1l_0S}{T_0}=\frac{p_2(l_0+H)S}{T}$，解得 $T=630$ K。

【数据分析】

全市范围内统计难度系数为 0.34，属较难题目；区分度 0.6，属于很好等级。

选做率	分值	均分	得分	人数	占比
选做 3-3 占 65.52%	9	3.03	[0,3)	11 296	62.1%
			[3,6)	2 969	16.32%
			[6,9)	1 162	6.39%
			9	2 762	15.2%

【试题情境】

本题以生产劳动中常见的气缸内水银柱高度变化和活塞运动为载体,考查了玻意耳定律和理想气体状态方程以及压强的计算,体现了物理知识与生活的相关性,属于应用性问题。

【必备知识】

本题考查的知识点有:选修 3-3 中的Ⅰ级考点"理想气体",Ⅱ级考点"气体实验定律"等。

【关键能力】

本题考查的关键能力主要是理解能力、分析综合能力、模型建构能力。要求考生通过对题干的分析,分别构建等温变化和理想气体状态参量恒定这两个经典模型,确定各自的初末状态,再综合压强知识、数学知识和平衡知识,求出初末状态的压强以及其他的状态参量,进而解决问题。

【学科素养】

(1) 物理观念:平衡观念和守恒观念,是物理概念和规律等在头脑中的提炼与升华,是解决实际问题的基础。

(2) 科学思维:构建等温变化和理想气体状态参量恒定这两个经典模型,通过科学推理和科学论证,分析综合,达到对内在规律及相互关系的认识。

(3) 科学态度与责任:在认识气体状态变化的科学本质,认识科学与技术关系的基础上,逐渐形成探索自然的内在动力,严谨认真、实事求是的科学态度。

【好题赏析】

[2020·全国卷Ⅱ卷,T33(2)] 潜水钟是一种水下救生设备,它是一个底部开口、上部封闭的容器,外形与钟相似。潜水钟在水下时其内部上方空间里存有空气,以满足潜水员水下避险的需要。为计算方便,将潜水钟简化为截面积为 S、高度为 h、开口向下的圆筒;工作母船将潜水钟由水面上方开口向下吊放至深度为 H 的水下,如图所示。已知水的密度为 ρ,重力加速度大小为 g,大气压强为 p_0,$H\gg h$,忽略温度的变化和水密度随深度的变化。

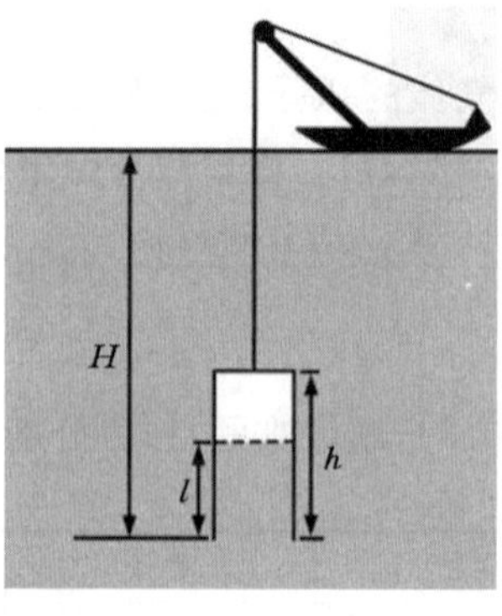

(ⅰ) 求进入圆筒内水的高度 l;

(ⅱ) 保持 H 不变,压入空气使筒内的水全部排出,求压入的空气在其压强为 p_0 时的体积。

答案：（ⅰ）$l=\frac{\rho gH}{P_0+\rho gH}h$；（ⅱ）$V=\frac{\rho gSHh}{P_0}$。

解析：（ⅰ）设潜水钟在水面上方时和放入水下后筒内气体的体积分别为 V_0 和 V_1，放入水下后筒内气体的压强为 p_1，由玻意耳定律和题给条件有 $p_1V_1=p_0V_0$，$V_0=hS$，$V_1=(h-l)S$，$p_1=p_0+\rho g(H-l)$。

联立以上各式并考虑到 $H\gg h>l$，解得 $l=\frac{\rho gH}{P_0+\rho gH}h$。

（ⅱ）设水全部排出后筒内气体的压强为 p_2，此时筒内气体的体积为 V_0，这些气体在其压强为 p_0 时的体积为 V_3。由玻意耳定律有 $p_2V_0=p_0V_3$，其中 $p_2=p_0+\rho gH$。

设需压入筒内的气体体积为 V，依题意 $V=V_3-V_0$。

联立得 $V=\frac{\rho gSHh}{P_0}$。

邯郸市2021届高三二模测试试题评析(节选)

题目3 某同学用电流传感器研究电容器的充、放电过程,电路如图所示,S为单刀双掷开关,电流传感器与计算机相连,当电容器充、放电时,电流随时间变化的图像就会显示在计算机屏幕上。下列说法正确的是(　　)。

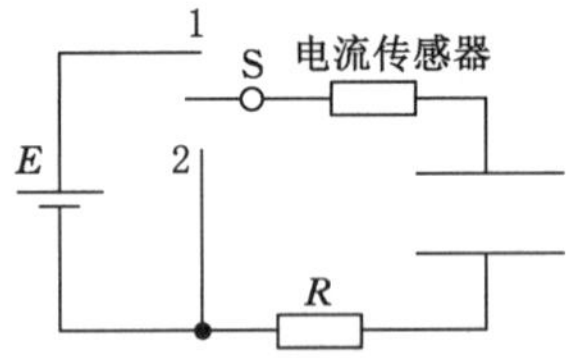

A. 该同学所用电容器外壳上所标的电压5.5 V为电容器的击穿电压

B. 充电时,开关S接1,电流从左向右通过传感器,电流逐渐减小到零

C. 放电时,开关S接2,电流从右向左通过传感器,电流从零开始逐渐增大

D. 根据电容器放电过程计算机显示的 I-t 图像,能估算出该电容器的电容

【答案】 B。

【解析】

电容器外壳上所标电压为工作电压,不是击穿电压,A选项错误;电容器充电时,单刀双掷开关接1,电流从左向右流过传感器,电流大小逐渐减小到零,B选项正确;电容器放电时,单刀双掷开关接2,电流从右向左流过传感器,电流大小逐渐减小到零,C选项错误;根据电容器放电时计算机显示的 I-t 图像,能估算出该电容器的电量,由于不知道电容器两端的电压,不能计算出电容,D选项错误。

【数据分析】

全市范围内统计的难度系数为0.25,属于较难题目;区分度0.16,区分度不太好。

答案	平均分	A		B		C		D	
		人数	占比	人数	占比	人数	占比	人数	占比
B	0.76	6 647	15.83%	10 621	25.29%	8 246	19.64%	16 429	39.12%

【必备知识】

本题考查的知识点为选修3-1的Ⅰ级考点“电容器的电压、电荷量和电容的关系”。

【试题情境】

本题以用电流传感器研究电容器充、放电过程为背景,考查考生对电容器的电压、电荷量与电容关系的理解及应用数学处理物理问题的能力,以及对充放电过程中电流随时间变化情况的推理、分析,考查学生实验探究能力。

【学科素养】

本题考查的高中物理核心素养主要有物理观念、科学思维、科学探究。本题涉及了电容器的电容、工作电压、电量等概念。通过对充放电过程中的电流随时间变化关系的研究，考查学生实验探究能力以及科学推理、科学论证等能力。

【试题拓展】

1. 图(a)所示的电路中，K 与 L 间接一智能电源，用以控制电容器 C 两端的电压 U_C。如果 U_C 随时间 t 的变化如图(b)所示，则下列描述电阻 R 两端电压 U_R 随时间 t 变化的图像中，正确的是(　　)。

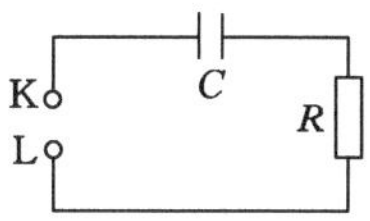

图(a)

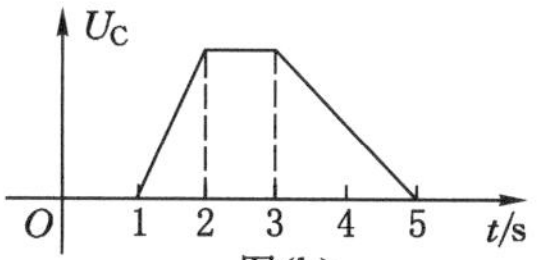

图(b)

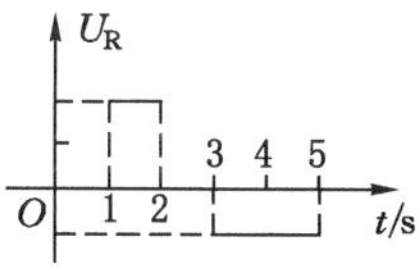

A

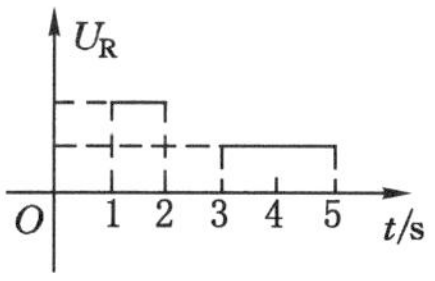

B

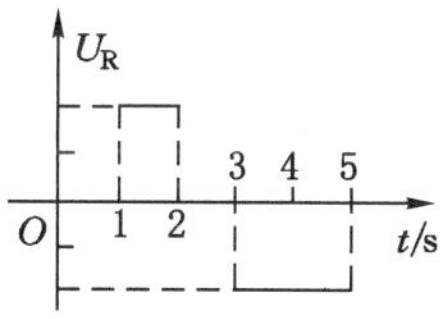

C

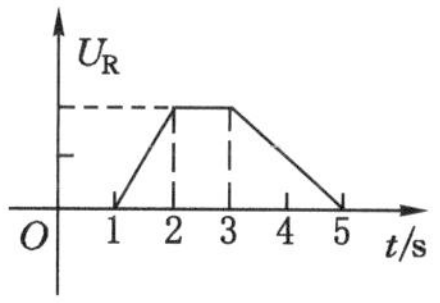

D

答案：A。

解析：由电容器电量 $Q=CU$ 可知，流过电阻 R 两端的电荷量为 $\Delta Q=C\Delta U$，流过电阻 R 的电流为 $I=\dfrac{\Delta Q}{\Delta t}=C\dfrac{\Delta U}{\Delta t}$，也就是电路中流过电阻 R 的电流与电容器两端电压变化率成正比，而 U-t 图像的斜率 k 即为$\dfrac{\Delta U}{\Delta t}$，则有在 0～1 s 和 2～3 s 内，由于 U-t 图像斜率 k 为 0，所以电路中电流为 0；1～2 s 内 U-t 图像的斜率 k_1 为正且不变，电容器在充电，电路中有恒定电流 I_1；3～5 s 内 U-t 图像的斜率 k_2 为负且不变，电容器在放电，电路中有恒定电流 I_2；由于 $k_1=2k_2$，故有 $I_1=-2I_2$，结合欧姆定律 $U=IR$ 确定电压大小关系，根据二者电流方向相反，可知电压的正负不相同，故 A 选项正确。

2. 如图甲所示是一种测量电容器电容的实验电路图，实验通过对高阻值电阻放电的方法，测出电容器充电至电压 U 时所带电荷量 Q，从而求出待测电容器的电容 C。某同学在一次实验时的情况如下：

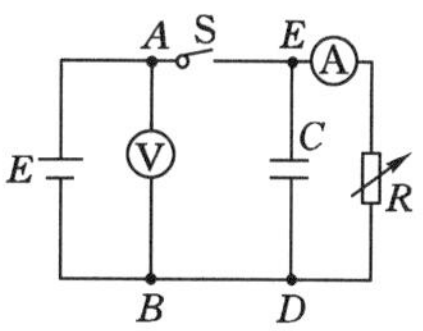

甲

A. 按如图甲所示的电路图接好电路。

B. 接通开关 S，调节电阻箱 R 的阻值，使电流表的指针偏转接近满刻度，记下此时电流表的示数是 $I_0=490\ \mu\text{A}$，电压表的示数 $U_0=8.0\ \text{V}$。

C. 断开开关 S，同时开始计时，每隔 5 s 测读一次电流 i 的值，将测得数据填入表格，并标示在图乙的坐标纸上(时间 t 为横坐标，电流 i 为纵坐标)，如图乙中小黑点所示。

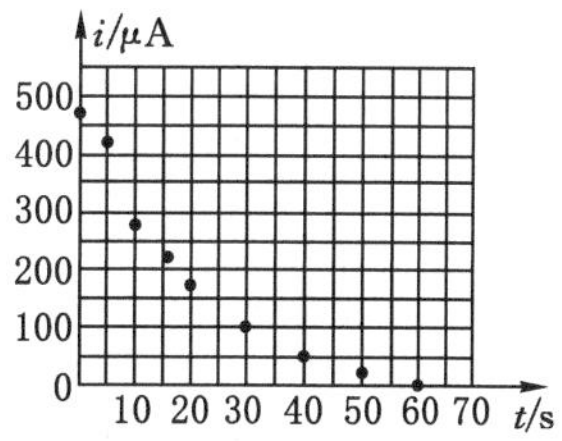

乙

(1) 在图乙中画出 i-t 图线；

(2) 图乙中图线与坐标轴所围成面积的物理意义是________；

(3) 该电容器电容为________ F(结果保留两位有效数字)；

(4) 若某同学实验时把电压表接在 E、D 两端,则电容的测量值比它的真实值________(选填“偏大”“偏小”或“相等”)。

答案:(1) 见解析图;(2) 开始放电时电容器所带的电荷量;(3) 1.1×10^{-3};(4) 偏小。

解析:(1) 用平滑的曲线连接,作出图像如下图所示。

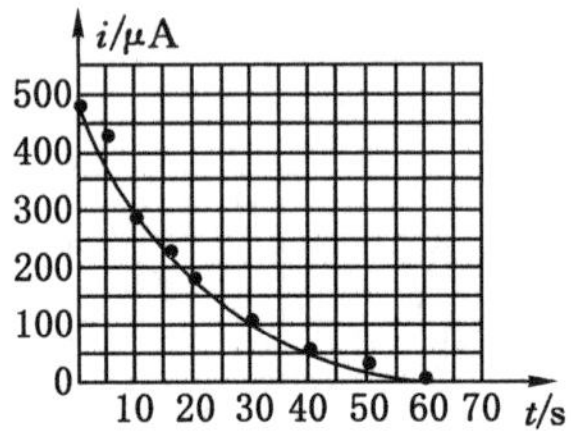

(2) 由 $\Delta Q=I\cdot\Delta t$ 知,电荷量为 i-t 图像与坐标轴所包围的面积,则面积为电容器开始放电时所带的电荷量。

(3) 算出格子数,由总格子数乘以每个格子的“面积”值求得 $Q=8.5\times10^{-3}$ C,则 $C=\frac{Q}{U}=\frac{8.5\times10^{-3}}{8}$ F$=1.1\times10^{-3}$ F。

(4) 电容的测量值比它的真实值偏小,原因是若把电压表接在 E、D 两端,则电容器在放电时,有一部分电量会从电压表中通过,则通过电流表中的电量小于电容器的带电量,从而使电容的测量值比它的真实值偏小。

题目 12 如图甲所示,理想变压器原、副线圈匝数比为 11∶1,电路中灯泡电阻 $R=10\ \Omega$,其余电阻均不计,在原线圈两端加上如图乙所示的正弦式交变电压。下列说法中正确的是(　　)。

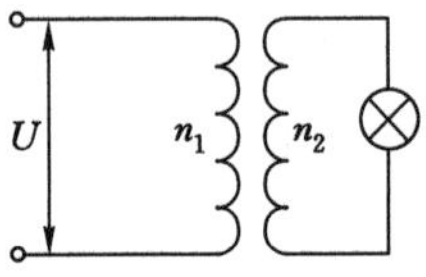

甲

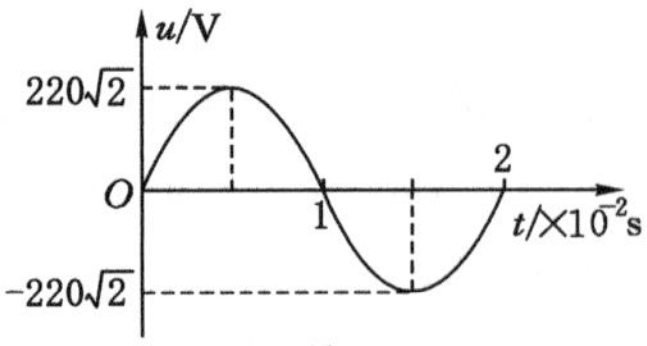

乙

A. 小灯泡两端电压为 $20\sqrt{2}$ V

B. 原线圈中的电流为 2 A

C. 原线圈输入功率为 40 W

D. 若将一个相同的小灯泡串联接入副线圈电路,则原线圈输入功率为 20 W

【答案】CD。

【解析】

由图乙可知,原线圈输入电压的最大值 $U_m=220\sqrt{2}$ V,原线圈输入电压的有效值 $U=220$ V,由变压器的变压比$\frac{U_1}{U_2}=\frac{n_1}{n_2}$可知副线圈电压的有效值为 20 V,故 A 选项错误;副线圈电流 $I'=\frac{U_2}{R}=2$ A,由变压器的变流比$\frac{I}{I'}=\frac{n_2}{n_1}$代入数据解得原线圈中电流 $I=\frac{2}{11}$ A,故 B 选项错误;原线圈输入功率 $P_1=UI=220\times\frac{2}{11}$ W$=40$ W,故 C 选项正确;若将一个相同小灯泡串联接入副线圈电路，副线圈电压不变，电阻变为 20 Ω，电流变为 1 A，则原线圈电流为 $\frac{1}{11}$ A，原线圈输入功率为$\frac{1}{11}\times 220$ W=20 W，故 D 选项正确。

【数据分析】

全市范围内统计的难度系数为 0.49，属于中等难度题目；区分度 0.56，区分度较好。

答案	均分	得分率	答题情况统计
CD	1.95	48.8%	C:6 900(16.43%);D:6 436(15.33%);B:6 349(15.24%);A:4 086(9.73%);BC:2 184(5.2%);BCD:1 141(2.72%);BD:345(0.82%);AC:220(0.52%);AD:180(0.43%);ACD:99(0.24%);AB:82(0.2%);ABC:21(0.05%);ABD:8(0.02%);ABCD:1(0%);空选:68(0.16%)

【必备知识】

本题考查的知识点有选修 3-1 中的三个Ⅰ级考点“欧姆定律”“电功率”“串联电路和并联电路”，选修 3-2 中的两个Ⅰ级考点“正弦交变电流的峰值和有效值”“理想变压器”。

【试题情境】

本题以理想变压器模型为背景，以交变电流和电路知识为依托，考查了学生对部分电路欧姆定律的运用、电功率计算、电阻的串并联、正弦式交变电流的峰值和有效值，以及电压电流与变压器匝数比的关系的掌握情况，考查了学生的理解能力、逻辑推理能力、模型建构能力及分析综合能力。

【学科素养】

本题考查的高中物理核心素养主要有物理观念和科学思维，主要包括物质观念、科学推理和模型建构等。需要学生知道变压器的电压电流与匝数的关系，会根据图像信息计算出电压的有效值，运用部分电路欧姆定律和电功率知识进行求解判断。本题涉及的知识点比较多，综合性比较强，做题时需明确交变电流的“四值”、图像的用途，理想变压器的基本知识和恒定电流的基本知识，通过综合分析、逻辑推理，得出结论。在解题过程中，培养学生严谨认真的科学态度。

【试题拓展】

1. (2020・山东省普通高中学业等级考试，T5)图 a 中的理想变压器原、副线圈匝数比 $n_1:n_2=22:3$，输入端所接电压 u 随时间 t 的变化关系如图 b 所示。灯泡 L 的电阻恒为 15 Ω，额定电压为 24 V。定值电阻 $R_1=10$ Ω、$R_2=5$ Ω，滑动变阻器 R 的最大阻值为 10 Ω。为使灯泡正常工作，滑动变阻器接入电路的电阻应调节为(　　)。

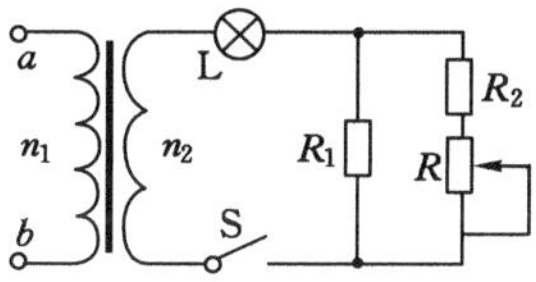

图 a

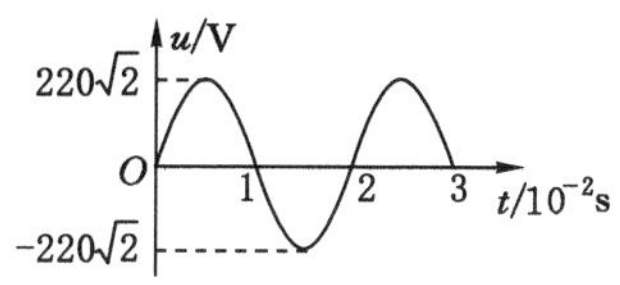

图 b

A. 1 Ω　　B. 5 Ω　　C. 6 Ω　　D. 8 Ω

答案：A。

解析:输电电压有效值为$U_1=\frac{220\sqrt{2}}{\sqrt{2}}$ V=220 V,根据理想变压器电压规律$\frac{U_1}{U_2}=\frac{n_1}{n_2}$可知副线圈电压有效值为$U_2=\frac{n_2}{n_1}U_1=\frac{3}{22}\times 220$ V=30 V,灯泡正常工作。根据欧姆定律可知分压为 24 V,则通过灯泡的电流即副线圈部分干路电流 $I_L=\frac{U_L}{R_L}=\frac{24}{15}$A=1.6 A。根据串联分压规律,$R_1$和$R_2$、$R$构成的并联电路部分的分压为$U=U_2-U_L=30$ V-24 V=6 V,通过R_1的电流为$I_1=\frac{U}{R_1}=\frac{6}{10}$ A=0.6 A,通过R_2、R的电流为$I_2=I_L-I_1=1.6$ A-0.6 A=1 A,R_2、R的分压为$U=I_2(R_2+R)$,解得滑动变阻器的阻值为$R=\frac{U}{I_2}-R_2=\frac{6}{1}$ Ω-5 Ω=1 Ω,A 选项正确,B、C、D 选项错误。

2. (2016·海南卷,T9)如图(a)所示,理想变压器的原、副线圈的匝数比为 4∶1,R_T为阻值随温度升高而减小的热敏电阻,R_1为定值电阻,电压表和电流表均为理想交流电表,原线圈所接电压 u 随时间 t 按正弦规律变化,如图(b)所示。下列说法正确的是(　　)。

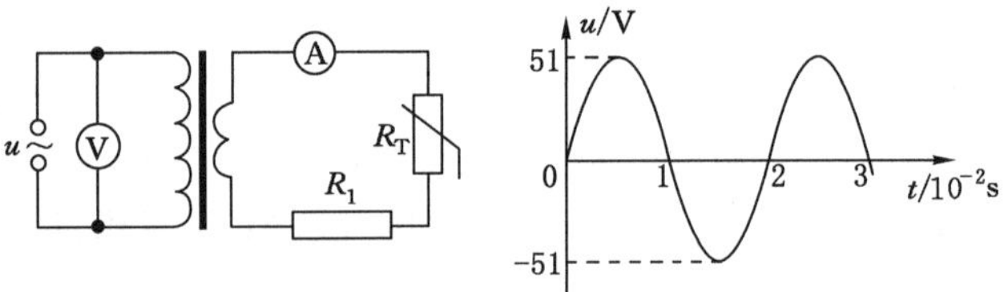

图(a)　　图(b)

A. 变压器输入、输出功率之比为 4∶1

B. 变压器原、副线圈中的电流强度之比为 1∶4

C. u 随 t 变化的规律为$u=51\sin 50\pi t$(国际单位制)

D. 若热敏电阻 R_T的温度升高,则电压表的示数不变,电流表的示数变大

答案:BD。

解析:由题意理想变压器输入、输出功率之比为 1∶1,A 选项错误;变压器原、副线圈中的电流强度与匝数成反比,即$\frac{I_1}{I_2}=\frac{n_2}{n_1}=\frac{1}{4}$,故选项 B 选项正确;由图(b)可知交流电压最大值$U_m=51$ V,周期 $T=0.02$ s,角速度 $\omega=100\pi$ rad/s,则可得 $u=51\sin 100\pi t$ V,故 C 选项错误;R_T的温度升高时,阻值减小,电流表的示数变大,电压表示数不变,故 D 选项正确。

3. (2020·全国卷Ⅲ卷,T7)在图(a)所示的交流电路中,电源电压的有效值为 220 V,理想变压器原、副线圈的匝数比为 10∶1,R_1、R_2、R_3均为固定电阻,$R_2=10$ Ω,$R_3=20$ Ω,各电表均为理想电表。已知电阻 R_2中电流 i_2随时间 t 变化的正弦曲线如图(b)所示。下列说法正确的是(　　)。

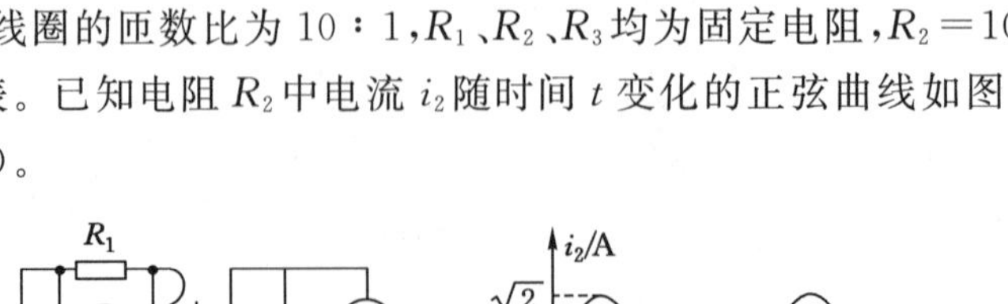

图(a)　　图(b)

A. 所用交流电的频率为 50 Hz　　B. 电压表的示数为 100 V

C. 电流表的示数为 1.0 A　　D. 变压器传输的电功率为 15.0 W

答案：AD。

解析：交流电的频率为 $f=\frac{1}{T}=\frac{1}{0.02\ \text{s}}=50$ Hz，A 选项正确；通过 R_2 电流的有效值为 $I=\frac{\sqrt{2}}{\sqrt{2}}$ A=1 A，R_2 两端即副线圈两端的电压，根据欧姆定律可知 $U_2=IR_2=1\times10$ V=10 V，根据理想变压器的电压规律 $\frac{U_1}{U_2}=\frac{n_1}{n_2}$ 可知原线圈的电压 $U_1=\frac{n_1}{n_2}U_2=10\times10$ V=100 V，电阻 R_1 两端分压即为电压表示数，即 $U_V=U_0-U_1=220$ V−100 V=120 V，B 选项错误；电流表的示数为 $I_A=\frac{U_2}{R_3}=\frac{10}{20}$ A=0.5 A，C 选项错误；副线圈中流过的总电流为 $I_2=I+I_A=1$ A+0.5 A=1.5 A，变压器原副线圈传输的功率为 $P=I_2U_2=15$ W，D 选项正确。

题目 14　某兴趣小组想测绘热敏电阻的伏安特性曲线，设计了如图 a 所示的电路。

(1) 滑动变阻器 R_0，有以下两种规格，应选择________。

A. 滑动变阻器(阻值范围 0～20 Ω、额定电流 2 A)。

B. 滑动变阻器(阻值范围 0～1 000 Ω、额定电流 1 A)。

(2) 请用笔画线代替导线把图 b 所示的实物图补充完整。

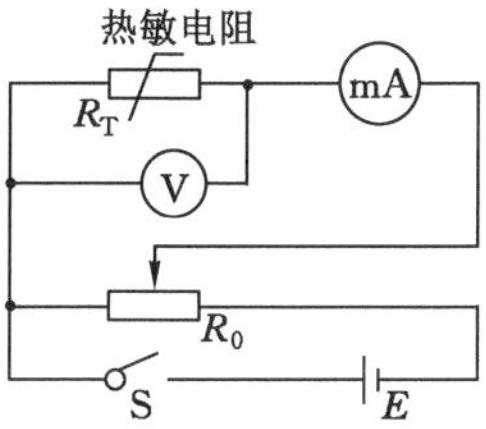

图 a

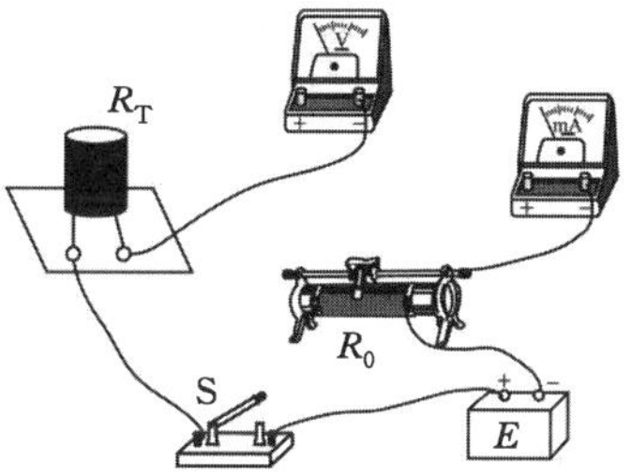

图 b

(3) 闭合电键 S 前，滑动变阻器的滑片应置于________(选填“最左端”“最右端”或“中间位置”)。

(4) 小组同学改变滑片的位置，得到多组电压表和电流表的数值，作出通过热敏电阻的电流随电压的变化曲线，如图 c 所示。

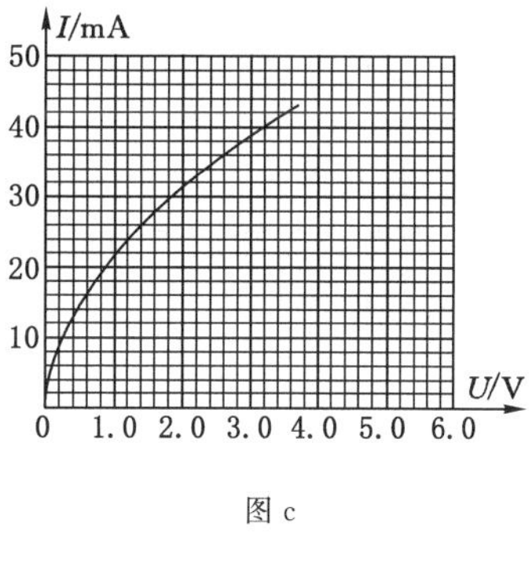

图 c

① 当热敏电阻两端的电压是 1 V 时，热敏电阻的阻值是________ Ω。

② 把热敏电阻和定值电阻、恒定电源组成图 d 所示的电路，电源电压恒为 6 V，定值电阻的电阻 $R=150$ Ω，热敏电阻消耗的电功率为________ W。(结果均保留 3 位有效数字)

【答案】(1) A。(2) 见解析。(3) 最左端。(4) ① 45.5 Ω;② $4.79\times10^{-2}\sim4.95\times10^{-2}$。

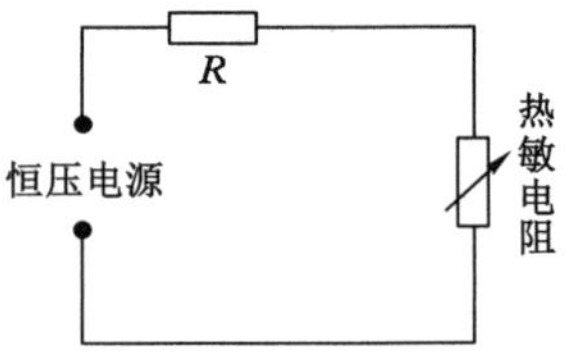

图 d

【解析】

(1) 电路是分压电路,滑动变阻器 R_0 应选择总阻值较小的,故 A 选项正确。

(2) 根据电路图所连接如图 e 所示。

(3) 为了保护电表,闭合电键前通过电流表的电流应是最小的,所以闭合电键 S 前,滑动变阻器的滑片应置于“最左端”。

(4) ① 由图 c 可知,当热敏电阻两端电压是 1 V 时,通过热敏电阻的电流为 22 mA,此时热敏电阻的阻值为$\frac{1}{22\times10^{-3}}$ Ω=45.5 Ω。

② 把定值电阻看成恒压电源的内阻,在 *I*-*U* 曲线中作出等效电源的伏安特性曲线如图 f 所示,由两曲线的交点可知热敏电阻两端的电压为 1.7 V,通过热敏电阻的电流在 28.2～29.1 mA 之间,所以热敏电阻消耗的电功率为 $4.79\times10^{-2}\sim4.95\times10^{-2}$ W。

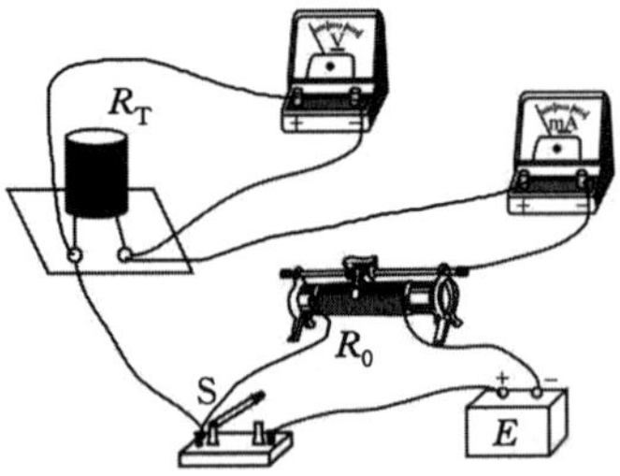

图 e

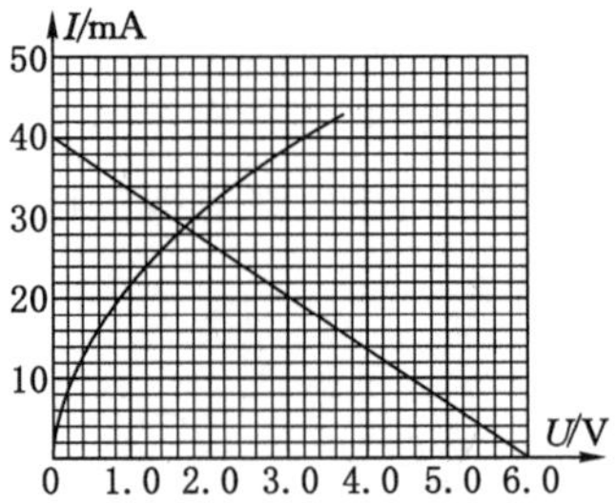

图 f

【数据分析】

全市范围内统计的难度系数为 0.34,属于难题;区分度 0.36,属于较好等级。

分值	均分	得分率	得分	得分人数	得分占比
9	3.07	34.16%	[0,3)	21 399	50.72%
			[3,6)	15 199	36.02%
			[6,9]	5 594	13.26%

【必备知识】

本题考查的知识点为选修 3-1 中的实验“描绘小电珠的伏安特性曲线”。

【试题情境】

本题以测绘热敏电阻的伏安特性曲线为实验探究情境,考查考生对实验“描绘小电珠的伏安特性曲线”这一实验的理解、分析综合、信息加工、实验探究情况。创设类型多样、具有一定复杂程度(比如本题第四问的第二小问)的试题情境作为试题的任务情境,可以很好地考查和评价学生的物理学科核心素养。

【学科素养】

本题考查的高中物理核心素养主要是科学思维、科学探究和科学态度与责任，主要包括科学推理、科学论证、解释、科学态度等。如滑动变阻器的选取、闭合电键S前滑动变阻器的滑片应置的位置问题，需要合理的推理和解释，在此过程中形成科学思维；补充实物图，用给定的电路图测定热敏电阻的功率问题，有助于学生把学过的知识在新的实验情境中重现、内化，提升他们的科学探究能力，培养严谨的科学态度。

【试题拓展】

(2020·全国卷Ⅲ卷，T23)已知一热敏电阻当温度从10 ℃升至60 ℃时阻值从几千欧姆降至几百欧姆，某同学利用伏安法测量其阻值随温度的变化关系。所用器材(图1)：电源 E、开关S、滑动变阻器 R(最大阻值为20 Ω)、电压表(可视为理想电表)和毫安表(内阻约为100 Ω)。

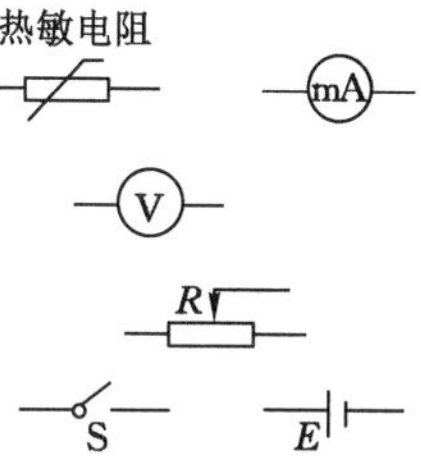

图1

(1) 在答题卡上所给的器材符号之间画出连线，组成测量电路图。

(2) 实验时，将热敏电阻置于温度控制室中，记录不同温度下电压表和毫安表的示数，计算出相应的热敏电阻阻值。若某次测量中电压表和毫安表的示数分别为5.5 V和3.0 mA，则此时热敏电阻的阻值为________ kΩ(保留2位有效数字)。实验中得到的该热敏电阻阻值 R 随温度 t 变化的曲线如图(a)所示。

(3) 将热敏电阻从温控室取出置于室温下，测得达到热平衡后热敏电阻的阻值为2.2 kΩ。由图(a)求得，此时室温为________ ℃(保留3位有效数字)。

(4) 利用实验中的热敏电阻可以制作温控报警器，其电路的一部分如图(b)所示。图中，E 为直流电源(电动势为10 V，内阻可忽略)。当图中的输出电压达到或超过6.0 V时，便触发报警器(图中未画出)报警。若要求开始报警时环境温度为50 ℃，则图中________(填“R_1”或“R_2”)应使用热敏电阻，另一固定电阻的阻值应为________ kΩ(保留2位有效数字)。

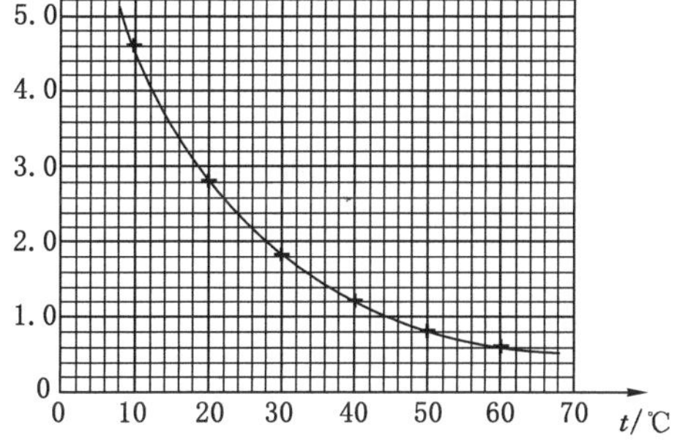

图(a)

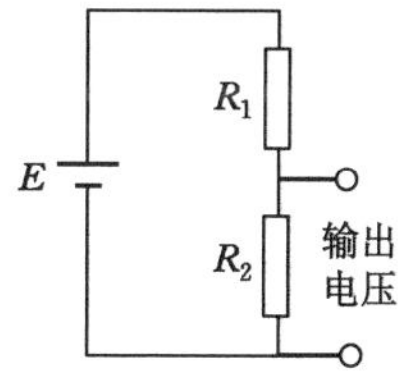

图(b)

答案：(1) 见解析。(2) 1.8。(3) 25.5。(4) R_1。(5) 1.2。

解析：(1) 滑动变阻器用分压式，电压表可视为理想表，所以用电流表外接。连线如图2所示。

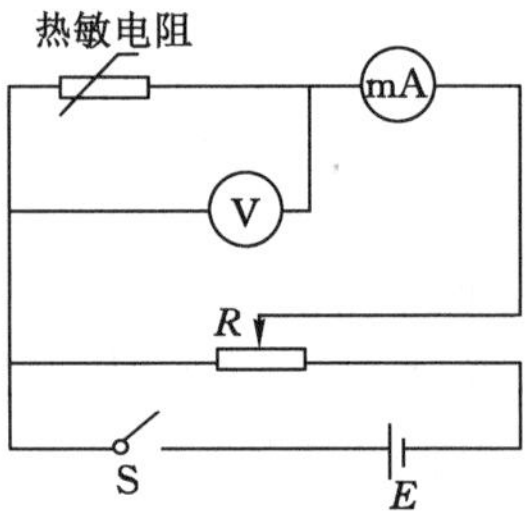

图 2

(2) 由部分电路欧姆定律得 $R=\frac{U}{I}=\frac{5.5}{3\times10^{-3}}\ \Omega\approx1.8\ \mathrm{k\Omega}$。

(3) 由该电阻的阻值随温度变化的曲线直接可读得 25.5 ℃。

(4) ① 温度升高时,该热敏电阻阻值减小,分得电压减少。而温度高时输出电压要升高,以触发报警,所以 R_1 为热敏电阻。② 由图线可知,温度为 50 ℃时,$R_1=0.8\ \mathrm{k\Omega}$,由欧姆定律可得 $E=I(R_1+R_2)$,$U=IR_2$,代入数据解得 $R_2=1.2\ \mathrm{k\Omega}$。

题目 16 如图 1 甲所示,绝缘水平面上固定着两根足够长的光滑金属导轨 PQ、MN,间距为 $L=1$ m,导轨左端跨接阻值为 $R=1.5\ \Omega$ 的定值电阻,整个装置处于垂直于导轨平面向上的匀强磁场中,磁感应强度为 $B=1$ T。金属棒 ab 以初速度 $v_0=4$ m/s 沿导轨向右运动,金属棒 ab 的质量为 $m=0.5$ kg,长度也为 $L=1$ m,金属棒 ab 的电阻为 $r=0.5\ \Omega$。如图乙所示,把导轨左端抬起,使其与水平面的夹角 $\theta=37°$,磁场垂直于导轨平面斜向右上。金属棒 ab 与导轨接触良好,导轨电阻不计,重力加速度 $g=10\ \mathrm{m/s^2}$,$\sin 37°=0.6$,$\cos 37°=0.8$。求:

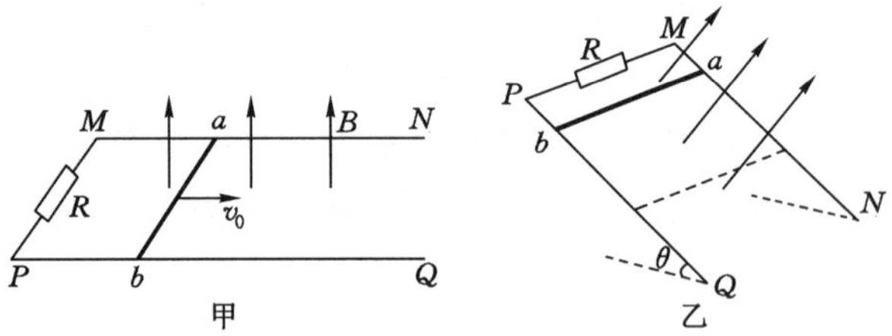

图 1

(1) 图甲中金属棒 ab 运动的整个过程中,电阻 R 产生的焦耳热;

(2) 图乙中金属棒 ab 达到的最大速度及此时电阻 R 两端的电压;

(3) 图乙中,金属棒 ab 的速度为最大速度的一半时金属棒 ab 的加速度。

【答案】(1) $Q_R=3$ J。(2) $v_m=6$ m/s;$U=4.5$ V。(3) $a=3\ \mathrm{m/s^2}$。

【解析】

(1) 图甲中,金属棒 ab 做减速运动,由能量守恒定律可得 $Q_R+Q_r=\frac{1}{2}mv_0^2$,又 $\frac{Q_R}{Q_r}=\frac{R}{r}$,解得 $Q_R=3$ J。

(2) 图乙中,金属棒 ab 做加速运动,由法拉第电磁感应定律得 $E_m=BLv_m$,由闭合电路欧姆定律得 $I_m=\frac{E_m}{R+r}$,由平衡条件得 $mg\sin\theta=BI_mL$,解得 $v_m=6$ m/s。电阻 R 两端的电压为 $U=I_mR$,解得 $U=4.5$ V。

(3) 金属棒 ab 速度为最大速度 $\frac{1}{2}$ 时，由法拉第电磁感应定律和闭合电路欧姆定律得 $I=\frac{I_m}{2}$，由牛顿第二定律得 $mg\sin\theta-BIL=ma$，解得 $a=3\ \text{m/s}^2$。

【数据分析】

全市范围内统计的难度系数为 0.19，属于较难题目；区分度 0.59，属于优秀等级。

分值	均分	得分率	得分	人数	占比
15	2.88	19.2%	[0,4)	31 727	79.61%
			[4,8)	2 550	6.40%
			[8,12)	3 701	9.29%
			[12,15]	1 875	4.70%

【必备知识】

本题考查的知识点有选修 3-1 中的Ⅰ级考点“电功率”“焦耳定律”，Ⅱ级考点“闭合电路欧姆定律”，选修 3-2 中的Ⅱ级考点“法拉第电磁感应定律”。

【试题情境】

本题以导体棒在平行导轨上切割磁感线产生感应电动势、与导轨和电阻形成闭合回路为背景，建构一个学习探索问题情境，来考查考生对电磁感应现象中关于电路与能量的综合性问题的理解能力、推理能力、分析综合能力。

【学科素养】

本题考查的高中物理核心素养主要有物理观念和科学思维，主要包括能量观、模型建构、科学推理等。如在绝缘水平轨道上运动的导体棒的动能转化为整个回路中的电能，在倾斜轨道上导体棒的重力势能向动能与电能的转化过程，而导体棒在磁场中切割磁感线相当于电源，与导轨和电阻构建一个闭合回路，结合右手定则、闭合电路欧姆定律、焦耳热及牛顿第二定律进行科学的推理和分析。

【试题拓展】

1.（2020·全国卷Ⅲ卷，T24）如图，一边长为 l_0 的正方形金属框 $abcd$ 固定在水平面内，空间存在方向垂直于水平面、磁感应强度大小为 B 的匀强磁场。一长度大于 $\sqrt{2}\,l_0$ 的均匀导体棒以速率 v 自左向右在金属框上匀速滑过，滑动过程中导体棒始终与 ac 垂直且中点位于 ac 上，导体棒与金属框接触良好。已知导体棒单位长度的电阻为 r，金属框电阻可忽略。将导体棒与 a 点之间的距离记为 x，求导体棒所受安培力的大小随 $x\left(0\leqslant x<\frac{\sqrt{2}}{2}l_0\right)$ 变化的关系式。

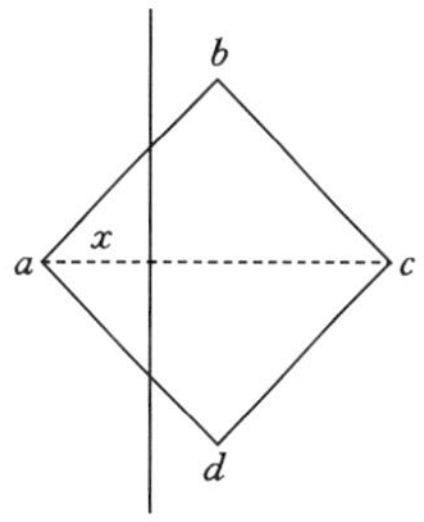

答案：$F=\begin{cases}\dfrac{2B^2v}{r}x,\left(0\leqslant x<\dfrac{\sqrt{2}}{2}l_0\right)\\[2ex]\dfrac{2B^2v}{r}(\sqrt{2}\,l_0-x),\left(\dfrac{\sqrt{2}}{2}l_0<x<\sqrt{2}\,l_0\right)\end{cases}$。

解析：当导体棒与金属框接触的两点间棒的长度为 l_0 时，由法第电磁感应定律可知，导体棒上感应电动势的大小为 $E=Bl_0v$。由欧姆定律可知，流过导体棒的感应电流为 $I=\frac{E}{R}$，式中 R 为这一段导体棒的电阻。按题意有 $R=rl_0$，此时导体棒所受安培力大小为 $F=BIl_0$，由题设和几何关系有 $l_0=\begin{cases}2x,0\leqslant x<\frac{\sqrt{2}}{2}l_0\\2(\sqrt{2}l_0-x),\frac{\sqrt{2}}{2}l_0<x<\sqrt{2}l_0\end{cases}$。

联立各式得 $F=\begin{cases}\frac{2B^2v}{r}x,\left(0\leqslant x<\frac{\sqrt{2}}{2}l_0\right)\\\frac{2B^2v}{r}(\sqrt{2}l_0-x),\left(\frac{\sqrt{2}}{2}l_0<x<\sqrt{2}l_0\right)\end{cases}$。

2.（2020·江苏卷，T21）如图所示，电阻为 0.1 Ω 的正方形单匝线圈 $abcd$ 的边长为 0.2 m，bc 边与匀强磁场边缘重合。磁场的宽度等于线圈的边长，磁感应强度大小为 0.5 T。在水平拉力作用下，线圈以 8 m/s 的速度向右穿过磁场区域。求线圈在上述过程中：

(1) 感应电动势的大小 E；

(2) 所受拉力的大小 F；

(3) 感应电流产生的热量 Q。

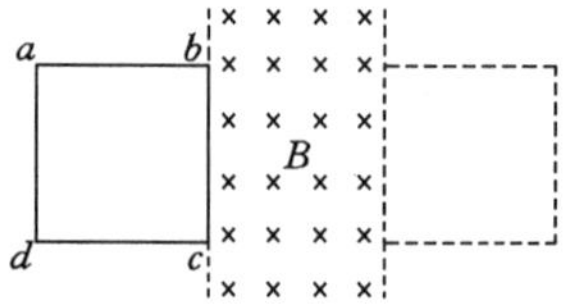

答案：(1) 0.8 V。(2) 0.8 N。(3) 0.32 J。

解析：(1) 由题意可知当线框切割磁感线是产生的电动势为 $E=BLv=0.8$ V。

(2) 因为线框匀速，所受拉力等于安培力，有 $F=F_{安}=BIL$，根据闭合电路欧姆定律 $I=\frac{E}{R}$，结合(1)联立各式代入数据可得 $F=0.8$ N。

(3) 线框穿过磁场所用的时间为 $t=\frac{2L}{v}=0.05$ s，故线框穿越过程产生的热量为 $Q=I^2Rt=\frac{E^2}{R}t=0.32$ J。

邯郸市2021届高三模拟考试试题评析(节选)

题目1 如图所示,观察者面朝东坐在一列火车中,看到水平桌面上的小球忽然离开他向东滚动,仅凭这一现象,他能够做出的正确判断是( )。

A. 列车的速度方向一定向东

B. 列车的速度方向一定向西

C. 列车的加速度方向一定向西

D. 列车的加速度方向一定向东

【答案】C。

【解析】

水平桌面上的小球忽然向东滚动,若列车原来向东运动,则列车正在刹车(加速度向西);若列车原来向西运动,则列车正在加速(加速度向西)。C正确。

【数据分析】

全市范围内统计的难度系数为0.81,属于容易题;区分度0.34,属于较好等级。

答案	平均分	A		B		C		D		其他	
C	3.22	人数	占比	人数	占比	人数	占比	人数	占比	人数	占比
		507	1.83%	1 985	7.17%	22 307	80.56%	2 883	10.41%	7	0.03%

【易错点】

(1) 错把观察者面朝东理解成列车的运动方向向东,错选成A选项。

(2) 不清楚物体做加速、减速运动时,速度和加速度方向的关系,导致选错。

【试题情境】

本题以生活中常见出行工具(列车)上的物体运动现象为背景,考查考生对直线运动中物体速度与加速度方向(同向、反向)决定物体做加速、减速运动问题的掌握情况以及对惯性的理解;同时考查考生的理解能力、信息加工能力。落实物理学科核心素养中物理观念的培养,同时引导教学遵循课程标准,促进课堂回归教材、夯实基础。

【必备知识】

本题考查的知识点为必修1中的Ⅱ级考点“位移、速度和加速度”。

【新课标要求】(必修)

1.1.3 理解位移、速度和加速度。通过实验,探究匀变速直线运动的特点,能用公式、图像等方法描述匀变速直线运动,理解匀变速直线运动的规律,能运用其解决实际问题,体会科学思维中的抽象方法和物理问题研究中的极限方法。

【关键能力】

本题考查的关键能力主要有理解能力和信息加工能力。从“水平桌面上小球向东运动”考虑结合列车运动方向的分类讨论,体现对信息加工能力的考查;运用直线运动中物体速度与加速度方向(同向、反向)决定物体做加速、减速运动以及惯性知识得出最终正确答案,体现对知识的理解能力考查。

【学科素养等级分析】

题目求解思路	素养要素	素养类型	学业质量等级
水平桌面上的小球忽然向东滚动	能在熟悉的问题情境中应用常见的物理模型	科学思维(模型建构)	水平2
题中列车的运动情况未知,分情况讨论	具有速度和加速度的观念	物理观念(解决问题)	水平2
	能对比较简单的物理现象进行分析和推理,获得结论	科学思维(科学推理)	水平2

【高考链接】

1. (2018·江苏卷,T5)如图所示,水平金属板A、B分别与电源两极相连,带电油滴处于静止状态。现将B板右端向下移动一小段距离,两金属板表面仍均为等势面,则该油滴(　　)。

A. 仍然保持静止　　B. 竖直向下运动

C. 向左下方运动　　D. 向右下方运动

答案:D。

解析:B板右端向下移动一小段距离,两板间的平均距离增大,根据$E=\frac{U}{d}$可知液滴所在处电场强度减小,竖直方向上油滴将向下运动;由于两金属板表面仍均为等势面,电场线应该与等势面垂直,所以油滴靠近B板时,电场力的方向斜向右上方,如图a所示,故水平方向上油滴向右运动。所以油滴向右下方运动,故D正确。

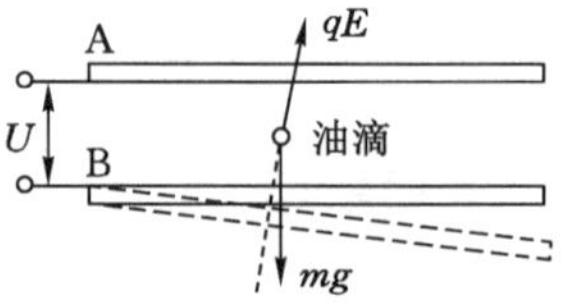

图 a

2. (2020·浙江卷,T2)如图所示,底部均有4个轮子的行李箱a竖立、b平卧放置在公交车上,箱子四周有一定空间。当公交车(　　)。

A. 缓慢起动时,两只行李箱一定相对车子向后运动

B. 急刹车时,行李箱a一定相对车子向前运动

C. 缓慢转弯时,两只行李箱一定相对车子向外侧运动

D. 急转弯时,行李箱b一定相对车子向内侧运动

答案:B。

解析:由题意可知当公交车缓慢起动时,两只箱子与公交车之间的有可能存在静摩擦使箱子与公交车一起运动,故A错误;急刹车时,由于惯性,行李箱a一定相对车子向前运动,故B正确;当公交车缓慢转弯时,两只箱子与车之间的摩擦力可能提供向心力,与车保持相

对静止，故 C 错误；当公交车急转弯时，由于需要的向心力大，行李箱一定相对车子向外侧运动，故 D 错误。故 B 正确。

题目 8 如图所示，Oxy 坐标系的 x、y 轴分别在水平和竖直方向上，其中 b 点的纵、横坐标均为 a 点纵、横坐标值的 2 倍。从 O 点分别以 v_A、v_B 的水平初速度抛出 A、B 两个小球，忽略空气阻力，A 球经过 t_A 时间到达 a 点。B 球经过 t_B 时间到达 b 点。下面说法正确的是(　　)。

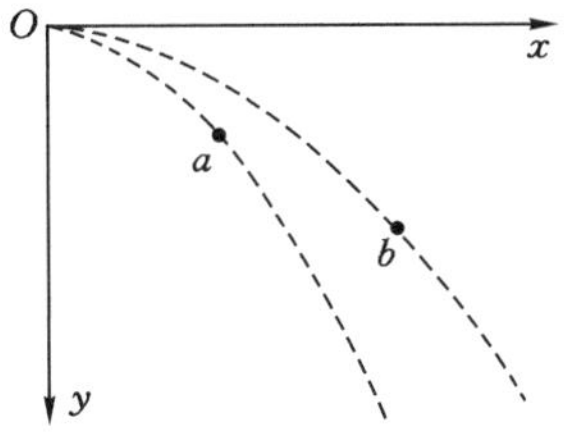

A. $t_B=2t_A$　　B. $t_B=\sqrt{2}t_A$　　C. $v_B=2v_A$　　D. $v_B=\sqrt{2}v_A$

【答案】 BD。

【解析】

平抛运动竖直方向上为自由落体运动有 $h=\dfrac{1}{2}gt^2$。由题意可知两次平抛的竖直位移之比为 1 ∶ 2，所以 $t_B=\sqrt{2}t_A$，B 正确，A 错误。水平方向为匀速直线运动，由题意知水平位移之比为 1 ∶ 2，即 $v_At_A : v_Bt_B=1:2$，所以 $v_B=\sqrt{2}v_A$，D 正确，C 错误。

【数据分析】

全市范围内统计的难度系数为 0.81，属于较容易题目；区分度 0.50，属于优秀等级。

答案	平均分	正确人数及比例	答题情况统计
BD	4.86	21 022 (75.92%)	A:674(2.43%)；B:2 159(7.8%)；C:632(2.28%)；D:680(2.46%)；AD:664(2.4%)；ABD:2(0.01%)；BC:1 657(5.98%)；AC:168(0.61%)；BCD:2(0.01%)；ABD:2(0.01%)；CD:11(0.04%)；AB:6(0.02%)；空选:12(0.04%)

【易错点】

(1) 对于竖直方向做自由落体运动，公式记错，计算结果错选 A。

(2) 审题不清，认为小球在空中运动时间相同，误选 C。

【试题情境】

本题源于平抛运动的研究过程，运用运动合成与分解的方法分析平抛运动，将复杂的运动分解为简单运动的物理思想，属于学习实践情境，是新课程标准和教材中的典型问题情境，引导教学遵循课程标准，回归课堂教材。通过简单的情境测评出的是学生基本的知识和能力水平。

【必备知识】

本题考查的知识点是必修 2 中的Ⅱ级考点“抛体运动”。

【新课标要求】（必修）

2.2.2　通过实验，探究并认识平抛运动的规律。会用运动合成与分解的方法分析平抛运动。体会将复杂运动分解为简单运动的物理思想。能分析生产生活中的抛体运动。

【关键能力】

本题考查的关键能力主要有理解能力、模型建构能力、分析综合能力和信息加工能力等。试题以典型的平抛运动为载体,通过运用运动合成与分解的方法分析平抛运动,考查将复杂运动分解为简单运动(竖直方向自由落体运动和水平方向匀速直线运动)的分解思想,考查学生的理解能力、模型建构能力和分析综合能力。本题通过运用平抛运动规律计算,考查学生的信息加工能力。

【学科素养等级分析】

题目求解思路		素养要素	素养类型	学业质量等级
B	竖直方向做自由落体运动,利用匀变速直线运动规律进行求解	能在熟悉的问题情境中应用常见的物理模型	科学思维(模型建构)	水平 2
D	水平方向做匀速直线运动,运用匀速直线运动进行求解			

【高考链接】

1. (2020·全国卷Ⅱ卷,T16)如图所示,在摩托车越野赛途中的水平路段前方有一个坑,该坑沿摩托车前进方向的水平宽度为 $3h$,其左边缘 a 点比右边缘 b 点高 $0.5h$。若摩托车经过 a 点时的动能为 E_1,它会落到坑内 c 点。c 与 a 的水平距离和高度差均为 h;若经过 a 点时的动能为 E_2,该摩托车恰能越过坑到达 b 点。$\frac{E_2}{E_1}$等于(　　)。

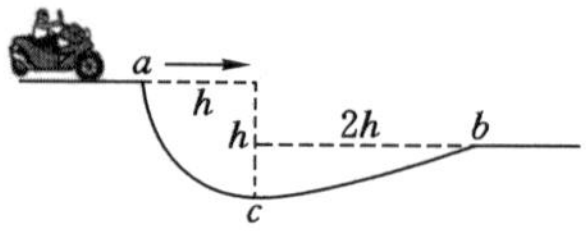

A. 20　　B. 18　　C. 9.0　　D. 3.0

答案:B。

解析:摩托车从 a 点做平抛运动到 c 点,水平方向 $h=v_1t_1$,竖直方向 $h=\frac{1}{2}gt_1^2$,可解得 $v_1=\sqrt{\frac{gh}{2}}$,动能 $E_1=\frac{1}{2}mv_1^2=\frac{mgh}{4}$;摩托车从 a 点做平抛运动到 b 点,水平方向 $3h=v_2t_2$,竖直方向$\frac{h}{2}=\frac{1}{2}gt_2^2$,解得 $v_2=3\sqrt{gh}$,动能 $E_2=\frac{1}{2}mv_2^2=\frac{9mgh}{2}$。故$\frac{E_2}{E_1}=18$,B 正确。

2. (2017·全国卷Ⅰ卷,T15)发球机从同一高度向正前方依次水平射出两个速度不同的乒乓球(忽略空气影响),速度较大的球越过球网,速度较小的球没有越过球网。其原因是(　　)。

A. 速度较小的球下降相同距离所用的时间较多

B. 速度较小的球在下降相同距离时在竖直方向上的速度较大

C. 速度较大的球通过同一水平距离所用的时间较少

D. 速度较大的球在相同时间间隔内下降的距离较大

答案:C。

解析:发球机发出的球,速度较大的球越过球网,速度度较小的球没有越过球网,原因是发球机到网的水平距离一定,速度大,则所用的时间较少,球下降的高度较小,容易越过球网。故 C 正确，A、B、D 错误。

题目 11 如图所示的实验装置可以测量物块与长木板间的动摩擦因数。把长木板一端放在水平面上，另一端支撑起来形成一个斜面。物块沿斜面加速下滑的过程中先后经过光电门 A 和光电门 B。测得物块上挡光片宽度为 d，物块经过光电门 A、B 时挡光片的挡光时间分别为 Δt_1 和 Δt_2，已知当地重力加速度为 g。

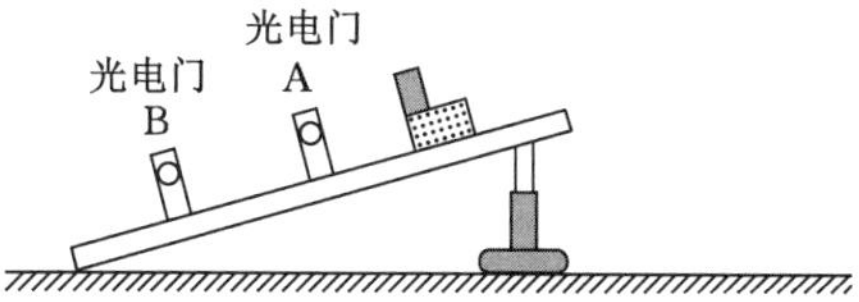

(1) 要测出物块与长木板间的动摩擦因数，需要测量出斜面的倾角 θ 以及光电门 A、B 之间的距离 L。

(2) 计算物块沿斜面下滑的加速度 a 的运动学公式是 $a=$________。

(3) 物块与斜面间的动摩擦因数 $\mu=$________。

【答案】 (2) $\dfrac{\left(\dfrac{d}{\Delta t_2}\right)^2-\left(\dfrac{d}{\Delta t_1}\right)^2}{2L}$。(3) $\tan\theta-\dfrac{\left(\dfrac{d}{\Delta t_2}\right)^2-\left(\dfrac{d}{\Delta t_1}\right)^2}{2gL\cos\theta}$。

【解析】

(2) 物块经过 A、B 速度分别为 $v_A=\dfrac{d}{\Delta t_1}$、$v_B=\dfrac{d}{\Delta t_2}$，由公式 $v_B^2-v_A^2=2aL$，得物块在斜面上运动加速度 $a=\dfrac{\left(\dfrac{d}{\Delta t_2}\right)^2-\left(\dfrac{d}{\Delta t_1}\right)^2}{2L}$。

(3) 由牛顿第二定律有 $mg\sin\theta-\mu mg\cos\theta=ma$，得加速度 $a=g\sin\theta-\mu g\cos\theta$，联立得 $\mu=\tan\theta-\dfrac{\left(\dfrac{d}{\Delta t_2}\right)^2-\left(\dfrac{d}{\Delta t_1}\right)^2}{2gL\cos\theta}$。

【数据分析】

全市统计的难度系数为 0.42，属于中等难度题目；区分度 0.70，属于优秀等级。

分值	平均分	区分度	得分率	得分	得分人数	得分占比
6	2.52	0.70	41.97%	[0,2)	13 307	65.92%
				[2,4)	5 516	27.32%
				[4,6]	1 365	6.76%

【易错点】

(1) 对题意理解不清，在第二问中直接写 $a=\dfrac{v_B^2-v_A^2}{2L}$。

(2) 书写不规范，不用题中所给物理量符号表示，比如将 Δt_1、Δt_2 写成 Δt_A、Δt_B 或 t_1、t_2。

(3) 书写表达式不进行化简整理，表达式烦琐。

(4) 运算符号运用不准确，比如，将 $a=\dfrac{\left(\dfrac{d}{\Delta t_2}\right)^2-\left(\dfrac{d}{\Delta t_1}\right)^2}{2L}$ 写成 $\left(\dfrac{d}{\Delta t_2}\right)^2-\left(\dfrac{d}{\Delta t_1}\right)^2/(2L)$。

【试题情境】

本题属中档题。以物块沿倾斜长木板向下滑动为载体，考查斜面模型、光电门测速、牛顿第二定律和运动学公式 $v^2-v_0^2=2ax$。

【必备知识】

本题考查的知识点有必修 1 中的Ⅱ级考点“匀变速直线运动及其公式、图像”，Ⅱ级考点“牛顿运动定律及其应用”等。

【新课标要求】(必修)

1.1.3　理解位移、速度和加速度。通过实验，探究匀变速直线运动的特点，能用公式、图像等方法描述匀变速直线运动，理解匀变速直线运动的规律，能运用其解决实际问题，体会科学思维中的抽象方法和物理问题研究中的极限方法。

1.2.3　理解牛顿运动定律，能用牛顿运动定律解释生产生活中的有关现象、解决有关问题。

【关键能力】

本题考查的能力主要有理解能力、模型建构能力、实验探究能力、分析综合能力等。试题以典型斜面模型为载体，通过对物块受力分析和运动分析，考查学生的模型建构、分析综合能力；用光电门测速度要求学生会使用光电门，对学生实验探究能力进行考查。

【学科素养等级分析】

题目求解思路	素养要素	素养类型	学业质量等级
物块在倾斜的长木板上做匀加速直线运动	能在熟悉的问题情境中应用常见的物理模型	科学思维(模型建构)	水平 2
物块经过光电门时的瞬时速度用极短时间内的平均速度表示	能运用极限思想	科学思维(模型建构)	水平 2
物块从光电门 A 运动到光电门 B 做匀加速直线运动，已知初、末速度和位移，可根据匀变速直线运动速度与位移的关系列出方程	能对相关问题进行科学推理、找到规律、形成结论	科学思维(科学推理)	水平 3
求动摩擦因数，应将加速度与力联系起来，即用到牛顿第二定律	形成运动与相互作用观念	物理观念(形成观念)	水平 4
	能分析相关事实和结论，提出并准确表述可探究的物理问题	科学探究(问题)	水平 4

【高考链接】

(2019·全国卷Ⅱ卷，T22)如图(a)，某同学设计了测量铁块与木板间动摩擦因数的实验。所用器材有：铁架台、长木板、铁块、米尺、电磁打点计时器、频率 50 Hz 的交流电源、纸带等。回答下列问题：

(1) 铁块与木板间动摩擦因数 $\mu=$________(用木板与水平面的夹角 θ、重力加速度 g 和铁块下滑的加速度 a 表示)。

(2) 某次实验时，调整木板与水平面的夹角 $\theta=30^\circ$。接通电源，开启打点计时器，释放铁块，铁块从静止开始沿木板滑下。多次重复后选择点迹清晰的一条纸带，如图(b)所示。图中的点为计数点(每两个相邻的计数点间有 4 个点未画出)。重力加速度为 $9.8\ \text{m/s}^2$。可以计算出铁块与木板间的动摩擦因数为________(结果保留 2 位小数)。

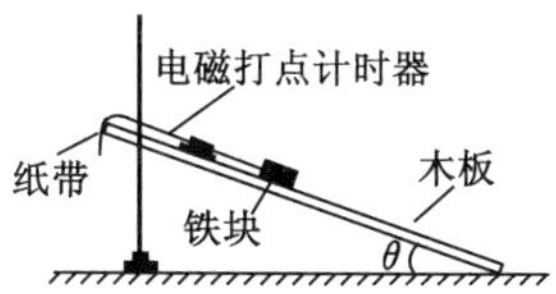

图(a)

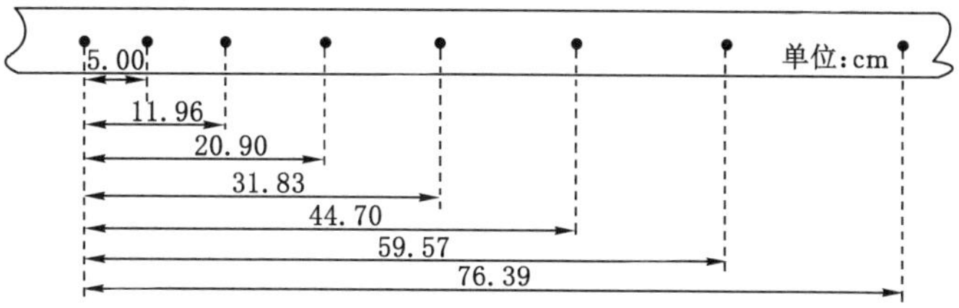

图(b)

答案：(1) $\dfrac{g\sin\theta-a}{g\cos\theta}$。(2) 0.35。

解析：(1) 由 $mg\sin\theta-\mu mg\cos\theta=ma$，解得 $\mu=\dfrac{g\sin\theta-a}{g\cos\theta}$。

(2) 由逐差法有 $a=\dfrac{S_{\text{II}}-S_{\text{I}}}{9T^2}$，其中 $S_{\text{I}}=(31.83-5.00)\times10^{-2}\ \text{m}$，$S_{\text{II}}=(76.39-31.83)\times10^{-2}\ \text{m}$，$T=0.10\ \text{s}$，解得加速度为 $1.97\ \text{m/s}^2$，代入 $\mu=\dfrac{g\sin\theta-a}{g\cos\theta}$，解得动摩擦因数为 0.35。

题目 14 如图所示，AB 和 CD 是长度为 L 的两块正对竖直放置的平行金属板，板间距离为 $\dfrac{\sqrt{3}}{2}L$，板 AB 带负电荷，板 CD 带等量正电荷。一电荷量为 $-q$、质量为 m 的带电粒子紧贴着板 AB 从 A 点以初速度 v_0 竖直向上进入两板间，经板间电场偏转之后，粒子从板 CD 的边缘 D 点离开电场，进入 CD 右侧的匀强磁场，粒子经磁场偏转之后刚好打到板 CD 的边缘 C 点。不计粒子所受重力，求：

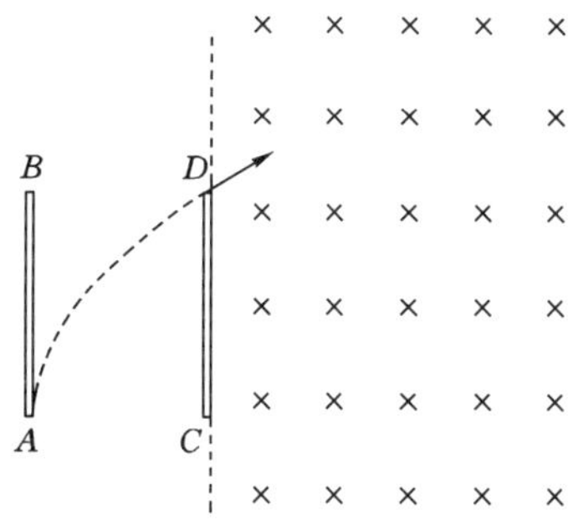

(1) CD、AB 两板之间的电势差。

(2) 匀强磁场的磁感应强度。

(3) 若另一个质量为 $2m$、电荷量为 $-q$ 的带电粒子以 $\dfrac{\sqrt{2}v_0}{2}$ 的初速度仍从 A 点紧贴着板 AB 竖直向上进入电场，在电场、磁场的作用下，粒子两次经过 CD 板所在直线时两点间的距离。

【答案】(1) $U=\dfrac{3mv_0^2}{2q}$。(2) $B=\dfrac{2\sqrt{3}mv_0}{qL}$。(3) $L'=\sqrt{2}L$。

【解析】

(1) 带电粒子在 AB、CD 板间的匀强电场中做类平抛运动，由运动的合成与分解可得，垂直于电场方向(即沿 AB 方向)粒子做匀速直线运动,有 $L=v_0t$。沿着电场方向(即沿 AC 方向)粒子做初速度为 0 的匀加速直线运动,有 $y=\frac{1}{2}at^2$。粒子运动的加速度为 $a=\frac{qU}{md}$(其中 d 为两板间的距离)。由题意可知,带电粒子的侧向位移 $y=d=\frac{\sqrt{3}}{2}L$。可解得偏转距离 $d=\frac{qUL^2}{2mdv_0^2}$,解得 $U=\frac{3mv_0^2}{2q}$。

(2) 设带电粒子离开电场时速度的偏转角为 θ(右图),根据平抛运动推论(速度的反向延长线交于水平位移的中点)可得 $\tan\theta=\frac{d}{\frac{1}{2}L}=\frac{2d}{L}=\sqrt{3}$,$\theta=60°$。粒子进入磁场时速度的大小为 $v=\frac{v_0}{\cos\theta}$。

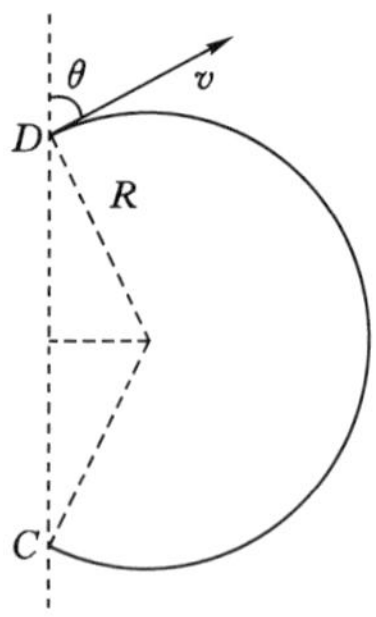

粒子在磁场中做匀速圆周运动时有 $qvB=\frac{mv^2}{R}$,半径为 $R=\frac{mv}{qB}$。粒子由 D 点进入磁场,经磁场偏转后恰好打到 C 点,可知 $L=2R\sin\theta$。

联立以上各式可得 $B=\frac{2mv_0\tan\theta}{qL}=\frac{2\sqrt{3}mv_0}{qL}$。

(3) 质量为 $2m$ 的另一带电粒子进入 AB、CD 板间电场,仍做类平抛运动,同理可得垂直于电场方向有 $L=\frac{\sqrt{2}v_0}{2}t'$。沿着电场方向有 $y'=\frac{1}{2}a't'^2$,运动的加速度为 $a'=\frac{qU}{2md}$。解得偏转距离 $y'=\frac{qUL^2}{2mdv_0^2}=\frac{qUL^2}{2m\frac{\sqrt{3}}{2}Lv_0^2}=\frac{\sqrt{3}}{2}L$。可知粒子仍从 D 点进入磁场,偏转角仍等于 θ,离开电场时的速度 $v'=\frac{\frac{\sqrt{2}}{2}v_0}{\cos\theta}$。粒子在磁场中做匀速圆周运动时有 $qv'B=\frac{2mv'^2}{R'}$,$R'=\frac{2mv'}{qB}=\sqrt{2}R$。

因此,粒子打到 CD 板所在直线上时的位置与 D 点的距离为 $L'=2R'\sin\theta=\sqrt{2}L$。

【数据分析】

全市范围内统计的难度系数为 0.31,属于较难题目;区分度 0.58,属于优秀等级。

题号	分值	平均分	区分度	得分率	得分	得分人数	得分占比
14	16	4.98	0.58	31.1%	[0,4)	13 605	50.53%
					[4,8)	6 345	23.56%
					[8,12)	4 943	18.36%
					[12,16]	2 034	7.55%

【易错点】

(1) 对处理平抛运动的合成与分解的理解不到位,在求进入磁场速度时,只在水平沿电场线方向应用了动能定理,即将动能定理式进行了分解而导致错误。

(2) 有很多学生公式记忆错误,误将电场力公式写成了 $F=qU$。

【试题情境】

本题以带电粒子在匀强电场和匀强磁场的运动为背景，以课程标准和教材中的典型学习探索问题为情境，考查学生对类平抛运动和匀速圆周运动的较复杂运动问题的综合分析，同时也引导教学遵循课程标准，回归课堂教材。

【必备知识】

本题考查的知识点有选修 3-1 中的Ⅱ级考点“带电粒子在匀强电场中的运动”和“带电粒子在匀强磁场中的运动”。

【新课标要求】

3.1.5　能分析带电粒子在电场中的运动情况，能解释相关的物理现象。（必修）

2.1.3　能用洛伦兹力分析带电粒子在匀强磁场中的圆周运动。了解带电粒子在匀强磁场中的偏转及其应用。（选修）

【关键能力】

本试题的综合性很强，所考查的关键能力主要有理解能力、模型建构能力、逻辑推理能力、分析综合能力等。试题以典型的匀强电场和匀强磁场形成的组合场为主要背景，通过分析带电粒子在匀强电场和匀强磁场中的运动，考查学生能否建构“带电粒子在匀强电场中的类平抛运动”“匀强磁场中的匀速圆周运动”模型，并通过平抛运动的一些推论及匀速圆周运动的相关几何知识等模型知识进行逻辑推理并进行综合分析，从而得出题中所求物理量。

【学科素养等级分析】

	题目求解思路	素养要素	素养类型	学业质量等级
匀强电场区	带电粒子在两板间的匀强电场中做类平抛运动	能在熟悉的问题情境中应用常见的物理模型	科学思维（模型建构）	水平 2
	水平方向为匀加速直线运动，竖直方向为匀速直线运动	具有运动的合成与分解的观念	物理观念（形成观念）	水平 2
	平抛运动的速度反向延长线交于水平位移的中点，找到速度的偏向角	能对基本的物理现象进行分析和推理，获得结论	科学思维（科学推理）	水平 4
匀强磁场区	带电粒子进入单边界匀强磁场，以多大角度进入磁场，就会以多大角度离开磁场	能将实际问题中的对象和过程转换成物理模型	科学思维（模型建构）	水平 4
		能对综合性物理问题进行分析和推理，获得结论并作出解释；能恰当使用证据证明物理结论	科学思维（科学推理）	水平 4

【高考链接】

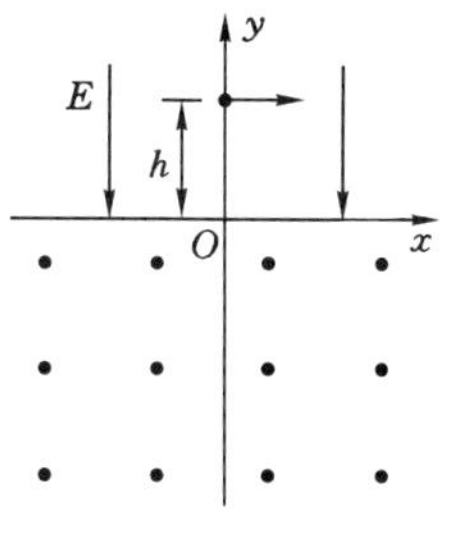

（2018 · 全国卷Ⅰ卷，T25）如图，在 $y>0$ 的区域存在方向沿 y 轴负方向的匀强电场，场强大小为 E；在 $y<0$ 的区域存在方向垂直于 Oxy 平面向外的匀强磁场。一个氕核 ^1_1H 和一个氘核 ^2_1H 先后从 y 轴上 $y=h$ 点以相同的动能射出，速度方向沿 x 轴正方向。已知 ^1_1H 进入磁场时，速度方向与 x 轴正方向的夹角为 60°，并从坐标原点 O

处第一次射出磁场，$^1_1$H的质量为 m，电荷量为 q，不计重力。求：

(1) $^1_1$H第一次进入磁场的位置到原点 O 的距离；

(2) 磁场的磁感应强度大小；

(3) $^2_1$H第一次离开磁场的位置到原点 O 的距离。

答案：(1) $\frac{2\sqrt{3}}{3}h$。(2) $\sqrt{\frac{6mE}{qh}}$。(3) $\frac{2\sqrt{3}}{3}(\sqrt{2}-1)h$。

解析：(1) $^1_1$H在电场中做类平抛运动，在磁场中做圆周运动，运动轨迹如图(a)所示。设$^1_1$H在电场中的加速度大小为 a_1，初速度大小为 v_1，它在电场中的运动时间为 t_1，第一次进入磁场的位置到原点 O 的距离为 s_1，由运动学公式有 $s_1=v_1t_1$，$h=\frac{1}{2}a_1t_1^2$。由题给条件，$^1_1$H进入磁场时速度的方向与 x 轴正方向夹角 $\theta_1=60°$。$^1_1$H进入磁场时速度的 y 分量的大小为 $a_1t_1=v_1\tan\theta_1$。联立以上各式得 $s_1=\frac{2\sqrt{3}}{3}h$。

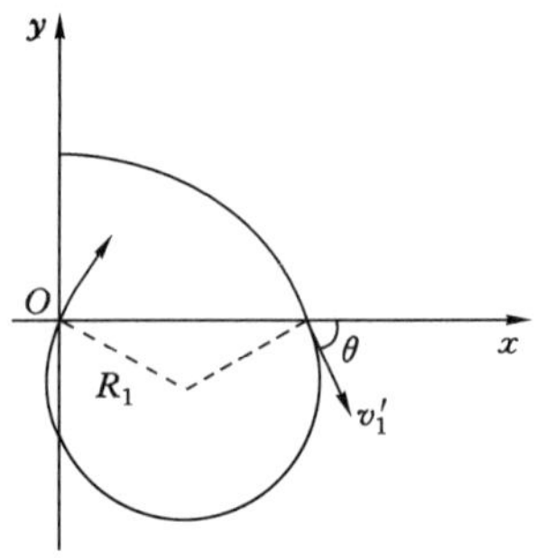

图(a)

(2) $^1_1$H在电场中运动时，由牛顿第二定律有 $qE=ma_1$。设$^1_1$H进入磁场时速度的大小为 v'_1，由速度合成法则有 $v'_1=\sqrt{v_1^2+(a_1t_1)^2}$。设磁感应强度大小为 B，$^1_1$H在磁场中运动的圆轨道半径为 R_1，由洛伦兹力公式和牛顿第二定律有 $qv'_1B=\frac{mv'^2_1}{R_1}$。由几何关系得 $s_1=2R_1\sin\theta_1$。联立以上各式得 $B=\sqrt{\frac{6mE}{qh}}$。

(3) 设$^2_1$H在电场中沿 x 轴正方向射出的速度大小为 v_2，在电场中的加速度大小为 a_2，由题给条件得$\frac{1}{2}(2m)v_2^2=\frac{1}{2}mv_1^2$。由牛顿第二定律得 $qE=2ma_2$。设$^2_1$H第一次射入磁场时的速度大小为 v'_2，速度的方向与 x 轴正方向夹角为θ_2，入射点到原点的距离为 s_2，在电场中运动的时间为 t_2，由运动学公式有 $s_2=v_2t_2$，$h=\frac{1}{2}a_2t_2^2$，$v'_2=\sqrt{v_2^2+(a_2t_2)^2}$，$\sin\theta_2=\frac{a_2t_2}{v'_2}$。联立以上各式得 $s_2=s_1$，$\theta_2=\theta_1$，$v'_2=\frac{\sqrt{2}}{2}v'_1$。

设$^2_1$H在磁场中做圆周运动的半径为 R_2，由粒子在匀强磁场中做圆周运动的半径公式得 $R_2=\sqrt{2}R_1$。所以出射点在原点左侧。设$^2_1$H进入磁场的入射点到第一次离开磁场的出射点的距离为 s'_2，由几何关系有 $s'_2=2R_2\sin\theta_2$。

联立上述各式，即可得出$^2_1$H第一次离开磁场时的位置到原点 O 的距离应为 $s'_2-s_2=\frac{2\sqrt{3}}{3}(\sqrt{2}-1)h$。

题目 15 [选修 3-3]

(1) 分子间作用力与分子之间的距离有关，液体表面层分子间的作用力表现为________(填“引力”或“斥力”)，这说明液体内部分子之间的距离________(填“大于”或“小于”)表面层分子之间的距离。

(2) 如图所示，放在水平面上的气缸内有质量为 m 的活塞，活塞密封一定质量的理想气体。活塞用一细线悬挂起来，处于静止状态，细线上的拉力等于活塞的重力，此时被封闭气体的温度为 T_0，活塞到气缸底部的距离为 L_1。现缓慢加热气缸中的气体，当活塞与气缸底部的距离为 L_2 时活塞再次平衡。已知大气压强为 p_0，气缸的横截面积为 S，不考虑气缸、活塞之间的摩擦，重力加速度大小为 g。求：

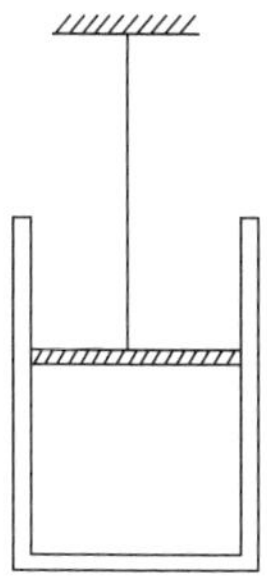

（ⅰ）再次平衡时，气缸内气体的温度是多少；

（ⅱ）气体膨胀过程中气体对外界做了多少功。

【答案】(1) 引力，小于。(2)（ⅰ）$T=\frac{L_2T_0}{L_1}+\frac{L_2mgT_0}{L_1p_0S}$；（ⅱ）$W=(p_0S+mg)(L_2-L_1)$。

【解析】

(1) 当分子间的距离 r 等于平衡距离 r_0 时，分子间作用力为零；液体内部分子之间的距离 $r<r_0$，分子之间表现为斥力；液体表面层分子之间的距离 $r>r_0$，分子之间表现为引力。故答案分别为“引力”“小于”。

(2)（ⅰ）加热后，气缸中的气体先经历等容过程，直至活塞开始运动，此后，气缸中的气体经历等压过程。设最后气缸中气体的温度为 T，压强为 p。根据理想气体状态方程有 $\frac{p_0L_1S}{T_0}=\frac{pL_2S}{T}$，根据力的平衡条件有 $pS=p_0S+mg$，解得 $T=\frac{L_2T_0}{L_1}+\frac{L_2mgT_0}{L_1p_0S}$。

（ⅱ）气缸中气体对外做的功为 $W=pS(L_2-L_1)$，解得 $W=(p_0S+mg)(L_2-L_1)$。

【数据分析】

全市范围内统计的难度系数为 0.46，属于中档题目；区分度 0.46，属于很好等级。

选做率	分值	均分	得分率	答对人数	得分	选择人数	选择占比
选做 3-3 占 72.26%	12	5.5	45.82%	1 266	[0,3)	4 544	34.31%
					[3,6)	7 578	40.54%
					[6,9)	3 631	19.43%
					[9,12]	2 989	15.99%

【易错点】

(1) 第一题中，学生很容易把“液体内部分子之间的距离________表面层分子之间的距离”，想当然地认为是“表面层分子之间的距离________液体内部分子之间的距离”。

(2) 第二题中，学生容易忽视“放在水平面上的气缸”这一重要条件，而是只看图，就错误地认为气缸是悬在空中的，从而导致思路完全错误。

【试题情境】

本题有两个简单的问题情境，以表面张力为依托，以生产劳动中常见的气缸活塞为载体，考查了表面张力的成因、理想气体状态方程、压强的计算以及气体的做功问题，体现了物理知识与生活的相关性，属于应用性问题。

【必备知识】

本题考查的知识点有选修 3-3 中的Ⅰ级考点“液体的表面张力现象”“理想气体”，Ⅰ级考点“热力学第一定律”，Ⅱ级考点“气体实验定律”。

【新课标要求】（选修）

3.1.5　观察液体的表面张力现象。了解表面张力产生的原因。

3.1.6　了解气体实验定律。知道理想气体模型。

3.2.1　知道热力学第一定律。了解热力学第一定律和能量守恒定律的发现过程。

【关键能力】

本题考查的关键能力主要是理解能力、逻辑推理能力、分析综合能力、模型建构能力。

第一题较为基础，以表面张力为考查载体，通过分析表面张力的成因，考查学生的理解能力、模型建构能力及逻辑推理能力。

第二题以常见的气缸＋活塞模型为载体，通过对气体的各个过程及每个过程的初、末状态的分析，结合力学平衡相关知识，考查学生的理解能力、模型建构能力、逻辑推理能力、信息加工能力及分析综合能力。

【学科素养等级分析】

题目求解思路		素养要素	素养类型	学业质量等级
表面张力	表面张力为引力，表面层分子间距大于 r_0	具有表面张力的观念	物理观念（形成观念）	水平 2
气缸中的理想气体	气缸中气体为理想气体	具有理想气体的观念	物理观念（形成观念）	水平 2
	理想气体的初、末状态发生变化	能在熟悉的问题情境中应用常见的物理模型	科学思维（模型建构）	水平 2
	明确气体初、末状态，压强变化和气体对外做功问题，根据理想气体状态方程和做功公式求解	能在熟悉的问题情境中应用所学常见的物理模型	科学思维（模型建构）	水平 2
		能对综合性物理问题进行分析和推理，获得结论并作出解释	科学思维（科学推理）	水平 4

【高考链接】

[2018·全国卷Ⅱ卷，T33(2)] 如图，一竖直放置的气缸上端开口，气缸壁内有卡口 a 和 b，a、b 间距为 h，a 距缸底的高度为 H；活塞只能在 a、b 间移动，其下方密封有一定质量的理想气体。已知活塞质量为 m，面积为 S，厚度可忽略；活塞和气缸壁绝热，不计它们之间的摩擦。开始时活塞处于静止状态，上、下方气体压强均为 p_0，温度均为 T_0。现用电热丝缓慢加热气缸中的气体，直至活塞刚好到达 b 处。求此时气缸内气体的温度以及在此过程中气体对外所做的功。重力加速度大小为 g。

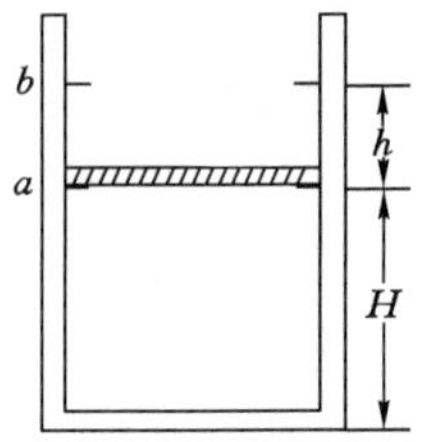

答案：$T_2=\left(1+\dfrac{h}{H}\right)\left(1+\dfrac{mg}{p_0S}\right)T_0$，$W=(p_0S+mg)h$。

解析：开始时活塞位于 a 处，加热后，气缸中的气体先经历等容过程，直至活塞开始运动。设此时气缸中气体的温度为 T_1，压强为 p_1。根据查理定律有 $\dfrac{p_0}{T_0}=\dfrac{p_1}{T_1}$，根据力的平衡条

件有 $p_1S=p_0S+mg$,联立可得 $T_1=\left(1+\frac{mg}{p_0S}\right)T_0$。

此后,气缸中气体经历等压过程,直至活塞刚好到达 b 处,设此时气缸中气体温度为 T_2;活塞位于 a 处和 b 处时气体的体积分别为 V_1 和 V_2。根据盖吕萨克定律有 $\frac{V_1}{T_1}=\frac{V_2}{T_2}$,式中 $V_1=SH$,$V_2=S(H+h)$。联立解得 $T_2=\left(1+\frac{h}{H}\right)\left(1+\frac{mg}{p_0S}\right)T_0$。

从开始加热到活塞到达 b 处的过程中,气缸中的气体对外做的功为 $W=(p_0S+mg)h$。

2021年河北省普通高中学业水平选择性考试物理试题评析(节选)

题目2 铯原子钟是精确的计时仪器,图1中铯原子从O点以100 m/s的初速度在真空中做平抛运动,到达竖直平面MN所用时间为t_1;图2中铯原子在真空中从P点做竖直上抛运动,到达最高点Q再返回P点,整个过程所用时间为t_2。O点到竖直平面MN、P点到Q点的距离均为0.2 m,重力加速度取$g=10\ \text{m/s}^2$,则$t_1:t_2$为(　　)。

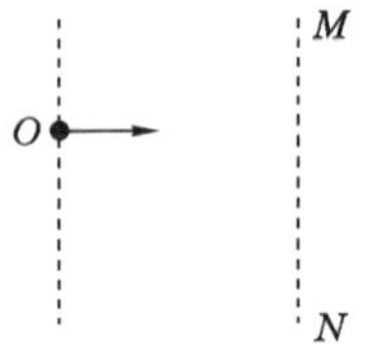

图1

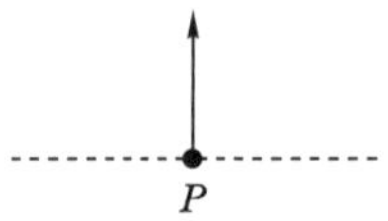

图2

A. 100∶1　　B. 1∶100　　C. 1∶200　　D. 200∶1

【答案】 C。

【解析】

铯原子做平抛运动,水平方向上做匀速直线运动,即$x=vt_1$,解得$t_1=\dfrac{x}{v}=\dfrac{0.2}{100}$ s。铯原子做竖直上抛运动,抛至最高点用时$\dfrac{t_2}{2}$,逆过程可视为自由落体,即$x=\dfrac{1}{2}g\left(\dfrac{t_2}{2}\right)^2$,解得$t_2=\sqrt{\dfrac{8x}{g}}=\sqrt{\dfrac{8\times0.2}{10}}=0.4$ s。则$\dfrac{t_1}{t_2}=\dfrac{1}{200}$,故选C。

【易错点】

(1)平抛模型中没有给出竖直方向的信息,有许多同学会列出不必要的方程,增加了解题难度。

(2)竖直上抛模型容易算成自由落体时间,而错选B选项。

【试题情境】

本题以平抛和竖直上抛为情境,考查学生对于平抛、竖直上抛运动的理解和运用,对于分运动、合运动关系要求理解到位,并能很快选出所需要的分运动方程,对于竖直上抛要求理解其与自由落体的对称性,同时考查学生的逻辑推导和运算能力。

【必备知识】

本题考查的知识点有必修2中的Ⅱ级考点"抛体运动"。

【新课标要求】(必修)

1.1.4　通过实验,认识自由落体运动的规律。结合物理学史的相关内容,认识物理实验与科学推理在物理学研究中的作用。

2.2.2　通过实验,探究并认识平抛运动的规律。会用运动合成与分解的方法分析平抛运动。体会将复杂运动分解为简单运动的物理思想。能分析生产生活中的平抛运动。

【关键能力】

本题考查的关键能力主要有：平抛和竖直上抛模型建立考查模型建构能力，合运动与分运动关系考查分析综合能力，平抛分运动方程、竖直上抛的对称性考查理解能力、逻辑推理能力和信息加工能力。

【学科素养等级分析】

题目求解思路	素养要素	素养类型	学业质量等级
平抛、竖直上抛模型的建立	能将实际问题中的对象和过程转换成所学的物理模型	科学思维（模型建构）	水平 4
对所建立方程的计算	能分析数据，发现特点，形成结论，尝试用已有的物理知识进行解释	科学探究（解释）	水平 3

【高考链接】

(2017・全国卷Ⅰ卷，T15)发球机从同一高度向正前方依次水平射出两个速度不同的乒乓球(忽略空气的影响)。速度较大的球越过球网，速度较小的球没有越过球网。其原因是(　　)。

A. 速度较小的球下降相同距离所用的时间较多

B. 速度较小的球在下降相同距离时在竖直方向上的速度较大

C. 速度较大的球通过同一水平距离所用的时间较少

D. 速度较大的球在相同时间间隔内下降的距离较大

答案：C。

解析：忽略空气的影响时，乒乓球只受重力作用，球被水平射出后做平抛运动。由于在竖直方向上做自由落体运动，则 $h=\frac{1}{2}gt^2$，下落时间 $t=\sqrt{\frac{2h}{g}}$，$t\propto\sqrt{h}$，故 A、D 错误。由 $v_y=gt=g\sqrt{\frac{2h}{g}}=\sqrt{2gh}$ 知，B 错误。在水平方向上有 $x=v_0t$，x 相同时 $t\propto\frac{1}{v_0}$，故 C 正确。

题目 8　如图发电机的矩形线圈长为 $2L$、宽为 L，匝数为 N，放置在磁感应强度大小为 B 的匀强磁场中，理想变压器的原、副线圈匝数分别为 n_0、n_1 和 n_2，两个副线圈分别接有电阻 R_1 和 R_2。当发电机线圈以角速度 ω 匀速转动时，理想电流表读数为 I。不计线圈电阻。下列说法正确的是(　　)。

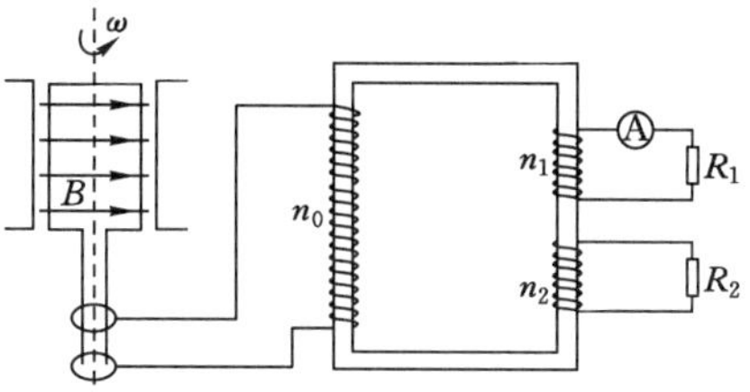

A. 通过电阻 R_2 的电流为 $\frac{n_1 I}{n_2}$　　B. 电阻 R_2 两端的电压为 $\frac{n_2 IR_1}{n_1}$

C. n_0与n_1的比值为$\frac{\sqrt{2}NBL^2\omega}{IR_1}$　　D. 发电机的功率为$\frac{\sqrt{2}NBL^2\omega I(n_1+n_2)}{n_0}$

【答案】BC。

【解析】

由题知理想电流表读数为I,则根据欧姆定律有$U_1=IR_1$。根据变压器电压与匝数的关系有$\frac{n_0}{n_1}=\frac{U_0}{U_1}$,$\frac{n_0}{n_2}=\frac{U_0}{U_2}$,将上式代入有$U_0=\frac{n_0}{n_1}IR_1$,$U_2=\frac{n_2}{n_1}IR_1$,再由欧姆定律有$U_2=I_2R_2$,可计算出$I_2=\frac{n_2R_1}{n_1R_2}I$,可知选项A错误,选项B正确。由于矩形线圈产生的交变电流直接输入原线圈,则有$E_{max}=2NBL^2\omega$,$U_0=\frac{E_{max}}{\sqrt{2}}=\sqrt{2}NBL^2\omega$,由选项A、B知$U_0=\frac{n_0}{n_1}IR_1$,则$\frac{n_0}{n_1}=\frac{\sqrt{2}NBL^2\omega}{IR_1}$,选项C正确。对于理想变压器有$P_0=P_1+P_2=U_1I_1+U_2I_2=I^2R_1+U_2I_2$,代入选项A、B、C公式得$P_0=\frac{\sqrt{2}NBL^2\omega I}{n_0}\left(\frac{n_1^2R_2+n_2^2R_1}{n_1R_2}\right)$。由于矩形线圈产生的交变电流直接输入原线圈,则发电机的功率为P_0,选项D错误。故选BC。

【易错点】

(1) 对变压器的工作原理不理解,尤其是原、副线圈中的电流关系($n_1I_1=n_2I_2$)是根据电压关系$\frac{U_1}{I_1}=\frac{U_2}{I_2}$和能量守恒($P_1=P_2$,$U_1I_1=U_2I_2$)推导出来的,学生死记硬背,在本题中错误认为两个副线圈中的电流满足$n_1I=n_2I_2$,得出错误结论$I_2=\frac{n_1I}{n_2}$,错选了A。

(2) 错误地认为原线圈与两个副线圈之间的电流关系为$n_0I_0=(n_1+n_2)I$,进一步计算出错误的答案$\left[P_0=U_0I_0=\frac{\sqrt{2}NBL^2\omega I(n_1+n_2)}{n_0}\right]$,从而选择D项。

【试题情境】

本题以发电机和理想变压器的基础模型为研究情境,考查学生对交变电流的产生以及最大值和有效值的计算,电功率,欧姆定律,理想变压器原、副线圈电压与匝数的关系,能量守恒定律等物理知识的掌握情况。尤其对于多个副线圈的物理量的分析计算,考查了学生复杂的情境下综合运用所学知识和技能处理问题的能力。本题将考纲中的高频考点以贴近教材、遵循课程标准的形式呈现出来,凸显了对基础性、应用性和综合性的考查。

【必备知识】

本题考查的知识点有选修3-1中的Ⅰ级考点“电功率”,Ⅱ级考点“欧姆定律”;选修3-2中的Ⅰ级考点“交变电流、交变电流的有效值”,Ⅱ级考点“理想变压器”。

【新课标要求】

2.2.4　通过实验,认识交变电流。能用公式和图像描述正弦交变电流。

2.2.5　通过实验,探究并了解变压器原、副线圈电压与匝数的关系。(选修)

3.2.5　理解电功、电功率。(必修)

【关键能力】

本题考查的关键能力主要有理解、科学推理、分析综合能力等。试题以发电机和理想变压器为载体，考查发电机产生交变电流的最大值和有效值，利用欧姆定律，理想变压器的工作原理，原、副线圈电压与线圈匝数之间的关系，电功率和能量守恒定律计算多个副线圈的电压、电流和电功率等知识；侧重于计算和科学推理，对理解能力、科学推理能力、分析综合能力都有要求。

【学科素养等级分析】

题目求解思路		素养要素	素养类型	学业质量等级
A、B、C	利用欧姆定律，理想变压器原、副线圈的电压与线圈匝数之间的关系，能量守恒定律计算另一个副线圈中的电流、两端电压、原线圈中的电流	能在多副线圈的理想变压器问题情境中，根据欧姆定律，原、副线圈电压与匝数的关系，能量守恒定律解决问题	科学思维（科学推理）	水平 4
D	在判断 A、B、C 三个答案的基础上，通过计算发电机产生感应电动势的最大值和有效值进一步利用电功率计算公式计算发电机功率	能对综合性物理问题进行分析和推理，获得结论并作出解释	科学思维（科学推理）	水平 3

【高考链接】

1. (2020 • 浙江卷，T11)如图所示，某小型水电站发电机的输出功率 $P=100$ kW，发电机的电压 $U_1=250$ V，经变压器升压后向远处输电，输电线总电阻 $R_{线}=8\ \Omega$，在用户端用降压变压器把电压降为 $U_4=220$ V。已知输电线上损失的功率 $P_{线}=5$ kW，假设两个变压器均是理想变压器，下列说法正确的是(　　)。

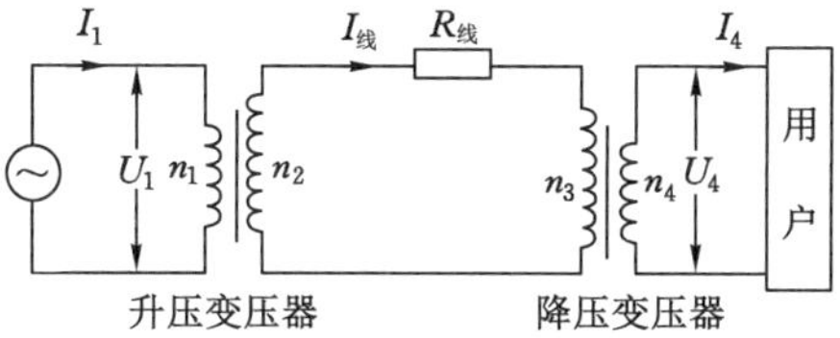

A. 发电机输出的电流 $I_1=40$ A　　B. 输电线上的电流 $I_{线}=625$ A

C. 降压变压器的匝数比 $n_3:n_4=190:11$　　D. 用户得到的电流 $I_4=455$ A

答案：C。

解析：电功率 $P=UI$，发电机输出电流 $I_1=\dfrac{P}{U_1}=400$ A，A 错误。输电线上损失功率 5 kW，由 $P_{线}=I_{线}^2R_{线}$ 得 $I_{线}=\sqrt{\dfrac{P_{线}}{R_{线}}}=25$ A，B 错误。降压变压器原、副线圈的功率为 $P_4=P-P_{线}=95$ kW；由想变压器电流与线圈匝数的反比关系得 $\dfrac{I_{线}}{I_4}=\dfrac{n_4}{n_3}=\dfrac{\sqrt{\dfrac{5\ 000\ \text{W}}{8\ \Omega}}}{\dfrac{95\ 000\ \text{W}}{220\ \text{V}}}=\dfrac{11}{190}$，C 正确。用户得到的功率为 95 kW，用户得到的电流为 $I_4=\dfrac{95\ 000\ \text{W}}{220\ \text{V}}\approx 432$ A，D 错误。故选 C。

2. (2018 • 天津卷，T4) 教学用发电机能够产生正弦式交变电流。利用该发电机(内阻可忽略)通过理想变压器向定值电阻 R 供电，电路如图所示，理想交流电流表Ⓐ、理想交流电压表Ⓥ的读数分别为 I、U,R 消耗的功率为 P。若发电机线圈的转速变为原来的$\frac{1}{2}$,则(　　)。

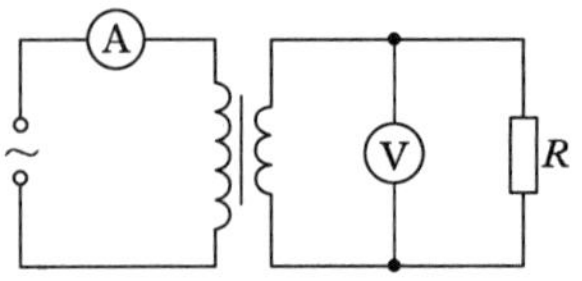

A. R 消耗的功率变为$\frac{1}{2}P$　　B. 电压表Ⓥ的读数变为$\frac{1}{2}U$

C. 电流表Ⓐ的读数变为 $2I$　　D. 通过 R 的交变电流频率不变

答案:B。

解析:发电机线圈的转速变为原来的$\frac{1}{2}$,频率变为原来的$\frac{1}{2}$,由 $E=\frac{nBS\omega}{\sqrt{2}}$ 知,原线圈中输入电压变为原来的$\frac{1}{2}$。根据$\frac{U_1}{U_2}=\frac{n_1}{n_2}$知,$U_2$ 变为原来的$\frac{1}{2}$,即 $U_2=\frac{1}{2}U$,则通过 R 的电流变为原来的$\frac{1}{2}$,R 消耗的功率 $P_2=\frac{U_2^2}{R}=\frac{1}{4}P$,根据$\frac{I_1}{I_2}=\frac{n_2}{n_1}$,原线圈上的电流也变为原来的$\frac{1}{2}$,即电流表Ⓐ的读数变为$\frac{1}{2}I$,故选 B。

题目 12　某同学利用图 1 实验装置探究机械能变化量与力做功的关系。所用器材有:一端带滑轮的长木板、轻细绳、50 g 的钩码若干、光电门 2 个、数字计时器、带遮光条的滑块(质量为 200 g,其上可放钩码)、刻度尺。当地重力加速度 9.80 m/s²。实验操作步骤如下:

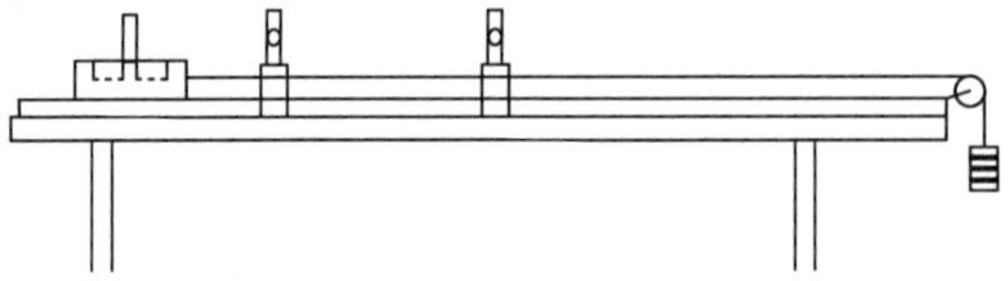

图 1

① 安装器材,调整两光电门距离为 50.00 cm,轻细绳下端悬挂 4 个钩码。

② 接通电源,释放滑块,分别记录遮光条通过两个光电门的时间,并计算出滑块通过两个光电门的速度。

③ 保持绳下端悬挂 4 个钩码不变,在滑块上依次增加一个钩码,记录滑块上所载钩码的质量,重复上述步骤。

④ 完成 5 次测量后,计算出每次实验中滑块及所载钩码的总质量 M、系统(包含滑块、滑块所载钩码和轻细绳悬挂钩码)总动能的增加量 ΔE_k 及系统总机械能的减少量 ΔE,结果如下表所示。

M/kg	0.200	0.250	0.300	0.350	0.400
ΔE_k/J	0.582	0.490	0.392	0.294	0.195
ΔE/J	0.393	0.490		0.686	0.785

回答下列问题：

（1）实验中轻细绳所悬挂钩码重力势能的减少量为________J(保留三位有效数字)。

（2）步骤④中的表格所缺数据为________。

（3）以 M 为横轴，ΔE 为纵轴，选择合适的标度，在图 2 中绘出 ΔE-M 图像。若系统总机械能的减少量等于克服摩擦力做功，则物块与木板之间的摩擦因数为________(保留两位有效数字)。

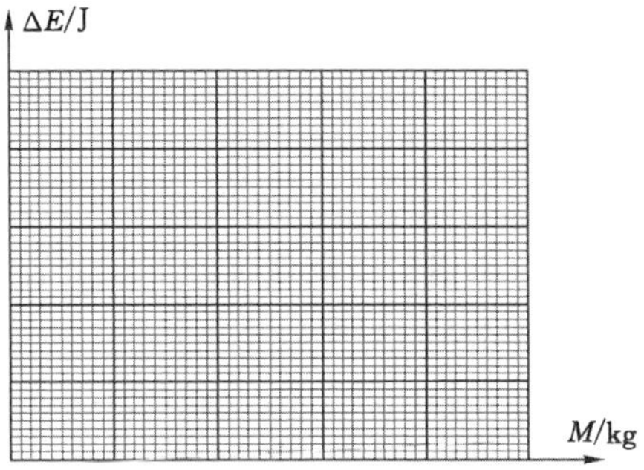

图 2

【答案】(1) 0.980。(2) 0.588。(3) ΔE-M 图像详见解析；0.40(0.38～0.42)。

【解析】

（1）4 个钩码重力势能的减少量为 $\Delta E_p = 4mgL$，代入数据得 $\Delta E_p = 0.980\ \text{J}$。

（2）对于滑块和钩码组成的系统，由能量守恒定律知系统减少的机械能为系统减少的重力势能与系统增加的动能之差，即 $\Delta E = \Delta E_p - \Delta E_k$，其中 $\Delta E_p = 4mgL = 0.980\ \text{J}$，$\Delta E_k$ 由表格可知为 0.392 J，代入数据可得 $\Delta E_4 = 0.980 - 0.392 = 0.588\ \text{J}$。

（3）根据表格数据描点得 ΔE-M 的图像为图 3。

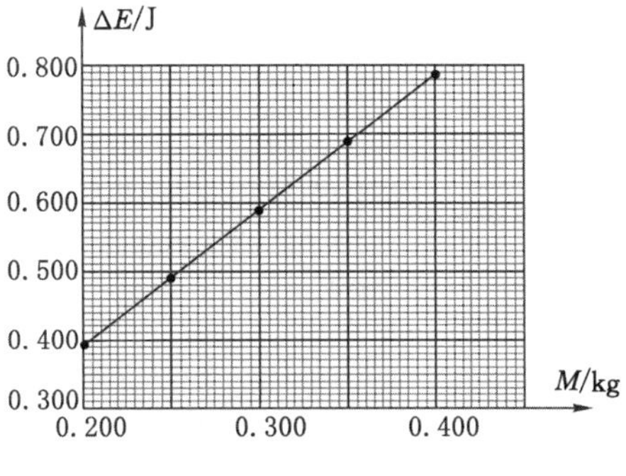

图 3

根据功能关系可知 $\Delta E = \mu MgL$；ΔE-M 图像的斜率为 $k = \mu gL$，则 $\mu = \dfrac{k}{gL}$。代入数据得 $\mu = 0.40(0.38 \sim 0.42)$。

【易错点】

（1）计算过程中质量、长度需要进行单位换算，做题过程中易忽略这一细节。

（2）答案填写要求正确保留有效数字，审题不清或不会正确保留有效数字而不得分。

(3) 描点连线中要求先选择合适的标度,再进行作图,标度的选取是否合理、描点连线是否规范都要考虑到,较易失分。

【试题情境】

本题属于基础性题目,探究机械能变化量与力做功的关系,考查学生对运动过程中的能量守恒及功能关系的掌握与应用,考查重点在数据的处理方面,其中选择合适的标度绘制 $\Delta E\text{-}M$ 图像,具有较高的灵活性。

【必备知识】

本题考查的知识点有必修 2 中的Ⅱ级考点“动能和动能定理”“重力做功与重力势能”“功能关系、机械能守恒及其应用”。

【新课标要求】(必修)

2.1.2　理解动能和动能定理,能用动能定理解释生产生活中的现象。

例 2　根据牛顿第二定律推导出动能定理。

2.1.3　理解重力势能,知道重力势能的变化与重力做功的关系,定性了解弹性势能。

【关键能力】

本题考查的关键能力主要有理解能力、分析综合能力和信息加工能力等。试题以探究机械能变化量与力做功的关系为载体,通过对实验所给实验装置及操作步骤分析、明确实验原理,对实验数据进行加工处理,很好地考查了学生的理解能力、逻辑推理能力、分析综合能力、信息加工能力。

【学科素养等级分析】

题目求解思路		素养要素	素养类型	学业质量等级
钩码重力势能的减少量	已知钩码质量及下降高度根据重力做功与重力势能关系解答	能对数据进行整理,得到初步的结论	科学探究(解释)	水平 2
表格所缺数据	由机械能守恒定律可知系统减少的机械能应为系统减少的重力势能与增加的动能之差	能对数据进行整理,得到初步的结论	科学探究(解释)	水平 2
绘制 $\Delta E\text{-}M$ 图像	选取合适的标度进行规范的尺规作图	能分析数据,发现其中规律,形成合理结论,用已有物理知识进行解释	科学探究(解释)	水平 4
摩擦因数计算	根据功能关系解答	能分析数据,发现其中规律,形成合理结论,用已有物理知识进行解释	科学探究(解释)	水平 4

【高考链接】

(2018·全国卷Ⅱ卷,T23)某同学用图(a)所示的装置测量木块与木板之间的摩擦因数。跨过光滑定滑轮的细线两端分别与木块和弹簧秤相连,滑轮和木块之间的细线保持水平,在木块上放置砝码。缓慢向左拉动水平放置的木板,当木块和砝码相对桌面静止且木板仍在继续滑动时,弹簧秤的示数即为木块受到的滑动摩擦力的大小。某次实验所得数据在下表中给出,其中 f_4 的值从图(b)中弹簧秤的示数读出。

砝码的质量 m/kg	0.05	0.10	0.15	0.20	0.25
滑动摩擦力 f/N	2.15	2.36	2.55	f_4	2.93

回答下列问题：

(1) $f_4=$________ N。

(2) 在图(c)的坐标纸上补齐未画出的数据点并绘出 f-m 图线________。

(3) f 与 m、木块质量 M、木板和木块之间的滑动摩擦因数 μ 及重力加速度大小 g 之间的关系式为 $f=$________，f-m 图线(直线)的斜率的表达式为 $k=$________。

(4) 取 $g=9.80\ \text{m/s}^2$，由绘出的 f-m 图线求得 $k=$________(保留 2 位有效数字)。

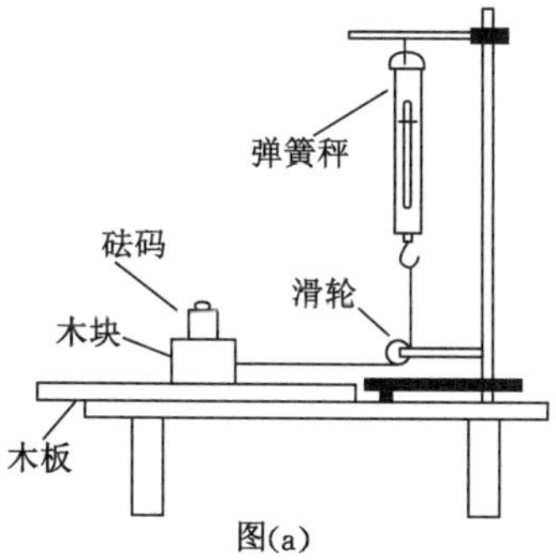

图(a)

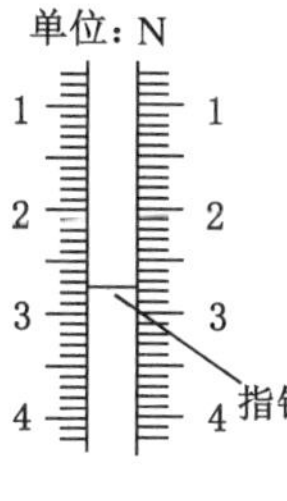

图(b)

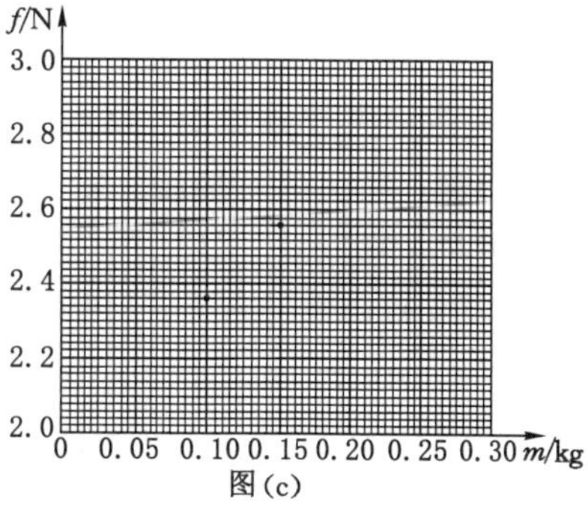

图(c)

答案：(1) 2.75。(2) 见解析。(3) $\mu(M+m)g$；μg。(4) 0.40。

解析：描点连线时要注意让所有点均匀分布在线上或线的两边；要结合图像坐标整理出相应的数学函数，然后观测斜率和截距分别代表什么。

(1) 指针在 2.7 与 2.8 之间，估读为 2.75 N。

(2) 描点画线注意让所有点均匀分布在线上或线的两边，作图见图(d)。

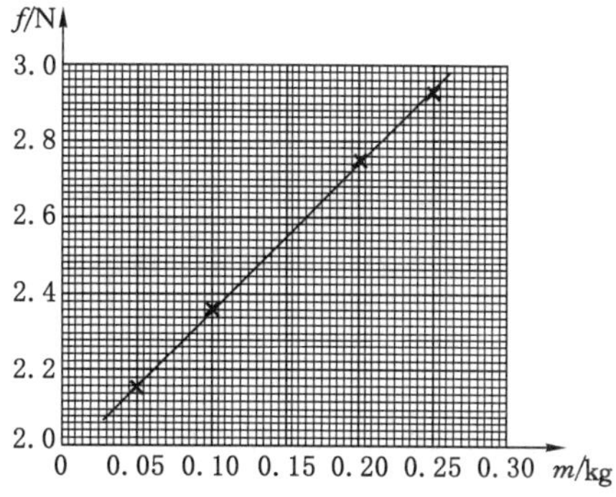

图(d)

(3) 木块受到的是滑动摩擦力，根据滑动摩擦力的定义知 $f=\mu(M+m)g$。把公式化简可得 $f=\mu(M+m)g=(\mu g)m+\mu Mg$，所以图像的斜率 $k=\mu g$。

(4) 取 $g=9.80\ \text{m/s}^2$，取相距较远两点求斜率 $k=\dfrac{2.94-2.16}{0.25-0.05}=3.9$，则可以求得摩擦因数 $\mu=\dfrac{k}{g}=\dfrac{3.9}{9.8}\approx 0.40$。

题目 13　如图,一滑雪道由 AB 和 BC 两段滑道组成,其中 AB 段倾角为 θ,BC 段水平,AB 段和 BC 段由一小段光滑圆弧连接,一个质量为 2 kg 的背包在滑道顶端 A 处由静止滑下,若 1 s 后质量为 48 kg 的滑雪者从顶端以 1.5 m/s 的初速度、3 $\mathrm{m/s^2}$ 的加速度匀加速追赶,恰好在坡底光滑圆弧的水平处追上背包并立即将其拎起,背包与滑道的动摩擦因数为 $\mu=\frac{1}{12}$,重力加速度取 $g=10\ \mathrm{m/s^2}$,$\sin\theta=\frac{7}{25}$,$\cos\theta=\frac{24}{25}$,忽略空气阻力及拎包过程中滑雪者与背包的重心变化。求:

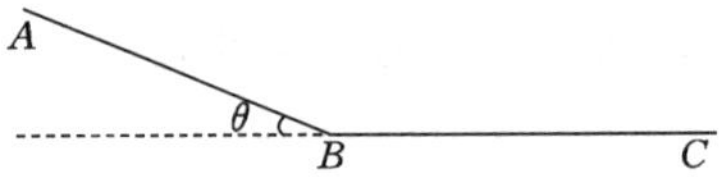

(1) 滑道 AB 段的长度;

(2) 滑雪者拎起背包时这一瞬间的速度。

【答案】(1) $L=9$ m;(2) $v=7.44$ m/s。

【解析】

(1) 设斜面长度为 L,背包质量为 $m_1=2$ kg,在斜面上滑行的加速度为 a_1,由牛顿第二定律有 $m_1g\sin\theta-\mu m_1g\cos\theta=m_1a_1$,解得 $a_1=2\ \mathrm{m/s^2}$。

滑雪者质量为 $m_2=48$ kg,初速度为 $v_0=1.5$ m/s,加速度为 $a_2=3\ \mathrm{m/s^2}$,在斜面上滑行时间为 t,落后时间 $t_0=1$ s,则背包的滑行时间为 $t+t_0$,得 $L=\frac{1}{2}a_1(t+t_0)^2$,$L=v_0t+\frac{1}{2}a_2t^2$。

联立解得 $t=2$ s 或 $t=-1$ s(舍去),故可得 $L=9$ m。

(2) 设背包和滑雪者到达水平轨道时的速度分别为 v_1、v_2,对两者有 $v_1=a_1(t+t_0)=6$ m/s,$v_2=v_0+a_2t=7.5$ m/s。滑雪者拎起背包时,系统在光滑水平面上外力为零,动量守恒,设共同速度为 v,有 $m_1v_1+m_2v_2=(m_1+m_2)v$,解得 $v=7.44$ m/s。

【易错点】

(1) 对"恰好在坡底光滑圆弧的水平处追上背包"这个条件的理解容易出现错误,误将"恰好"理解为"追上时速度相等"。

(2) 对"并立即将其拎起"这个条件"视而不见",没有意识到这其实考查的是"动量守恒中的完全非弹性碰撞",从而只按运动学公式将滑雪者到达斜面底端时的速度求出就误以为求得了第(2)问的答案。

【试题情境】

本题选取贴近生活的真实问题情境——滑雪这项体育运动为背景,对真实滑雪中斜坡上的追及问题进行考查,不但激发了学生探究的兴趣,又能够较好地考查学生从复杂的情境中抓住主要因素,抽象出物理模型以解决实际问题的能力和素养。

真实情境的设置会影响试题的难度,本题中所设置的滑雪这个体育项目,看似只考查了运动学这个单点知识结构,但题中却通过背包的匀加速直线运动、滑雪者过一段时间后做匀加速直线运动追赶背包的"同时不同地"的追及问题将情境复杂化,同时"在坡底光滑圆弧的水平处追上背包并立即将其拎起"这个情境的设置中暗含对"动量守恒定律""完全非弹性碰撞"的考查,而接触面的动摩擦因数又暗示要进行受力分析,这对考生提出的要求就是"能理解几方面信息之间的关系及这些零散的信息如何组织形成一个整体,能把数据作为一个整体来考虑其连贯结构和意义，同时能进行一般的定量计算”，这就要求学生能达到“关联知识结构层次”和“学业质量水平 4”的层次。

【必备知识】

本题考查的知识点有必修 1 中的Ⅱ级考点“匀变速直线运动及其公式”“牛顿运动定律及其应用”；选修 3-5 中Ⅱ级考点“动量守恒定律及其应用”、Ⅰ级考点“完全非弹性碰撞”。

【新课标要求】

1.1.3　理解匀变速直线运动的规律，能运用其解决实际问题。

1.2.3　理解牛顿运动定律，能用牛顿运动定律解释生产生活中的有关现象、解决有关问题。（必修）

1.1.1　理解动量守恒定律，能用其解释生产生活中的有关现象。

1.1.2　了解弹性碰撞和非弹性碰撞的特点。

1.1.3　体会用守恒定律分析物理问题的方法，体会自然界的和谐与统一。（选修）

【关键能力】

本题考查的关键能力主要有理解能力、模型建构能力、信息加工能力、逻辑推理能力、分析综合能力等。试题以贴近学生生活的滑雪运动为载体，考查学生对物体的受力分析、牛顿第二定律的应用、匀变速直线运动中的追及问题、动量守恒定律中的完全非弹性碰撞等相关知识，考查学生对基本物理概念、物理规律全面深刻理解和掌握情况，引导学生加强对基础知识之间的融会贯通，促进学生物理观念、物理规律的形成和深化，从而培养学生灵活应用所学知识解决真实问题的能力。

【学科素养等级分析】

题目求解思路		素养要素	素养类型	学业质量等级
背包和滑雪者在斜坡上的运动过程	二者均做匀变速直线运动，需要通过受力析求出加速度，同时利用运动学公式求出二者各自的位移，利用位移相等来列式	具有受力分析、匀变速直线运动的观念	物理观念（解决问题）	水平 4
		能对比较简单的物理现象进行分析和推理，获得结论	科学思维（科学推理）	水平 4
滑雪者在追上背包后立即将其拎起的过程	首先求出二者滑到斜坡底端时的速度，再利用滑雪者拎起背包时的动量守恒，且拎起后共速，写出二者之间的速度关系	能在熟悉的问题情境中应用常见的物理模型	科学思维（模型建构）	水平 4

【高考链接】

（2021·全国卷乙卷，T24）一篮球质量为 $m=0.60$ kg，一运动员使其从距地面高度为 $h_1=1.8$ m 处由静止自由落下，反弹高度为 $h_2=1.2$ m。若使篮球从距地面 $h_3=1.5$ m 的高度由静止下落，并在开始下落的同时向下拍球，球落地后反弹的高度也为 1.5 m。假设运动员拍球时对球的作用力为恒力，作用时间为 $t=0.20$ s；该篮球每次与地面碰撞前后的动能的比值不变。重力加速度大小取 $g=10\ \mathrm{m/s^2}$，不计空气阻力。求：

（1）运动员拍球过程中对篮球所做的功；

（2）运动员拍球时对篮球的作用力的大小。

答案:(1) $W=4.5$ J;(2) $F=9$ N。

解析:(1) 第一次篮球下落的过程中由动能定理可得 $E_1=mgh_1$,篮球反弹后向上运动的过程由动能定理可得 $0-E_2=-mgh_2$;第二次从 1.5 m 的高度静止下落,同时向下拍球,在篮球反弹上升的过程中,由动能定理可得 $0-E_4=0-mgh_4$,第二次从 1.5 m 的高度静止下落,同时向下拍球,篮球下落过程中,由动能定理可得 $W+mgh_3=E_3$。因篮球每次和地面撞击的前后动能的比值不变,则有比例关系$\frac{E_2}{E_1}=\frac{E_4}{E_3}$,代入数据可得 $W=4.5$ J。

(2) 作用力是恒力,篮球向下做匀加速直线运动,由牛顿第二定律可得 $F+mg=ma$,在拍球时间内运动的位移为 $x=\frac{1}{2}at^2$,做的功为 $W=Fx$,联立可得 $F=9$ N($F=-15$ N 舍去)。

题目 14 如图,一对长平行栅极板水平放置,极板外存在方向垂直于纸面向外、磁感应强度大小为 B 的匀强磁场。极板与可调电源相连,正极板上 O 点处的粒子源垂直于极板向上发射速度为 v_0、带正电的粒子束,单个粒子的质量为 m、电荷量为 q。一足够长的挡板 OM 与正极板成 37°倾斜放置,用于吸收打在其上的粒子。C、P 是负极板上的两点,C 点位于 O 点的正上方,P 点处放置一粒子靶(忽略靶的大小),用于接收从上方打入的粒子,CP 长度为 L_0。忽略栅极的电场边缘效应、粒子间的相互作用及粒子所受重力。$\sin 37°=\frac{3}{5}$。

(1) 若粒子经电场一次加速后正好打在 P 点处的粒子靶上,求可调电源电压 U_0 的大小。

(2) 调整电压的大小,使粒子不能打在挡板 OM 上,求电压的最小值 $U_{\min}$。

(3) 若粒子靶在负极板上的位置 P 点左右可调,则负极板上存在 H、S 两点($CH\leqslant CP<CS$,H、S 两点未在图中标出),对于粒子靶在 HS 区域内的每一点,当电压从零开始连续缓慢增加时,粒子靶均只能接收到 $n(n\geqslant2)$种能量的粒子。求 CH 和 CS 的长度(假定在每个粒子的整个运动过程中电压恒定)。

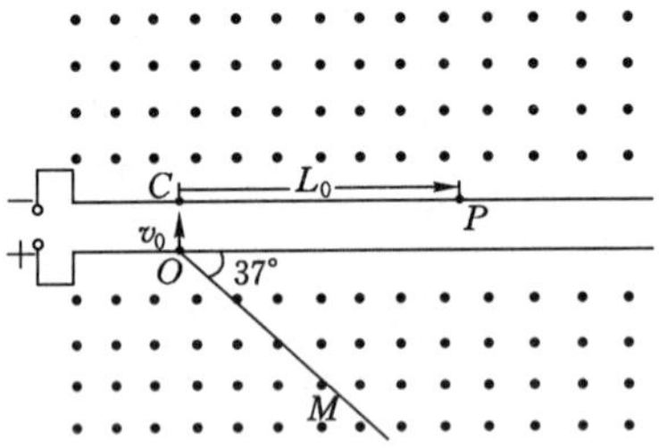

【答案】(1) $U_0=\frac{B^2qL_0^2}{8m}-\frac{mv_0^2}{2q}$。(2) $U_{\min}=\frac{7mv_0^2}{18q}$。(3) $CH=\frac{(6+2n)mv_0}{3qB}$;$CS=\frac{(8+2n)mv_0}{3qB}$。

【解析】

(1) 从 O 点射出的粒子在板间被加速,则 $U_0q=\frac{1}{2}mv^2-\frac{1}{2}mv_0^2$。粒子在磁场中做圆周运动,则半径 $r=\frac{L_0}{2}$。由 $qvB=m\frac{v^2}{r}$解得 $U_0=\frac{B^2qL_0^2}{8m}-\frac{mv_0^2}{2q}$。

(2) 当电压有最小值时,当粒子穿过下面的正极板后,圆轨迹与挡板 OM 相切(图 1),此时粒子恰好不能打到挡板上，则从 O 点射出的粒子在板间被加速，$U_{\min}q=\frac{1}{2}mv_{\min}^2-\frac{1}{2}mv_0^2$，粒子在负极板上方的磁场中做圆周运动，有 $qv_{\min}B=m\frac{v_{\min}^2}{r_{\min}}$。粒子从负极板传到正极板时速度仍减小到 v_0，粒子在极板下面的磁场中做圆周运动的半径为 r'，则 $qv_0B=m\frac{v_0^2}{r'}$。

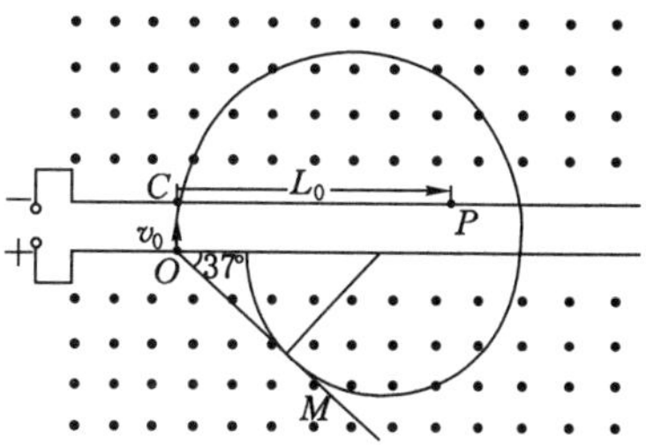

图 1

由几何关系可知 $2r_{\min}=\frac{r'}{\sin 37°}+r'$，联立解得 $v_{\min}=\frac{4v_0}{3}$，$U_{\min}=\frac{7mv_0^2}{18q}$。

(3) 粒子第一次经过电场加速，在正极板下方磁场区域偏转的轨迹半径为 $r_0=\frac{mv_0}{qB}$，若粒子在电场加速电压小于 $U_{\min}$，粒子穿过磁场在正极板下方磁场运动时，会被 OM 板吸收。粒子靶第一次能接收到 2 种能量的位置，为使粒子通过极板电压 $U_{\min}=\frac{7mv_0^2}{18q}$ 时粒子第二次从上方打到负极板的位置，该点距离 C 点的距离为 $L_2=\frac{10}{3}r_0$。同理粒子靶第一次出现能接收到 3 种能量的位置到 C 点的距离为 $L_3=\frac{12}{3}r_0$。则将粒子靶放在距 C 点的距离为 L 的位置时，只接收到 2 种能量的粒子，L 范围为 $\frac{10}{3}r_0\leqslant L<\frac{12}{3}r_0$。由几何关系分析得距离 C 点的长度每增加 $\frac{2}{3}r_0$，粒子靶接收粒子能量的种类增加 1 种(图 2)，则粒子靶均只能接收到 $n(n\geqslant 2)$ 种能量的粒子的区域 HS 满足的关系为 $CH=\frac{6}{3}r_0+\frac{2n}{3}r_0=\frac{(6+2n)mv_0}{3qB}$，$CH=\frac{8}{3}r_0+\frac{2n}{3}r_0=\frac{(8+2n)mv_0}{3qB}$。

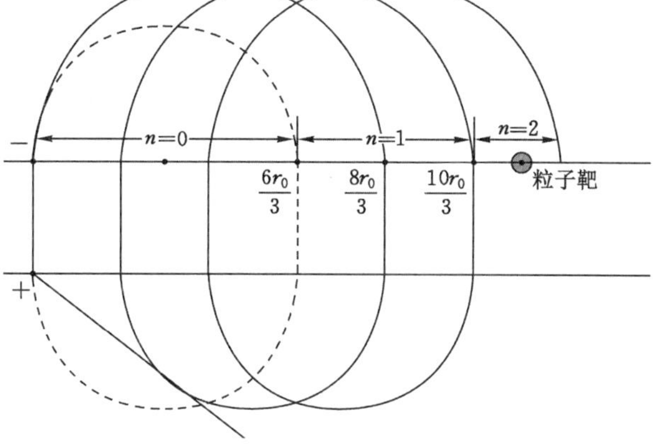

图 2

【易错点】

(1) 求解第(2)问电压的最小值 $U_{\min}$，找不到粒子在正极板下方和负极板上方运动时，粒子运动轨迹的半径关系,从而无法求解。

(2) 分析第(3)问,读不懂和不理解"粒子靶均只能接收到 $n(n\geqslant 2)$ 种能量的粒子"的含义,其实粒子靶在负极板上从 C 点向右移动的过程中各点接收粒子能量种类呈现量子化的分布特点,距离 C 点距离为 0 到 $2r_0$ 不能接收到粒子,$2r_0$ 到 $\frac{10}{3}r_0$ 上能接收 1 种能量的粒子,$\frac{10}{3}r_0$ 到 $\frac{12}{3}r_0$ 能接收 2 种能量的粒子;后面区域每向右移动 $\frac{2}{3}r_0$,粒子靶接收粒子能量种类增加 1 种;理解清楚"接收到 n 种能量的粒子"的含义和其中隐含的几何关系,则本题第(3)问迎刃而解。

【试题情境】

本题以课本中质谱仪和回旋加速器为原始模型,通过整合和优化学习探究情境,考查学生对质谱仪和回旋加速原理的理解,以及对带电粒子在电场中运动的分析能力。本情境的创设有助于引导高中教学重视课本,回归教材,同时加强学生分析综合能力和信息加工能力的培养。试题通过加设一足够长的挡板 OM,使粒子靶在 C 点右侧各点接收粒子能量的种类从连续态转变为了量子态,有助于考查学生的科学思维、科学探究等物理素养。

【必备知识】

本题考查的知识点有选修 3-1 中Ⅱ级考点"带电粒子在匀强电场中的运动";选修 3-1 中Ⅱ级考点"带电粒子在匀强磁场中的运动"。

【新课标要求】

3.1.5　能分析带电粒子在电场中运动的情况,能解释相关的物理现象。(必修)

2.1.3　能用洛伦兹力分析带电粒子在匀强磁场中的圆周运动。了解带电粒子在匀强磁场中的偏转及其应用。(选修)

【关键能力】

本题第(1)问求解可调电源电压 U_0 的大小,主要考查学生对带电粒子在电磁场中运动的分析能力和信息加工能力;第(2)问计算电压的最小值 $U_{\min}$,要求学生能够根据粒子运动的轨迹构建物理模型,找到粒子在电场上、下方磁场中运动的半径关系,考查了学生的模型建构能力和分析综合能力;第(3)问求解粒子靶均只能接收到 $n(n\geqslant 2)$ 种能量的粒子的区域范围,综合考查学生的逻辑推理、模型建构、信息加工等能力,综合性强。

【学科素养等级分析】

题目求解思路		素养要素	素养类型	学业质量等级
(1)(2)问	通过应用动力学和能量的观点分析带电粒子在电磁场中的运动规律,以及满足的几何关系,从而解决问题	能恰当使用证据证明物理结论	科学思维(科学论证)	水平 4
		能将实际问题中的对象和过程转换为物理模型	科学思维(模型建构)	水平 4
(3)问	需要构建带电粒子在不同电压加速情况下,打在粒子靶的位置,找到粒子靶接收粒子能量种类的量子化分布的特点是解决本题的突破口	能对综合性的物理问题进行分析和推理,获得正确的结论并作出解释	科学思维(科学推理)	水平 4

【高考链接】

(2020·江苏卷,T16)空间存在两个垂直于 Oxy 平面的匀强磁场,y 轴为两磁场的边界,磁感应强度分别为 $2B_0$、$3B_0$。甲、乙两种比荷不同的粒子同时从原点 O 沿 x 轴正向射入磁场,速度均为 v。甲第 1 次、第 2 次经过 y 轴的位置分别为 P、Q,其轨迹如图所示。甲经过 Q 时,乙也恰好同时经过该点。已知甲的质量为 m,电荷量为 q。不考虑粒子间的相互作用和重力影响。求:

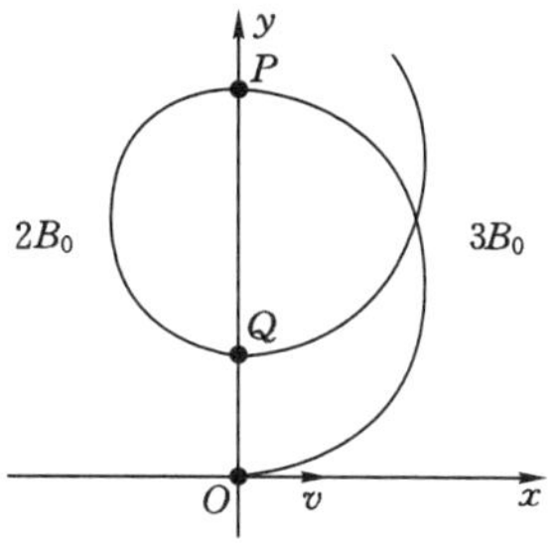

(1) Q 到 O 的距离 d;

(2) 甲两次经过 P 点的时间间隔 Δt;

(3) 乙的比荷 $\frac{q'}{m'}$ 可能的最小值。

答案:(1) $d=\frac{mv}{3qB_0}$;(2) $\Delta t=\frac{2\pi m}{qB_0}$;(3) $\frac{q'}{m'}=\frac{2q}{m}$。

解析:(1) 带电粒子在磁场中做匀速圆周运动,洛伦兹力提供向心力,有 $qvB=m\frac{v^2}{R}$,$R_1=\frac{mv}{2qB_0}$,$R_2=\frac{mv}{3qB_0}$,Q、O 的距离为 $d=2R_1-2R_2=\frac{mv}{3qB_0}$。

(2) 由(1)可知,完成一个周期运动上升的距离为 d,粒子再次经过 P,经过 N 个周期,$N=\frac{OP}{d}=\frac{2R_1}{d}=3$,所以,当再次经过 P 点时时间应为 $t=NT=3T$,由匀速圆周运动的规律得 $T_1=\frac{2\pi R_1}{v}=\frac{\pi m}{qB_0}$,$T_2=\frac{2\pi R_2}{v}=\frac{2\pi m}{3qB_0}$。

绕一周的时间为 $T=\frac{T_1}{2}+\frac{T_2}{2}=\frac{5\pi m}{6qB_0}$,所以,再次经过 P 点的时间为 $t=3T=\frac{5\pi m}{2qB_0}$。

两次经过 P 点的时间间隔为 $\Delta t=t-\frac{T_1}{2}=\frac{2\pi m}{qB_0}$。

(3) 由洛伦兹力提供向心力,由 $qvB=m\frac{v^2}{R}$ 得,$R'_1=\frac{m'v}{2q'B_0}$,$R'_2=\frac{m'v}{3q'B_0}$。

完成一个周期运动上升的距离 $d'=2R'_1-2R'_2$,若乙粒子从第一象限进入第二象限的过程中与甲粒子在 Q 点相遇,则 $2R'_1+nd'=OQ=d$,$n\left(\frac{T'_1}{2}+\frac{T'_2}{2}\right)+\frac{T'_1}{2}=\frac{T_1}{2}+\frac{T_2}{2}$,结合以上式子,$n$ 无解。

若乙粒子从第二象限进入第一象限的过程中与甲离子在 Q 点相遇,则有 $nd'=OQ$,$n\left(\frac{T'_1}{2}+\frac{T'_2}{2}\right)=\frac{T_1}{2}+\frac{T_2}{2}$,计算可得 $\frac{q'}{m'}=n\frac{q}{m}$ $(n=1,2,3,\cdots)$,由于甲、乙粒子比荷不同,则 $n=2$ 时,乙的比荷 $\frac{q'}{m'}$ 最小,为 $\frac{q'}{m'}=\frac{2q}{m}$。

题目 16 [选修 3-4]

(1) 如图(1)所示,一弹簧振子沿 x 轴做简谐运动,振子零时刻向右经过 A 点,2 s 时第一次到达 B 点。已知振子经过 A、B 两点时的速度大小相等,2 s 内经过的路程为 5.6 m,则该简谐运动的周期为________ s,振幅为________ m。

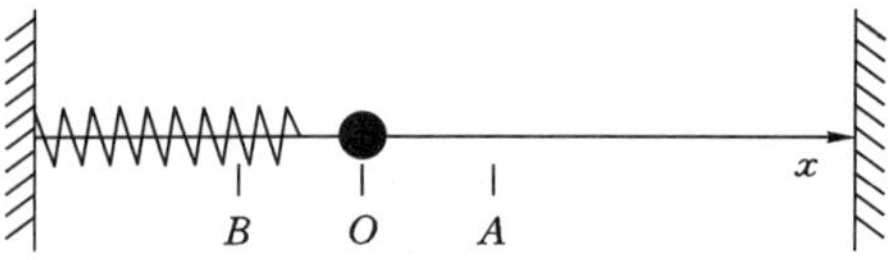

图(1)

(2) 将两块半径均为 R、完全相同的透明半圆柱体 A、B 正对放置,圆心上下错开一定距离,如图(2)所示。用一束单色光沿半径照射半圆柱体 A,设圆心处入射角为 θ。当 $\theta=60°$ 时,A 右侧恰好无光线射出;当 $\theta=30°$ 时,有光线沿 B 的半径射出,射出位置与 A 的圆心相比下移 h。不考虑多次反射。求:

(ⅰ) 半圆柱体对该单色光的折射率;

(ⅱ) 两个半圆柱体之间的距离 d。

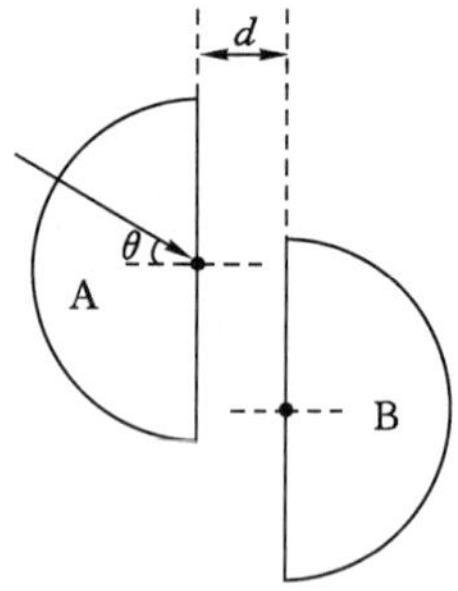

图(2)

【答案】(1) 4,0.2。(2) (ⅰ) $n=\frac{2}{3}\sqrt{3}$;(ⅱ) $d=\sqrt{2}\left(h-\frac{R}{2}\right)$。

【解析】

(1) 根据简谐运动对称性可知,振子零时刻向右经过 A 点,2 s 后第一次到达 B 点,已知振子经过 A、B 两点时的速度大小相等,则 A、B 两点关于平衡位置对称,而振动经过了半个周期的运动,则周期为 $T=2t=4$ s;从 A 到 B 经过了半个周期的振动,路程为 $s=0.4$ m,而一个完整的周期路程为 0.8 m,为 4 个振幅的路程,有 $4A=0.8$ m,解得振幅为 $A=0.2$ m。

(2) (ⅰ) 光从半圆柱体 A 射出,是从光密介质到光疏介质,当 $\theta=60°$ 时发生全反射,有 $\sin\theta=\frac{1}{n}$,解得 $n=\frac{2}{3}\sqrt{3}$。

(ⅱ) 当入射角 $\theta=30°$ 时,经两次折射从半圆柱体 B 的半径出射,设折射角为 r,光路如图(3)所示,由折射定律有 $\sin\theta\cdot n=\sin r$,由几何关系有 $\tan r=\frac{h-R\sin\theta}{d}$,解得 $d=\sqrt{2}\left(h-\frac{R}{2}\right)$。

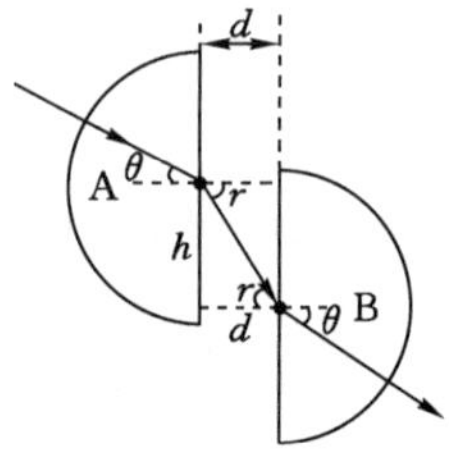

图(3)

【易错点】

(1) 对于弹簧振子模型的运动特点很生疏,对于简谐运动的周期性、重复性、对称性的基本规律理解不到位,无法充分利用题目所给条件。

(2) 没有注意到当光从半圆柱体 A 射出时,是从光密介质到光疏介质,折射角大于入射角的规律,导致折射定律应用时角度选择出错。

【试题情境】

本题分别以弹簧振子做简谐运动,光线射入、射出半圆形玻璃砖的光路为情境,通过对简谐运动的周期性、重复性、对称性研究,考查了简谐运动及其特征、弹簧振子模型;通过光的折射现象、光路的确定,考查了光的折射定律的应用和折射率的计算。

【必备知识】

本题考查的知识点有选修 3-4 中的Ⅰ级考点“简谐运动”和Ⅱ级考点“简谐运动的公式和图像”“光的折射定律”。

【新课标要求】（选修）

1.2.1　认识简谐运动的特征。能用公式和图像描述简谐运动。

1.3.1　理解光的折射定律。会测量材料的折射率。

【关键能力】

本题考查的关键能力主要为理解能力、模型建构能力、推理论证和分析综合能力。本题通过弹簧振子做简谐运动的情境，要求分析弹簧振子对称性位置所蕴含的隐藏条件，考查了学生的理解能力、分析能力和推理论证能力；通过分析光在进、出两块正对的半圆形玻璃砖的光路以及射出点位置变化，考查了光的折射定律的应用和折射率的求解方法，考查了学生模型建构能力和分析综合能力。

【学科素养等级分析】

题目求解思路	素养要素	素养类型	学业质量等级
通过弹簧振子做简谐运动过程中经过等速率的位置这一条件，获得解题信息	能够透彻理解简谐运动的概念，能综合应用其“对称性”特征解决实际问题	物理观念（解决问题）	水平 4
由弹簧振子做简谐运动过程中经过等速率的位置所花费的时间，结合简谐运动特征找到突破口	能在经典的弹簧振子模型中找到熟悉的情境	科学思维（模型建构）	水平 2
	能结合“重复性”这一特征，获得结论	科学思维（科学推理）	水平 2
通过分析光在两正对的半圆形玻璃砖中的光路，建立光的折射模型，结合折射定律与射出点位置，得出结论	能将光在两正对的半圆形玻璃砖中的光的传播过程转换成物理模型	科学思维（模型建构）	水平 4
	能对射出点位置变动的原因进行分析和推理，获得结论	科学思维（科学推理）	水平 4

【高考链接】

1.（2016 · 北京卷，T15）如图，弹簧振子在 M、N 之间做简谐运动。以平衡位置 O 为原点，建立 Ox 轴，向右为 x 轴的正方向。若振子位于 N 点时开始计时，则其振动图像为（　　）。

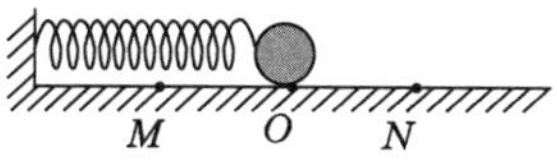

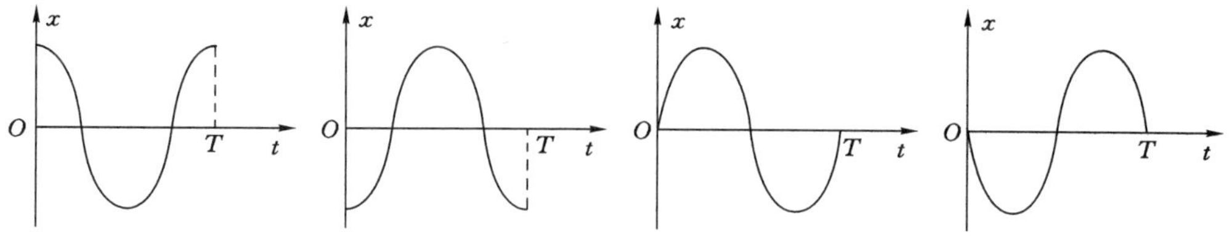

A　　B　　C　　D

答案：A。

解析：由题意，振子运动到 N 点时，具有正方向最大位移，所以振子运动到 N 点时开始计时，振动图像应是余弦曲线，故 A 正确。

2. [2018·全国卷Ⅰ卷,T34(1)] 如图,△ABC是一直角三棱镜的横截面,$\angle A=90°$,$\angle B=60°$。一细光束从BC边的D点折射后,射到AC边的E点,发生全反射后经AB边的F点射出,EG垂直于AC交BC于G,D恰好是CG的中点。不计多次反射。

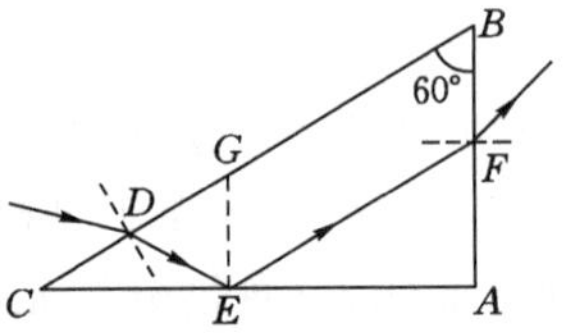

(ⅰ)求出射光相对于D点的入射光的偏角。

(ⅱ)为实现上述光路,棱镜折射率的取值应在什么范围?

答案:(ⅰ)60°。(ⅱ)$\frac{2\sqrt{3}}{3}\leqslant n\leqslant 2$。

解析:(ⅰ)光线在BC面上折射,作出多次折射后的光路图如图a所示。

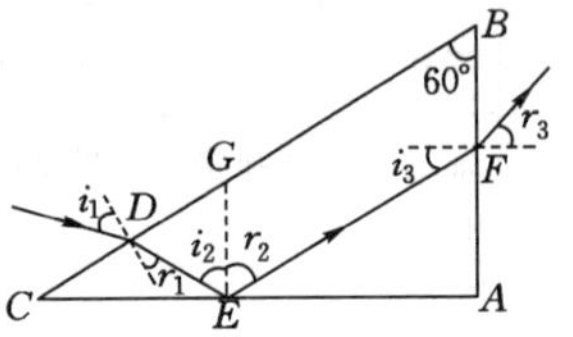

图 a

由折射定律有 $\sin i_1=n\sin r_1$,式中n为棱镜的折射率,i_1和r_1分别是该光线在BC面上的入射角和折射角。光线在AC面上发生全反射,由反射定律有$i_2=r_2$,式中i_2和r_2分别是该光线在AC面上的入射角和反射角。光线在AB面上发生折射,由折射定律有$n\sin i_3=\sin r_3$,式中i_3和r_3分别是该光线在AB面上的入射角和折射角。由几何关系得$i_2=r_2=60°$,$r_1=i_3=30°$。

F点的出射光相对于D点的入射光的偏角为$\delta=(r_1-i_1)+(180°-i_2-r_2)+(r_3-i_3)$。

由以上各式可得$\delta=60°$。

(ⅱ)光线在AC面上发生全反射,光线在AB面上不发生全反射,有$n\sin i_2\geqslant n\sin C>n\sin i_3$,式中$C$是全反射临界角,满足$n\sin C=1$。

综上可知,棱镜的折射率n的取值范围应为$\frac{2\sqrt{3}}{3}\leqslant n<2$。

邯郸市 2020—2021 学年高一期末质量检测物理试题评析(节选)

题目5 2021 年 5 月 15 日 7 时 18 分,“天问一号”着陆巡视器在火星乌托邦平原南部预选着陆区登陆,这标志着我国首次火星探测任务着陆火星圆满成功!“天问一号”探测器着陆前运行的轨道分别如图中 1、2、3 所示,其中 P 点为轨道 2、3 的相切点,Q 点为轨道 1、2 的相切点,则探测器(　　)。

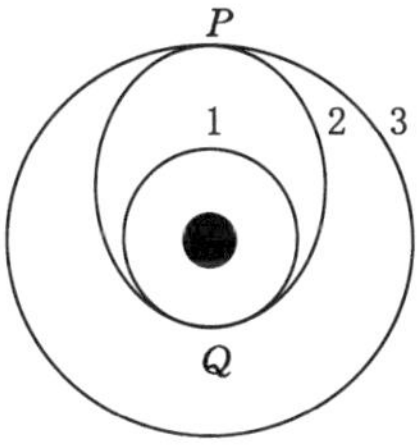

A. 在轨道 3 上经过 P 点时的加速度大于它在轨道 2 上经过 P 点时的加速度

B. 在轨道 2 上由 Q 点向 P 点运动时其动能将增大

C. 在轨道 2 上运行的周期比在轨道 3 上运行的周期小

D. 在由轨道 2 变轨到轨道 1 运动时需要点火加速

【答案】 C。

【解析】

根据牛顿第二定律有 $\frac{GMm}{r^2}=ma$,由于经过 P 点时距离 r 相同,所以沿不同轨道运动经过 P 点时的加速度相同,选项 A 错误;据开普勒第二定律可知,卫星在轨道 2 上从 Q 点运动到 P 点做减速运动,选项 B 错误;根据开普勒第三定律有 $\frac{a^3}{T^2}=k$,在轨道 2 上运行的半长轴比在轨道 3 上运行的半径小,所以在轨道 2 上运行的周期比在轨道 3 上运行的周期小,选项 C 正确;由轨道 2 变到轨道 1 曲率半径减小,相当于近心运动,需点火减速,选项 D 错误。

【数据分析】

全市范围内统计的难度系数为 0.74,属于较容易试题;区分度 0.48,属于较好等级。

答案	平均分	A		B		C		D	
		人数	占比	人数	占比	人数	占比	人数	占比
C	2.94	4 393	9.93%	4 570	10.33%	32 524	73.54%	2 710	6.13%

【新课标要求】(必修)

2.2.4　通过史实,了解万有引力定律的发现过程。知道万有引力定律。认识发现万有引力定律的重要意义。认识科学定律对人类探索未知世界的作用。

【试题情境】

本题属于基础性题目,以我国首次火星探测任务着陆火星的信息为背景,考查考生对万有引力定律、开普勒定律的理解及航天器在绕天体做变轨运动时各物理量的变化情况的掌握。

【必备知识】

本题考查的知识点为必修2中的Ⅱ级考点"开普勒定律、万有引力定律及其应用"。

【关键能力】

本题考查的关键能力主要有理解能力、模型建构能力及逻辑推理能力。理解能力:航天器绕火星运动经过 P、Q 点,只受火星对航天器的万有引力;同时学生要能够理解离心、近心运动及其条件。模型建构能力:航天器在轨道1、3上绕火星运动,属于匀速圆周运动,径向满足牛顿第二定律;轨道2上,航天器的运动满足开普勒行星运动定律和机械能守恒定律。逻辑推理能力:据开普勒行星运动定律,已知轨道半长轴大小关系,可以确定轨道周期的大小关系。

【学科素养等级分析】

题目求解思路		素养要素	素养类型	学业质量等级
A	万有引力提供向心力,可列牛顿第二定律	能在熟悉的问题情境中应用常见的物理模型	科学思维(模型建构)	水平2
B	航天器在轨道2上运动时,遵守机械能守恒定律和开普勒第二定律,近火点速度大,远火点速度小	能对比较简单的物理现象进行分析和推理,获得结论	科学思维(科学推理)	水平2
C	航天器绕火星椭圆轨道2运动时,遵守开普勒第三定律,半长轴小的轨道,其周期短	能对比较简单的物理现象进行分析和推理,获得结论	科学思维(科学推理)	水平2
D	据离心、近心运动及其条件,由轨道2变轨到轨道1运动时航天器需要减速	能对比较简单的物理现象进行分析和推理,获得结论	科学思维(科学推理)	水平2

【教学启示】

试题情境的角度:"天问一号"着陆巡视器在火星乌托邦平原南部预选着陆区登陆,这标志着我国首次火星探测任务着陆火星圆满成功。探测火星,是我国航天事业的大事。该题把爱国情怀与物理学习结合起来,重点考查变轨运动中各物理量的变化。这给我们的教学启示是:尽可能给学生提供这方面的视频素材内容,增加学生学习的感性认识;同时,注意做好动力学分析,增强学生的理性认识。

试题易错点的角度:本题有9.93%的同学错选A,10.33%的同学错选B,说明部分学生的受力分析、能量分析学习不够扎实。宜增加同类试题训练,在实战查错中提高自己的认识。

【高考链接】

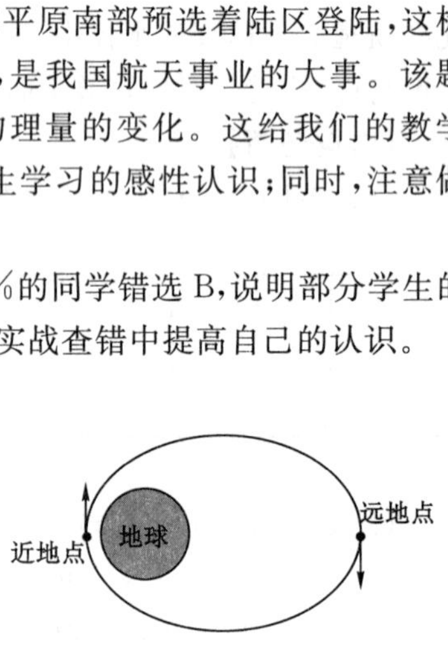

(2019·江苏卷,T4)1970年成功发射的"东方红一号"是我国第一颗人造地球卫星,该卫星至今仍沿椭圆轨道绕地球运动。如图所示,设卫星在近地点、远地点的速度分别为 v_1、v_2,近地点到地心的距离为 r,地球质量为

M,引力常量为 G。则(　　)。

A. $v_1>v_2, v_1=\sqrt{\frac{GM}{r}}$　　B. $v_1>v_2, v_1>\sqrt{\frac{GM}{r}}$

C. $v_1<v_2, v_1=\sqrt{\frac{GM}{r}}$　　D. $v_1<v_2, v_1>\sqrt{\frac{GM}{r}}$

答案:B。

解析:"东方红一号"环绕地球运行过程中,只有万有引力做功,机械能守恒。其由近地点向远地点运动时,万有引力做负功,引力势能增加,动能减小,因此 $v_1>v_2$。又"东方红一号"离开近地点开始做离心运动,则由离心运动的条件可知 $\frac{GMm}{r^2}<\frac{mv_1^2}{r}$,解得 $v_1>\sqrt{\frac{GM}{r}}$。因此 B 正确,A、C、D 错误。

题目 11　甲、乙是两个完全相同的带电金属球,其中甲金属球所带电荷量为 $+q$,乙金属球所带电荷量大小为 $3q$。已知甲、乙两金属球相距 d 时(甲、乙可视为点电荷),它们之间的库仑排斥力大小为 F。现将甲、乙两球接触后分开,仍使甲、乙相距 d,则乙金属球的电性以及分开后甲、乙间库仑力 F' 大小分别为(　　)。

A. 乙带正电荷　　B. 乙带负电荷　　C. $F'=\frac{F}{3}$　　D. $F'=\frac{4}{3}F$

【答案】AD。

【解析】

两球间原库仑力为 $F=k\frac{q\times 3q}{d^2}$,且甲、乙均带正电。两球接触后再分开,电荷总量平分,故各带电量为 $+2q$,两球间的库仑力为 $F'=k\frac{2q\times 2q}{d^2}$,对比可知 $F'=\frac{4}{3}F$。A、D 正确。

【数据分析】

全市范围内统计的难度系数为 0.61,属于中等难度题目;区分度 0.65,属于优秀等级。

答案	平均分	正确人数及比例	答题情况统计
AD	3.67	21 361 (48.3%)	A:7 615(17.22%);B:4 827(10.91%);D:3 736(8.45%);BC:2 379(5.38%);C:2 342(5.3%);BD:904(2.04%);AC:582(1.32%);CD:219(0.5%);ABCD:124(0.28%);AB:61(0.14%);空选:30(0.07%);ABD:25(0.06%);ABC:10(0.02%);ACD:9(0.02%);BCD:2(0%)

【新课标要求】(必修)

3.1.2　知道点电荷模型。知道两个点电荷之间相互作用的规律。

例 3　与质点模型类比,体会在什么情境下可将带电体抽象为点电荷。

【试题情境】

本题属于基础性题目。本题以科学实验信息为背景,考查考生对点电荷模型、电荷均分思想、两个点电荷间相互作用规律的理解及应用,属于学习探究类问题情境。

【必备知识】

本题考查的知识点有必修 3-1 中的Ⅰ级考点"点电荷"和Ⅱ级考点"库仑定律"。

【关键能力】

本题考查的关键能力主要有理解能力和逻辑推理能力。试题以两个相互作用的带电金属球为载体，通过“库仑排斥力”分析乙金属球的电性；两个金属球接触后电荷均分，通过比较，推断两球之间库仑力的变化。试题考查了理解能力、逻辑推理能力，基础性较强。

【学科素养等级分析】

题目求解思路		素养要素	素养类型	学业质量等级
A、B	两个金属球间有“库仑排斥力”，得到乙球电性	能对比较简单的物理问题进行分析和推理	科学思维(科学推理)	水平 2
C、D	两个带电金属球接触再分开后电量均分；分别列出接触前后两球间的库仑力，进行比较	能在熟悉的问题情境中根据需要选用所学的恰当的模型解决简单的物理问题	科学思维(模型建构)	水平 3

【教学启示】

本试题属于学习探究类问题情境，注重基础知识和主干知识考查，要求我们加强对基本概念和基本规律的教学，引导学生关注教材、注重基础，课堂上分配时间专门指导学生阅读相关教材，促使物理课堂教学回归教材，体现教材的基础作用，夯实必备知识。

本题容易认为两个金属球之间的库仑力是吸引力，导致很多同学选择了 B、C 选项，究其原因，在于审题不仔细，理解能力差，逻辑推理能力欠缺。解决办法：强化审题能力的培养，教师要做好审题示范和逻辑推理示范。

库仑定律知识属于基础考点，备考中需要加强针对性训练，适时地进行错题回放。

【高考链接】

1. (2018·浙江卷，T6)真空中两个完全相同、带等量同种电荷的金属小球 A 和 B(可视为点电荷)，分别固定在两处，它们之间的静电力为 F，用一个不带电的同样金属球 C 先后与 A、B 球接触，然后移开球 C，此时 A、B 球间的静电力为(　　)。

A. $\dfrac{F}{8}$　　B. $\dfrac{F}{4}$　　C. $\dfrac{3F}{8}$　　D. $\dfrac{F}{2}$

答案：C。

解析：真空中两静止点电荷间静电力大小为 $F=k\dfrac{Q_AQ_B}{r^2}=k\dfrac{Q^2}{r^2}$，不带电的同样的金属小球 C 先与 A 接触有 $Q_C=Q'_A=\dfrac{Q}{2}$，带同种电荷金属小球 C 再与 B 接触有 $Q'_B=Q'_C=\dfrac{Q_B+Q_C}{2}=\dfrac{3Q}{4}$，则两点电荷间的静电力大小为 $F'=k\dfrac{Q'_AQ'_B}{r^2}=\dfrac{3kQ^2}{8r^2}=\dfrac{3F}{8}$，故 C 正确，A、B、D 错误。

2. (2011·海南卷，T3)三个相同的金属小球 1、2、3 分别置于绝缘支架上，各球之间的距离远大于小球的直径，球 1 带电荷量为 q，球 2 带电荷量为 nq，球 3 不带电且离球 1 和球 2 很远，此时球 1、2 之间作用力的大小为 F。现使球 3 先与球 2 接触，再与球 1 接触，然后将球 3 移至远处，此时球 1、2 之间作用力的大小仍为 F，方向不变。由此可知(　　)。

A. $n=3$　　B. $n=4$　　C. $n=5$　　D. $n=6$

答案：D。

解析：设1、2距离为r，则球1、2之间的作用力为$F=k\frac{nq^2}{r^2}$。3与2接触后，它们带的电量平分，均为$\frac{nq}{2}$。3再与1接触后，它们带的总电量平分，均为$\frac{(n+2)q}{4}$。将球3移至远处后，球1、2之间的作用力为$F=k\frac{n(n+2)q^2}{8r^2}$，联立两式解得$n=6$，选项D正确。

题目14　学校举行“利用生活中的物品进行物理实验”活动，某同学设想通过手机的摄像功能拍摄出自由下落的物体，之后对获得的视频分帧处理确定物体在某处的位置及下落速度，从而验证机械能守恒定律，实验装置如图甲所示。

实验具体操作如下：

A. 选取合适物体作“自由落体的物体”；

B. 用家用电子秤测出物体的质量；

C. 将毫米刻度尺固定在竖直墙壁上，手机固定在手机支架上，调整好摄像头的视野、位置；

D. 打开手机摄像功能，开始摄像；

E. 用手捏住物体，使其下端位于刻度尺零刻度处，松手物体自由下落；

F. 停止拍摄，对视频进行分帧处理，选取合适分帧图片，处理数据。

(1) 该同学身边有如乙图所示的物品，最适合用来作“自由落体的物体”的是________。

A. 乒乓球　　B. 羽毛球　　C. 小锁　　D. 纸飞机

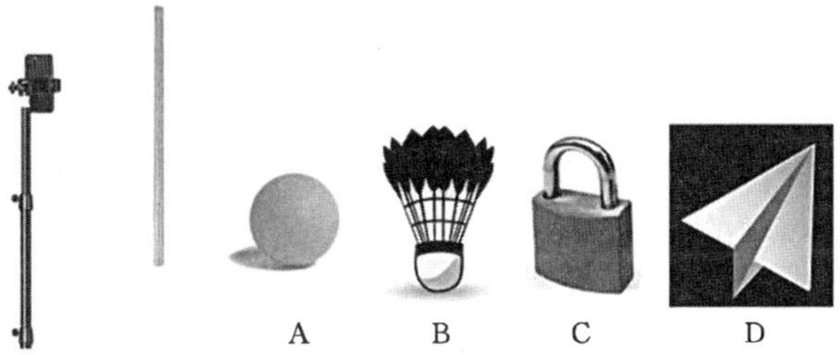

图甲　　图乙

(2) 上述实验操作中不必要的一项为________(填写操作步骤前的序号)。

(3) 数据处理时每隔0.08 s取一张分帧图片，选取连续获取的三帧图片，读出下落物体最下端对应刻度分别为：第一帧3.63 cm、第二帧13.47 cm、第三帧29.55 cm。

① 在计算物体下落速度时，该同学________(选写“可以”或“不可以”)用$v=\sqrt{2gH}$进行计算。

② 若选取0刻度处为验证机械能守恒的初位置，应选取第________帧图片所示位置作为末位置。若设此下落高度为H，该图片中物体对应的下落速度v为________ m/s(结果保留三位有效数字)，需要验证的公式为________。

【答案】(1) C。(2) B。(3) ① 不可以；② 二，1.62，$\frac{v^2}{2}=gH$(其他形式也给分)。

【解析】

(1) 本实验应尽量减小空气阻力的影响，所以应选择密度较大的小锁。

(2) 验证机械能守恒定律可以把公式两边的质量约去,故没有必要测出物体的质量。

(3) ① $v=\sqrt{2gH}$变形即可得到$v^2=2gH$,相当于用机械能守恒验证机械能守恒,故不可以用$v=\sqrt{2gH}$来计算速度。② 计算某位置瞬时速度的方法为“某过程的平均速度为该过程中间时刻的瞬时速度”,题中给出的数据只能确定第二帧图片所示位置的瞬时速度,故应选取第二帧图片作末位置;由$v=\dfrac{H_3-H_1}{2T}$代入数据计算可得v为 1.62 m/s,零刻度处静止释放,机械能守恒公式为$\dfrac{mv^2}{2}=mgH$两侧m可约去,故验证$\dfrac{v^2}{2}=gH$即可。

【数据分析】

全市范围内统计的难度系数为 0.51,属于中等难度题目;区分度 0.46,属于优秀等级。

分值	平均分	区分度	得分率	得分	得分人数	得分占比
10	5.07	0.46	50.72%	[0,3)	7 331	16.58%
				[3,6)	18 267	41.3%
				[6,9)	13 938	31.52%
				[9,10)	1 159	2.62%
				10	3 531	7.58%

【新课标要求】(必修)

2.1.4 通过实验,验证机械能守恒定律。理解机械能守恒定律,体会守恒观念对认识物理规律的重要性。能用机械能守恒定律分析生产生活中的有关问题。

【试题情境】

本题属于基础性题目,以学习实践为背景,考查考生对“验证机械能守恒定律”这一实验原理的理解、实验注意事项的掌握。

【必备知识】

本题考查的知识点为必修 2 中的Ⅱ级考点“功能关系、机械能守恒定律及其应用”。

【关键能力】

本题考查的关键能力主要有理解能力、逻辑推理能力、分析综合能力、信息加工能力、实验探究能力等。试题以验证机械能守恒定律为载体,通过分析实验具体操作步骤,考查学生的理解能力、逻辑推理能力、分析综合能力,同时涉及瞬时速度计算、公式整理,考查学生的分析综合能力和信息加工能力,试题的综合性较强。

【学科素养等级分析】

题目求解思路		素养要素	素养类型	学业质量等级
最适合用来作“自由落体的物体”	做自由落体运动,要求空气阻力相对于重力来讲可以忽略,故选用小锁	了解所学的物理概念和规律	物理观念(形成观念)	水平 2
		能在熟悉的问题情境中应用所学的常见物理模型	科学思维(模型构建)	水平 2

续表

题目求解思路		素养要素	素养类型	学业质量等级
实验操作中不必要的一项	实验验证机械能守恒，需满足 $mgH=\frac{mv^2}{2}$，其中 m 可消，B 项不必要	能对数据进行整理，得到初步的结论	科学探究（解释）	水平 2
		能对比较简单的物理现象进行分析和推理，获得结论	科学思维（科学推理）	水平 2
计算 v	$v=\sqrt{2gH}$ 和 $gH=\frac{v^2}{2}$ 可相互推导。v 的计算不能直接用运动学公式计算，应用实验数据通过“平均速度等于中间时刻瞬时速度”计算得到	能分析数据，发现其中规律，形成合理结论，用已有物理知识进行解释	科学探究（解释）	水平 4
需要验证的公式	根据机械能守恒定律解答	能分析数据，发现其中规律，形成合理结论，用已有物理知识进行解释	科学探究（解释）	水平 4

【教学启示】

试题为生活实践的情境，选用生活中的物品进行实验，考查较为基础。日常的物理课堂教学要多用情境化的试题帮助学生加深理解基本概念和规律，注重概念和规律的生成过程。

应规范作答，对于设问为选填、有保留有效数字的要求的，在日常教学中给出规范且正确的示范，在作业中给出纠正。

大部分试题基于学生的理解能力和分析综合能力作要求，在教学中要加强学生课本阅读、讨论与分析。

【高考链接】

[2017·天津卷，T28(2)] 如图所示，打点计时器固定在铁架台上，使重物带动纸带从静止开始自由下落，利用此装置验证机械能守恒定律。

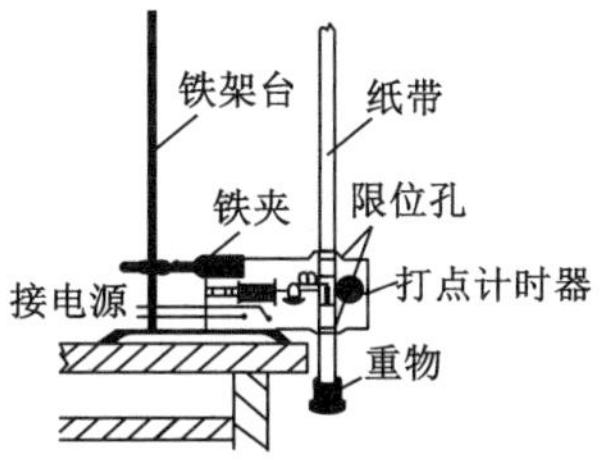

(1) 对于该实验，下列操作中对减小实验误差有利的是________。

A. 重物选用质量和密度较大的金属锤

B. 两限位孔在同一竖直面内上下对正

C. 精确测量出重物的质量

D. 用手托稳重物，接通电源后，撒手释放重物

(2) 某实验小组利用上述装置将打点计时器接到 50 Hz 的交流电源上，按正确操作得到了一条完整的纸带，由于纸带较长，图中有部分未画出，如图所示。纸带上各点是打点计时器打出的计时点，其中 O 点为纸带上打出的第一个点。重物下落高度应从纸带上计时点

间的距离直接测出,利用下列测量值能完成验证机械能守恒定律的选项有________。

A. OA、AD 和 EG 的长度　　B. OC、BC 和 CD 的长度

C. BD、CF 和 EG 的长度　　D. AC、BD 和 EG 的长度

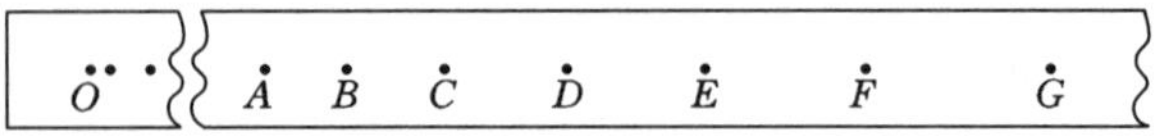

答案:(1) AB。(2) BC。

解析:(1) 重物选择用质量和密度较大的金属锤,可减小空气阻力以减小误差,A 正确;两限位孔在同一竖直面内上下对正,可减小纸带和打点计时器之间的阻力,以减小误差,B 正确;验证机械能守恒定律的原理是 $mgH=\frac{1}{2}mv_2^2-\frac{1}{2}mv_1^2$,重物质量可以消掉,无须精确测量出重物的质量,故 C 错误;应用手拉稳纸带而不是托住重物,接通电源,后撒手释放纸带,故 D 错误。

(2) 由 EG 的长度可求出打 F 点的速度 v_F,打 O 点的速度 $v_1=0$,求不出 OF 之间的距离 h,故 A 错误。由 BC 和 CD 的长度可求出打 C 点的速度 v_C,打 O 点的速度 $v_1=0$,有 OC 之间的距离 h,可以用来验证机械能守恒定律,故 B 正确。由 BD 和 EG 的长度可分别求出打 C 点的速度 v_1 和打 F 点的速度 v_2,有 CF 之间的距离 h,可以来验证机械能守恒定律,故 C 正确。用 AC、BD 和 EG 的长度可分别求出打 B、C、F 三点的速度,但 BC、CF、BF 之间的距离都无法求出,无法验证机械能守恒定律,故 D 错误。

题目 17　滑雪大跳台是 2022 年北京冬奥会项目。如图所示,质量 $m=60$ kg 的运动员从长直助滑道 AB 的 A 处由静止开始以加速度 $a=3.6\ \mathrm{m/s^2}$ 匀加速滑下,到达助滑道末端 B 处时速度 $v_B=24$ m/s,A 与 B 的竖直高度差 $H=48$ m。为了改变运动员的运动方向,在助滑道与起跳台之间用一弯曲滑道衔接,其中最低点 C 处附近是一段以 O(O 点未在图中标出)为圆心的圆弧,半径 R 为 12.8 m。助滑道末端 B 处与滑道最低点 C 处的高度差 $h=5$ m,C 点与 D 点的高度差 $h'=4$ m,取 $g=10\ \mathrm{m/s^2}$。($\sqrt{3}=1.732$,$\sqrt{5}=2.236$,$\sqrt{7}=2.646$)

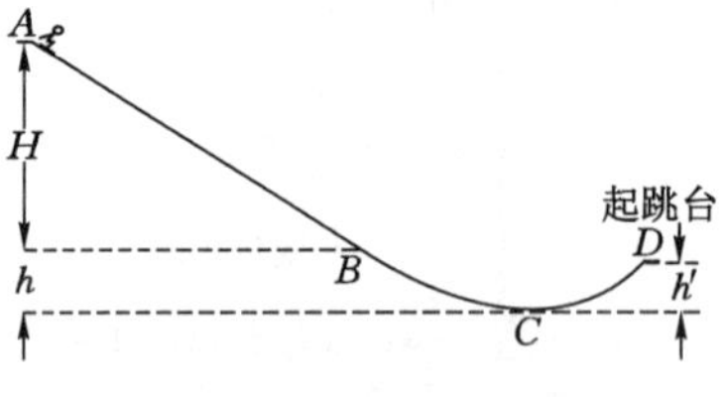

(1) 求运动员在 AB 段下滑时受到的阻力 f 的大小。

(2) 若运动员运动到 C 点,受到的支持力为 $6mg$,则运动员在 B、C 间运动时克服阻力做功 W_f 为多少?

(3) 若 CD 段光滑,求运动员滑到 D 点时的速度 v_D 大小(结果保留两位小数)。

【答案】(1) 144 N。(2) 1 080 J。(3) 23.67 m/s。

【解析】

(1) 运动员在 AB 段做初速度为零的匀加速运动。设 AB 的长度为 x,则有 $v_B^2=2ax$。运动员从 A 到 B,由动能定理得 $mgH-fx=\frac{1}{2}mv_B^2$,联立代入数据解得 $f=144$ N。

(2) 运动员到达 C 点时的速度为 v_C,在由 B 到达 C 的过程中,克服阻力做功为 W_f,由

动能定理得 $mgh-W_f=\frac{1}{2}mv_C^2-\frac{1}{2}mv_B^2$。运动员在 C 点时，由牛顿第二定律有 $F_N-mg=\frac{mv_C^2}{R}$，联立代入数据解得 $W_f=1\,080\ \text{J}$。

(3) 运动员从 C 到 D，由动能定理得，$-mgh'=\frac{1}{2}mv_D^2-\frac{1}{2}mv_C^2$。

代入数据解得 $v_D=4\sqrt{35}\ \text{m/s}\approx 23.67\ \text{m/s}$。

【数据分析】

全市范围内统计的难度系数为 0.38，属于较难题；区分度为 0.74，属于优秀等级。

分值	平均分	区分度	得分率	得分	得分人数	得分占比
12	4.5	0.74	37.51%	[0,3)	20 959	47.39%
				[3,6)	5 597	12.66%
				[6,9)	6 396	14.46%
				[9,12)	8 297	18.76%
				12	2 977	6.73%

【新课标要求】（必修）

1.2.3　理解牛顿运动定律，能用牛顿运动定律解释生产生活中的有关现象、解决有关问题。

2.1.2　理解动能和动能定理。能用动能定理解释生产和生活中的现象。

2.1.3　知道重力势能的变化与重力做功的关系。

2.2.3　能用牛顿第二定律分析匀速圆周运动的向心力。

【试题情境】

本题属于典型的力学综合性题目。本题以 2022 年北京冬奥会项目为情境，以"单物体-多过程"为出发点，考查学生对牛顿第二定律、动能定理、竖直平面内圆周运动的向心力实例分析等物理知识点的掌握情况。本题虽然过程较多，但是研究对象只有一个（运动员），因此整体来说难度不算太大。但是也正因为物理过程较多、计算强度比较大，因此需要学生能认真审题，弄清楚每个过程的做功和受力情况。本题考查了学生分析问题并能从复杂问题中提取出有用信息，利用数学处理物理问题的能力。本题将考纲中的高频考点，通过与 2022 年北京冬奥会中的体育运动结合起来，体现了物理与生活的紧密联系，突出了对应用性和综合性的考查。

【必备知识】

本题考查的知识点有必修 1 中的Ⅱ级考点"匀变速直线运动及其公式"，必修 2 中Ⅱ级考点"向心力"和"动能定理"。

【关键能力】

本题考查的关键能力主要有理解能力、模型建构能力、分析综合能力和信息加工能力等。试题以体育运动项目为情境，通过滑雪运动员在不同过程的运动情况、受力情况和做功情况，考查学生的分析综合和信息加工、运用数学手段解决物理问题的能力，尤其是涉及多过程中的动力学分析和能量分析，综合性很强。

【学科素养等级分析】

题目求解思路		素养要素	素养类型	学业质量等级
求摩擦力	用匀加速直线运动学公式和动能定理均可	能在熟悉的问题情境中应用常见的物理模型	科学思维（模型建构）	水平 2
求克服摩擦力做功	由向心加速度公式求出速度，再由动能定理求出克服摩擦力做功	具有圆周运动和能量的观念	物理观念（形成观念）	水平 2
		能在熟悉的情境中应用常见的物理模型	科学思维（模型建构）	水平 3
求 D 点速度	用动能定理对 CD 过程进行分析求解	能在熟悉的情境中应用常见的物理模型	科学思维（模型建构）	水平 2

【教学启示】

本题的情境较为新颖，且注重基础知识和主干知识考查。对于新教材、新课改、新高考背景下的物理教学，我们应该更加体现突出教材基础作用，夯实必备知识，从平时的课堂训练、限时训练、月考中做起，加强情境化命题，以之为载体考查基本概念和基本规律，引导学生关注教材、注重基础，促使物理课堂教学回归教材。在实际教学中可以用学生喜闻乐见的体育运动、科技大事件等为教学、命题的引入点，既突出了时代性和前沿性，也可以激发学生的学习兴趣。而且，新教材的课后题与章末练习题有许多较为新颖的题目，梯度设置合理，与课程内容结合紧密，值得认真对待。

本题主要利用动能定理、匀变速直线运动及其公式，结合牛顿第二定律求解摩擦力、做功和速度，整体思路比较简单清楚。由于过程多、计算量较大，常见错误有：部分学生列方程时功的正负分不清楚，导致整体出错；物理符号使用混乱，比如克服摩擦力做功，有同学直接用摩擦力符号 f 表示；由于本题计算量略大，部分同学计算结果不够准确，导致失分。这些问题凸显了我们物理课堂上对于规范性、准确性的训练还有不足，需要今后有针对性地解决。

本题需要学生能面对真实情境，从不同角度提出并准确表述可探究的物理问题，做出科学假设，并且能对比较简单的物理现象（滑雪）进行分析和推理，获得结论。在实际教学中需要大胆地鼓励、发动学生独立分析题目、解决题目，不要怕他们犯错，从平时就开始提升学生的各项综合能力和素养。

从本题所设计的呈现方式、考查知识点、数学要求来看，广大一线教师还需要进一步加强对课标、考纲、高考试题、模拟试题的研究，不断丰富、充实自己，使课堂教学、作业训练与高考接轨，做到真正实战化，这样方可实现课堂效率、学生素养提升最大化。

【高考链接】

(2019·天津卷，T22)完全由我国自行设计、建造的国产新型航空母舰已完成多次海试，并取得成功。航母上的舰载机采用滑跃式起飞，故甲板由水平甲板和上翘甲板两部分构成，如图 1 所示。为了便于研究舰载机的起飞过程，假设上翘甲板 BC 是与水平甲板 AB 相切的一段圆弧，如图 2 所示，AB 长 $L_1=150$ m，BC 水平投影 $L_2=63$ m，图中 C 点切线方向

与水平方向的夹角 $\theta=12°$($\sin 12°\approx 0.21$)。若舰载机从 A 点由静止开始做匀加速直线运动,经 $t=6$ s 到达 B 点进入 BC。已知飞行员的质量 $m=60$ kg,$g=10$ m/s^2,求:

图 1

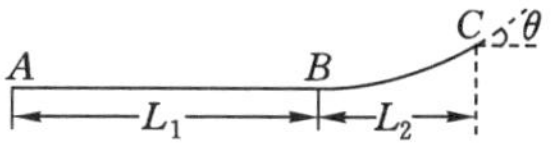

图 2

(1) 舰载机水平运动的过程中,飞行员受到的水平力所做功 W。

(2) 舰载机刚进入 BC 时,飞行员受到竖直向上的压力 F_N 多大。

答案:(1) $W=7.5\times 10^4$ J。(2) $F_N=1.1\times 10^3$ N。

解析:(1) 舰载机由静止开始做匀加速直线运动,设刚进入上翘甲板时的速度为 v,则有 $\frac{v}{2}=\frac{L_1}{t}$。根据动能定理,有 $W=\frac{1}{2}mv^2-0$。联立两式,代入数据,得 $W=7.5\times 10^4$ J。

(2) 设上翘甲板所对应的圆弧半径为 R,根据几何关系,有 $L_2=R\sin\theta$。由牛顿第二定律,有 $F_N-mg=m\frac{v^2}{R}$。联立上式,代入数据,得 $F_N=1.1\times 10^3$ N。

推广应用篇

邯郸市第四届高中物理教师教学技能大赛试题演说案例 1

【原题呈现】（2018·全国Ⅲ卷，T22）（6 分）甲、乙两同学通过下面的实验测量人的反应时间。实验步骤如下：

（1）甲用两个手指轻轻捏住量程为 L 的木尺上端，让木尺自然下垂。乙把手放在尺的下端（位置恰好处于 L 刻度处，但未碰到尺），准备用手指夹住下落的尺。

（2）甲在不通知乙的情况下，突然松手，尺子下落；乙看到尺子下落后快速用手指夹住尺子。若夹住尺子的位置刻度为 L_1，重力加速度大小为 g，则乙的反应时间为________（用 L、L_1 和 g 表示）。

（3）已知当地的重力加速度大小为 $g=9.80\ m/s^2$，$L=30.0\ cm$，$L_1=10.4\ cm$。乙的反应时间为________ s。（结果保留 2 位有效数字）

（4）写出一条能提高测量结果准确程度的建议：________。

【题源背景】

1. 课标要求（必修）

1.1.4　通过实验，认识自由落体运动规律。结合物理学史的相关内容，认识物理实验与科学推理在物理学研究中的作用。

2. 教材回归

（1）人教版新教材必修一，P50，“自由落体运动”

物体只在重力作用下从静止开始下落的运动，叫作**自由落体运动**（free-fall motion）。这种运动只在真空中才能发生。在有空气的空间，如果空气阻力的作用比较小，可以忽略，物体的下落可以近似看作自由落体运动。

（2）人教版新教材必修一，P51，“自由落体加速度”

自由落体加速度

对不同物体进行的实验结果表明，在同一地点，一切物体自由下落的加速度都相同，这个加速度叫作**自由落体加速度**（free-fall acceleration），也叫作**重力加速度**（gravitational acceleration），通常用 g 表示。

（3）人教版新教材必修一，P52，“自由落体加速度”

▶ 世界是物质的，物质的运动有多种形式，例如机械运动、热运动和电磁运动等。这些不同的运动形式有着不同的运动规律，我们将陆续学习。

自由落体运动是初速度为 0 的匀加速直线运动，所以匀变速直线运动的基本公式及其推论都适用于自由落体运动。

把初速度 $v_0=0$ 和加速度 $a=g$ 分别代入匀变速直线运动的速度与时间的关系式和位移与时间的关系式，可以得到自由落体的速度、位移与时间的关系式分别为

$$v=gt,\ x=\frac{1}{2}gt^2$$

3. 试题情境

本题以乙同学抓自由下落的尺子测反应时间为情境，源于人教版新教材必修一第二章“匀变速直线运动的研究”第4节“自由落体运动”中第55页的练习与应用第6题：制作一把“人的反应时间测量尺”。

以使用日常生活中的直尺，同桌之间可在课间进行的“测量人的反应时间”的生活实践为载体，引导学生观察生活中的物理现象，引导高中物理教学回归教材、重视基础、回归生活，体现高考要引导教学的核心功能。

必备知识上考查了位移的概念和自由落体运动的规律；关键能力上考查学生对于实验设计的理解和简单的实验处理能力；学科素养上考查自由落体运动的模型建构能力；核心价值上要求学生给出一条能够提高测量结果准确程度的建议，让学生在反思结果的基础上提出改进的措施，体现正确方法论的考查。

本题出自课本原型“自由落体运动”，考查内容具有基础性；将位移的基本概念和自由落体运动的规律结合在一起，体现了综合性；解决日常生活中常见的现象，具有应用性；同时通过开放式设问，要求学生提出改进措施，培养学生发散思维和批判性思维，体现创新性。

【关键能力】

通过审题得出人的反应时间和尺子下落时间近似相等，由尺子的刻度信息 $L-L_1$ 得出尺子下落的位移 x，并联系自由落体运动及其规律，考查学生对题目的理解能力。

抓住使尺子下落的主要因素（重力），忽略次要因素（空气阻力），建构尺子运动的模型——自由落体运动，考查学生的模型建构能力。

将尺子下落的刻度变化 $L-L_1$ 与自由落体运动的规律 $x=\frac{1}{2}gt^2$ 结合在一起，综合分析得出时间 $t=\sqrt{\frac{2(L-L_1)}{g}}$ 并进行运算，根据题目要求保留适当的有效数字位数，考查学生的分析综合能力。

通过写一条提高准确度的建议，让学生以批判性思维审视试题，找出实验中的误差来源，并提出有效的改进建议，考查学生的实验探究能力。

【核心素养】

题目求解思路	素养要素	素养类型	学业质量等级
利用尺子初、末位置刻度的变化确定尺子的位移，应用自由落体运动规律求解时间	了解所学的物理概念规律及其相互关系，能解释自然现象，解决实际问题	物理观念	水平3
根据尺子的运动，抓住主要因素（重力），忽略次要因素（摩擦力），建立自由落体运动的模型；根据人的反应时间和抓尺子所需要的时间与尺子下落时间的关系得出本实验的误差来源，提出对应的改进意见	能将实际问题中的对象和过程转换成所学的物理模型；能对综合性物理问题进行分析和推理，获得结论并作出解释；能恰当使用证据证明物理结论；能对已有结论提出有依据的质疑，采用不同方式分析解决物理问题	科学思维	水平4

续表

题目求解思路	素养要素	素养类型	学业质量等级
通过误差分析并提出改进意见，培养学生严谨认真的科学态度；根据生活经验得出实验具有偶然性，需要多次实验求平均值以减少实验误差的结论，培养学生平时做实验的动手能力	认识到物理研究是建立在观察和实验基础上的一项创造性工作；有较强的学习和研究物理的兴趣，能做到实事求是，在合作中能尊重他人	科学态度与责任	水平 3

【审答思路】

思维过程：

问 1：如何测量人的反应时间？

思考 1：……

答 1：人的反应时间与尺子的下落时间相同，具有等时性。

问 2：尺子做什么运动？时间如何求？

思考 2：……

答 2：自由落体运动，用自由落体运动规律位移和时间的关系式 $x=\frac{1}{2}gt^2$。

问 3：尺子下落的位移如何求解？

思考 3：……

答 3：初位置刻度为 L，末位置刻度为 L_1，位移 x 大小为 $L-L_1$。

问 4：如何将时间用 L、L_1 和 g 表示出来，并代数求解？（注意位数的保留）

思考 4：……

答 4：由 $L-L_1=\frac{1}{2}gt^2$ 整理得 $t=\sqrt{\frac{2(L-L_1)}{g}}$，代数并保留两位有效数字得 $t=0.20$ s。

问 5：本实验有哪些误差来源？

思考 5：……

答 5：偶然走神反应时间长，手与尺子距离过远，测量时间为人的反应时间和手指抓尺子的运动时间。

问 6：如何改进实验来提高测量结果准确程度？

思考 6：……

答 6：多次测量取平均值；初始时乙的手指尽可能接近尺子。

本题易错点：

(1) 不能正确写出尺子的位移 x 与尺子刻度变化 $L-L_1$ 的关系，不能有效地建构物理模型，从而导致题目无法求解。

(2) 忽略括号中要求的保留 2 位有效数字的信息，只保留 1 位，从而导致结果书写错误。

(3) 无法从题目中找出实验的误差来源，或者知道误差来源但无法写出改进建议导致最后一问不得分。

应答策略：

找准题目的关键信息进行加工和处理，由人的反应时间与尺子下落的时间近似相等，将问题转化为求尺子下落时间;突出尺子下落的主要问题(重力),忽略次要问题(空气阻力),建构尺子下落的物理模型——自由落体运动,注重培养学生将生活中情境建构为物理模型的能力;利用该模型规律位移与时间的关系 $x=\frac{1}{2}gt^2$,将尺子下落位移 x 与初、末位置刻度 $L-L_1$ 的关系代入求出时间,培养学生的数据处理能力;注意培养学生的审题能力,根据题目要求保留适当位数;随后对实验结果进行反思,找出其中可能存在的误差来源并进行分析,提出改进建议,培养学生批判性思维。

【讲题策略】

1. 讲解原题

(2) 由题得人的反应时间近似等于尺子的下落时间,根据尺子的位移和自由落体运动的规律,得 $L-L_1=\frac{1}{2}gt^2$,解得 $t=\sqrt{\frac{2(L-L_1)}{g}}$。

(3) 将 $g=9.80\ \text{m/s}^2$,$L=30.0\ \text{cm}=0.300\ \text{m}$,$L_1=10.4\ \text{cm}=0.104\ \text{m}$,代入 $t=\sqrt{\frac{2(L-L_1)}{g}}$,得 $t=0.20\ \text{s}$。

(4) 同桌两人互相配合测测各自的反应时间,比较两个人反应时间的长短,找找反应时间长的原因:是精力不集中走神了?是手离尺子太远?是手抓的位置不准(靠上或靠下)?还是手的灵活度不够(不能马上抓住下落的尺子)?

大家改进后再重新测一次,看看测量结果是否一致。若不一致怎么办?

同学亲自实验后发现:乙的注意力要高度集中;初始时手指尽可能接近尺子;手抓尺子不能上下移动、测试前要活动一下手指,保持适当的灵活性;同时,由于每次测量结果都不同,所以要多次测量取平均值,确保数据尽量准确。

2. 巩固练习

(1) 由于每次测量的数据都不同,而且数据都不整,计算比较复杂,我们需要把手中普通的尺子改造一下,变成可以直接读出时间的尺子,请大家思考一下,马上开始!

题目参考:人教版新教材必修一第二章"匀变速直线运动的研究"第 4 节"自由落体运动"中第 55 页的练习与应用第 6 题:制作一把"人的反应时间测量尺"。

6. 制作一把"人的反应时间测量尺"。

如图 2.4-10 甲,A 同学用两个手指捏住直尺的顶端,B 同学用一只手在直尺 0 刻度位置做捏住直尺的准备,但手不碰到直尺。在 A 同学放开手指让直尺下落时,B 同学立刻捏住直尺。读出 B 同学捏住直尺的刻度,就是直尺下落的高度,根据自由落体运动公式算出直尺下落的时间,就是 B 同学的反应时间。

利用这种方法,你能不能把下面刻度尺的长度刻度,直接标注为时间刻度,使它变为"人的反应时间测量尺"?请尝试在下图 2.4-10 乙的长度刻度旁标注时间刻度。

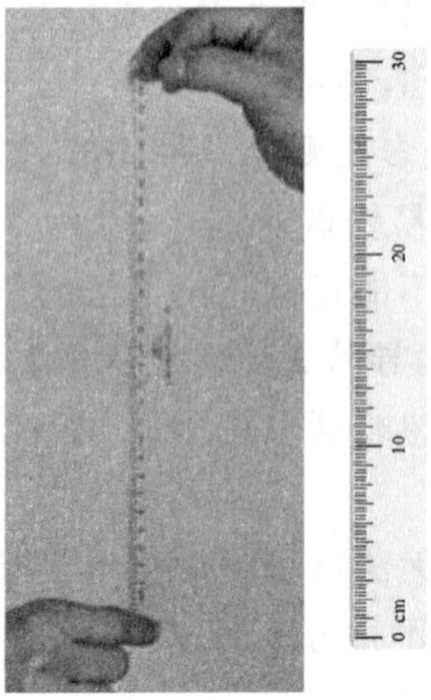

甲　　　　乙

图 2.4-10

(2)(2019·全国Ⅰ卷,T18)如图,篮球架下的运动员原地垂直起跳扣篮,离地后重心上升的最大高度为 H。上升第一个$\frac{H}{4}$所用的时间为 t_1,第四个$\frac{H}{4}$所用的时间为 t_2。不计空气阻力,则$\frac{t_2}{t_1}$满足(　　)。

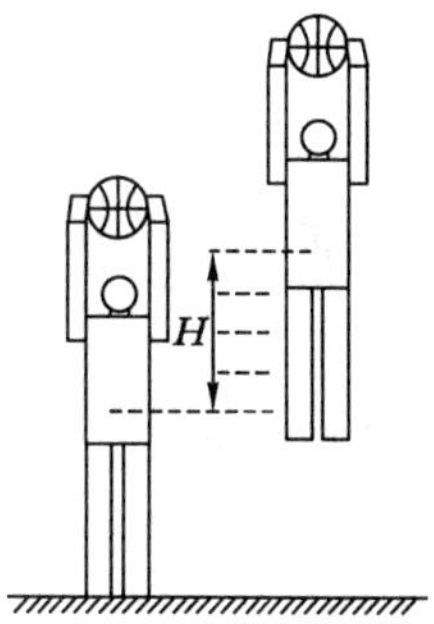

A. $1<\frac{t_2}{t_1}<2$　　B. $2<\frac{t_2}{t_1}<3$

C. $3<\frac{t_2}{t_1}<4$　　D. $4<\frac{t_2}{t_1}<5$

答案:C。

解析:本题应用逆向思维求解,即运动员的竖直上抛运动可等同于从一定高度处开始的自由落体运动的逆向运动,所以第四个$\frac{H}{4}$所用的时间为 $t_2=\sqrt{\frac{2\times\frac{H}{4}}{g}}$,第一个$\frac{H}{4}$所用的时间为 $t_1=\sqrt{\frac{2H}{g}}-\sqrt{\frac{2\times\frac{3}{4}H}{g}}$,因此有$\frac{t_2}{t_1}=\frac{1}{2-\sqrt{3}}=2+\sqrt{3}$,即 $3<\frac{t_2}{t_1}<4$,选项 C 正确。

(涉县第一中学　任亚青)

邯郸市第四届高中物理教师教学技能大赛试题演说案例2

【原题呈现】(2019·全国Ⅰ卷,T20)空间存在一方向与纸面垂直、大小随时间变化的匀强磁场,其边界如图(a)中虚线MN所示。一硬质细导线的电阻率为ρ、横截面积为S,将该导线做成半径为r的圆环固定在纸面内,圆心O在MN上。$t=0$时磁感应强度的方向如图(a)所示,磁感应强度B随时间t的变化关系如图(b)所示,则在$t=0$到$t=t_1$的时间间隔内(　　)。

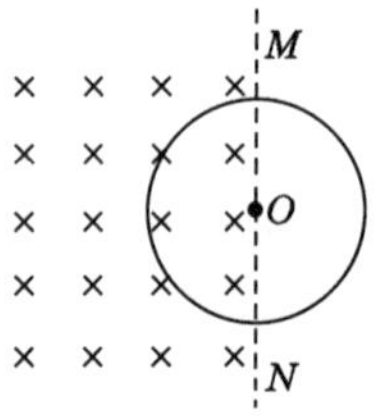

图(a)

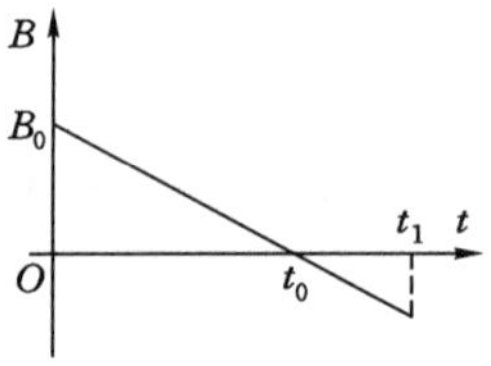

图(b)

A. 圆环所受安培力的方向始终不变　　B. 圆环中的感应电流始终沿顺时针方向

C. 圆环中的感应电流大小为$\dfrac{B_0rS}{4t_0\rho}$　　D. 圆环中的感应电动势大小为$\dfrac{B_0\pi r^2}{4t_0}$

【题源背景】

1. 课标要求(选修)

2.1.1　通过实验,认识安培力。能判断安培力的方向,会计算安培力的大小。了解安培力在生产生活中的应用。

2.2.1　探究影响感应电流方向的因素,理解楞次定律。

2.2.2　通过实验,理解法拉第电磁感应定律。

2. 教材回归

(1) 人教版新教材选择性必修二,P25,"楞次定律"

楞次定律

1834年,俄国物理学家楞次在分析了许多实验事实后,得到了关于感应电流方向的规律:**感应电流具有这样的方向,即感应电流的磁场总要阻碍引起感应电流的磁通量的变化**。这就是**楞次定律**(Lenz's law)。

(2) 人教版新教材选择性必修二,P30,"电磁感应定律"

德国物理学家纽曼、韦伯在对理论和实验资料进行严格分析后,于1845年和1846年先后指出:**闭合电路中感应电动势的大小,跟穿过这一电路的磁通量的变化率成正比**。因法拉第对电磁感应现象研究的巨大贡献,后人称之为**法拉第电磁感应定律**(Faraday's law of electromagnetic induction)。

(3) 人教版新教材选择性必修三,P58,"导体的电阻律";P86,"闭合电路的欧姆定律及其能量分析”

> **导体的电阻率**
>
> 通过上述实验可知：**同种材料的导体，其电阻 R 与它的长度 l 成正比，与它的横截面积 S 成反比；导体电阻还与构成它的材料有关。**写成公式则是
>
> $$R=\rho\frac{l}{S}$$
>
> 进一步实验会发现，同种材料的导体，式中的 ρ 是不
> 也就是
>
> $$\boxed{I=\frac{E}{R+r}} \qquad (1)$$
>
> 上式表示：**闭合电路的电流跟电源的电动势成正比，跟内、外电路的电阻之和成反比。**这个结论叫作**闭合电路的欧姆定律。**
>
> 我们用 $U_{外}$ 表示 IR，它是外电路总的电势降落；用 $U_{内}$ 表示 Ir，它是内电路的电势降落。则闭合电路的欧姆定律也可以写为
>
> $$\boxed{E=U_{外}+U_{内}}$$
>
> 这就是说，电源的电动势等于内、外电路电势降落之和。

3. 试题情境

试题来源于选择性必修二中的电磁感应现象，以磁感应强度随时间变化而产生感应电动势为情境通过图像重点考查了楞次定律、法拉第电磁感应定律、欧姆定律和电阻定律、安培定则的综合应用，引导高中物理教学回归教材，重视基础。

【关键能力】

考查了结合图像分析求解以及感应电动势大小、感应电流大小和方向、安培力方向以及对电磁感应现象的辨识和分析，强化学生结合图像获取信息、分析问题，对分析综合能力和信息加工的能力有一定要求，突出了“四翼”中的基础性和综合性。

【核心素养】

题目求解思路	素养要素	素养类型	学业质量等级
能利用 B-t 图像确定感应电动势的大小，判断感应电流的方向和安培力的方向	具有清晰、系统的物理观念，能从物理学的视角正确描述和解释自然现象，能灵活应用所学的物理知识解决实际问题，能有效指导工作和生活实践	物理观念	水平 5
根据欧姆定律和电阻定律确定感应电流的大小	能在熟悉的问题情境中根据需要选用恰当的模型解决简单的物理题；能对常见的物理现象进行分析和推理，获得结论并作出解释；能恰当使用证据表达自己的观点；能对已有观点提出质疑，从不同角度思考物理问题	科学思维	水平 3

【审答思路】

思维过程：

问 1：图(b)中 t_0 前后原磁场大小和方向怎样变化？

思考 1……

答 1:t_0前垂直纸面向里减小,t_0后垂直纸面向外增大。

问 2:感应磁场方向如何判断?

思考 2……

答 2:根据楞次定律(增反减同),感应磁场方向始终垂直纸面向里。

问 3:图(a)中圆环感应电流方向如何判断?

思考 3:……

答 3:根据安培定则判断出感应电流始终沿顺时针方向。

问 4:圆环所受安培力方向 t_0前后变化吗?

思考 4:……

答 4:感应电流方向没变,原磁场方向改变,安培力方向改变。

问 5:感应电动势的大小如何计算?

思考 5:……

答 5:根据法拉第电磁感应定律有 $E=\dfrac{\Delta\Phi}{\Delta t}$。

问 6:图(a)中圆环有效面积是多少?

思考 6:……

答 6:$S_{有}=\dfrac{\pi r^2}{2}$。

问 7:图(b)中可获得怎样的有用数据用来求解 E?

思考 7:……

答 7:可利用 B-t 图像的斜率得出 $E=\dfrac{\Delta\Phi}{\Delta t}=\dfrac{\Delta BS_{有}}{\Delta t}=\dfrac{B_0\pi r^2}{2t_0}$。

问 8:圆环的电阻如何计算?

思考 8:……

答 8:根据电阻定律有 $R=\dfrac{\rho l}{S}=\dfrac{2\rho\pi r}{S}$。

问 9:感应电流大小如何计算?

思考 9:……

答 9:根据欧姆定律有 $I=\dfrac{E}{R}=\dfrac{B_0 rS}{4t_0\rho}$。

本题易错点:

(1) 原磁场大小和方向在 t_0前后的变化判断失误导致感应电流方向判断错误;

(2) 没有意识到圆环所受安培力是原磁场的作用效果,t_0前后原磁场方向发生改变;

(3) 圆环的有效面积计算错误导致电动势、电流的大小计算错误。

应答策略:

找准图(a)和图(b)中的关键信息进行加工和处理,原磁场大小和方向在 t_0前后的变化首先要明确,楞次定律和法拉第电磁感应定律、欧姆定律、电阻定律要熟练掌握,这样题目就能得以解答。要注重培养学生对基础知识的综合应用能力和识图能力。

【讲题策略】

1. 审题(教会学生如何快速而有效地审题)

(1) 认真读题目,划出关键词;

(2) 快速读选项,做到心中有数,找突破口。

2. 解答(教会学生如何快速突破)

(1) A 和 B 两选项是方向的判断。A 中安培力的方向取决于 B 中感应电流方向,突破口在 B 项。根据图(b)判断,t_0前原磁场垂直于纸面向里在减小,t_0后变为垂直于纸面向外在增大,根据楞次定律(增反减同)感应磁场方向始终垂直于纸面向里,再根据安培定则判断感应电流方向始终沿顺时针,B 项正确。而在 t_0前后,原磁场方向发生变化,安培力方向发生变化,A 项错误。这里强调安培力是原磁场的作用效果。

(2) C 和 D 两选项是定量的计算。D 中感应电动势的大小如果得出 C 中感应电流大小则随之得出,突破口在 D 项。根据 $E=\frac{\Delta\Phi}{\Delta t}=\frac{\Delta BS}{\Delta t}$,在图(b)中易得出$\frac{\Delta B}{\Delta t}=\frac{B_0}{t_0}$,此时应注意式中 S 应为有效面积,$S_{有}=\frac{\pi r^2}{2}$,代入数据得出 $E=\frac{\Delta\Phi}{\Delta t}=\frac{\Delta BS_{有}}{\Delta t}=\frac{B_0\pi r^2}{2t_0}$,所以 D 项错误。将 $R=\frac{\rho l}{S}=\frac{2\rho\pi r}{S}$、$E=\frac{B_0\pi r^2}{2t_0}$代入 $I=\frac{E}{R}=\frac{B_0 rS}{4t_0\rho}$得出 C 项正确。

3. 拓展(教会学生解题技巧)

该题还可以进行坐标轴的转换,因为圆环的有效面积不变,由 $\Phi=BS$ 可将 B-t 图像转化为 Φ-t 图像,其斜率 $k=\frac{\Delta\Phi}{\Delta t}$,即 $E=\frac{\Delta\Phi}{\Delta t}=k$,由图像可知斜率不变,感应电动势的大小和方向都不变,感应电流的大小和方向就不变。

4. 巩固练习

(1) (2018・全国Ⅲ卷,T20)如图(a),在同一平面内固定有一长直导线 PQ 和一导线框 R,R 在 PQ 的右侧。导线 PQ 中通有正弦交流电流 i,i 的变化如图(b)所示,规定从 Q 到 P 为电流的正方向。导线框 R 中的感应电动势(　　)。

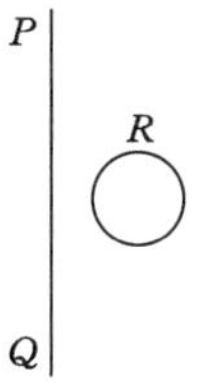

图(a)

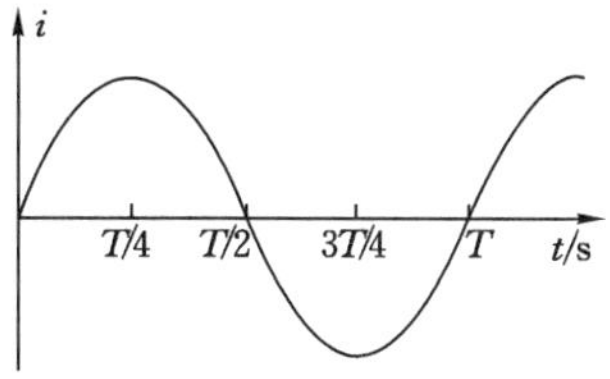

图(b)

A. 在 $t=\frac{T}{4}$时为零　　B. 在 $t=\frac{T}{2}$时改变方向

C. 在 $t=\frac{T}{2}$时最大,且沿顺时针方向　　D. 在 $t=T$ 时最大,且沿顺时针方向

答案:AC。

解析:由图(b)可知,导线 PQ 中电流在 $t=\frac{T}{4}$时达到最大值,变化率为零,导线框 R 中

磁通量变化率为零，根据法拉第电磁感应定律，在 $t=\frac{T}{4}$ 时导线框中产生的感应电动势为零，选项 A 正确；在 $t=\frac{T}{2}$ 时，导线 PQ 中电流图像斜率方向不变，所以导线框 R 中磁通量变化率的正负不变，根据楞次定律，在 $t=\frac{T}{2}$ 时，导线框中产生的感应电动势方向不变，选项 B 错误；由于在 $t=\frac{T}{2}$ 时，导线 PQ 中电流图像斜率最大，电流变化率最大，所以导线框 R 中磁通量变化率最大，根据法拉第电磁感应定律，在 $t=\frac{T}{2}$ 时导线框中产生的感应电动势最大，由楞次定律可判断出感应电动势的方向为顺时针方向，选项 C 正确；由楞次定律可判断出在 $t=T$ 时感应电动势的方向为逆时针方向，选项 D 错误。

(2) (2017·全国Ⅱ卷，T20)两条平行虚线间存在一匀强磁场，磁感应强度方向与纸面垂直。边长为 0.1 m、总电阻为 0.005 Ω 的正方形导线框 $abcd$ 位于纸面内，cd 边与磁场边界平行，如图(a)所示。已知导线框一直向右做匀速直线运动，cd 边于 $t=0$ 时刻进入磁场。线框中感应电动势随时间变化的图线如图(b)所示(感应电流的方向为顺时针时，感应电动势取正)。下列说法正确的是(　　)。

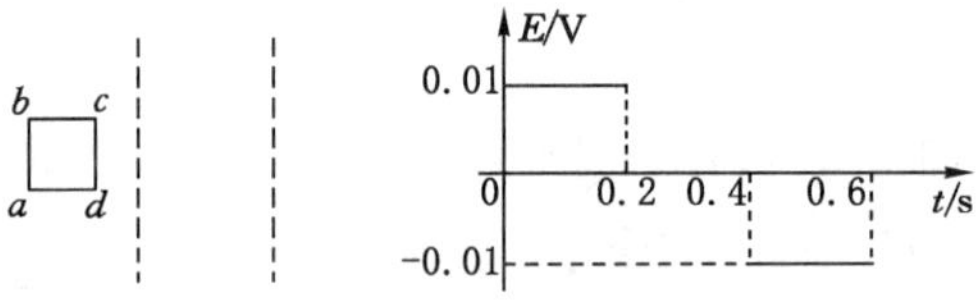

图(a)　　图(b)

A. 磁感应强度的大小为 0.5 T

B. 导线框运动速度的大小为 0.5 m/s

C. 磁感应强度的方向垂直于纸面向外

D. 在 $t=0.4$ s 至 $t=0.6$ s 这段时间内，导线框所受的安培力大小为 0.1 N

解析：由 E-t 图像可知，线框经过 0.2 s 全部进入磁场，则速度 $v=\frac{l}{t}=\frac{0.1}{0.2}$ m/s$=0.5$ m/s，选项 B 正确；$E=0.01$ V，根据 $E=BLv$ 可知，$B=0.2$ T，选项 A 错误；根据楞次定律可知，磁感应强度的方向垂直于纸面向外，选项 C 正确；在 $t=0.4$ s 至 $t=0.6$ s 这段时间内，导线框中的感应电流 $I=\frac{E}{R}=\frac{0.01}{0.005}$ A$=2$ A，所受的安培力大小为 $F=BIL=0.04$ N，选项 D 错误；故选 BC。

(邯郸市第三中学　赵晓宁)

邯郸市第四届高中物理教师教学技能大赛试题演说案例3

【原题呈现】(2020·全国Ⅱ卷,T21)水平冰面上有一固定的竖直挡板,一滑冰运动员面对挡板静止在冰面上,他把一质量为4.0 kg的静止物块以大小为5.0 m/s的速度沿与挡板垂直的方向推向挡板,运动员获得退行;物块与挡板弹性碰撞,速度反向,追上运动员时,运动员又把物块推向挡板,使其再一次以大小为5.0 m/s的速度与挡板弹性碰撞。总共经过8次这样推速度物块后,运动员退行速度的大小大于5.0 m/s,反弹的物块不能再追上运动员。不计冰面的摩擦力,该运动员的质量可能为(　　)。

A. 48 kg　　B. 53 kg　　C. 58 kg　　D. 63 kg

【题源背景】

1. 课标要求(选修)

1.1.1　理解冲量和动量。通过理论推导和实验,理解动量定理和动量守恒定律,能用其解释生产生活中的有关现象。知道动量守恒定律的普适性。

1.1.2　通过实验,了解弹性碰撞和非弹性碰撞的特点。定量分析一维碰撞问题并能解释生产生活中的弹性碰撞和非弹性碰撞现象。

2. 教材回归

人教版新教材选择性必修一,P12,“动量守恒定律”:

> **动量守恒定律**
>
> 一般而言,碰撞、爆炸等现象的研究对象是两个(或多个)物体。我们把由两个(或多个)相互作用的物体构成的整体叫作一个力学系统,简称**系统**(system)。例如,研究炸弹的爆炸时,它的所有碎片及产生的燃气构成的整个系统是研究对象。
>
> 系统中物体间的作用力,叫作**内力**(internal force)。系统以外的物体施加给系统内物体的力,叫作**外力**(external force)。
>
> 理论和实验都表明:**如果一个系统不受外力,或者所受外力的矢量和为0,这个系统的总动量保持不变**。这就是**动量守恒定律**(law of conservation of momentum)。

3. 试题情境

题目以滑冰运动员推物块为情境,联系体育运动,属于生产生活实践问题情境。题目涉及两个主要研究对象,通过物块与挡板的弹性碰撞,实现运动员与物块的多次相互作用。试题中人与物块的相互作用类似于人教版新教材选择性必修一第一章第3节的例题2,通过系统内力使两个物体的速度发生变化,是动量守恒定律的具体应用。知识点上考查了学生对弹性碰撞的理解、动量守恒定律的应用。

【关键能力】

本题以滑冰运动员推物块为情境,在推动过程中,根据冰面光滑推测系统所受合外力为零,符合动量守恒定律的适用条件,进而进行分析和运算。这里考查了学生的理解能力和应用实践能力。物块被推走后在挡板的作用下以原速率返回,与运动员进行二次、三次、多次相互作用,每次相互作用都符合系统动量守恒条件,但每次的总动量都不一样,需要学生具备一定的逻辑推理能力、分析综合能力及信息加工能力。

【核心素养】

题目求解思路	素养要素	素养类型	学业质量等级
根据动量守恒定律,求解出运动员推完物块后,两者各自的速度	学生需要具有清晰的物理观念,能利用动量知识解释自然现象,能综合应用物理知识解决实际问题	物理观念	水平 3
由动量守恒定律,计算出运动员与物块多次作用后的速度,并探寻速度规律	能将实际问题中的对象和过程转换成物理模型。能对核心物理问题进行分析和推理,获得结论并作出解释	科学思维	水平 4

【审答思路】

思维过程:

问 1:题目涉及几个物体、几个过程?

思考 1:……

答 1:题目涉及两个物体,多个过程。

问 2:运动员推物块的过程满足什么原理,推完后两者速度如何计算?

思考 2:……

答 2:运动员推物块后,两者的速度可根据动量守恒定律来求解。

问 3:如何求解运动员推了 N 次后的速度通式?

思考 3:……

答 3:先根据动量守恒定律求运动员前三次推完物块后的速度,然后分析比较,推出推了 N 次后的速度通式。

本题易错点:

(1) 在每次推动物块的过程中,没有设定明确的正方向,造成计算错误。

(2) 在多次推动物块的过程中,每次推动过程中系统的动量都守恒,但每次的总动量都不相同,故需分阶段列动量守恒关系。

应答策略:

首先明确动量守恒定律的适用条件,即系统不受外力或所受合外力为 0 时,系统动量守恒。然后对前三次的相互作用做独立分析,应用动量守恒定律。最后根据前三次的结果归纳出速度规律,进而求得结果。

【讲题策略】

提问 1:题目涉及几个物体、几个过程?

思考 1:运动员推物块,物块获得向前的速度,同时运动员获得向后的速度。随后物块与挡板发生弹性碰撞返回,若物块速度大于运动员的速度,则物块会与运动员再次相遇。运动员与物块相遇后再推木块,木块获得向前的速度,同时运动员向后的速度增大。这样的过程会持续多次,直到木块的速度大小小于运动员的速度为止,此时两物体不再相遇。

答 1:题目涉及两个物体,多个过程。

问 2：运动员推物块的过程满足什么原理？推完后两者速度如何计算？

思考 2：运动员和物块在水平冰面上，冰面的摩擦不计，其相互作用过程满足动量守恒的条件，可以根据动量守恒定律来求解速度。

答 2：运动员推物块后，两者的速度可根据动量守恒定律来求解。

问题 3：题目中物块被推 8 次后追不上人，说明第 8 次推物块后，人的速度大于 5 m/s，那么如何求解运动员推 8 次后的速度公式？

思考 3：每次推物块的过程都满足动量守恒定律，求解出运动员前三次推完物块后的速度，通过比较，推断出推 8 次后的速度通式。

答 3：先根据动量守恒定律求运动员前三次推完物块后的速度，然后分析比较，推断出推了 N 次后的速度通式。

具体解答步骤如下：

设运动员和物块的质量分别为 m、m_0，规定运动员运动的方向为正方向。运动员开始时静止，第一次将物块推出后，运动员和物块的速度大小分别为 v_1、v_0，则根据动量守恒定律，有 $0=mv_1-m_0v_0$，解得 $v_1=\frac{m_0}{m}v_0$。

物块与弹性挡板撞击后，运动方向与运动员同向，当运动员再次推出物块时，根据动量守恒定律，得 $mv_1+m_0v_0=mv_2-m_0v_0$，解得 $v_2=\frac{3m_0}{m}v_0$。

第 3 次推出后，同理可得 $mv_2+m_0v_0=mv_3-m_0v_0$，解得 $v_3=\frac{5m_0}{m}v_0$。

推理可得，第 n 次推出物块时，运动员的速度为 $v_n=\frac{(2n-1)m_0}{m}v_0$。

第 8 次推出后，运动员的速度为 $v_8=\frac{15m_0}{m}v_0$。

根据题意可知 $v_8=\frac{15m_0}{m}v_0>5\ \mathrm{m/s}$，解得 $m<60\ \mathrm{kg}$。

第 7 次运动员的速度一定小于 5 m/s，则 $v_7=\frac{13m_0}{m}v_0<5\ \mathrm{m/s}$，解得 $m>52\ \mathrm{kg}$。

综上所述，运动员的质量满足 $52\ \mathrm{kg}<m<60\ \mathrm{kg}$，故选 BC。

（邯郸市第一中学　杨天照）

邯郸市第四届高中物理教师教学技能大赛试题演说案例 4

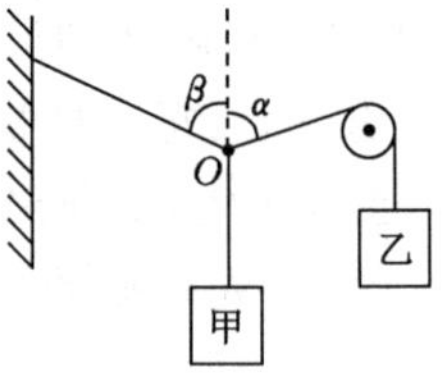

【原题呈现】(2020·全国Ⅲ卷,T17)如图,悬挂甲物体的细线拴牢在一不可伸长的轻质细绳上 O 点处;绳的一端固定在墙上,另一端通过光滑定滑轮与物体乙相连。甲、乙两物体质量相等。系统平衡时,O 点两侧绳与竖直方向的夹角分别为 α 和 β。若 $\alpha=70°$,则 β 等于(　　)。

A. 45°　　B. 55°　　C. 60°　　D. 70°

【题源背景】

1. 课标要求(必修)

1.2.2　通过实验,了解力的合成与分解,知道矢量和标量。能用共点力的平衡条件分析生产生活中的问题。

2. 教材回归

人教版新教材必修一,P72,“合力与分力”;P73,“力的合成分解”:

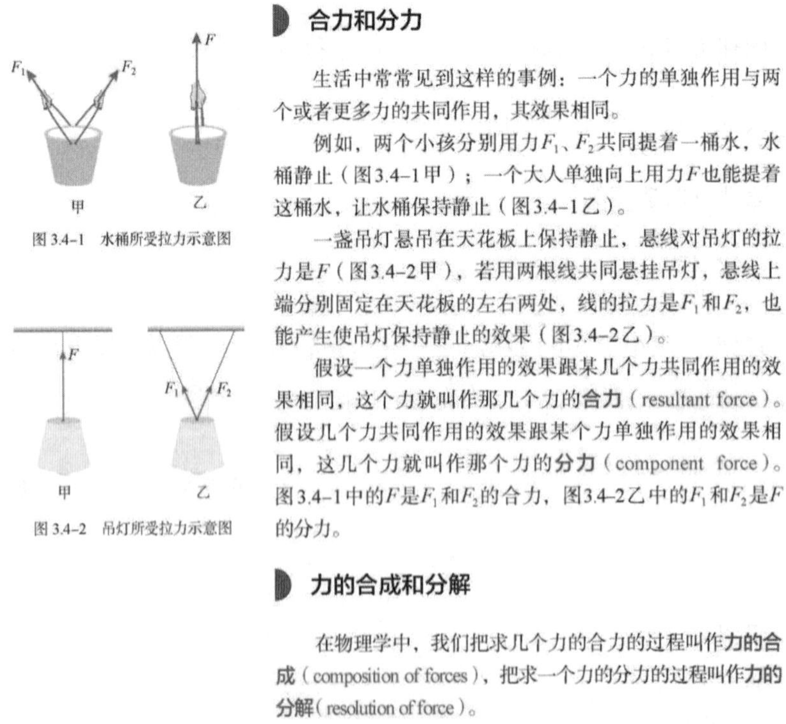

合力和分力

生活中常常见到这样的事例：一个力的单独作用与两个或者更多力的共同作用，其效果相同。

例如，两个小孩分别用力 F_1、F_2 共同提着一桶水，水桶静止（图3.4–1甲）；一个大人单独向上用力 F 也能提着这桶水，让水桶保持静止（图3.4–1乙）。

一盏吊灯悬吊在天花板上保持静止，悬线对吊灯的拉力是 F（图3.4–2甲），若用两根线共同悬挂吊灯，悬线上端分别固定在天花板的左右两处，线的拉力是 F_1 和 F_2，也能产生使吊灯保持静止的效果（图3.4–2乙）。

假设一个力单独作用的效果跟某几个力共同作用的效果相同，这个力就叫作那几个力的**合力**（resultant force）。假设几个力共同作用的效果跟某个力单独作用的效果相同，这几个力就叫作那个力的**分力**（component force）。图3.4–1中的 F 是 F_1 和 F_2 的合力，图3.4–2乙中的 F_1 和 F_2 是 F 的分力。

图 3.4–1　水桶所受拉力示意图

图 3.4–2　吊灯所受拉力示意图

力的合成和分解

在物理学中，我们把求几个力的合力的过程叫作**力的合成**（composition of forces），把求一个力的分力的过程叫作**力的分解**（resolution of force）。

3. 试题情境

试题以挂件模型为情境,对共点力平衡进行考查。题目源于人教版必修一第三章“相互作用——力”、第 4 节“力的合成和分解”、第 5 节“共点力的平衡”。题目不拘泥于教材,引导高中物理教学回归教材、重视基础,培养学生应用已学过的物理知识解决生活中的实际物理问题的能力。知识点上考查力的合成和分解、共点力平衡，突出了核心概念的考查。

【关键能力】

试题以挂件模型为情境实现对共点力平衡的考查。根据共点力平衡，结合力的合成和分解以及力的图示来进行具体分析。要求能够从题目中提取有效信息，知道一根绳因为“死结”变为两根绳，考查学生的信息获取与加工能力以及模型建构能力。

【核心素养】

题目求解思路	素养要素	素养类型	学业质量等级
能够利用正交分解思想，处理共点力平衡问题	具有清晰的物理观念，能从物理学的视角正确描述和解释自然现象，能综合应用物理知识解决实际问题	物理观念	水平 4
根据力的平行四边形法则，利用图示以及数学几何知识找出三力共点力平衡的角度问题	能将较复杂的实际问题中的对象和过程转换成物理模型；能在新的情境中对综合物理问题进行分析和推理，获得正确结论并作出解释；能考虑证据的可靠性，合理使用证据；能从多个视角审视检验结论，解决物理问题具有一定的新颖性	科学思维	水平 4

【审答思路】

思维过程：

问 1：研究对象结点 O 运动状态是什么？

思考 1：……

答 1：平衡态。

问 2：共点力平衡态的条件是什么？

思考 2：……

答 2：共点力作用下物体平衡的条件合力为 0。

问 3：本题的结点为“死结”还是“活结”？

思考 3：……

答 3：死结。

问 4：共点力平衡通常我们解题的办法是什么？

思考 4：……

答 4：利用正交分解写出各个轴上的平衡方程。

问 5：共点力平衡用合成法怎么解决？

思考 5：……

答 5：其中任意两个力的合力与第三个力等大反向。

问 6：除了常用的合成、分解方法，针对三个力的平衡问题我们还可以用什么方法？

思考 6：……

答 6：还可以用拉密定理、正弦定理，解决三个力合力为 0 的问题。

本题易错点：

(1) 审题没有看出共点力平衡三力中的两个力相等，从而导致力的图示无法画出平行四边形以及对角线，导致题目无法求解。

(2) 建轴写出方程后，数学三角函数二倍角公式不能熟练应用，导致无法算出结果。

(3) 审题不能正确区分“死结”还是“活结”，将题目当成“活结”处理，导致结果算错。

应答策略：

审题时注意信息获取，可得知试题考查内容为共点力平衡问题，并且注意其中两个力相等，将题目转化为三力合力为 0 的问题，从而想到力的合成和分解。平时注意对正弦定理、拉密定理的训练，引导物理教学回归课本。注重培养信息获取和加工能力、逻辑推理能力和模型建构能力。

【讲题策略】

1. 试题解析

对 O 点进行受力分析，依据共点力平衡，由三力合力为 0，建立水平和竖直方向的坐标轴可知，结合数学三角函数知识及几何知识列式求解即可。

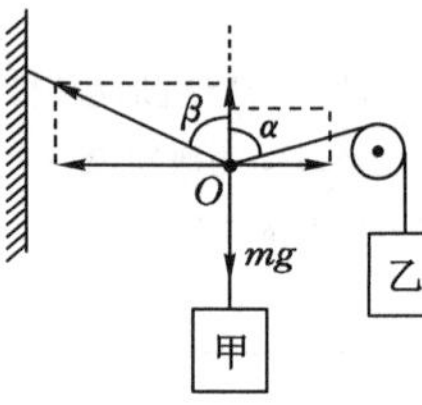

图(1)

方法一：由于甲、乙两物体质量相等，设它们的质量为 m。对 O 点进行受力分析，下面绳子的拉力为 mg，右面绳子的拉力为 mg，左边绳子的拉力为 F，如图(1)所示。由于是静止状态，把力进行分解，则有：竖直方向 $mg\cos 70^\circ+F\cos\beta=mg$，水平方向 $mg\sin 70^\circ=F\sin\beta$，且 $\tan\beta=\dfrac{\sin\alpha}{1-\cos\alpha}=\dfrac{\sin 70^\circ}{1-\cos 70^\circ}=\dfrac{2\sin 35^\circ\cos 35^\circ}{2\sin 235^\circ}=\dfrac{1}{\tan 35^\circ}$。

联立上式，解得 $\beta=55^\circ$。

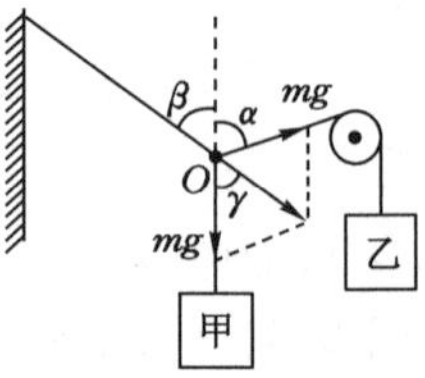

图(2)

方法二：还可以利用作图法[图(2)]。因为甲、乙的质量相等，通过平行四边形法则，两个力的合力一定沿角平分线，与左边绳子共线，设合力与竖直方向夹角为 γ，由数学几何关系可知，$\alpha+\gamma+\gamma=180^\circ$。

又 $\beta+\alpha+\gamma=180^\circ$，$\alpha=70^\circ$，则解得 $\beta=55^\circ$。

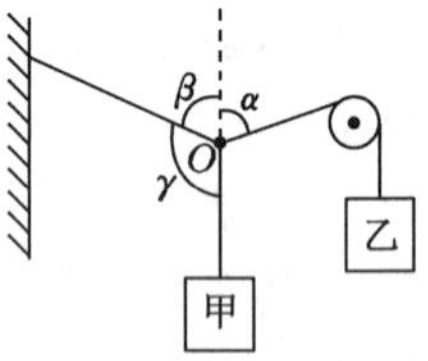

图(3)

方法三：设左边绳子和竖直方向的夹角为 γ[图(3)]，则由拉密定理可知 $\dfrac{mg}{\sin(\alpha+\beta)}=\dfrac{mg}{\sin\gamma}$，可知 $\alpha+\beta=\gamma$，$\beta+\gamma=180^\circ$，$\alpha=70^\circ$，可解得 $\beta=55^\circ$。

方法四：根据三角形合成法则，我们画出力的矢量三角形是一个等腰三角形，如图(4)所示，$\beta+\dfrac{\alpha}{2}=90^\circ$，可解得 $\beta=55^\circ$。

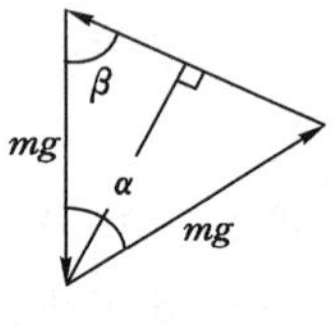

图(4)

方法五：由正弦定理可知 $\dfrac{mg}{\sin\beta}=\dfrac{mg}{\sin\left(90^\circ-\dfrac{\alpha}{2}\right)}$，可得 $\beta+\dfrac{\alpha}{2}=90^\circ$，解得 $\beta=55^\circ$。

2. 巩固练习

学生尝试用以上多种方法解决下面两个题目，从而巩固强化所学知识。

(1) 如图所示，左侧是倾角为 60°的斜面，右侧是 $\frac{1}{4}$ 圆弧面的物体固定在水平地面上，圆弧面底端的切线水平，一根两端分别系有质量为 m_1、m_2 小球的轻绳跨过其顶点上的小滑轮。当它们处于平衡状态时，连接 m_2 小球的轻绳与水平线的夹角为 60°，不计一切摩擦，两小球可视为质点。两小球的质量之比 $m_1 : m_2$ 等于(　　)。

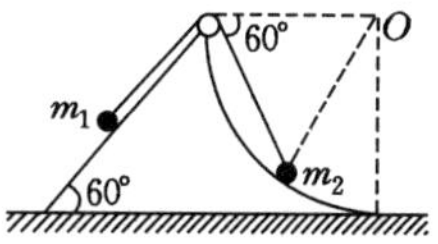

A. 1∶1　　B. 2∶3　　C. 3∶2　　D. 3∶4

答案：B。

解析：设轻绳的张力为 F，圆弧面对 m_2 的弹力为 N，由对称性可知，$N=F$，由于 m_1、m_2 均静止，由平衡条件可得 $F=m_1 g\sin 60°$，$F\cos 30°+N\cos 30°=m_2 g$。解得 $\frac{m_1}{m_2}=\frac{2}{3}$，B 正确。

(2) 如图所示，两个轻环 a 和 b 套在位于竖直面内的一段固定圆弧上；一细线穿过两轻环，其两端各系一质量为 m 的小球。在 a 和 b 之间的细线上悬挂一小物块。平衡时，a、b 间的距离恰好等于圆弧的半径。不计所有摩擦，小物块的质量 M 为(　　)。

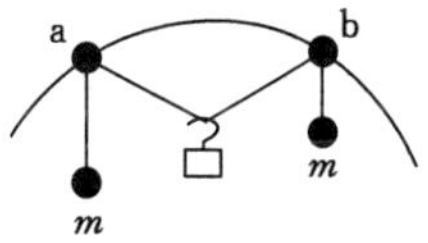

A. $\frac{m}{2}$　　B. $\frac{\sqrt{3}}{2}m$　　C. m　　D. $2m$

答案：C。

解析：由于物块通过挂钩悬挂在线上，细线穿过圆环，且所有摩擦都不计，可知线上各处张力都等于小球重力 mg。如下图所示，由对称性可知 a、b 位于同一水平线上，物块处于圆心 O 点正上方，则∠1=∠2，∠3=∠4，∠1=∠5。因为圆弧对轻环的弹力沿圆弧半径的方向，并且轻环重力不计，由平衡条件知环两侧细线应关于圆弧半径对称，即有∠5=∠6，由几何关系可知∠1=∠2=∠5=∠6=30°，∠3=∠4=60°。再由物块与挂钩受力分析可知，受力平衡需要满足 $mg\cos 60°+mg\cos 60°=Mg$，故有 $M=m$，C 正确。

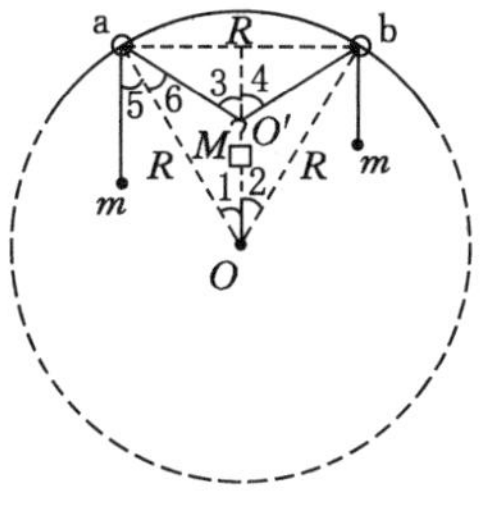

(涉县第一中学　杨立柱)

邯郸市第四届高中物理教师教学技能大赛试题演说案例 5

【原题呈现】(2019 · 全国Ⅰ卷,T21)在星球 M 上将一轻弹簧竖直固定在水平桌面上,把物体 P 轻放在弹簧上端,P 由静止向下运动,物体的加速度 a 与弹簧的压缩量 x 间的关系如图中实线所示。在另一星球 N 上用完全相同的弹簧,改用物体 Q 完成同样的过程,其 a-x 关系如图中虚线所示,假设两星球均为质量均匀分布的球体。已知星球 M 的半径是星球 N 的 3 倍,则(　　)。

A. M 与 N 的密度相等

B. Q 的质量是 P 的 3 倍

C. Q 下落过程中的最大动能是 P 的 4 倍

D. Q 下落过程中弹簧的最大压缩量是 P 的 4 倍

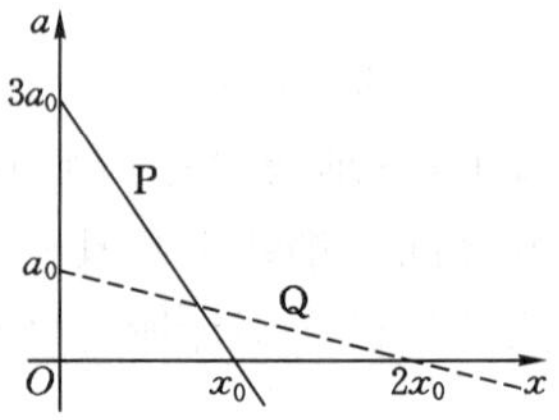

【题源背景】

1. 课标要求(必修)

1.1.3　能用公式、图像等方法描述匀变速直线运动,理解匀变速直线运动的规律,能运用其解决实际问题,体会科学思维中的抽象方法和物理问题研究中的极限方法。

1.2.1　认识重力、弹力与摩擦力。通过实验,了解胡克定律。

1.2.2　能用共点力的平衡条件分析生活中的问题。

1.2.3　理解牛顿运动定律,能用牛顿运动定律解释生产生活中的有关现象、解决有关问题。

2.1.2　理解动能和动能定理。能用动能定理解释生产生活中的现象。

2.2.4　知道万有引力定律。认识发现万有引力定律的重要意义。

2. 教材回归

人教版老教材必修 2,P74,"问题与练习"1:

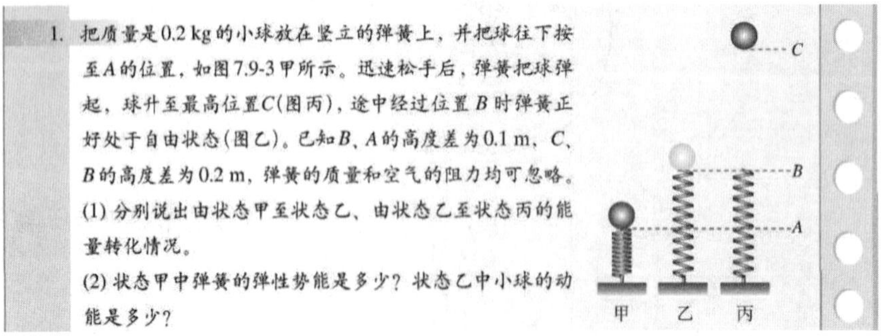
1. 把质量是 0.2 kg 的小球放在竖立的弹簧上,并把球往下按至 A 的位置,如图 7.9-3 甲所示。迅速松手后,弹簧把球弹起,球升至最高位置 C(图丙),途中经过位置 B 时弹簧正好处于自由状态(图乙)。已知 B、A 的高度差为 0.1 m、C、B 的高度差为 0.2 m,弹簧的质量和空气的阻力均可忽略。

(1) 分别说出由状态甲至状态乙、由状态乙至状态丙的能量转化情况。

(2) 状态甲中弹簧的弹性势能是多少?状态乙中小球的动能是多少?

3. 试题情境

试题以天体知识为情境,以竖直弹簧振子模型为载体,以图像为题型。源于人教版老教材必修 1 第二章第 3 节匀变速直线运动位移的推导方法——微元法,课本第 38 页:

匀变速直线运动的位移 按照上面讨论中提出的思想，我们通过 v-t 图象，研究以初速度 v_0 做匀变速直线运动的物体，在时间 t 内发生的位移。物体运动的 v-t 图象如图 2.3-2 甲所示。

先把物体的运动分成几个小段，例如 $\frac{1}{5}t$ 算一个小段，在 v-t 图中，每小段起始时刻物体的瞬时速度由相应的纵坐标表示（图 2.3-2 乙）。我们以每小段起始时刻的速度乘以时间 $\frac{1}{5}t$，近似地当做各小段中物体的位移。在 v-t 图中，各段位移可以用一个又窄又高的小矩形的面积代表。5 个小矩形的面积之和近似地代表物体在整个过程中的位移。

当然，上面的做法是粗糙的。为了精确一些，可以把运动过程划分为更多的小段，如图 2.3-2 丙，用所有这些小段的位移之和，近似代表物体在整个过程中的位移。从 v-t 图上看，就是用更多的但是更窄的小矩形的面积之和代表物体的位移。

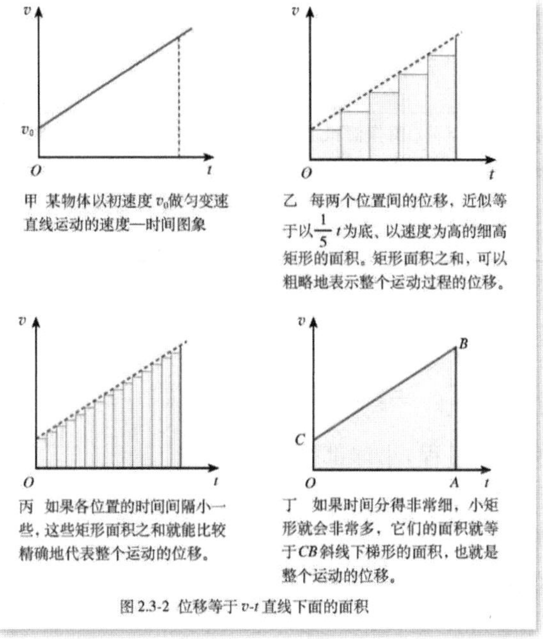

甲 某物体以初速度 v_0 做匀变速直线运动的速度—时间图象

乙 每两个位置间的位移，近似等于以 $\frac{1}{5}t$ 为底、以速度为高的细高矩形的面积。矩形面积之和，可以粗略地表示整个运动过程的位移。

丙 如果各位置的时间间隔小一些，这些矩形面积之和就能比较精确地代表整个运动的位移。

丁 如果时间分得非常细，小矩形就会非常多，它们的面积就等于 CB 斜线下梯形的面积，也就是整个运动的位移。

图 2.3-2 位移等于 v-t 直线下面的面积

通过物体压缩弹簧的 a-x 图像斜率、截距、面积等关键信息，应用万有引力定律、胡克定律、牛顿运动定律、动能定理等力学核心知识来综合分析判断两物体质量、动能、星球密度、弹簧最大压缩量的问题，知识覆盖面广，综合性较强。对力学规律的理解和应用有更高的要求。

【关键能力】

试题以不同的两个未知星球上比较"物体压弹簧"的 a-x 图像为学习探究的情境。根据牛顿第二定律结合图像面积的物理意义进行具体分析，要求学生能够从图像中获取信息，建立文字、图像等不同信息呈现方式之间的联系，从而构建正确的物理图景，考查考生的模型建构能力、信息加工能力、理解能力等。同时本题四个选项各自独立，知识面覆盖广，考查了学生逻辑推理能力、分析综合能力。

【核心素养】

题目求解思路		素养要素	素养类型	学业质量等级
A 项	根据牛顿第二定律变形得到 a-x 图像，由截距求得星球表面重力加速度，并根据万有引力定律求得星球密度	能将实际问题中的对象和过程转换成物理模型；能对综合性物理问题进行分析和推理，获得结论并作出解释	科学思维	水平 4

续表

题目求解思路		素养要素	素养类型	学业质量等级
B项	由 a-x 图像斜率可直接求出 P、Q 的质量。或者结合 a-x 图像由二力平衡、胡克定律计算 P、Q 的质量	具有清晰的物理观念，能从物理学的视角正确描述和解释自然现象，能综合应用物理知识解决实际问题，能指导工作和生活实践	物理观念	水平 4
C项	能根据动能定理并结合 a-x 图像面积的物理意义，求解两物体的最大动能之比	能将实际问题中的对象和过程转换成物理模型；能对综合性物理问题进行分析和推理，获得结论并作出解释	科学思维	水平 4
D项	能根据动能定理并结合 a-x 图像面积正负抵消总功为零的物理意义，求解两物体对弹簧的最大压缩量。或者用机械能守恒定律重力势能转化为弹性势能求解	能将实际问题中的对象和过程转换成物理模型；能对综合性物理问题进行分析和推理，获得结论并作出解释	科学思维	水平 4

【审答思路】

1. 思维过程

(1) A 选项审答过程：

问 1：物体压缩弹簧过程，小球都受哪些力？

思考 1：……

答 1：重力和弹力。

问 2：如何建立图像中 a 和 x 的关系？

思考 2：……

答 2：牛顿第二定律 $mg-kx=ma$。

问 3：图像的纵截距有什么物理意义？

思考 3：……

答 3：重力加速度。

问 4：有了星球表面的重力加速度，如何推导两星球的质量和密度关系？

思考 4：……

答 4：利用万有引力定律以及密度定义式 $\rho=\frac{m}{V}$。

(2) B 选项审答过程：

问 5：物体 P 和物体 Q 什么时候处于平衡位置？

思考 5：……

答 5：加速度为 0 时。

问 6：此时受力有什么特点？物体 P 和物体 Q 的质量比如何计算？

思考 6：……

答 6：平衡时重力等于弹力。根据图像和胡克定律算出质量之比。

(3) C 选项审答过程：

问 7：a-x 图像面积有什么物理意义？乘以质量 m 后有什么物理意义？

思考 7：……

答 7：ax 的乘积，没有实际物理意义，但乘以质量 m 后变成 max，等于合力功。

（如果学生存在困难，可以让学生回忆 v-t 图像面积的物理意义）

问 8：物体 P 和物体 Q 的动能什么时候最大？

思考 8：……

答 8：平衡位置加速度为 0 时。

问 9：物体 P 和物体 Q 的最大动能怎么求？

思考 9：……

答 9：根据动能定理结合 a-x 图像面积求合力功来进行求解。

（4）D 选项审答过程：

问 10：什么时候物体 P 和物体 Q 对弹簧的压缩量最大？

思考 10：……

答 10：最低点，速度再次为 0 时。

问 11：这个最大压缩量怎么求？

思考 11：……

答 11：运用动能定理，$W_{合}=ma\cdot x=m\cdot ax=0$。

（如果学生存在困难，可以用机械能守恒定律求解，$mgx=\frac{1}{2}kx^2$）

本题易错点：

（1）没有考虑 a-x 图像面积的物理意义，从而导致无法求解。

（2）不知道如何计算物体的最大动能和弹簧的最大压缩量，不能有效构建其中的物理模型，信息获取加工能力差，不能在新的情境中对综合性物理问题进行分析和推理，不能应用数学知识解决物理问题，从而导致题目无法求解。

2. 应答策略

找准题目的关键信息进行加工和处理，运用 a-x 图像面积的物理意义结合牛顿第二定律 $F_{合}=ma$，将关键问题转化为求总功的问题，进而想到了动能定理，题目得以解答。因此要注重培养学生信息加工能力、逻辑推理能力和分析综合能力。

【讲题策略】

1. 讲解过程

首先分析物体压缩弹簧过程受力情况、加速度和速度的变化情况，找出平衡位置，得出弹簧振子的简谐运动全过程，之后逐一对选项进行分析。

（1）A 项：由 a-x 图像知加速度沿竖直向下方向为正方向，根据牛顿第二定律有 $mg-kx=ma$，变形式为 $a=g-\frac{k}{m}x$。根据图像的纵轴截距可知两星球表面的重力加速度之比为 $\frac{g_M}{g_N}=\frac{3a_0}{a_0}=\frac{3}{1}$；又因为在某星球表面上的物体，所受重力和万有引力相等，即 $G\frac{Mm}{R^2}=mg$，则该星球的质量 $M=\frac{gR^2}{G}$，又有 $M=\rho\frac{4\pi R^3}{3}$。联立得 $\rho=\frac{3g}{4\pi RG}$，则两星球密度之比为 $\frac{\rho_M}{\rho_N}=\frac{g_M}{g_N}\cdot\frac{R_N}{R_M}=1:1$。A 正确。

(2) B项:方法一,由 a-x 图像对应表达式 $a=g-\frac{k}{m}x$ 得斜率 $\frac{k_P}{k_Q}=\frac{\frac{k}{m_P}}{\frac{k}{m_Q}}=\frac{m_Q}{m_P}=\frac{\frac{3a_0}{x_0}}{\frac{a_0}{2x_0}}=\frac{6}{1}$。

方法二,当物体在弹簧上运动过程中,加速度为0的瞬间,其所受弹力和重力二力平衡,即 $mg=kx$,得 $m=\frac{kx}{g}$。结合 a-x 图像可知,当物体P和物体Q分别处于平衡位置时,弹簧的压缩量之比为 $\frac{x_P}{x_Q}=\frac{x_0}{2x_0}=\frac{1}{2}$,物体P和物体Q的质量之比为 $\frac{m_P}{m_Q}=\frac{x_P}{x_Q}\cdot\frac{g_N}{g_M}=\frac{1}{6}$。故B错误。

(3) C项:方法一,物体P和物体Q分别处于各自的平衡位置($a=0$)时,它们的动能最大。由 a-x 图像面积的物理意义结合牛顿第二定律 $F_{合}=ma$,求得物体在整个运动过程中合外力的总功,最后根据动能定理 $W_{合}=\frac{1}{2}mv_{末}^2-0$ 求解。由此分析过程可得两物体的最大动能之比 $\frac{E_{kQ}}{E_{kP}}=\frac{\frac{1}{2}m_Q v_Q^2}{\frac{1}{2}m_P v_P^2}=\frac{W_{合Q}}{W_{合P}}=\frac{m_Q a_Q x_Q}{m_P a_P x_P}=\frac{m_Q}{m_P}\cdot\frac{a_Q x_Q}{a_P x_P}=\frac{6}{1}\cdot\frac{\frac{1}{2}a_0\cdot 2x_0}{\frac{1}{2}3a_0 x_0}=4$。

方法二,根据 $v^2=2ax$,结合 a-x 图像面积的物理意义可知,物体P的最大速度满足 $v_P^2=2\cdot\frac{1}{2}3a_0\cdot x_0=3a_0x_0$,物体Q的最大速度满足 $v_Q^2=2a_0x_0$,则两物体的最大动能之比为 $\frac{E_{kQ}}{E_{kP}}=\frac{\frac{1}{2}m_Q v_Q^2}{\frac{1}{2}m_P v_P^2}=\frac{m_Q}{m_P}\cdot\frac{v_Q^2}{v_P^2}=4$。C正确。

(4) D项:方法一,物体将弹簧压缩最短时,初、末动能都为0,由动能定理可知合力总功为0。将图像延伸,正负面积能抵消时总功为0,即可得出物体P所在弹簧最大压缩量为 $2x_0$,物体Q所在弹簧最大压缩量为 $4x_0$,则Q下落过程中,弹簧最大压缩量是P物体最大压缩量的2倍。

方法二,根据机械能守恒有 $m_P g_M x_P=\frac{1}{2}kx_P^2$,$m_Q g_N x_Q=\frac{1}{2}kx_Q^2$,把 $m_Q=6m_P$、$g_M=3g_N$ 代入,解得 $x_Q=2x_P$。

方法三,物体P和物体Q分别在弹簧上做简谐运动,由平衡位置($a=0$)可知,物体P和Q振动的振幅 A 分别为 x_0 和 $2x_0$,即物体P所在弹簧最大压缩量为 $2x_0$,物体Q所在弹簧最大压缩量为 $4x_0$,则Q下落过程中,弹簧最大压缩量是P物体最大压缩量的2倍。D错误。

故本题选AC。

2. 经验总结

(1) 明确物理过程,建构物理模型。

(2) 进行受力分析和运动分析。

(3) 运用牛顿定律,将力与运动联系。

(4) 由图像获得必要信息(截距、斜率、面积)。

(5) 运用动能定理进行过程分析。

(6) 列方程求解。

3. 巩固练习

(1) 原题变式(不再符合简谐运动对称性特点):在原题中,若物体 P 和 Q 是从某一高度 h 处静止释放后落到弹簧上,其他条件不变,那么以下说法正确的是(　　)。

A. M 与 N 的密度相等

B. Q 的质量是 P 的 3 倍

C. Q 下落压缩弹簧过程中的最大动能增量是 P 的 4 倍

D. Q 下落过程中弹簧的最大压缩量是 P 的 4 倍

答案:AC。

解析:A、B 选项解法同原题一样,C 选项过程有变化,但改变后解法同原题也相同。对于 D 选项,根据动能定理有 $mg(h+x)-\frac{1}{2}kx^2=0$,可得$\frac{x_Q^2(x_P+h)}{x_P^2(x_Q+h)}=2$,当 $h=0$ 时,$\frac{x_Q}{x_P}=2$;当 h 很小时,$\frac{x_Q}{x_P}<2$;当 h 很大时,$\frac{x_Q}{x_P}=\sqrt{2}$。

(2) 如图甲所示,轻弹簧下端固定在倾角 37°的粗糙斜面底端 A 处,上端连接质量为 3 kg 的滑块(视为质点),斜面固定在水平面上,弹簧与斜面平行。将滑块沿斜面拉动到弹簧处于原长位置的 O 点,由静止释放到第一次把弹簧压缩到最短的过程中,其加速度 a 随位移 x 的变化关系如图乙所示,重力加速度 g 取 10 m/s²,sin 37°=0.6,cos 37°=0.8。下列说法正确的是(　　)。

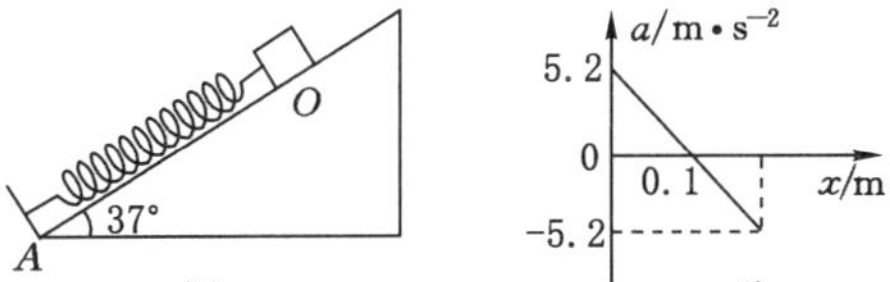

A. 滑块先做匀加速运动后做匀减速运动

B. 滑块与斜面间的动摩擦因数为 0.1

C. 弹簧的劲度系数为 180 N/m

D. 滑块在最低点时,弹簧的弹性势能为 3.12 J

答案:BD。

解析:由滑块的加速度先减小后反向增加可知,滑块先做变加速运动后做变减速运动,A 错误;弹簧处于原长时,加速度为 $a=5.2\ \text{m/s}^2$,由牛顿第二定律有 $mg\sin 37°-\mu mg\cos 37°=ma$,解得 $\mu=0.1$,B 正确;由图像乙可知,当弹簧的压缩量为 0.1 m 时滑块的加速度减为 0,则有 $mg\sin 37°-\mu mg\cos 37°=kx$,解得 $k=156$ N/m,C 错误;由能量关系可知,滑块在最低点时,弹簧的弹性势能为 $E_p=mg\sin 37°\cdot 2x-\mu mg\cos 37°\cdot 2x$,解得 $E_p=3.12$ J,D 正确。

(3) 如图甲所示,一足够长的绝缘竖直杆固定在地面上,带电荷量为 0.01 C,质量为 0.1 kg 的圆环套在杆上。整个装置处在水平方向的电场中,电场强度 E 随时间变化的图像如图乙所示,环与杆间的动摩擦因数为 0.5。$t=0$ 时,环由静止释放,环所受的最大静摩擦力等于滑动摩擦力,不计空气阻力,g 取 10 m/s²。则下列说法正确的是(　　)。

A. 环先做加速运动再做匀速运动

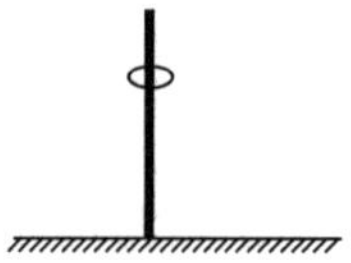

甲

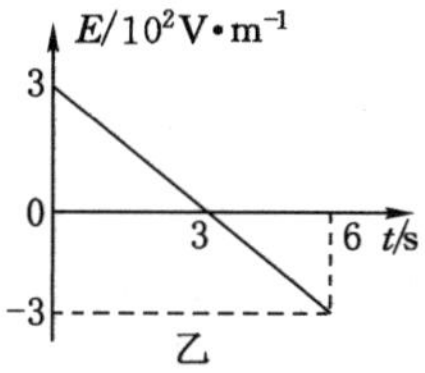

乙

B. 0～2 s 内环的位移大于 2.5 m

C. 2 s 时环的加速度为 5 m/s^2

D. 环的最大动能为 20 J

答案:CD。

解析:在 $t=0$ 时刻环受的摩擦力为 $F_f=\mu qE=1.5\ \text{N}>mg$,则开始时环静止。随着场强的减小,电场力减小,则当摩擦力大小等于重力时,圆环开始下滑,此时满足 $\mu qE=mg$,即 $E=200\ \text{N/C}$,则 $t=1$ s 时刻开始运动,且随着电场力减小,摩擦力减小,加速度变大,当电场强度为 0 时,加速度最大;当场强反向且增加时,摩擦力随之增加,加速度减小,当 $E=-200$ N/C 时,加速度减为 0,此时速度最大,此时刻为 $t=5$ s。而后环继续做减速运动直到停止。选项 A 错误。环在 $t=1$ s 时刻开始运动,在 $t=2$ s 时 $E=100$ N/C,此时的加速度满足 $mg-\mu qE=ma$,解得 $a=5\ \text{m/s}^2$。因环以加速度为 $a=5\ \text{m/s}^2$ 匀加速下滑 1 s 时的位移为 $x=2.5$ m,而在 $t=1$ s 到 $t=2$ s 的时间内加速度最大值为 $a=5\ \text{m/s}^2$,可知 0～2 s 内环的位移小于 2.5 m,选项 B 错误,C 正确。由以上分析可知,在 $t=3$ s 时刻环的加速度最大,最大值为 g,环从 $t=1$ s 开始运动,到 $t=5$ s 时刻速度最大,结合 a-t 图像的面积可知,最大速度为 $v_m=\frac{1}{2}\times4\times10\ \text{m/s}=20\ \text{m/s}$,则环的最大动能 $E_{km}=\frac{1}{2}mv_m^2=20$ J,D 正确。

4. 习题作用

习题巩固的不仅仅是竖直弹簧振子模型,更重要的是巩固、深化、活化相关知识,训练学生运用知识分析问题和解决问题的正确思路和方法,指导学生正确理解题意,抓住问题的关键,灵活选择有关概念和规律分析、推导,最后达到问题的解决。

(永年区第一中学　张福艳)

邯郸市第四届高中物理教师教学技能大赛试题演说案例6

【原题呈现】（2018·全国Ⅱ卷，T20）如图，纸面内有两条互相垂直的长直绝缘导线 L_1、L_2，L_1 中的电流方向向左，L_2 中的电流方向向上，L_1 的正上方有 a、b 两点，它们相对于 L_2 对称。整个系统处于匀强外磁场中，外磁场的磁感应强度大小为 B_0，方向垂直于纸面向外，已知 a、b 两点的磁感应强度大小分别为 $\frac{1}{3}B_0$ 和 $\frac{1}{2}B_0$，方向也垂直于纸面向外，则（　　）。

A. 流经 L_1 的电流在 b 点产生的磁感应强度大小为 $\frac{7}{12}B_0$

B. 流经 L_1 的电流在 a 点产生的磁感应强度大小为 $\frac{1}{12}B_0$

C. 流经 L_2 的电流在 b 点产生的磁感应强度大小为 $\frac{1}{12}B_0$

D. 流经 L_2 的电流在 a 点产生的磁感应强度大小为 $\frac{7}{12}B_0$

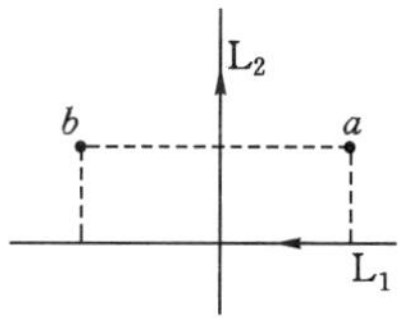

【题源背景】

1. 课标要求（必修）

3.3.2　通过实验，认识磁场。了解磁感应强度，会用磁感线描述磁场。体会物理模型在探索自然规律中的作用。

例1　判断通电直导线和通电线圈周围磁场的方向，用磁感线描绘通电直导线和通电线圈周围的磁场。

2. 教材回归

人教版新教材必修三，P106，“安培定则”：

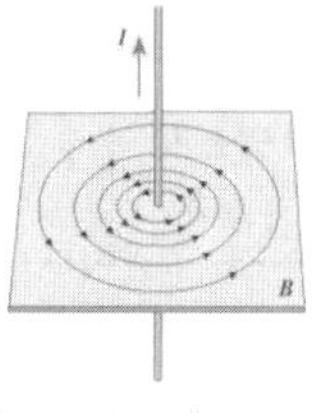

图 13.1-6　直线电流的磁感线分布

图 13.1-6 表示的是直线电流的磁感线分布。直线电流的磁感线是一圈圈的同心圆，这些同心圆都在跟导线垂直的平面上。实验表明，改变电流的方向，各点的磁场方向都变成相反的方向。直线电流的方向跟它的磁感线方向之间的关系可以用**安培定则**（Ampère rule，也叫右手螺旋定则）来判断：用右手握住导线，让伸直的拇指所指的方向与电流方向一致，弯曲的四指所指的方向就是磁感线环绕的方向（图 13.1-7）。

在初中，我们已经学会了判断通电螺线管的磁场方向（图 13.1-8）。通电螺线管可以看作许多匝环形电流串联而成。图 13.1-9 是环形电流的磁场，它和螺线管的磁场都可以用另一种形式的安培定则判定：让右手弯曲的四指与环形（或螺线管）电流的方向一致，伸直的拇指所指的方向就是环形导线（或螺线管）轴线上磁场的方向（图 13.1-10）。

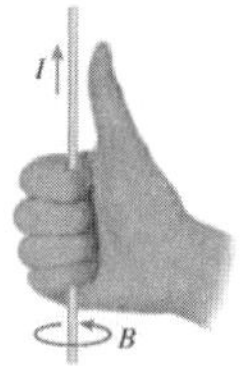

图 13.1-7　直线电流的安培定则

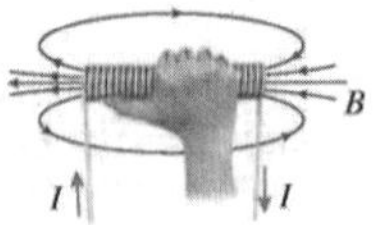

图 13.1-8 通电螺线管的磁场

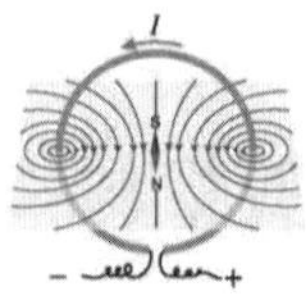

图 13.1-9 环形电流的磁感线分布

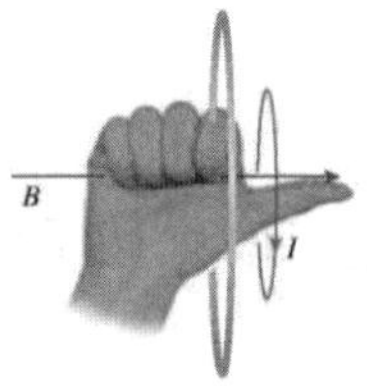

图 13.1-10 环形电流的安培定则

3. 试题情境

试题以匀强外磁场和两条互相垂直的通电直导线产生的磁场叠加为情境，源于人教版新教材必修三第十三章“电磁感应与电磁波初步”第 1 节“磁场 磁感线”中的安培定则。题目设置的是学生熟悉的情境，引导高中物理教学重视基础、回归教材。知识点上考查通电直导线周围的磁场分布特点以及磁场的叠加原理，突出核心概念的考查和规律的灵活应用。

【关键能力】

试题以处在三种磁场中并且关于 L_2 对称的 a、b 两点为学习探究的对象，能够读懂题目是对考生理解能力的要求。根据安培定则来判定两通电直导线在 a、b 两处的磁场方向，注意对称位置的磁场大小相等，再结合矢量的叠加法则来进行具体分析，考查了考生的逻辑推理能力和模型建构能力，同时要求考生具有一定的信息加工能力。

【核心素养】

题目求解思路		素养要素	素养类型	学业质量等级
A 项	能够清晰了解磁感应强度、匀强磁场、矢量叠加、安培定则等物理观念	具有清晰的物理观念，能从物理学的视角正确描述和解释自然现象	物理观念	水平 4
B 项	能够根据安培定则判断通电直导线 L_1、L_2 周围产生的磁场	能在熟悉的问题情境中根据需要选用恰当的模型解决简单的物理问题	科学思维	水平 3
C 项	能够利用磁感应强度矢量叠加原理，分析出外磁场及通电直导线 L_1、L_2 在 a、b 两点的合磁感应强度方向	能分析数据，发现特点，形成结论，尝试用已有的物理知识进行解释	科学探究	水平 3
D 项	能够通过对合磁感应强度大小的计算，养成规范的学习习惯	有学习和研究物理的内在动机，坚持实事求是	科学态度与责任	水平 4

【审答思路】

思维过程：

问 1：从题目中可以看出 a、b 两点处在几种磁场中？

思考 1：……

答 1：三种——匀强外磁场，通电直导线 L_1、L_2 产生的磁场。

问 2：如何判断通电直导线周围的磁场方向？

思考 2：……

答 2：运用安培定则，右手大拇指指向电流方向，弯曲四指所指方向就是磁场的方向。

问 3：流经 L_1 的电流在 a、b 两点的磁感应强度有什么特点？

思考 3:……

答 3:L_1 中电流产生的磁感应强度在 a、b 两点大小相等,方向都垂直于纸面向里。

问 4:流经 L_2 的电流在 a、b 两点的磁感应强度有什么特点?

思考 4:……

答 4:L_2 中电流产生的磁感应强度在 a、b 两点大小相等,但方向不同,在 a 点垂直于纸面向里,在 b 点垂直于纸面向外。

问 5:磁感应强度是标量还是矢量?

思考 5:……

答 5:矢量

问 6:磁场叠加时需要注意什么?

思考 6:……

答 6:矢量叠加,需要规定一个正方向,规定外磁场垂直于纸面向外的方向为正方向。

本题易错点:

(1) 读取信息不全,漏掉整个系统所处的匀强磁场。

(2) 以磁感应强度的方向代表大小,矢量叠加错误。

应答策略:

根据安培定则判断通电直导线周围产生磁感应强度方向的规律,找准 a、b 两点关于 L_2 对称的关键信息进行加工与处理,利用磁感应强度矢量的特点,推导出匀强外磁场和通电直导线 L_1、L_2 产生的合磁感应强度,进而找到流经 L_1、L_2 的电流在 a、b 两点分别产生的磁感应强度大小。求解本题的关键是要注意磁感应强度这个矢量的方向性,如 L_2 中电流产生的磁场方向在 a 点垂直于纸面向里,在 b 点垂直于纸面向外。需要掌握矢量的合成法则,注意对称位置的磁感应强度大小是相等的。

【讲题策略】

1. 审清题意

(1) 找关键词

两条互相垂直的通电直导线、关于 L_2 对称、匀强外磁场、磁感应强度大小。

(2) 构建物理模型

用安培定则判断通电直导线周围磁场;磁感应强度矢量叠加。

(3) 认准问题

从 ABCD 四个选项中观察,本题具有多选题"四选二"的特点。

2. 解题过程

(1) 画出草图:利用安培定则画出两条通电直导线产生的磁感应强度方向。

(2) 定正方向:以匀强外磁场的方向即垂直于纸面向外为正方向。

(3) 矢量叠加:根据已知条件分别列出 a、b 两点的磁感应强度表达式。

(4) 数学计算:通过计算得到流经 L_1、L_2 的电流产生的磁感应强度大小。

3. 答案解析

整个系统处于匀强外磁场中,外磁场的磁感应强度大小为 B_0,方向垂直于纸面向外,且 a、b 两点的磁感应强度大小分别为 $\frac{1}{3}B_0$ 和 $\frac{1}{2}B_0$,方向也垂直于纸面向外。根据安培定则,

流经 L_1 的电流产生的磁场在 a、b 两点磁场方向垂直于纸面向里，大小相等，同理，流经 L_2 的电流产生的磁场在 a 点磁场方向垂直于纸面向里，在 b 点磁场方向垂直于纸面向外，但两点的磁感应强度大小相等，依据矢量叠加法则，则有 $B_0-B_1-B_2=\frac{1}{3}B_0$，$B_0-B_1+B_2=\frac{1}{2}B_0$。联立上式，可解得 $B_1=\frac{7}{12}B_0$，$B_2=\frac{1}{12}B_0$。故 AC 正确，BD 错误。

4. 高考链接

(1)(2017·全国Ⅲ卷，T18)如图，在磁感应强度大小为 B_0 的匀强磁场中，两长直导线 P 和 Q 垂直于纸面固定放置，两者之间的距离为 l。在两导线中均通有方向垂直于纸面向里的电流 I 时，纸面内与两导线距离均为 l 的 a 点处的磁感应强度为零。如果让 P 中的电流反向，其他条件不变，则 a 点处磁感应强度的大小为(　　)。

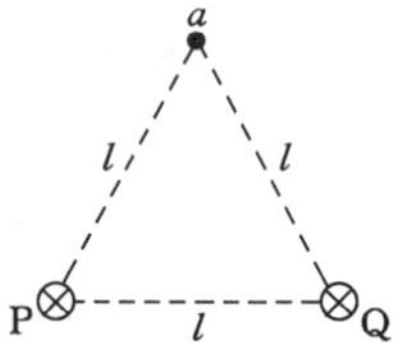

A. 0　　　　B. $\frac{\sqrt{3}}{3}B_0$

C. $\frac{2\sqrt{3}}{3}B_0$　　　　D. $2B_0$

相似点：考点相同，情境相似，都是三种磁场。

不同点：外加匀强磁场 B_0 方向未知；两通电直导线位置不同。

关键点：对矢量合成法则的理解，作图规范性要求更高。

答案：C。

解析：如图 1 所示，P 和 Q 中电流在 a 点产生的磁感应强度大小相等，设为 B_1，由几何关系有 $\sqrt{3}B_1=B_0$。如果让 P 中的电流反向，其他条件不变，如图 2 所示，由几何关系可知，a 点处磁感应强度的大小为 $B=\sqrt{B_0^2+B_1^2}=\frac{2\sqrt{3}}{3}B_0$。故选 C。

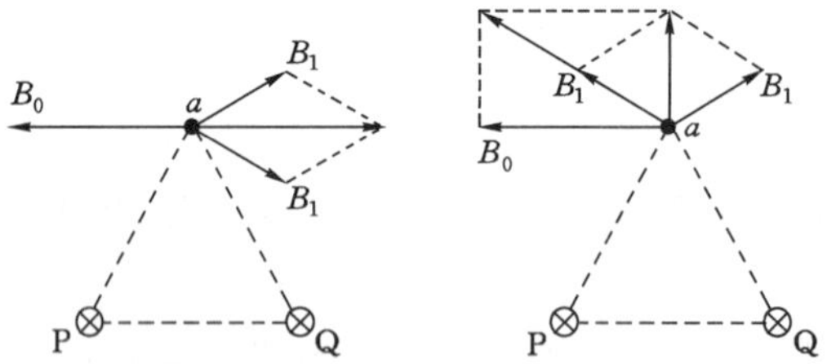

图 1　　　　图 2

(2)(2020·浙江 6 月选考，T9)特高压直流输电是国家重点能源工程。如图所示，两根等高、相互平行的水平长直导线分别通有方向相同的电流 I_1 和 I_2，$I_1>I_2$。a、b、c 三点连线与两根导线等高并垂直，b 点位于两根导线间的中点，a、c 两点与 b 点距离相等，d 点位于 b 点正下方。不考虑地磁场的影响，则(　　)。

A. b 点处的磁感应强度大小为 0

B. d 点处的磁感应强度大小为 0

C. a 点处的磁感应强度方向竖直向下

D. c 点处的磁感应强度方向竖直向下

相似点：考点相同，都是考查安培定则、通电直导线周围磁场方向、磁感应强度大小。

不同点：与生活实际的情境结合。

关键点：将立体图转化为便于分析的平面图，对空间想象能力提出更高要求。

答案：C。

解析：通电直导线周围产生磁场方向由安培定则判断，如下图所示，I_1 在 b 点产生的磁场方向向上，I_2 在 b 点产生的磁场方向向下，因为 $I_1>I_2$，即 $B_1>B_2$，则在 b 点的磁感应强度不为零，A 错误；如图所示，d 点处的磁感应强度不为零，a 点处的磁感应强度竖直向下，c 点处的磁感应强度竖直向上，所以 B、D 错误，C 正确。故选 C。

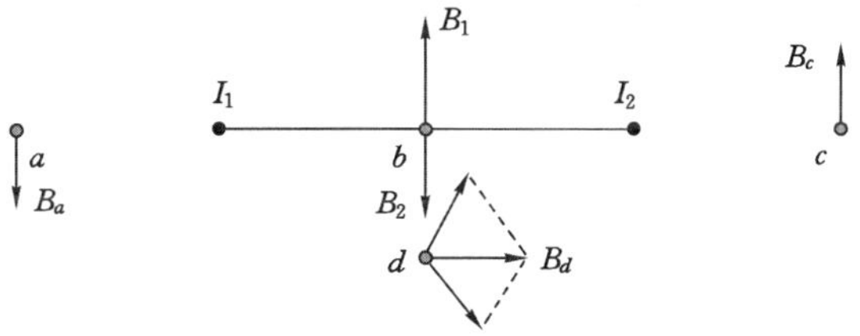

（邯郸市第三中学　闫俊彦）

邯郸市第四届高中物理教师教学技能大赛试题演说案例 7

【**原题呈现**】(2019·全国Ⅱ卷,T21)如图,两条光滑平行金属导轨固定,所在平面与水平面夹角为 θ,导轨电阻忽略不计。虚线 ab、cd 均与导轨垂直,在 ab 与 cd 之间的区域存在垂直于导轨所在平面的匀强磁场。将两根相同的导体棒 PQ、MN 先后自导轨上同一位置由静止释放,两者始终与导轨垂直且接触良好。已知 PQ 进入磁场时加速度变小恰好为零,从 PQ 进入磁场开始计时,到 MN 离开磁场区域为止,流过 PQ 的电流随时间变化的图像可能正确的是(　　)。

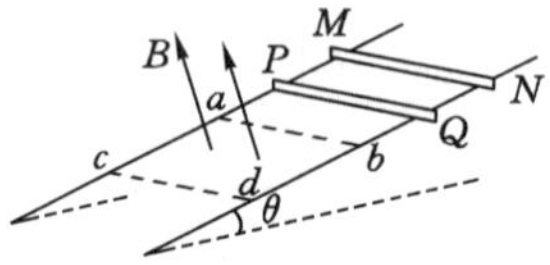

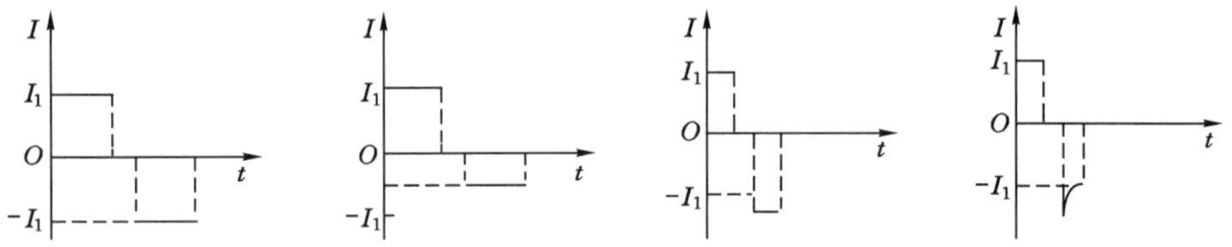

A　　B　　C　　D

【**题源背景**】

1. 课标要求

3.3.3　知道磁通量。通过实验,了解电磁感应现象,了解产生感应电流的条件。知道电磁感应现象的应用及其对现代社会的影响。(必修)

2.2.1　探究影响感应电流方向的因素,理解楞次定律。

2.2.2　通过实验,理解法拉第电磁感应定律。(选修)

2. 教材回归

(1) 人教版新教材选择性必修二,P25,“楞次定律”

楞次定律

1834 年,俄国物理学家楞次在分析了许多实验事实后,得到了关于感应电流方向的规律:**感应电流具有这样的方向,即感应电流的磁场总要阻碍引起感应电流的磁通量的变化**。这就是**楞次定律**(Lenz's law)。

(2) 人教版新教材选择性必修二,P30,“电磁感应定律”

德国物理学家纽曼、韦伯在对理论和实验资料进行严格分析后,于 1845 年和 1846 年先后指出:**闭合电路中感应电动势的大小,跟穿过这一电路的磁通量的变化率成正比**。因法拉第对电磁感应现象研究的巨大贡献,后人称之为**法拉第电磁感应定律**(Faraday's law of electromagnetic induction)。

(3) 人教版新教材选择性必修二,P30,“导线切割磁感线的感应电动势”

导线切割磁感线时的感应电动势

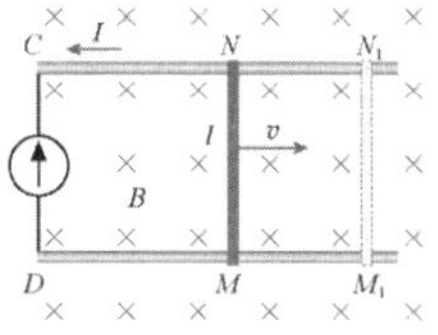

图2.2-2 计算导线切割磁感线时的感应电动势

根据法拉第电磁感应定律,只要知道磁通量的变化率,就可以算出感应电动势。一种情况是,导线做切割磁感线运动而使磁通量变化,这时法拉第电磁感应定律可以表示为一种更简单、更便于应用的形式。

如图 2.2-2 所示,把矩形线框 $CDMN$ 放在磁感应强度为 B 的匀强磁场里,线框平面跟磁感线垂直。设线框可动部分导体棒 MN 的长度为 l,它以速度 v 向右运动,在 Δt 时间内,由原来的位置 MN 移到 M_1N_1。这个过程中线框的面积变化量是

3. 试题情境

试题以倾斜光滑导轨上导体棒切割磁场运动模型为情境。在人教版新教材必修三第十三章关于电磁感应的练习与应用中,人教版新教材选择性必修二第二章电磁感应第 31 页“思考与讨论”中均有该题的影子。

思考与讨论

如图 2.2-4,导体棒 CD 在匀强磁场中运动。自由电荷会随着导体棒运动,并因此受到洛伦兹力。导体棒中自由电荷相对于纸面的运动大致沿什么方向?为了方便,可以认为导体棒中的自由电荷是正电荷。

导体棒一直运动下去,自由电荷是否总会沿着导体棒运动?为什么?导体棒哪端的电势比较高?

以上讨论不必考虑自由电荷的热运动。

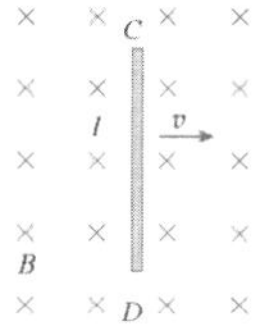

图2.2-4 导体棒做切割磁感线运动

【关键能力】

试题以平行倾斜光滑导轨上导体棒切割磁场模型为载体,需要学生正确判断有无感应电流,以及感应电流的方向,并计算感应电流的大小。考查的必备知识有:牛顿第二定律、楞次定律、左手定则以及法拉第电磁感应定律等。思维过程需由表入里、由浅入深,层层递进,较好地考查了学生对基本物理规律的理解能力、信息加工能力、逻辑推理能力、分析综合能力,体现了新课标侧重学生能力考查的特点。

通过对导体棒 MN 进入磁场时 PQ 所在位置的分情况讨论,引导学生培养多角度、全面、灵活思考问题的好习惯,并树立认真、严谨的学习态度。

【核心素养】

题目求解思路	素养要素	素养类型	学业质量等级
能够运用楞次定律或右手定则判断感应电流的方向,运用法拉第电磁感应定律联系牛顿第二定律和导体棒的运动特点求解感应电流的大小	具有清晰的物理观念,能从物理学的视角正确描述和解释自然现象,能综合应用物理知识解决实际问题,能指导工作和生活实践	物理观念	水平 4
通过审题,已知导体棒 PQ 进入磁场时加速度变小恰好为零,可以分析推理得知导体棒 MN 进入磁场前电流恒定,继而讨论 MN 进入磁场时 PQ 已出磁场或未出磁场的运动情况,结合法拉第电磁感应定律计算电流的大小变化情况	能在熟悉的问题情境中根据需要选用恰当的模型解决简单的物理问题;能对常见的物理现象进行分析和推理,获得结论并作出解释	科学思维	水平 3

【审答思路】

思维过程：

碰到所有题目，我们首先需要弄明白，已知什么，考什么，怎么考，怎么答，这样几个问题。“已知什么”是对审题能力的基本要求，尤其是题目中的关键信息要敏锐地观察到；“考什么”是对思考方向要有一个准确把握；“怎么考”是对物理过程要有准确理解、分析和把握；“怎么答”是考查学生运用物理语言、数学语言准确表述物理现象和结果的能力。

下面我就通过“5问”+“5思”+“5答”来展现这道题的详细思维过程。

问1:通过审题能得到哪些关键信息？

思考1:关键信息往往能够帮助我们迅速准确地建立物理模型，得出一些关键节点的运动规律、能量关系等。

答1:“导体棒 PQ、MN 先后自导轨上同一位置由静止释放”“已知 PQ 进入磁场时加速度变小恰好为零”都是关键信息。

问2:本题考查哪些基本物理知识和方法？

思考2:通过审题建立物理模型，联系我们所学过的基本物理概念、物理规律，并能够合理迁移到本题中正确应用是解题的关键。

答2:本题考查的基本物理知识及方法有:① 楞次定律;② 法拉第电磁感应定律;③ 牛顿第二定律;④ 受力分析;⑤ 运动分析;⑥ 函数图像。

问3:解决什么问题？

思考3:明确题目的问题，找准我们的思考方向。

答3:需要分析流过导体棒 PQ 的电流随时间变化的情况。

问4:如何突破求解？

思考4:确定合适的研究对象是解决问题的第一步。

答4:求解力学问题的一般步骤如下(下图):PQ 进入磁场后，导体棒 MN、PQ 及导轨构成的闭合回路磁通量发生变化，使得电路中产生了由 Q 到 P 的感应电流。题目中告知 PQ 进入磁场时加速度减小为零，可知导体棒 PQ 的运动状态为平衡状态，属于已知运动状态判断受力情况。所以我们首先确定以导体棒 PQ 为研究对象，并对其进行受力分析。由左手定则判断得知导体棒受到沿导轨斜向上的安培力。列平衡方程，可得 $F_{安}=mg\cdot\sin\theta$，其中 $F_{安}=BIL$，联立可得 $I=\frac{mg\sin\theta}{BL}$，电流为定值，所以 I-t 图像为平行于 t 轴的直线。

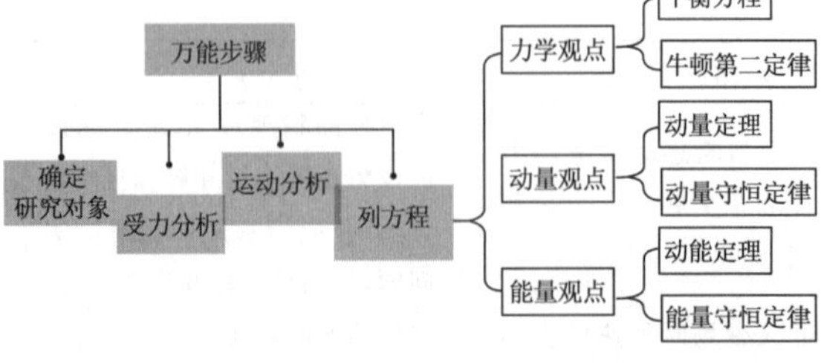

问5:导体棒 MN 何时进入磁场？导体棒 MN 进入磁场对电流有何影响？

思考5:导体棒 MN 进入磁场时，需要讨论 PQ 所在位置情况。导体棒 PQ、MN 若均在磁场内属于双棒切割磁感线模型，电路中存在两个电源，需考虑电源的叠加效果。

答5:下面我们就 MN 进入磁场的时刻分情况进行讨论：

（1）若 PQ 离开磁场时，MN 还未进入磁场，则回路中磁通量不变，感应电流为零；之后 MN 进入磁场，由题目中关键信息“导体棒 PQ、MN 先后自导轨上同一位置由静止释放”结合能量关系我们可以知道，导体棒 MN 进入磁场时的速度与 PQ 进入磁场时的速度相同，此时 MN 产生的感应电动势与 PQ 之前的相等，所以通过 PQ 的感应电流大小不变，方向相反。

（2）如果 PQ 没有离开磁场时 MN 已经进入磁场，则两导体棒速度相等，回路磁通量不变，电流为零；PQ、MN 在重力下滑分力作用下以相同的加速度沿导轨向下做匀加速直线运动。当 PQ 离开磁场时，MN 的速度大于进入磁场时的速度，所以感应电动势变大，感应电流变大。对 MN 进行受力分析，可知导体棒 MN 受到沿导轨向上的安培力大于重力沿斜面向下的分力，由牛顿第二定律可知 $\frac{B^2L^2v}{R_{总}}-mg\sin\theta=ma$，$MN$ 做加速度减小的减速运动，由 $I=\frac{BLv}{R_{总}}$ 可知电流逐渐减小，结合图像我们可以判断，正确答案为 A、D 选项。

“投机取巧”：

思考：本题各选项为 I-t 图像，图像与坐标轴围成面积可表示电量，从这个思路出发我们也可得出正确选项。

答：由 $q=It$，结合电磁感应定律可得 $q=\frac{\Delta\Phi}{R_{总}}$，可知，流过 PQ 的电量与回路中磁通量的变化量有关，两导体棒下滑过程中磁通量先增大后减小，而初末状态磁通量均为零，即整个过程流过导体棒 PQ 的总电量为零，即 t 轴以上部分与 t 轴以下部分围成面积相等，由此可排除 B、C 选项，选出 A、D 选项。

具体过程可分情况讨论：

（1）若 PQ 离开磁场时，MN 还未进入磁场，磁通量的增加量为 $\Delta\Phi=BS_{abcd}$，MN 进入磁场并滑出所用时间与 PQ 相同，A 选项符合。

（2）若 PQ 没离开磁场时 MN 已进入磁场，此时两棒速度相等，回路磁通量不变，两棒加速运动。故两导体棒构成的回路离开磁场时速度变大，MN 离开所用时间变短，D 正确。

本题易错点：

（1）审题能力、信息加工能力不够，不能有效提取题目中的关键信息，如没抓住“导体棒 PQ、MN 先后自导轨上同一位置由静止释放”导致不能推出 PQ、MN 进入磁场时具有相同的速度。

（2）对于导体棒 MN 进入磁场时 PQ 的情况分析不清楚。

（3）对牛顿第二定律的理解不透彻，应用不熟练，无法分析出 MN 棒运动过程中加速度大小的变化情况。

（4）对电磁感应定律掌握不熟练，不能正确运用电磁感应定律计算电流。

应答策略：

（1）加强审题训练，尤其是关键信息的提炼，如本题中“导体棒 PQ、MN 先后自导轨上同一位置由静止释放”“已知 PQ 进入磁场时加速度变小恰好为零”。

（2）巩固基础知识，引导学生注重对基本物理概念及物理规律的理解和应用。如本题中楞次定律、右手定则、法拉第电磁感应定律、牛顿第二定律等。

（3）培养学生科学思维和科学探究能力，让学生通过练习信息提取、分析加工培养其逻辑推理的能力、模型建构能力。如本题中通过对导体棒切割磁场模型的分析，运用运动与相互作用观念、能量观念，分析出导体棒分别在磁场中的运动情况，进而利用法拉第电磁感应定律、闭合电路欧姆定律计算出电流大小的决定因素，结合图像的物理意义选出正确选项。

(4) 学会总结和反思，通过解题总结物理规律，培养关键能力，引导学生透过现象发现事物的本质。本题中如能明白感应电流的有无本质上取决于磁通量的变化，解题将变得非常简单。

【讲题策略】

1. 审题

认真审题，通过审题提炼出本题的关键信息；通过对关键信息的分析加工，结合题目给出的物理模型，使学生知道该题考查的基本物理概念、物理规律和物理方法。

2. 分析过程

引导学生运用物理学的“三大观点”思考并解决问题。题目中“将两根相同的导体棒 PQ、MN 先后自导轨上同一位置由静止释放”能告诉我们哪些隐含信息呢？根据力学观念或能量观念分析可知，两导体棒滑至 ab 位置时具有相同的速度。“已知 PQ 进入磁场时加速度变小恰好为零”又能说明什么呢？由力学分析可知，加速度为零说明导体棒 PQ 此时受力平衡，之后将做匀速直线运动，由 $E=BLv$ 可知感应电动势恒定，即感应电流恒定。

继续引导学生思考，当 PQ 离开磁场时，MN 可能存在几种情况？① 还未进入磁场；② 已经进入磁场。

第一种情况下，回路磁通量不变，没有感应电流，之后 MN 进入磁场并以与 PQ 进入磁场相同的速度切割磁场，此时 MN 产生的感应电动势与 PQ 之前的感应电动势相等，所以流过 PQ 的感应电流大小不变，方向相反。第二种情况下，MN 进入磁场后，此时 PQ 还在磁场中，由于 MN、PQ 有相同的速度，所以磁通量不变，电路中没有感应电流，之后两棒做加速度相同的匀加速直线运动。当 PQ 离开磁场时，MN、PQ 的速度都变大了，此时感应电流变大，方向相反。之后由于安培力大于重力下滑分力，所以导体棒 MN 减速，电流减小。

3. 巩固练习

(2019·全国Ⅲ卷，T19)如图，方向竖直向下的匀强磁场中有两根位于同一水平面内的足够长的平行金属导轨，两相同的光滑导体棒 ab、cd 静止在导轨上。$t=0$ 时，棒 ab 以初速度 v_0 向右滑动。运动过程中，ab、cd 始终与导轨垂直并接触良好，两者速度分别用 v_1、v_2 表示，回路中的电流用 I 表示。下列图像中可能正确的是(　　)。

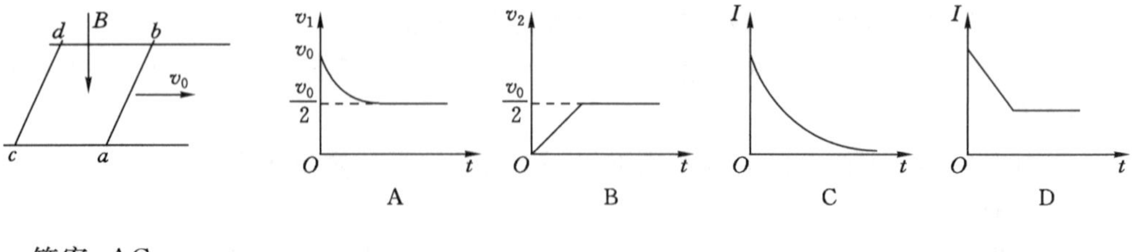

A　　B　　C　　D

答案：AC。

解析：ab 棒向右运动，切割磁感线产生感应电流，并受到向左的安培力，从而向右做减速运动；金属棒 cd 受向右的安培力而做加速运动。随着两棒速度差的减小安培力减小，加速度减小，当两棒速度相等时，感应电流为零，两棒不受力，均匀速运动，故最终电路中电流为 0，故 A、C 选项正确。

(邯郸市第二中学　路钟杰)

邯郸市第四届高中物理教师教学技能大赛试题演说案例 8

【原题呈现】（2019·全国Ⅲ卷，T20）如图(a)，物块和木板叠放在实验台上，物块用一不可伸长的细绳与固定在实验台上的力传感器相连，细绳水平。$t=0$ 时，木板开始受到水平外力 F 的作用，在 $t=4$ s 时撤去外力。细绳对物块的拉力 f 随时间 t 变化的关系如图(b)所示，木板的速度 v 与时间 t 的关系如图(c)所示。木板与实验台之间的摩擦可以忽略。重力加速度取 $g=10\ \text{m/s}^2$。由题给数据可以得出(　　)。

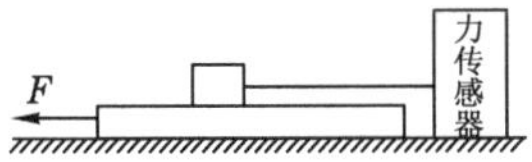

图(a)

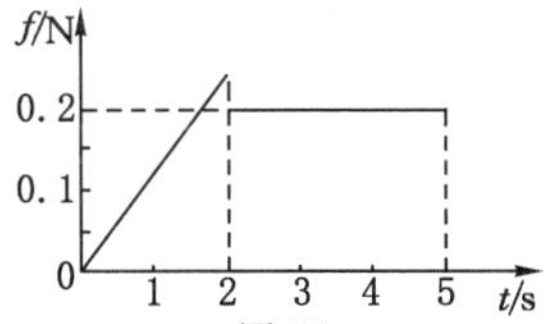

图(b)

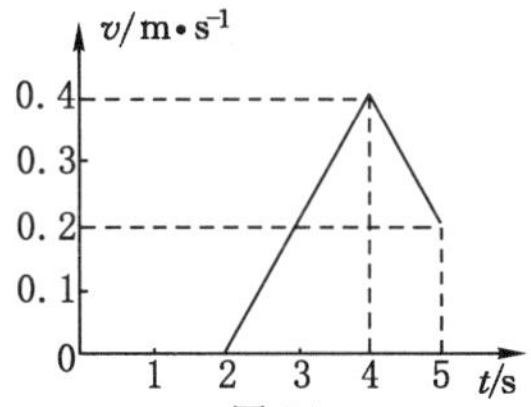

图(c)

A. 木板的质量为 1 kg

B. 2～4 s 内，力 F 的大小为 0.4 N

C. 0～2 s 内，力 F 的大小保持不变

D. 物块与木板之间的动摩擦因数为 0.2

【题源背景】

1. 课标要求(必修)

1.2.1　知道滑动摩擦和静摩擦现象，能用动摩擦因数计算滑动摩擦力的大小。

1.2.3　通过实验，探究物体运动的加速度与物体受力、物体质量的关系。理解牛顿运动定律，能用牛顿运动定律解释生产生活中的有关现象、解决有关问题。

2. 教材回归

人教版新教材必修一，P64，“滑动摩擦力”；P66，“静摩擦力”

滑动摩擦力

我们知道，两个相互接触的物体，当它们相对滑动时，在接触面上会产生一种阻碍相对运动的力，这种力叫作**滑动摩擦力**（sliding frictional force）。滑动摩擦力的方向总是沿着接触面，并且跟物体相对运动的方向相反。

我们还知道，滑动摩擦力的大小跟接触面上压力的大小有关，对同一接触面来说，压力越大，滑动摩擦力越大；滑动摩擦力的大小还跟接触面的粗糙程度、材质等有关，在相同压力下，不同接触面间的滑动摩擦力的大小一般不同。

通过进一步的定量实验，测量同一接触面不同压力下的滑动摩擦力大小，结果表明：**滑动摩擦力的大小跟压力的大小成正比**。如果用 F_f 表示滑动摩擦力的大小，用 $F_{压}$ 表示压力的大小，则有

$$F_f = \mu F_{压}$$

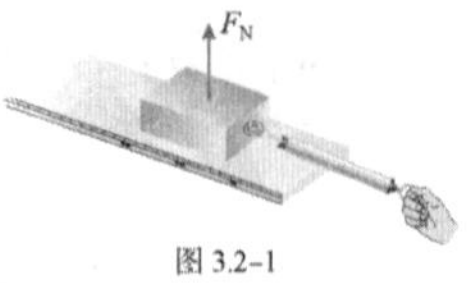

图 3.2-1

其中，μ是比例常数，叫作**动摩擦因数**（dynamic friction factor）。它的值跟接触面有关，接触面材料不同、粗糙程度不同，动摩擦因数也不同。

在图3.2-1中，以木块在水平木板上滑动为例，木块所受的支持力为F_N。由于木块对木板的压力大小等于

静摩擦力

相互接触的物体处于相对静止时，是不是也可能存在摩擦力?

图 3.2-3 推沙发

如图3.2-3，人用平行于地面的力推沙发，沙发有相对地面运动的趋势，但它没有被推动，沙发与地面仍然保持相对静止。根据二力平衡的知识可知，这时一定有一个力与推力平衡。这个力与人对沙发的推力大小相等、方向相反。这个力就是沙发与地面之间的摩擦力。

由于这时相互接触的两个物体之间只有相对运动的趋势，而没有相对运动，所以这时的摩擦力叫作**静摩擦力**（static frictional force）。静摩擦力的方向总是跟物体相对运动趋势的方向相反。只要沙发与地面间没有产生相对运动，静摩擦力的大小就随着推力的增大而增大，并与推力保持大小相等。

3. 试题情境

试题以力传感器测量细绳对物块的拉力 f 随时间 t 变化的关系为情境，源于人教版教材必修一第三章“相互作用——力”第 2 节“摩擦力”中第 66 页的演示实验“静摩擦力的大小随拉力的变化”。教材提供了“使用弹簧测力计测量”和“使用力传感器测量”两种实验方案，对比中发现后者更加方便和直观。这指引我们在探究滑动摩擦力大小跟压力大小的关系时也可以引导学生将传统实验方案进行改进，毕竟用弹簧测力计拖动木块匀速运动在实际操作中存在困难，改进后的实验装置如下图。若有条件也可以用力传感器进行实验，改进后的实验可以让学生体会到静止的物体也可以受滑动摩擦力。本试题引导高中物理教学要重视实验探究，重视实验创新。创新性既是高考考查的要求，又是提升学生物理学科素养的重要途径。本题考查学生对静摩擦力、最大静摩擦力和滑动摩擦力的理解，考查学生对共点力平衡条件及牛顿运动定律的运用，突出了对核心概念、基本规律的考查，引导高中物理教学要注重学生对必备知识的积累。高中物理教学要有效探索发展素质教育的方法和策略，助力高中物理育人方式改革，培养有知识、有能力、有素养的高质量人才。

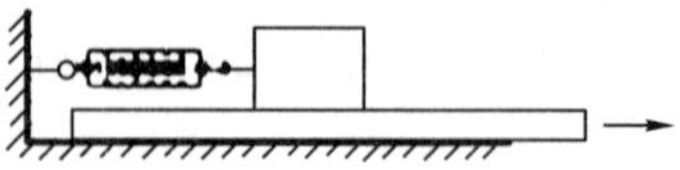

【关键能力】

试题以力传感器测量细绳对物块的拉力 f 随时间 t 变化的关系为情境，结合 f-t 和 v-t 图像考查了学生从文字和图像提取信息的能力；挖掘出物块总是静止的隐含条件，由平衡条件可知：力传感器间接显示了木板对物块摩擦力的大小，因不知道物块质量 m，故无法计算物块和木板之间的动摩擦因数 μ，这是对学生推理能力的考查；在 0～2 s 内，以物块和木板组成的整体为研究对象，由平衡条件可知 F 为变力，在 2～4 s 和 4～5 s 内，均以木板为研究

对象，结合牛顿第三定律和牛顿第二定律列式求解，这是对学生分析综合能力以及信息加工能力的考查。

【核心素养】

题目求解思路	素养要求	素养类型	学业质量等级
0～2 s内，物块和木板之间有静摩擦力，根据平衡条件可知其大小与 f 及 F 相等；2～5 s内，物块和木板之间有滑动摩擦力，大小为 μmg	具有清晰的物质观念、运动与相互作用观念，能正确描述和解释自然现象，能综合应用物理知识解决实际问题，能指导工作和生活实践	物理观念	水平3
2～4 s和4～5 s内，均选木板为研究对象，根据牛顿第二定律列式，可解出木板质量 M 为1 kg，2～4 s内水平外力 F 为0.4 N，不知道物块的质量 m，所以无法计算物块和木板之间的动摩擦因数 μ	从物理学视角认识客观事物的本质属性、内在规律及相互关系，基于经验事实建构物理模型，利用分析综合、科学推理等方法解决问题	科学思维	水平4

【审答思路】

思维过程：

问1：题干中有哪些关键词？

思考1：……

答1：不可伸长、固定、细绳水平、相连、水平外力 F、$t=4$ s时撤去外力、细绳对物块的拉力 f、木板的速度 v、木板与实验台之间的摩擦可以忽略、$g=10\ \text{m/s}^2$。

问2：从找出的关键词中能获得哪些信息？

思考2：……

答2：力传感器和物块总是静止，物块在水平方向受到向右的细绳给的拉力和向左的木板给的摩擦力且二力平衡，力传感器在测量细绳拉力的同时也显示了木板对物块摩擦力的大小(引导学生分析每一个关键词，挖掘其中的隐含条件)。

问3：涉及摩擦力首先要考虑什么？

思考3：……

答3：是滑动摩擦力还是静摩擦力。

问4：如何判断是滑动摩擦力还是静摩擦力？

思考4：……

答4：从题目所给的图像中找信息。

问5：处理图像问题要做到什么？

思考5：……

答5：对应和挖掘——将图像和运动过程分段对应起来，从解析式、斜率、截距、面积、特殊点充分挖掘隐含条件。

问6：从题目所给的图(b)和图(c)中能获得哪些信息？

思考6：……

答6：0～2 s内，物块和木板均静止，两物体之间有静摩擦力，由平衡条件可知水平外力 F 和两物体间静摩擦力的大小均随时间均匀增大；2 s末，木板开始滑动，物块和木板之间的静摩擦力突变为滑动摩擦力，可以看出滑动摩擦力比最大静摩擦力稍小，根据平衡条件和牛顿第三定律可知木板所受滑动摩擦力大小为 0.2 N，且 2 s 之后不再变化；2～4 s 内，木板做匀加速直线运动，加速度大小为 0.2 m/s^2；4～5 s 内，木板做匀减速直线运动，加速度大小为 0.2 m/s^2。

问 7：四个选项中哪些可以直接排除，哪些需要列式求解？

思考 7：……

答 7：选项 C 可以直接排除，其余三个选项需要列式求解。

问 8：研究哪个过程？选谁为研究对象？运用什么定律列式？

思考 8：……

答 8：在 2～4 s 和 4～5 s 两个过程中，均选木板为研究对象，根据牛顿第二定律列式，可解出木板质量 M 为 1 kg，2～4 s 内水平外力 F 为 0.4 N，故选项 A、B 正确；由于不知道物块的质量 m，所以无法计算物块和木板之间的动摩擦因数 μ，故选项 D 错误。

所列公式 2～4 s 内，对木板有 $F-\mu mg=Ma_1$；4～5 s 内，对木板有 $\mu mg=Ma_2$。代数解得 $M=1$ kg，$F=0.4$ N。

本题易错点：

(1) 不能从题目所给文字中挖掘出物块始终静止，木板对物块摩擦力的大小就等于拉力 f 的大小的隐含条件，认为 0～2 s 内，木板静止，F 始终为零，错选 C。

(2) 认为滑动摩擦力大小为 μMg，并且计算错误，求出 $\mu=0.2$，错选 D。

应答策略：

引导学生在审题时画出关键词并分析其中的隐含条件，遇到图像时要将图像和运动过程分段对应起来，从解析式、斜率、截距、面积、特殊点五个方面充分挖掘隐含条件，寻找突破口。在课堂上，老师要把审题的机会还给学生，鼓励学生说出自己的想法，加强对学生信息提取能力、推理能力、分析综合能力和信息加工能力的培养。

【讲题策略】

1. 试题分析

(1) 引导学生画出题干中的关键词，如不可伸长、固定、细绳水平、相连、水平外力 F、$t=4$ s 时撤去外力、细绳对物块的拉力 f、木板的速度 v、木板与实验台之间的摩擦可以忽略、$g=10$ m/s^2 等。

(2) 引导学生从画出的关键词中挖掘出隐含条件，如力传感器和物块总是静止，物块在水平方向受到向右的细绳给的拉力和向左的木板给的摩擦力且二力平衡，力传感器在测量细绳拉力的同时也显示了木板对物块摩擦力的大小。

(3) 引导学生将题目所给的图像和运动过程分段对应起来，从解析式、斜率、截距、面积、特殊点充分挖掘隐含条件。可知 0～2 s 内，物块和木板均静止，两物体之间有静摩擦力，由平衡条件可知水平外力 F 和两物体间静摩擦力的大小均随时间均匀增大，故选项 C 可以直接排除。2 s 末，木板开始滑动，物块和木板之间的静摩擦力突变为滑动摩擦力，可以看出滑动摩擦力比最大静摩擦力稍小，根据平衡条件和牛顿第三定律可知木板所受滑动摩擦力 μmg 大小为 0.2 N，且 2 s 之后不再变化。2～4 s 内，木板做匀加速直线运动，加速度大小为 0.2 m/s^2。4～5 s 内，木板做匀减速直线运动，加速度大小为 0.2 m/s^2。在 2～4 s 和 4～5 s 两个过程中，均选木板为研究对象，根据牛顿第二定律列式为 $F-\mu mg=Ma_1$，$\mu mg=Ma_2$，可解出木板质量 M

为 1 kg，2～4 s 内水平外力力 F 为 0.4 N，故选项 A、B 正确。由于不知道物块的质量 m，所以无法计算物块和木板之间的动摩擦因数 μ，故选项 D 错误。

2. 变式探究

变式探究一：设 $m=0.2$ kg，若剪断细绳后，设最大静摩擦力等于滑动摩擦力，要使物块和木板一起运动，作用在木板上的水平外力 F 需要满足什么条件？（板块模型——临界问题、整体法与隔离法）

解析：设 F 的最大值为 $F_{\max}$，对整体 $F_{\max}=(M+m)a_{\max}$，对物块 $\mu mg=ma_{\max}$，解得 $F_{\max}=1.2$ N，则 F 需要满足 $0<F\leqslant 1.2$ N。

变式探究二：若剪断细绳时，物块静止在木板的中间位置，作用在木板上的水平外力 $F=2$ N，F 作用 2 s 后撤去，要使物块不从木板上滑落，木板至少多长？（板块模型、动力学、能量、动量思想）

解析：方法一——动力学方法（画运动示意图，如图 1 所示）。

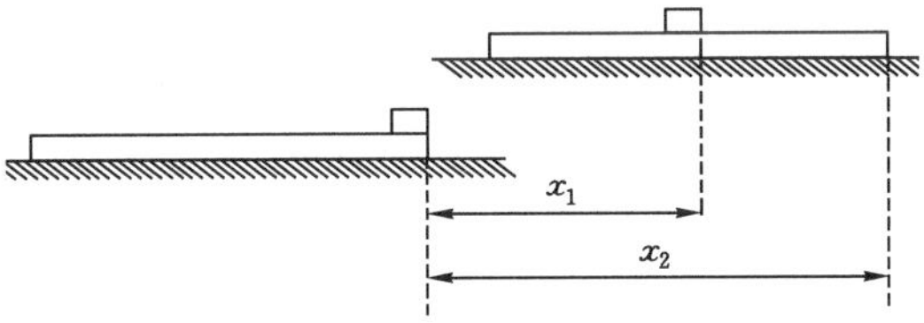

图 1

对物块和木板利用牛顿第二定律和动力学公式可得：$\mu mg=ma_1$，$F-\mu mg=Ma_2$，$v_1=a_1t_1$，$v_2=a_2t_1$，$v=v_1+a_1t_2$，$v=v_2-a'_2t_2$。

代入数据，解得 $v_1=2$ m/s，$v_2=3.6$ m/s，$v=\frac{10}{3}$ m/s，$t_2=\frac{4}{3}$ s。

物块位移用平均速度表示可写为 $x_1=\frac{v_1}{2}t_1+\frac{v_1+v}{2}t_2$，木板位移用平均速度表示可写为 $x_2=\frac{v_2}{2}t_1+\frac{v_2+v}{2}t_2$，两者位移关系为 $\frac{L}{2}=x_2-x_1$。

代数解得 $L=\frac{16}{3}$ m。

方法二——v-t 图像法（如图 2 所示，图中阴影部分面积为 $\frac{L}{2}$，方法略）。

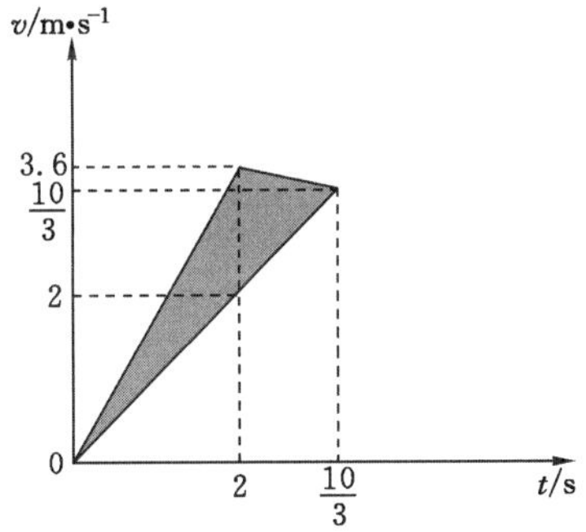

图 2

方法三——动量定理、动量守恒定律、动能定理、能量守恒定律。

撤去外力 F 前,对物块和木板由动量定理得 $\mu mgt_1=mv_1$,$(F-\mu mg)\cdot t_1=Mv_2$。撤去外力 F 后,两者作为系统动量守恒,有 $mv_1+Mv_2=(m+M)v$。以系统为研究对象,由动能定理得 $Fx_2-\mu mg\dfrac{L}{2}=\dfrac{1}{2}(m+M)v^2$,其中 x_2 为外力 F 作用下木板位移,$x_2=\dfrac{v_2}{2}t_1$。

代数解得 $L=\dfrac{16}{3}$ m。

3. 方法总结

板块模型解题要领可总结为:各自分析找关系,临界速度是纽带,不能确定就假设,假设勿忘要论证,公式图像齐上场,功能动量帮大忙。

4. 课下练习

(1)(2021·全国乙卷,T21)水平地面上有一质量为 m_1 的长木板,木板的左端上有一质量为 m_2 的物块,如图(a)所示。用水平向右的拉力 F 作用在物块上,F 随时间 t 的变化关系如图(b)所示,其中 F_1、F_2 分别为 t_1、t_2 时刻 F 的大小。木板的加速度 a_1 随时间 t 的变化关系如图(c)所示。已知木板与地面间的动摩擦因数为 μ_1,物块与木板间的动摩擦因数为 μ_2。假设最大静摩擦力均与相应的滑动摩擦力相等,重力加速度大小为 g。则(　　)。

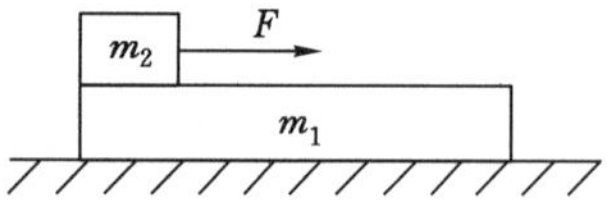

图(a)

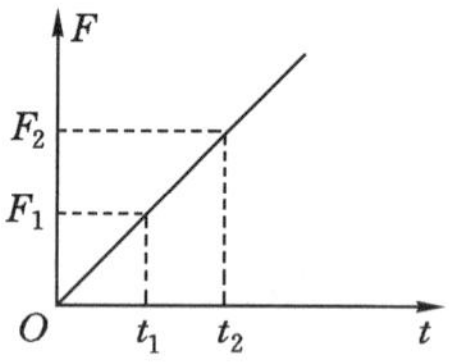

图(b)

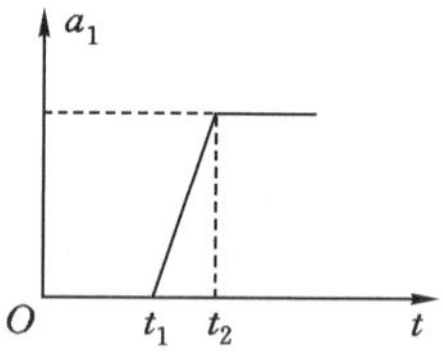

图(c)

A. $F_1=\mu_1 m_1 g$　　　　B. $F_2=\dfrac{m_2(m_1+m_2)}{m_1}(\mu_2-\mu_1)g$

C. $\mu_2>\dfrac{m_1+m_2}{m_2}\mu_1$　　　　D. 在 $0\sim t_2$ 时间段物块与木板加速度相等

答案:BCD。

解析:由图(c)可知,在 $0\sim t_1$ 时间段物块和木板均静止,在 t_1 时刻木板与地面的静摩擦力达到最大值,对物块和木板整体分析可知 $F_1=\mu_1(m_1+m_2)g$,故 A 错误。$t_1\sim t_2$ 时间段物块和木板一起加速运动,在 t_2 时刻物块和木板分离,此时物块和木板间的静摩擦力达到最大值,根据牛顿第二定律,对物块和木板有 $F_2-\mu_1(m_1+m_2)g=(m_1+m_2)a_m$,对木板有 $\mu_2 m_2 g-\mu_1(m_1+m_2)g=m_1 a_m$,整理可得 $F_2=\dfrac{m_2(m_1+m_2)}{m_1}(\mu_2-\mu_1)g$,故 B 正确。由 $\mu_2 m_2 g-\mu_1(m_1+m_2)g=m_1 a_m$,可知 $\mu_2 m_2 g>\mu_1(m_1+m_2)g$,即 $\mu_2>\dfrac{(m_1+m_2)}{m_2}\mu_1$,故 C 正确。在 $0\sim t_1$ 时间段物块和木板均静止,$t_1\sim t_2$ 时间段物块和木板一起匀加速运动,故在 $0\sim t_2$ 时间段物块与木板加速度相等,故 D 正确。

(2)(2004·全国Ⅰ卷,T25)一小圆盘静止在桌布上,位于一方桌的水平桌面的中央。桌布的一边与桌的 AB 边重合,如图。已知盘与桌布间的动摩擦因数为 μ_1,盘与桌面间的动摩擦因数为 μ_2。现突然以恒定加速度 a 将桌布抽离桌面,加速度方向是水平的且垂直于

AB 边。若圆盘最后未从桌面掉下，则加速度 a 满足的条件是什么？（以 g 表示重力加速度）

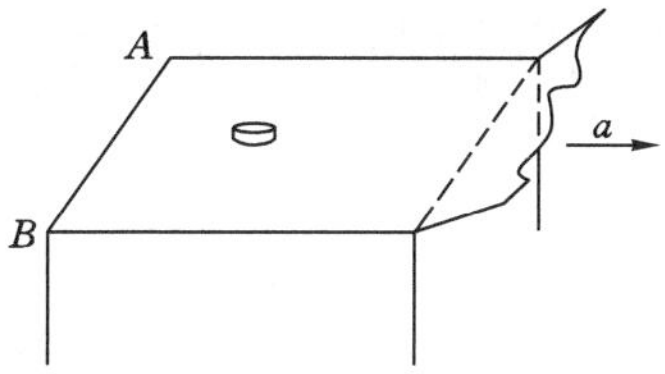

答案：$a \geqslant \frac{\mu_1 + 2\mu_2}{\mu_2}\mu_1 g$。

解析：设圆盘的质量为 m，桌长为 l，桌布从圆盘下抽出的过程中，盘的加速度为 a_1，有 $\mu_1 mg = ma_1$。

桌布抽出后，盘在桌面上做匀减速运动，以 a_2 表示加速度的大小，有 $\mu_2 mg = ma_2$。

设盘刚离开桌布时的速度为 v_1，移动的距离为 x_1，离开桌布后在桌面上再运动距离 x_2 后便停下，有 $v_1^2 = 2a_1 x_1$，$v_1^2 = 2a_2 x_2$。

盘没有从桌面上掉下的条件是 $x_2 \leqslant \frac{1}{2}l - x_1$。

设桌布从盘下抽出所经历时间为 t，在这段时间内桌布移动的距离为 x，则有 $x = \frac{1}{2}at^2$，$x_1 = \frac{1}{2}a_1 t^2$，$x = \frac{1}{2}l + x_1$。

由以上各式解得 $a \geqslant \frac{\mu_1 + 2\mu_2}{\mu_2}\mu_1 g$。

（河北峰峰第一中学　苗海云）

邯郸市第四届高中物理教师教学技能大赛试题演说案例9

【原题呈现】(2018·全国Ⅲ卷,T23)一课外实验小组用如图所示的电路测量某待测电阻 R_x 的阻值,图中 R_0 为标准定值电阻($R_0=20.0\ \Omega$);可视为理想电压表。S_1 为单刀开关,S_2 为单刀双掷开关,E 为电源,R 为滑动变阻器。采用如下步骤完成实验:

(1)按照实验原理线路图(a),将图(b)中实物连线。

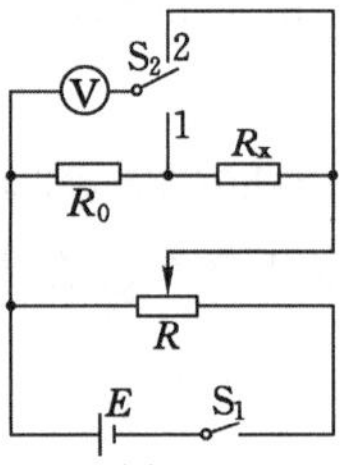

图(a)

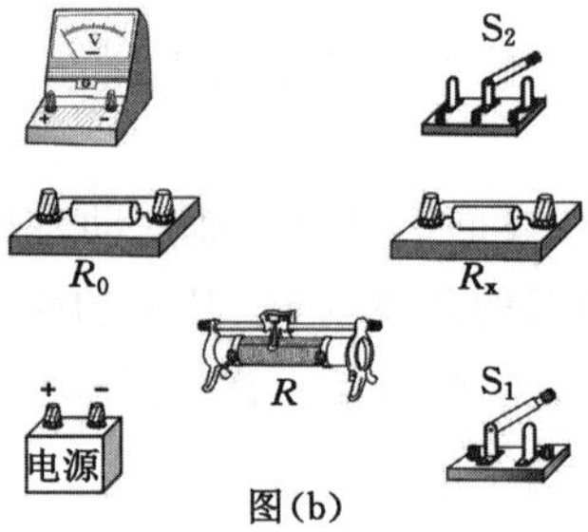

图(b)

(2)将滑动变阻器滑动端置于适当位置,闭合 S_1。

(3)将开关 S_2 掷于1端,改变滑动变阻器动端的位置,记下此时电压表Ⓥ的示数 U_1;然后将 S_2 掷于2端,记下此时电压表Ⓥ的示数 U_2。

(4)待测电阻阻值的表达式 $R_x=$________(用 R_0、U_1、U_2 表示)。

(5)重复步骤(3),得到如下数据:

	1	2	3	4	5
U_1/V	0.25	0.30	0.36	0.40	0.44
U_2/V	0.86	1.03	1.22	1.36	1.49
$\frac{U_2}{U_1}$	3.44	3.43	3.39	3.40	3.39

(6)利用上述5次测量所得 $\frac{U_2}{U_1}$ 的平均值,求得 $R_x=$________ Ω。(保留1位小数)

【题源背景】

1. 课标要求(必修)

3.2.1 观察并能识别常见的电路元器件,了解它们在电路中的作用。

3.2.2 会测量金属丝的电阻率。

例1 知道滑动变阻器的工作原理。

3.2.3 了解串、并联电路电阻的特点。

2. 教材回归

(1)人教版新教材必修三,P65,"金属丝电阻率的测量"

实验 2　金属丝电阻率的测量

实验思路

设计实验电路。图 11.3-7 是本实验提供的实验电路图。取一段金属电阻丝连接到实验电路中，只要测出电阻丝的电阻 R、长度 l 和直径 d（$S=\frac{\pi d^2}{4}$），就可以计算出该电阻丝所用材料的电阻率，即

$$\rho=\frac{SR}{l}=\frac{\pi d^2 R}{4l}$$

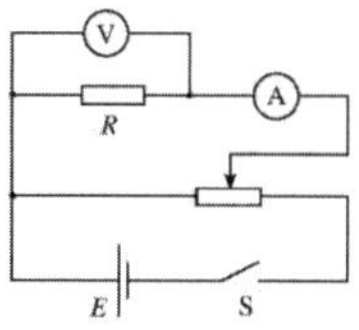

图 11.3-7　测电阻的电路图

物理量的测量

需要测量金属电阻丝的电阻 R、长度 l 和直径 d 三个物理量。

电阻的测量　按实验电路图连接实物电路。改变滑动变阻器滑片的位置，读取多组电压、电流值，通过 U-I 图像求得电阻 R。

电阻丝有效长度的测量　电阻丝长度的测量工具应选用刻度尺。需要注意，在测量电阻丝的长度时，测量的并不是电阻丝的总长度，而是接入电路的有效长度 l。反复测量多次，得到有效长度的平均值。

电阻丝直径的测量　因为电阻丝比较细，所以直接用刻度尺测量就会产生比较大的误差。下面提供了几种测量直径的方案供大家选用。

▶ 测量工具的选择既要考虑使用的方便，也要考虑测量误差的大小。

（2）人教版新教材必修三，P68，“串联电路和并联电路”

串、并联电路中的电流

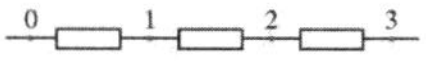

图 11.4-1　串联电路

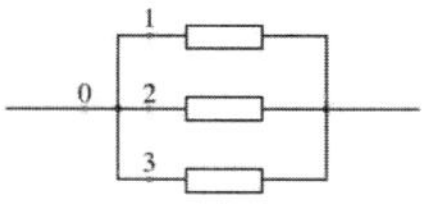

图 11.4-2　并联电路

我们知道，恒定电流电路中各处电荷的分布是稳定的，任何位置的电荷都不可能越来越多或越来越少。在图 11.4-1 的串联电路中，既然电路中各处的电荷分布保持不变，相同时间内通过 0、1、2、3 各点的电荷量必然相等。因此，**串联电路中的电流处处相等**。

在图 11.4-2 的并联电路中，只有在相同时间内流过干路 0 点的电荷量等于进入各支路 1、2、3 各点的电荷量之和，才能保证电路各处的电荷量的分布保持不变。因此，**并联电路的总电流等于各支路电流之和**。

串、并联电路中的电压

在图 11.4-1 的串联电路中，如果以 φ_0、φ_1、φ_2、φ_3 分别表示电路中 0、1、2、3 各点的电势，以 U_{01}、U_{12}、U_{23}、U_{03} 分别表示 0 与 1、1 与 2、2 与 3、0 与 3 之间的电势差（电压），那么，由电势差跟电势的关系可知

$$U_{01}=\varphi_0-\varphi_1,\ U_{12}=\varphi_1-\varphi_2,\ U_{23}=\varphi_2-\varphi_3$$

因此

$$U_{01}+U_{12}+U_{23}=\varphi_0-\varphi_3=U_{03}$$

即，**串联电路两端的总电压等于各部分电路两端电压之和**。

在图 11.4-2 的并联电路中，不考虑导线的电阻，0、1、2、3 各点之间没有电势差，它们具有相同的电势。同样，几个电阻右边的电势也相同。因此，**并联电路的总电压与各支路电压相等**。

3. 试题情境

本实验题的原型实验为教材必修三上第 65 页的“金属丝电阻率的测量”，由教材上的“伏安法测电阻”变形为“伏阻法测电阻”，以“实验原理分析”为主体重点考查了电路分析，实物电路连接和串联电路中电流、电压的规律特点等相关电学知识。考查内容兼具基础性、应用性、综合性，落实了高考考查要求。实验题目考查内容基础，回归教材，但考查实验探究过程单一。

【关键能力】

该电学实验题为基础实验题型，中档难度，其中实物电路连接具有区分度。题目要求考生首先能明确实验目的，其次通过分析电路图并结合实验操作步骤和测量物理量，得出本实验的实验原理和方法，然后根据串联电路的规律特点，得出通过 R_0 和 R_x 的电流及二者两端电压关系，最后通过数学计算得出结果。考查了考生的理解能力、实验探究能力、分析综合能力、逻辑推理能力和信息加工能力。

【核心素养】

题目求解思路	素养要素	素养类型	学业质量等级
明确实验目的：测量 R_x 的阻值。通过分析电路图，了解电路的连接特点，确定实验原理、方法	具有物理观念，能从物理学的视角描述和解释自然现象，能应用物理知识解决实际问题	物理观念	水平 3
通过分析电路连接特点，完成实物电路连接	认识到物理研究是建立在观察和实验基础上的一项创造性工作	科学态度与责任	水平 3
结合实验操作步骤和测量物理量，根据滑动变阻器分压接法的特点和串联电路中电压分布规律，得出测量数据 U_1、U_2、R_0、R_x 的关系式，即推测该实验的实验原理表达式	能对常见的物理现象进行分析和推理，获得结论并作出解释；能恰当使用证据表达自己的观点	科学思维	水平 3
根据实验原理关系式，代入数据，进行数学计算，求解结果	能对数据进行初步整理	科学探究	水平 1

【审答思路】

思维过程：

问 1：实验目的是什么？教材上有对应的原型实验吗？

思考 1：本实验目的为测量某电阻阻值，教材原型实验为“伏安法测电阻”，根据 $R=\frac{U}{I}$。

答 1：实验目的为测量待测电阻 R_x 的阻值，教材原型实验是人教版新教材必修三上的金属丝电阻率的测量实验，为“伏安法测电阻”。

问 2：分析电器元件和电路图，本实验的实验方法是什么？

思考 2：实验提供了待测电阻、理想电压表、定值电阻和滑动变阻器、单刀双掷开关。其中滑动变阻器采用了分压接法，理想电压表先后分别测量 R_0 两端电压及 R_0、R_x 两端电压之和。

答 2：实验器材有电压表和一定值电阻，为伏阻法测电阻。

问 3：对比原型实验，本实验原理是什么？

思考 3：按照实验操作步骤探究实验，结合电路连接特点，明确几个测量数据的关系。其中，U_1 是 R_0 两端电压，U_2 是 R_0、R_x 两端电压之和，且通过 R_0、R_x 的电流保持不变。

答 3：$I_x=I_0=\frac{U_1}{R_0}$，$U_x=U_2-U_1$，$R_x=\frac{U_x}{I_x}$，联立可得，$R_x=\frac{U_2}{U_1}R_0-R_0$。

问 4：如何连接实物电路图？

思考 4：题目已给电路原理图，按图索骥，注重细节，认真检验。

答 4：单线连接，分清主次，先串后并，即从电源正极开始先完成主电路，再连接支路，最后并联电压表。连接电路时重点注意滑动变阻器和单刀双掷开关的连接方式，导线不得交叉。

问 5：如何根据测量所得的数据得到 R_x？

思考 5：代数计算，得出最后结果后，再按要求保留 1 位小数。

答 5：根据测量数据得 $\frac{U_2}{U_1}$ 的平均值为 3.41，代入原理式，可得 R_x 为 48.2 Ω。

本题易错点：

(1) 对滑动变阻器和单刀双掷开关等电路元件掌握不到位，导致实物电路连接中滑动变阻器的分压连接和单刀双掷开关连接出现问题。

(2) 电路分析不清，推导不出实验原理表达式，或书写不严谨，物理量 U_2、U_1 混淆。

应答策略：

先明确实验目的，根据电路原理图，并结合教材原型实验确定本实验的实验原理和实验方法，明确本实验探究思路，结合串联电路中电压和电流的特点，判断出 R_x、R_0、U_1、U_2 的关系，得出测 R_x 的原理表达式，再进行代数计算。本实验较为基础，重点考查滑动变阻器的分压接法、串并联电路的特点以及单刀双掷开关的应用，对电学基础知识以及考生的电路分析能力、理解探究能力有一定要求，兼具基础性和综合性，引导考生重视基础，注重能力提升，也对教学回归教材有一定的导向作用。

【讲题策略】

本题对应考生为高三学生，考生已经掌握了电路的相关基础知识，对于电学实验探究也已经形成了基本的思路并有了做题经验。本题属于基础电学实验题型，难度不大。故教师可通过引导学生进行实验探究来完成题目的讲解，而后进行针对性训练。

1. 原题探究

(1) 先以实验报告式的设问引导学生审题。通过关于“实验目的”“实验器材”“实验方法”“实验原理图”“实验步骤”等多个设问逐步引导学生审清实验，明确实验目的。

(2) 再引导学生从单刀双掷开关入手分析实验电路的两种测量情况，结合测量的物理量推导出本实验的实验原理：R_0、R_x 串联，二者的电流大小相同且不变，R_0、R_x 两端的电压之和保持不变，即 $I_x=I_0=\frac{U_1}{R_0}$，$U_x=U_2-U_1$，$R_x=\frac{U_x}{I_x}$，联立可得 $R_x=\frac{U_2}{U_1}R_0-R_0$。

(3) 明确实验原理和实验目的后，组织学生以小组为单位进行实验探究和数据处理，重点观察研究滑动变阻器和单刀双掷开关的实物连接方式，小组合作完成实物电路连接。教师在学生展示小组探究成果时，要对本题的难点重点进行点评和讲解，如实物电路(图 c)连接的注意事项。数据处理较简单,利用表格数据得出$\frac{U_2}{U_1}$的平均值为 3.41,代入原理式,得$R_x=48.2\ \Omega$,学生可以独立解决,不需过多讲解。

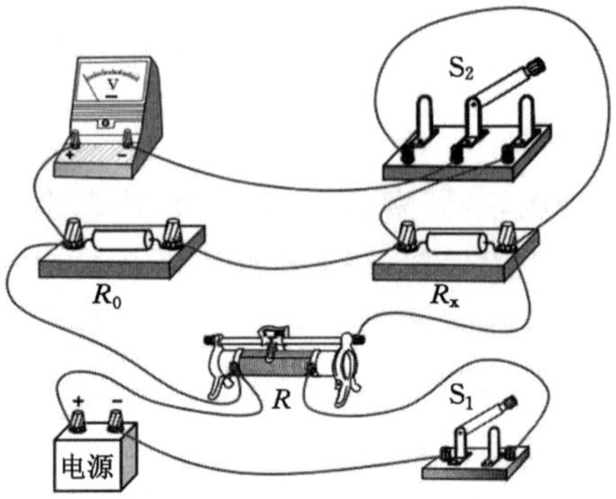

图(c)

(4) 以"考查重点和解答思路"设问,引导学生做好题后总结。

实验考查重点:① 电路分析和原理探究——电学元件和电路串并联规律特点;② 实物电路连接;③ 简单数学计算。

电学实验的基本解答思路:① 明确实验目的,回归教材原型实验;② 对比原型实验,分析题目电路规律特点,确定实验原理;③ 根据实验原理进行题目解答。

2. 针对性训练

例 1. 利用电流表和两个阻值不同的定值电阻,可以测定电源的电动势和内电阻。在所用器材中电流表Ⓐ量程为 0 ~ 0.6 ~ 3 A,定值电阻 R_1 和 R_2 的阻值都在 5 ~ 10 Ω之间。电源为一节干电池,还有开关 S_1、单刀双掷开关 S_2 及电线若干。请按如图所示电路图要求在如图所示实物图上连线。

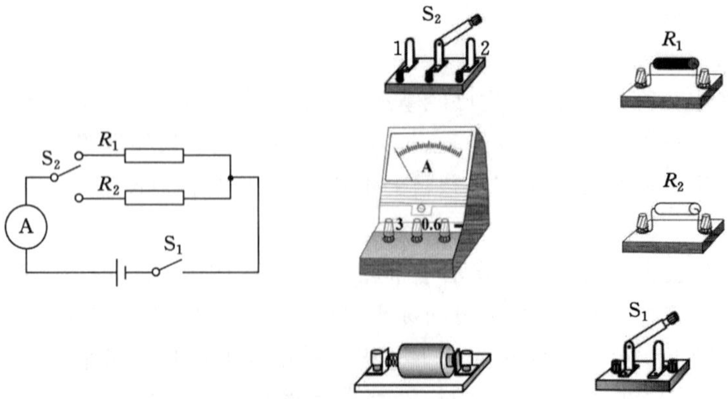

解析:① 原理分析:闭合电路欧姆定律。闭合开关 S_1,将开关闭合到 R_1,则 $E=I_1(R_1+r)$;将开关闭合到 R_2,则 $E=I_2(R_2+r)$。联立二式,求解 E 和 r。

② 由电源为干电池电动势为 1.5 V,定值电阻 R_1、R_2 的阻值为 5~10 Ω,可确定电流表量程应选 0~0.6 A。

实物连接如下图所示。

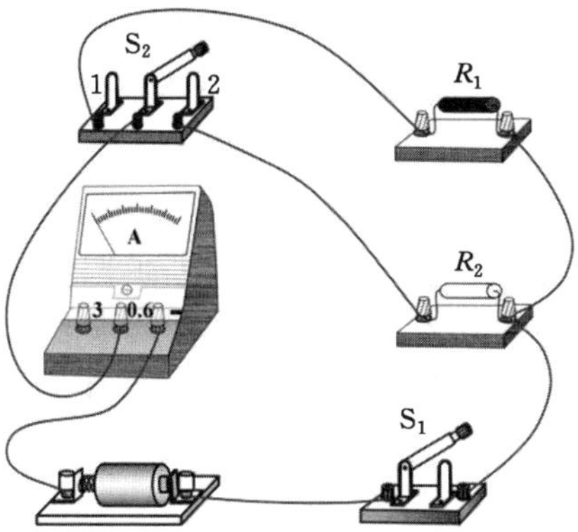

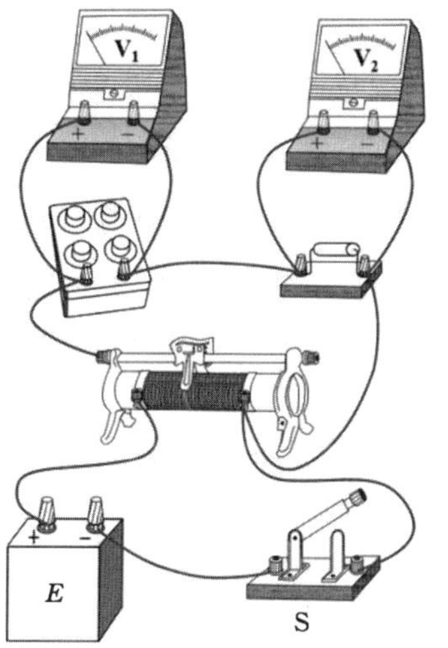

例 2. 右图为一电学实验的实物连线图。该实验可用来测量待测电阻 R_x 的阻值(约 500 Ω)。图中两个电压表量程相同,内阻都很大。实验步骤如下:

① 调节电阻箱,使它的阻值 R_0 与待测电阻的阻值接近;将滑动变阻器的滑动触头调到最右端。

② 合上开关 S。

③ 将滑动变阻器的滑动触头向左端滑动,使两个电压表指针都有明显偏转。

④ 记下两个电压表Ⓥ₁和Ⓥ₂的读数 U_1 和 U_2。

⑤ 多次改变滑动变阻器滑动触头的位置,记下多组读数 U_1 和 U_2。

⑥ 求 R_x 的平均值。

根据实物连线图画出实验的电路图,其中电阻箱符号为"",其余器材用通用的符号表示。

解析:① 原理分析:R_0 和 R_x 串联,忽略两电压表内阻影响,通过二者的电流相同,则 $I_x=\frac{U_1}{R_0}=\frac{U_2}{R_x}$,得 $R_x=\frac{U_2}{U_1}R_0$。

② 画电路原理图:滑动变阻器采用分压接法,如右图所示。

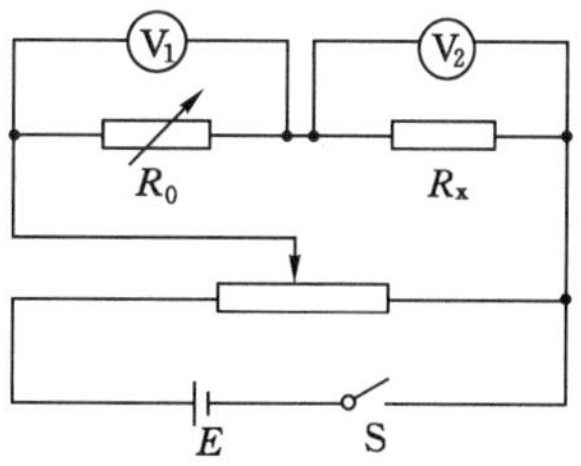

3. 课堂小结

(1) 学生总结

① 电路基本规律:欧姆定律,串并联电路中电流和电压的特点,闭合电路欧姆定律。

② 实物电路连接要点:先串后并,分清主次,从电源正极开始,先连接主路,再完成支路,最后并联电压表。注意滑动变阻器、电表、单刀双掷开关等电学元件的接线柱连接;导线不可交叉。

(2) 教师总结

① 电路分析首先要求考生对于电学基础知识熟练掌握,其次要能根据所给条件,有效推理分析出实验方法和实验原理,这对考生五种能力中的理解能力、推理能力和分析综合能力以及实验能力等有较高要求,符合高考试题基础性、综合性、应用性的考查要求,也是对物

理学科核心素养中物理观念、科学思维和科学探究的综合考查。

② 实物电路连接则是对应科学态度与责任这一学科核心素养的要求。因此,关于电路分析和实物电路连接的考查内容必然是电学实验考查中不可或缺的内容。

4. 课后训练——实验方法拓展

练习 1. 某学习小组为测量一铜芯电线的电阻率,他们截取了一段电线,用米尺测出其长度为 L,用螺旋测微器测得其直径为 D,用多用电表测得其电阻值约为 2 Ω。为提高测量的精度,该小组的人员从下列器材中挑选了一些元件,设计了一个电路,重新测量这段导线的电阻(用 R_x 表示)。

A. 电源 E(电动势为 3.0 V,内阻不计)。

B. 电压表Ⓥ₁(量程为 0 ~ 3.0 V,内阻约为 2 kΩ)。

C. 电压表Ⓥ₂(量程为 0 ~ 15.0 V,内阻约为 6 kΩ)。

D. 电流表Ⓐ₁(量程为 0 ~ 0.6 A,内阻约为 1 Ω)。

E. 电流表Ⓐ₂(量程为 0 ~ 3.0 A,内阻约为 0.1 Ω)。

F. 滑动变阻器 R_1(最大阻值 10 Ω,额定电流 2.0 A)。

G. 滑动变阻器 R_2(最大阻值 1 kΩ,额定电流 1.0 A)。

H. 定值电阻 R_0(阻值为 3 Ω)。

I. 开关 S 一个,导线若干。

(1) 如下图所示是该实验小组用螺旋测微器对铜芯线直径的某次测量,其读数是________ mm。

(2) 实验时电压表选________,电流表选________,滑动变阻器选________。(只填代号)

(3) 为提高实验的精确度,请你为该实验小组设计电路图,并画在下面的方框中。

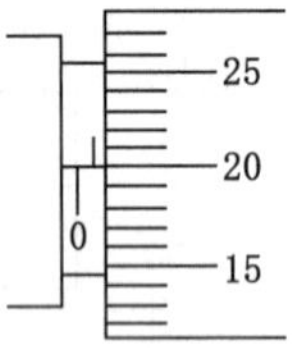

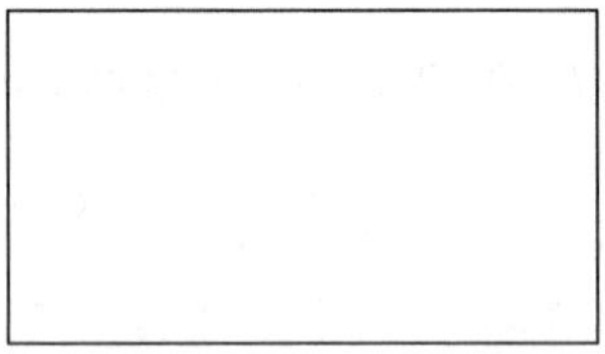

(4) 某次测量时,电压表示数为 U,电流表示数为 I,则该铜芯线材料的电阻率的表达式为:$\rho =$ ________。

解析:① 实验方法:伏安法测电阻根据 $R_x = \dfrac{U}{I}$。

② 试题分析:

由图可知,固定刻度所示为 0.5 mm,可动刻度示数为 20.0×0.01 mm = 0.200 mm,螺旋测微器示数为 0.700 mm。

电源电动势为 3.0 V,电压表应选"量程为 0 ~ 3.0 V,内阻约为 2 kΩ",即选 B;电路中允许通过的最大电流为 1. 5 A,但为保证准确测量多组数据,电流表应选电流表Ⓐ₁(量程为 0~0.6 A,内阻约为 1 Ω),即选 D;为方便实验操作,应选最大阻值较小的滑动变阻器,则选 F。

由于 $R_x \ll R_v$(其中,R_v 为电压表内阻),则选用电流表外接法;滑动变阻器选用分压式或限流式均可。待测电阻较小，为保证电路安全，待测电阻应串联一个保护电阻 R_0。电路图如下图所示。

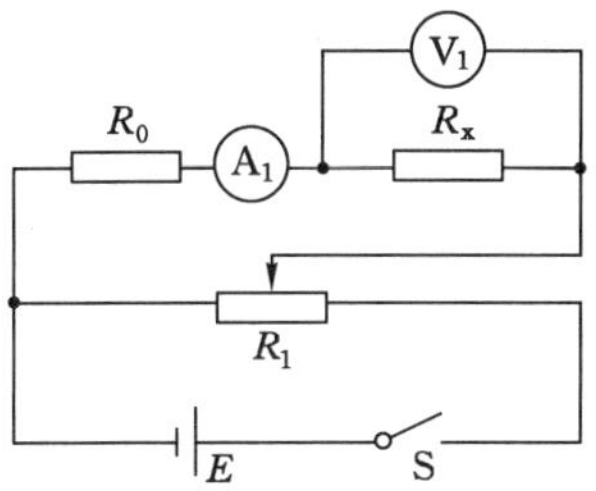

由 $R_x=\dfrac{U}{I}=\rho\dfrac{L}{S}$，得电阻率 $\rho=\dfrac{D^2\pi U}{4IL}$。

练习 2. 测电阻 R_x 的电路如图甲所示，电源电压恒定，R_0 为定值电阻，部分实验步骤如下：

(1) 开关闭合前，滑动变阻器 R 的滑片 P 应该移到________(选填"A"或"B")端。

(2) 连接好电路，闭合开关，移动滑动变阻器滑片 P，某次电流表Ⓐ₂的示数如图乙所示，Ⓐ₂的读数为________ A。

(3) 若测得电流表Ⓐ₁的示数为 I_1，电流表Ⓐ₂的示数为 I_2，则 $R_x=$ ________(用题中字母表示)。

(4) 多次移动滑动变阻器的滑片 P，记录每一次实验中电流表Ⓐ₁、Ⓐ₂的示数 I_1 和 I_2，得到如图丙所示 I_1-I_2 图像。若 $R_0=20\ \Omega$，由图像求得被测电阻的阻值 $R_x=$ ________ Ω。

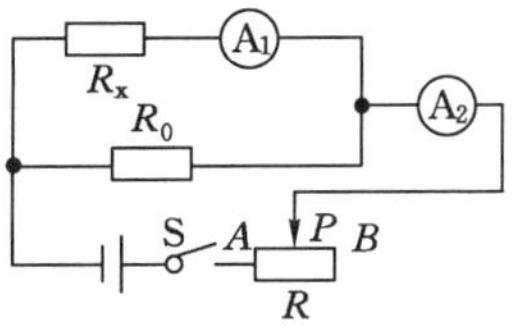

甲

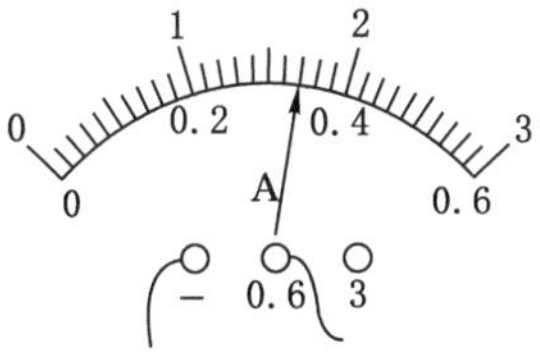

乙

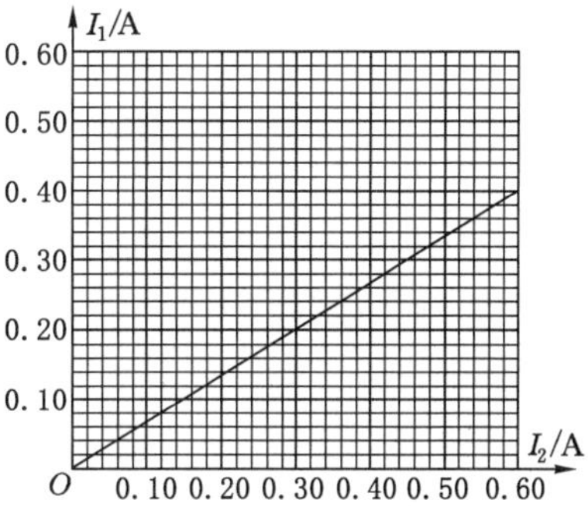

丙

解析：① 实验方法：安阻法测电阻，$U_x=U_0$，$I_x=I_1$，则 $R_x=\dfrac{U_x}{I_x}=\dfrac{(I_2-I_1)R_0}{I_1}$。

② 试题解析：(1) B；(2) 0.34；(3) $R_x=\dfrac{U_x}{I_x}=\dfrac{(I_2-I_1)R_0}{I_1}$；(4) 由原理式推导可得 $I_1=\dfrac{R_0}{R_0+R_x}I_2$，根据图像的斜率可求得 $R_x=10\ \Omega$。

5. 总结

用伏安法测电阻的基本原理是测定电阻两端的电压和流过电阻的电流。在缺少器材(电流表或电压表)的情况下，可用间接的方法得到电压值或电流值，仍然可以测量电阻的阻值。伏阻法和安阻法本质上都是根据欧姆定律或闭合电路欧姆定律测量电阻。因此,在进行电学实验的学习和探究过程中,要注重基本原理的掌握。在电学实验的教学上注重实验变形创新的同时,更应注重电学实验的相关基础知识和原理探究。

（成安县第一中学　王何冰）

邯郸市第四届高中物理教师教学技能大赛试题演说案例 10

【原题呈现】(2018·全国Ⅱ卷,T21)如图,同一平面内的 a、b、c、d 四点处于匀强电场中,电场方向与此平面平行,M 为 a、c 连线的中点,N 为 b、d 连线的中点。一电荷量为 $q(q>0)$ 的粒子从 a 点移动到 b 点,其电势能减小 W_1,若该粒子从 c 点移动到 d 点,其电势能减小 W_2。下列说法正确的是(　　)。

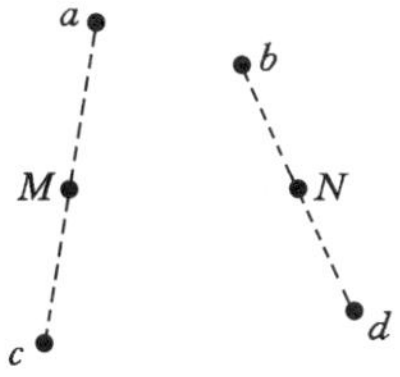

A. 此匀强电场的场强方向一定与 a、b 两点连线平行

B. 若该粒子从 M 点移动到 N 点,则电场力做功一定为$\frac{W_1+W_2}{2}$

C. 若 c、d 之间的距离为 L,则该电场的场强大小一定为$\frac{W_2}{qL}$

D. 若 $W_1=W_2$,则 a、M 两点之间的电势差一定等于 b、N 两点之间的电势差

【题源背景】

1. 课标要求(必修)

3.1.5　知道静电场中的电荷具有电势能。了解电势能、电势和电势差的含义。知道匀强电场中电势差与电场强度的关系。能分析带电粒子在电场中的运动情况,能解释相关的物理现象。

2. 教材回归

(1) 人教版新教材必修三,P27,“电势能”:

电势能

我们知道,功和能量的变化密切相关。例如,重力做功等于重力势能的减少量。节前“问题”中电荷所减少的能量,必定跟静电力做的功相关。静电力做功具有跟重力做功一样的特点,即静电力做功的多少与路径无关,只与电荷在电场中的始、末位置有关。电荷在电场中也具有势能,我们称这种形式的能为**电势能**(electric potential energy),用 E_p 表示。

▶ 这里我们又用到了通过某种力做的功来研究与它相关的能量问题的方法。

(2) 人教版新教材必修三,P31,“电势差”:

电势差

选择不同的位置作为零电势点，电场中某点电势的数值也会改变，但电场中某两点之间电势的差值却保持不变。

在电场中，两点之间电势的差值叫作**电势差**（electric potential difference），电势差也叫作**电压**（voltage）。设电场中A点的电势为φ_A，B点的电势为φ_B，则它们之间的电势差可以表示为

$$U_{AB}=\varphi_A-\varphi_B$$

电场线是描述电场强度的，等势线是描述电势的，电场线和等势线的疏密存在对应关系，表明电场强度和电势之间存在一定的联系。下面以匀强电场为例讨论它们的关系。

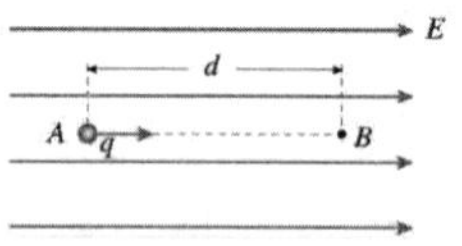

图 10.3-1　讨论匀强电场的电势差与电场强度的关系

如图 10.3-1，匀强电场的电场强度为E，电荷q从A点移动到B点，静电力做的功W与A、B两点的电势差U_{AB}的关系为$W=qU_{AB}$。我们也可以从q所受的静电力来计算功，这个力是$F=qE$。在匀强电场中，电荷q所受的静电力F是恒力，它所做的功为

$$W=Fd=qEd$$

比较功的两个计算结果，得到

$$\boxed{U_{AB}=Ed}$$

即：**匀强电场中两点间的电势差等于电场强度与这两点沿电场方向的距离的乘积。**

3. 试题情境

试题以一带电量为$q(q>0)$的粒子在匀强电场中的移动为情境，源于人教版教材必修三第十章“静电场中的能量”第 2 节“电势差”和第 3 节“电势差与电场强度的关系”。试题改编于教材的相关情境，但又不照搬教材情境，着力考查考生对物理基本概念、基本规律的理解和应用，引导教学重视考生学科核心素养的培养，让考生形成物理观念，引导考生重视基础，回归教材。知识点上考查了匀强电场、电势、电势能的概念，电场力做功和电势能改变之间的关系。

【关键能力】

试题以一带电量为$q(q>0)$的粒子在匀强电场中的移动为学习探究情境。根据匀强电场中等势面和场强方向的关系以及场强与电势差的关系进行具体分析，考查了考生的理解能力和逻辑推理能力。同时要求考生能够通过电势能的改变与电场力做功的关系对所遇问题进行具体分析、研究，考查了考生的分析综合能力及信息加工能力。

【核心素养】

题目求解思路		素养要素	素养类型	学业质量等级
A、C 项	由匀强电场的性质知，匀强电场的方向垂直于等势面，各等势面是平行的，在电场中的任一直线上，电势的变化是线性的。但由题给条件，无法确定电场的方向	具有清晰的物理观念，能从物理学的视角描述和解释自然现象，能应用物理知识解决实际问题，能指导工作和生活实践	物理观念	水平 4

续表

题目求解思路		素养要素	素养类型	学业质量等级
B、D项	由匀强电场的推论知：匀强电场中某线段中点的电势等于该线段两端点电势的平均值，以及当带电的粒子在电场中移动时，其电势能的减少表明电场对该粒子做正功	能将实际问题中的对象转换成物理模型；能对综合性物理问题进行分析和推理，获得结论并作出解释；能恰当使用证据证明物理结论	科学思维	水平4

【审答思路】

思维过程：

问1：匀强电场的方向与 a、b 两点连线平行吗？

思考1：……

答1：由该带正电粒子从 a 点移动到 b 点，其电势能减少可知 b 点电势低于 a 点电势，沿着电场线方向电势降低，但电势降低的方向并不一定就是场强方向，所以无法确定电场方向。

问2：若该粒子从 M 点移动到 N 点，则电场力做功为多少？

思考2：……

答2：设 a、b、c、d 四点的电势分别为 φ_a、φ_b、φ_c、φ_d，则 M 点的电势为 $\varphi_M=\dfrac{\varphi_a+\varphi_c}{2}$，$N$ 点的电势为 $\varphi_N=\dfrac{\varphi_b+\varphi_d}{2}$。带电粒子从 M 点移动到 N 点，电场力所做的功为 $W_{MN}=q(\varphi_M-\varphi_N)=q\left(\dfrac{\varphi_a-\varphi_b}{2}+\dfrac{\varphi_c-\varphi_d}{2}\right)=\dfrac{W_1+W_2}{2}$。

问3：若 c、d 之间的距离为 L，则该电场的场强大小一定为 $\dfrac{W_2}{qL}$ 吗？

思考3：……

答3：只有在电场方向与 c、d 连线方向平行时才是这样的。如前所述，由题给条件无法确定电场方向一定与 c、d 连线方向平行。

问4：若 $W_1=W_2$，则 a、M 两点之间的电势差一定等于 b、N 两点之间的电势差吗？

思考4：……

答3：$W_1=W_2$ 即 $\dfrac{\varphi_a-\varphi_c}{2}=\dfrac{\varphi_b-\varphi_d}{2}$，则 a、M 两点间电势差为 $\varphi_a-\varphi_M=\varphi_a-\dfrac{\varphi_a-\varphi_M}{2}=\dfrac{\varphi_a-\varphi_c}{2}$，$b$、$N$ 两点间电势差 $\varphi_b-\varphi_N=\varphi_b-\dfrac{\varphi_b-\varphi_N}{2}=\dfrac{\varphi_b-\varphi_d}{2}$，则 a、M 两点之间的电势差一定等于 b、N 两点之间的电势差。

本题易错点：

(1) 审题不清楚：① 错认为带电粒子只受电场力，由静止开始运动；② 错认为电势降低的方向就是场强方向，导致错选 A、C。

(2) 抽象不出物理情境，不清楚匀强电场的推论，即不清楚匀强电场中某线段中点的电势等于该线段两端点电势的平均值以及电场力做功和电势之间的关系，导致选不出 D 项。

应答策略：

找准关键信息——电势降低的方向并不一定就是场强方向，从而得到场强方向不一定沿着 a、b 或者 c、d 连线方向，题目得以解答。要使学生建立正确的物理情境，牢记匀强电场所涉及的概念推论以及各个物理量之间的关系，加强基本概念教学，注重培养学生信息加工能力和逻辑推理能力。

【讲题策略】

本题在知识点上考查的电场、电势、电势能等为必考内容，考纲要求为Ⅰ级。

电场中的概念较多，而且较抽象，所以同学们常对电场中的概念分析题感到没有头绪，其实解电场中的概念分析题时只要理清思路，就会觉得很容易了。电场中的概念可以归纳为下图所示网络图，这一网络图可以提供清晰的分析思路，

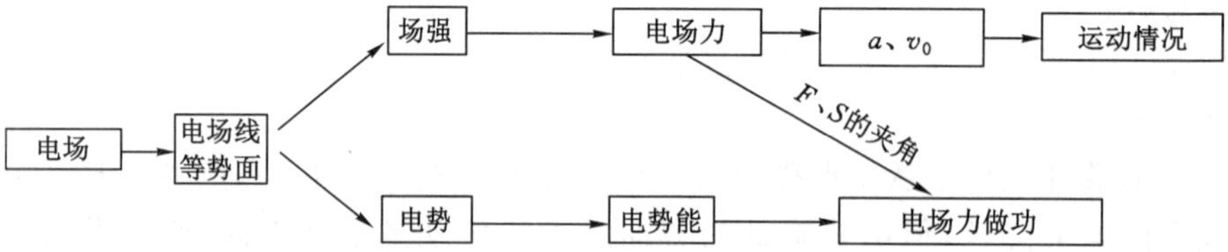

1. 原题探究

A 项分析的是场强方向，题中给出的条件是电势能。由网络图知分析思路是：电势能→电场力做功→电场力→场强。带正电的粒子在电场中移动电势能减少表明电场对该粒子做正功，电场力和 a、b 两点连线的夹角为锐角，即场强方向不一定沿 a、b 两点连线方向。

B 项分析电场力做功，由网络图知分析思路是：电势的变化→电势能的变化→电场力做功。由匀强电场的推论知，匀强电场中某线段中点的电势等于该线段两端点电势的平均值，可得 M 点的电势为 $\varphi_M=\dfrac{\varphi_a+\varphi_c}{2}$，$N$ 点的电势为 $\varphi_N=\dfrac{\varphi_b+\varphi_d}{2}$，带电粒子从 M 点移动到 N 点，电场力所做的功为 $W_{MN}=q(\varphi_M-\varphi_N)=q\left(\dfrac{\varphi_a-\varphi_b}{2}+\dfrac{\varphi_c-\varphi_d}{2}\right)=\dfrac{W_1+W_2}{2}$。

C 项分析场强大小，分析思路同 A 项，得出场强方向不一定沿 c、d 两点连线方向。场强方向沿 c、d 两点连线方向时电场的场强大小才为 $\dfrac{W_2}{qL}$，所以 C 项错。

D 项分析电势差。D 项已知 $W_1=W_2$，由电势能的变化得到电势的变化。由 $W_1=W_2$ 得 $\dfrac{\varphi_a-\varphi_c}{2}=\dfrac{\varphi_b-\varphi_d}{2}$，则 a、M 两点间电势差为 $\varphi_a-\varphi_M=\varphi_a-\dfrac{\varphi_a-\varphi_M}{2}=\dfrac{\varphi_a-\varphi_c}{2}$，$b$、$N$ 两点间电势差 $\varphi_b-\varphi_N=\varphi_b-\dfrac{\varphi_b-\varphi_N}{2}=\dfrac{\varphi_b-\varphi_d}{2}$，则 a、M 两点之间的电势差一定等于 b、N 两点之间的电势差。即 D 项正确。

2. 巩固训练

如图所示，Q_1、Q_2 为两个被固定的正负点电荷，在它们的连线的延长线上的 a 点，电场强度恰好为零，现把另一正电荷 q 从 b 点移至 c 点，该电荷的电势能将(　　)。

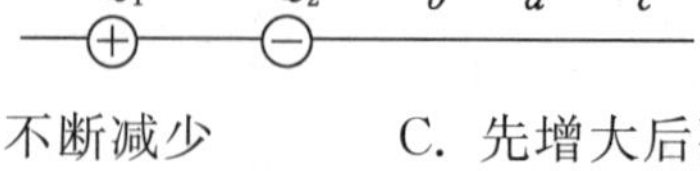

A. 不断增大　　B. 不断减少　　C. 先增大后减少　　D. 先减少后增大

答案：C。

解析：题中给出的条件是电场强度，而要分析的是电势能的变化，由网络图可知，分析思路有两种，一种是按图中顺时针方向分析，即由场强→电场力→电场力做功→电势能变化；另一种是按图中逆时针方向分析，即由场强→电场线→电势变化→电势能变化。

方法一：按图中顺时针方向分析，把正电荷 q 从 b 点移到 c 点，电场力先向左后向右，电场力先做负功后做正功，电势能先增大后减小。

方法二：按图中逆时针方向分析，由 a 点以左场强向左，a 点以右场强向右，得出电场线先向左后向右，所以自左向右电势先升高后降低，则正电荷的电势能先增大后减小。

3. 高考链接

（2019・全国Ⅱ卷，T20）静电场中，一带电粒子仅在电场力的作用下自 M 点由静止开始运动，N 为粒子运动轨迹上的另外一点，则（　　）。

A. 运动过程中，粒子的速度大小可能先增大后减小

B. 在 M、N 两点间，粒子的轨迹一定与某条电场线重合

C. 粒子在 M 点的电势能不低于其在 N 点的电势能

D. 粒子在 N 点所受电场力的方向一定与粒子轨迹在该点的切线平行

答案：AC。

解析：若电场由同种电荷形成，由 A 点释放负电荷，则先加速后减速，A 正确；若电场线为曲线，粒子轨迹不与电场线重合，故 B 错误；由于 N 点速度大于等于零，故 N 点动能大于等于 M 点动能，由能量守恒可知，N 点电势能小于等于 M 点电势能，故 C 正确；粒子可能做曲线运动，故 D 错误。

（磁县第一中学　王晓芳）

邯郸市第四届高中物理教师教学技能大赛试题演说案例 11

【原题呈现】(2019 · 全国Ⅱ卷,T19)如图(a),在跳台滑雪比赛中,运动员在空中滑翔时身体的姿态会影响其下落的速度和滑翔的距离。某运动员先后两次从同一跳台起跳,每次都从离开跳台开始计时,用 v 表示他在竖直方向的速度,其 v-t 图像如图(b)所示,t_1 和 t_2 是他落在倾斜雪道上的时刻。则(　　)。

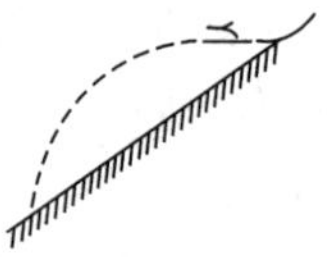

图(a)

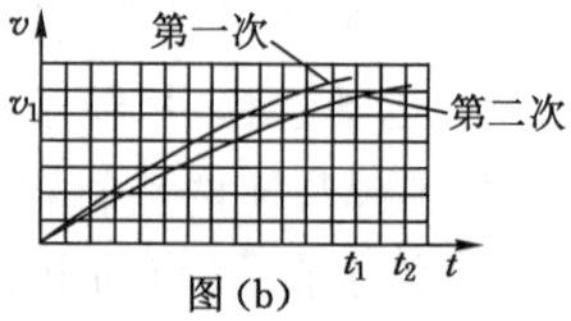

图(b)

A. 第二次滑翔过程中在竖直方向上的位移比第一次的小

B. 第二次滑翔过程中在水平方向上的位移比第一次的大

C. 第二次滑翔过程中在竖直方向上的平均加速度比第一次的大

D. 竖直方向速度大小为 v_1 时,第二次滑翔在竖直方向上所受阻力比第一次的大

【题源背景】

1. 课标要求(必修)

1.1.3　理解位移、速度和加速度。能用公式、图像等方法描述匀变速直线运动规律,能运用其解决实际问题,体会科学思维中的抽象方法和物理问题研究中的极限方法。

1.2.3　理解牛顿运动定律,能利用牛顿运动定律解释生产生活中的有关现象,解决有关问题。

2.2.2　通过实验,探究并认识平抛运动的规律。会用运动的合成与分解的方法分析平抛运动。体会将复杂运动分解为简单运动的物理思想。能分析生产生活中的抛体运动。

2. 教材回归

(1) 人教版新教材必修二,P16,"平抛运动的位移与轨迹"

平抛运动的位移与轨迹

物体被抛出后,它对于抛出点 O 的位移的大小、方向都在变化。这种情况下我们就要分别研究它在水平和竖直两个方向上的分位移 x 和 y。

通过前面的讨论我们已经知道,做平抛运动的物体在 x 方向的分运动是匀速直线运动,$v_x = v_0$。根据做匀速直线运动物体的位移与时间的关系可知,这个物体的水平分位移与时间的关系是

$$x = v_0 t \qquad (1)$$

物体在 y 方向的分运动是从静止开始、加速度为 g 的匀加速运动,$v_y = gt$。根据自由落体运动的知识可知,做平抛运动的物体的竖直分位移与时间的关系是

$$y = \frac{1}{2}gt^2 \qquad (2)$$

（2）人教版新教材必修二，P20，“练习与应用”A 组 7

7. 跳台滑雪是一种勇敢者的滑雪运动，运动员穿专用滑雪板，在滑雪道上获得一定速度后从跳台飞出，在空中飞行一段距离后着陆。现有某运动员从跳台 a 处沿水平方向飞出，在斜坡 b 处着陆，如图 5-5 所示。测得 ab 间的距离为 40 m，斜坡与水平方向的夹角为 30°，试计算运动员在 a 处的速度大小和在空中飞行的时间。不计空气阻力，g 取 10 m/s²。

有兴趣的同学可以计算一下运动员在空中离坡面的最大距离。

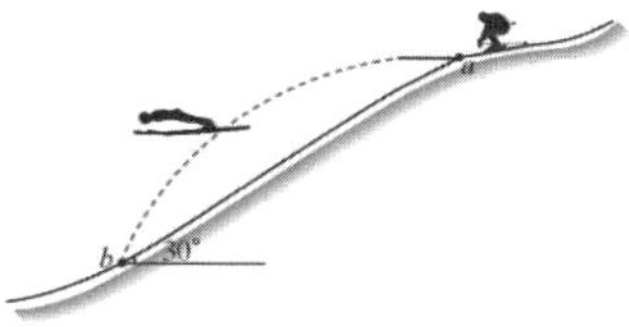

图 5-5

3. 试题情境

试题以滑雪运动为背景，源于教材人教版新教材必修一第 47 页“拓展学习”和人教版新教材必修二第 20 页课后习题，引导学生回归教材内容、教材习题，重视基础。知识点上考查学生对 v-t 图像、牛顿运动第二定律、曲线运动规律的理解和应用，但本题在原有平抛运动的基础上进行了问题的深化，做到源于教材而又高于教材。

【关键能力】

分析问题的过程中，学生不仅需要根据题给情境利用所学知识建立相应的物理模型，还需要分析题中所给的 v-t 图像并获取有用信息，再通过竖直位移结合已知条件推导水平位移，整个解题过程对学生的模型建构能力、信息加工能力及逻辑推理能力有一定要求。

【核心素养】

题目求解思路		素养要素	素养类型	学业质量等级
A 项	利用 v-t 图像求解位移	形成初步的物理观念，能从物理学的视角解释一些自然现象，能应用物理知识解决一些实际问题	物理观念	水平 3
B 项	利用位移的合成与分解求解分位移大小	能在熟悉的问题情境中根据需要选用恰当的模型解决简单的物理问题，能对常见的物理现象进行分析和推理，获得结论并作出解释	科学思维	水平 3
C 项	利用 v-t 图像判断加速度大小	形成初步的物理观念，能从物理学的视角解释一些自然现象，能应用物理知识解决一些实际问题	物理观念	水平 3
D 项	利用牛顿第二定律分析滑雪运动员的受力情况	能在熟悉的问题情境应用常见的物理模型	科学思维	水平 2

【审题思路】

审题分析：

问1:滑雪运动员竖直方向上做什么运动?

思考1:……

答1:根据 v-t 图像进行分析,速度随时间增大但是速度变化越来越慢。滑雪运动员竖直方向上做的是加速度减小的加速运动。

问2:竖直方向上的平均加速度怎么求解?

思考2:……

答2:利用图像的斜率可知第一次斜率大,所以第一次的平均加速度大。(也可以引导学生通过 $a=\frac{v-v_0}{t}$ 求得第一次加速度比第二次大)

问3:滑雪运动员竖直方向的受力情况怎么样?

思考3:……

答3:竖直方向上受重力和阻力,由图像斜率可知第一次图像陡峭,第二次图像相对平缓,因此速度为 v_1 时,由 $G-f_y=ma$,可知,$f_{y1}<f_{y2}$。

问4:如何求解滑雪运动员竖直方向上位移?

思考4:……

答4:滑雪运动员竖直方向不是匀变速直线运动,所以利用 v-t 图像与时间轴围成的面积求解位移(面积大小可以数格)。

问5:如何求解滑雪运动员水平方向上位移?

思考5……

答5:利用位移的合成与分解进行求解。滑雪运动员两次都落到斜面上,位移方向不变,故竖直方向位移和水平方向的位移比值不变。已知第二次竖直方向下落距离大,故第二次水平方向位移大。

本题易错点:

(1) 把滑雪运动员的运动简单当作平抛运动问题处理。

(2) 不会挖掘题中的隐含条件:竖直方向位移和水平方向位移比值不变,从而导致水平位移无法求解。

应对策略:

(1) 引导学生通过 v-t 图像对滑雪运动员的运动进行分析,得出竖直方向滑雪运动员并不是匀变速直线运动的结论,让学生明白滑雪运动员做的并不是平抛运动

(2) 引导学生回忆平抛运动规律,做好知识的迁移和应用。

【讲题策略】

1. 讲解过程

(1) 首先让学生观察 v-t 图像,分析滑雪运动员竖直方向的运动情况,避免学生先入为主地把滑雪运动员的运动当作平抛运动问题处理。引导学生分析出图像所涵盖的信息,v-t 图像与时间轴围成的面积表示滑雪运动员竖直方向的位移,所以A错误。v-t 图像的斜率反映了加速度的大小,所以C错误。(可以引导学生利用定义去求解)

(2) 引导学生分析滑雪运动竖直方向的受力情况,根据牛顿第二定律有 $G-f_y=ma$,结合 v-t 图像得到的加速度大小的结论得出D正确,帮助学生更好地运用物质观、牛顿运动定律观等物理观念解题和解决问题。

(3) 组织学生分析和讨论水平方向的运动以及求解水平方向位移的方法，引导学生回忆平抛运动规律，从平抛运动拓展到一般抛体运动，学会知识的迁移和应用。

2. 经验总结

(1) 明确研究对象和物理过程，构建相应物理模型。

(2) 解读图像并获得信息。

(3) 学会挖掘题目隐含条件。

(4) 学会知识的迁移和应用。

【变式训练】

1. 如图所示，薄半球壳 ACB 的直径 AB 水平，C 为最低点，半径为 R，一个小球从 A 点以速度 v_0 水平抛出，不计空气阻力，则下列判断正确的是(　　)。

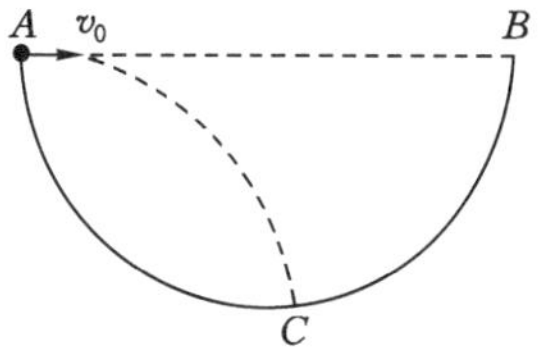

A. 只要 v_0 足够大，小球可以击中 B 点

B. v_0 取值不同时，小球落在球壳上的速度方向和水平方向之间的夹角可以相同

C. v_0 取值适当，可以使小球垂直撞击到半球壳上

D. 无论 v_0 取何值，小球都不可能垂直撞击半球壳上

答案：D。

解析：小球做平抛运动，在竖直方向上做自由落体运动，有竖直向下的位移，可知小球不可能击中 B 点，故 A 错误。

初速度不同，小球落点的位置不同，运动的时间不同，则小球掉到球壳上的速度方向和水平方向之间的夹角不同，故 B 错误。

小球不可能垂直撞击在半圆环 AC 段，因为根据速度的合成，平抛运动的速度方向偏向右。假设小球与 BC 段垂直撞击，设此时速度与水平方向的夹角为 θ，知撞击点与圆心的连线与水平方向的夹角为 θ。连接抛出点与撞击点，与水平方向的夹角为 β。根据几何关系知，$\theta=2\beta$。因为平抛运动速度与水平方向夹角的正切值是位移与水平方向夹角正切值的 2 倍，即 $\tan\theta=2\tan\beta$，与 $\theta=2\beta$ 相矛盾，则不可能与半圆弧垂直相撞。故 C 错误，D 正确。

2. 如图甲所示为一个质量为 m、带电荷量为 $+q$ 的圆环，可在水平放置的足够长的粗糙细杆上滑动，细杆处于磁感应强度为 B 的匀强磁场中。现给圆环向右初速度 v_0，在以后的运动过程中，圆环运动的速度图像可能是图乙中的(　　)。

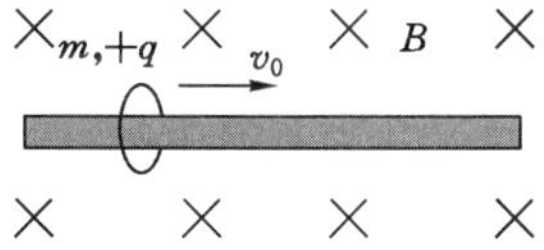

甲

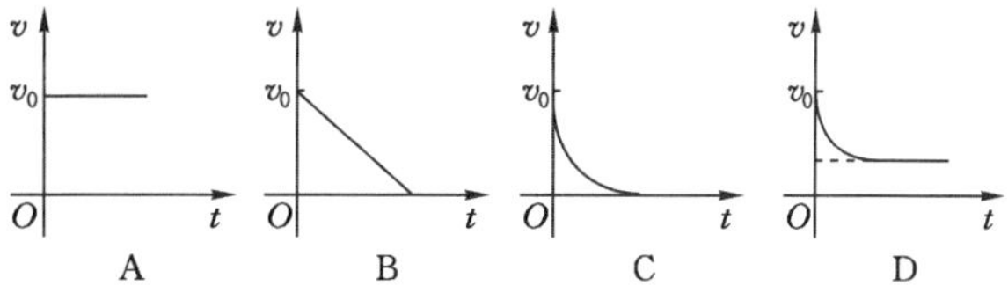

乙

答案：AD。

解析：由左手定则可知圆环所受洛伦兹力 $F_{洛}=qvB$ 的方向竖直向上，细杆对圆环的支持力 F_N，圆环所受滑动摩擦力 $f=\mu F_N$，圆环所受重力 $G=mg$ 方向竖直向下。

当 $qvB=mg$ 时，$F_N=0$，故 $f=0$。故圆环做匀速直线运动，A 正确。

当 $qvB<mg$ 时，细杆对圆环的支持力 F_N 方向竖直向上，$F_N=mg-qvB$，故 $f>0$，物体做减速运动,随速度 v 的减小 F_N 逐渐增大,故滑动摩擦力 f 逐渐增大,故物体的加速度 $a=\frac{f}{m}$ 逐渐增大,即物体做加速度逐渐增大的变减速运动,故 B、C 错误。

当 $qvB>mg$ 时,细杆对圆环的支持力 F_N 方向竖直向下,$F_N=qvB-mg$,故 $f>0$,物体做减速运动,随速度 v 的减小 F_N 逐渐减小,故滑动摩擦力 f 逐渐减小,故物体的加速度 $a=\frac{f}{m}$ 逐渐减小,即物体做加速度逐渐减小的变减速运动。当 $qvB=mg$ 时,$F_N=0$,故 $f=0$,故圆环做匀速直线运动,故 D 正确。故选 A 和 D。

(永年区第一中学　武雅净)

邯郸市第四届高中物理教师教学技能大赛试题演说案例 12

【原题呈现】（2018·全国Ⅲ卷，T21）如图，一平行板电容器连接在直流电源上，电容器的极板水平，两微粒 a、b 所带电荷量大小相等、符号相反，使它们分别静止于电容器的上、下极板附近，与极板距离相等。现同时释放 a、b，它们由静止开始运动，在随后的某时刻 t，a、b 经过电容器两极板间下半区域的同一水平面，a、b 间的相互作用和重力可忽略。下列说法正确的是（　　）。

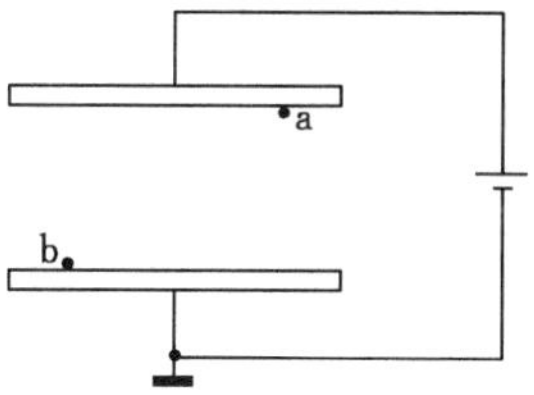

A. a 的质量比 b 的大

B. 在 t 时刻，a 的动能比 b 的大

C. 在 t 时刻，a 和 b 的电势能相等

D. 在 t 时刻，a 和 b 的动量大小相等

【题源背景】

1. 课标要求（必修）

3.1.5　知道静电场中的电荷具有电势能。了解电势能、电势和电势差的含义。知道匀强电场中电势差与电场强度的关系。能分析带电粒子在电场中的运动情况，能解释相关的物理现象。

2. 教材回归

（1）人教版新教材必修三，P38，“电容器”

电容器

电容器（capacitor）是一种重要的电学元件。在两个相距很近的平行金属板中间夹上一层绝缘物质——电介质（空气也是一种电介质），就组成一个最简单的电容器，叫作平行板电容器。这两个金属板叫作电容器的极板。实际上，任何两个彼此绝缘又相距很近的导体，都可以看成一个电容器。

（2）人教版新教材必修三，P44，“带电粒子在电场中加速”

带电粒子在电场中的加速

在现代科学实验和技术设备中，常常利用电场来改变或控制带电粒子的运动。利用电场使带电粒子加速，就是其中一种简单的情况。在这种情况中，带电粒子的速度方向与电场强度的方向相同或相反。

分析带电粒子加速的问题，常常有两种思路：一种是利用牛顿第二定律结合匀变速直线运动公式来分析；另一种是利用静电力做功结合动能定理来分析。

▶ 你能说一说本章第 3 节例题中运用了哪种解决思路吗？

当解决的问题属于匀强电场且涉及运动时间等描述运动过程的物理量时，适合运用前一种思路分析；当问题只涉及位移、速率等动能定理公式中的物理量或非匀强电场情景时，适合运用后一种思路分析。

3. 试题情境

试题以与电源相连的平行板电容器提供匀强电场为情境,源于人教版教材必修三第十章“静电场的能量”第5节“带电粒子在电场中的运动”中第44页“带电粒子在电场中的加速”,课本中提到的两种解题思路都考查到了,引导物理教学中要注重知识点间的相互联系,一题多问。知识点考查到匀变速直线运动规律、牛顿第二定律、运动过程中的能量转化及动量变化,突出了核心知识,覆盖面广。

【关键能力】

试题以带电粒子在匀强电场中做初速度为零的匀加速直线运动为情境,结合牛顿第二定律、动能定理、动量定理进行分析,考查了同学们模型建构能力、逻辑推理能力和综合分析问题的能力,同时也考查了对电势能概念的理解能力。

【核心素养】

题目求解思路		素养要素	素养类型	学业质量等级
C项	能够由带电粒子所处的位置确实粒子电势能的大小	具有清晰的物理观念,能从物理学的视角正确描述和解释自然现象,能综合应用物理知识解决实际问题,能指导工作和生活实践	物理观念	水平4
A、B、D项	能够由匀变速直线运动规律结合牛顿第二定律、动能定理、动量定理,分析出粒子质量的大小、动能的大小和动量的大小	能将实际问题中的对象和过程转换成物理模型;对综合性物理问题进行分析和推理,获得结论并作出解释	科学思维	水平4

【审答思路】

思维过程:

问1:审题过程中抓到的关键词是什么?

思考1:……

答1:由静止开始同时到达下半区域的同一水平面。

问2:由带电粒子的运动规律,可以分析出哪些物理量的关系?

思考2:……

答2:a粒子运动位移大,由 $y=\frac{1}{2}at^2$,可知,a粒子的加速度大。

问3:如何找到带电粒子运动情况和受力间的关系?

思考3:……

答3:牛顿第二定律。

问4:如何比较粒子动能的大小?

思考4:……

答4:先根据动能定理判断出动能变化的大小,由于初动能均为零,由此即可判断末动能的大小。

问5:如何比较粒子动量的大小?

思考5:……

答 5：根据动量定理判断动量变化的大小，初动量均为零，即可比较末动量的大小。

问 6：如何比较带电粒子电势能的大小？

思考 6：……

答 6：电势能具有相对性，首先要确定零势能面。同一等势面上，根据 $E_p=q\varphi$ 判断电势能的大小，电荷量和电势均带着正负号。（学生可能会想到电场力做功，要引导学生理解力做功对应能量的变化）

问 7：带电粒子运动过程中是什么形式的能量发生转化？

思考 7：……

答 7：运动过程中只有电场力做功，是动能和电势能之间的相互转化，所以 t 时刻动能不同，电势能也一定不同。

本题易错点：

（1）不能从题目信息中找出关键点，找不出 a 粒子运动位移较大、加速度较大的关键信息，从而导致无法解决题目。

（2）没有想到用电场力做功 $W=qU=qEy$ 结合动能定理求解，用定义式 $E_k=\frac{1}{2}mv^2$ 判断，导致无法判断。

（3）根据 $E_p=q\varphi$ 判断电势能的大小的时候忘记考虑带电粒子的电性，导致误选 C。

（4）没有想到用电场力的冲量 $I=Ft=qEt$ 结合动量定理判断，导致无法判断。

应答策略：

找准题目的关键信息，粗略画出粒子的末位置，很容易得到 a 粒子运动位移大这一关键信息。本试题是一道综合性题目，解决这类问题的三大途径为：牛顿运动定理结合匀变速运动规律；能量的观点（该题用动能定理）；动量的观点（该题动量定理）。结合三大观点进行分析，题目可以得到解答。该题引导物理教学强化基本物理处理方法和基本概念的教学，培养学生逻辑推理能力和综合分析问题能力。

【讲题策略】

审题过程中画出题干中的关键信息，分析题意，粗略画出粒子的末位置，得到 a 粒子带正电且相同时间内运动位移大，b 粒子带等量负电荷。根据运动规律 $y=\frac{1}{2}at^2$ 判断出 a 粒子的加速度大，根据 $F=ma$，$F=qE$，得到 a 粒子的质量较小，选项 A 错误。根据动能定理 $qEy=E_k-0$，得到 t 时刻 a 粒子的动能较大。根据动量定理 $qEt=p-0$，得到 t 时刻两粒子的动量大小相等。由图可知，电容器下极板电势为 0，电容器间电势均为正，根据 $E_p=q\varphi$ 判断出带正电的 a 粒子电势能较大。也可以从能量的角度考虑，整个过程中只有电场力做功，动能和电势能相互转化，t 时刻动能不相等，电势能也一定不相等。

解决此类综合性题目，首先要构建出物理模型，抓住物体的受力和运动，结合三大物理观点，合理分析推理，有针对性地解决问题。

【变式训练】

如图，一平行板电容器连接在直流电源上，电容器的极板水平，两微粒 a、b 所带电荷量大小相等、符号相反，使它们分别静止于电容器的上、下极板附近，与极板距离相等。现同时释放 a、b，它们由静止开始运动，在随后的某时刻 t，a、b 经过电容器两极板间下半区域的同一水平面,微粒的重力不可忽略,a、b间的相互作用可忽略。下列说法正确的是(　　)。

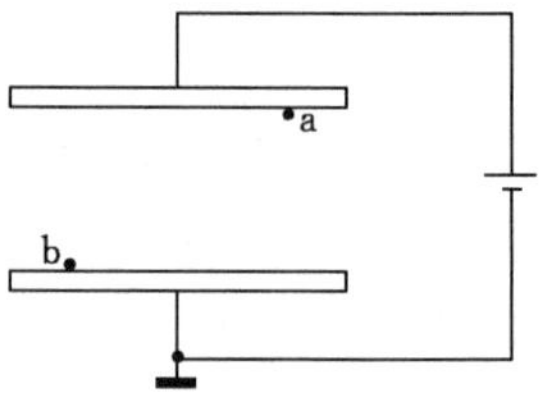

A. a的质量比b的大

B. 在t时刻,a的动能比b的大

C. 在t时刻,a和b的电势能相等

D. 在t时刻,a和b的动量大小相等

答案:B。

解析:根据题述可知,微粒a向下加速运动,微粒b向上加速运动,根据a、b经过电容器两极板间下半区域的同一水平面,可知a的加速度大小大于b的加速度大小,即$a_1>a_2$。对微粒b,由牛顿第二定律,$qE-m_2g=m_2a_2$,对微粒a,由牛顿第二定律,$qE+m_1g=m_1a_1$,无法判断两微粒质量的大小关系,选项A不符合题意。在a、b两微粒运动过程中,a微粒所受合外力大于b微粒,a微粒的位移大于b微粒,根据动能定理,在t时刻,a的动能比b的大,选项B符合题意。由于在t时刻两微粒经过同一水平面,电势相等,电荷量大小相等,符号相反,所以在t时刻,a和b的电势能不等,选项C不符合题意。由于a微粒受到的合外力大于b微粒受到的合外力,根据动量定理,在t时刻,a微粒的动量大小大于b微粒,D不符合题意。

(邯郸市第一中学　高卫霞)

邯郸市第四届高中物理教师教学技能大赛试题演说案例13

【原题呈现】(2018·全国Ⅰ卷,T21)图中虚线a、b、c、d、f代表匀强电场内间距相等的一组等势面,已知平面b上的电势为2 V。一电子经过a时的动能为10 eV,从a到d的过程中克服电场力所做的功为6 eV。下列说法正确的是(　　)。

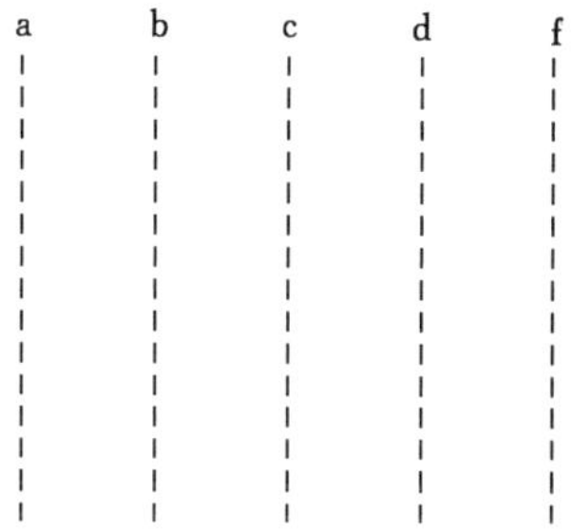

A. 平面c上的电势为零

B. 该电子可能到达不了平面f

C. 该电子经过平面d时,其电势能为4 eV

D. 该电子经过平面b时的速率是经过d时的2倍

【题源背景】

1. 课标要求(必修)

3.1.5　知道静电场中的电荷具有电势能。了解电势能、电势和电势差的含义。知道匀强电场中电势差与电场强度的关系。能分析带电粒子在电场中的运动情况,能解释相关的物理现象。

2. 教材回归

(1) 人教版新教材必修三,P27,"电势能"

电势能

我们知道,功和能量的变化密切相关。例如,重力做功等于重力势能的减少量。节前"问题"中电荷所减少的能量,必定跟静电力做的功相关。静电力做功具有跟重力做功一样的特点,即静电力做功的多少与路径无关,只与电荷在电场中的始、末位置有关。电荷在电场中也具有势能,我们称这种形式的能为**电势能**(electric potential energy),用E_p表示。

▶ 这里我们又用到了通过某种力做的功来研究与它相关的能量问题的方法。

(2) 人教版新教材必修三,P29,"电势"

电荷在电场中某一点的电势能与它的电荷量之比,叫作电场在这一点的**电势**(electric potential)。如果用φ表示电势,用E_p表示电荷q的电势能,则

$$\varphi=\frac{E_p}{q}$$

在国际单位制中,电势的单位是**伏特**(volt),符号是V。在电场中的某一点,如果电荷量为1 C的电荷在这点的电势能是1 J,这一点的电势就是1 V,即

$$1\ V=1\ J/C$$

在图10.1-4中,假如正的试探电荷沿着电场线从左向右移向O点,它的电势能是逐渐减少的。可以说,**沿着电场线方向电势逐渐降低**。

(3) 人教版新教材必修三,P31,“电势差”

电势差

选择不同的位置作为零电势点，电场中某点电势的数值也会改变，但电场中某两点之间电势的差值却保持不变。

在电场中，两点之间电势的差值叫作**电势差**（electric potential difference），电势差也叫作**电压**（voltage）。设电场中A点的电势为φ_A，B点的电势为φ_B，则它们之间的电势差可以表示为

$$U_{AB}=\varphi_A-\varphi_B$$

也可以表示为

$$U_{BA}=\varphi_B-\varphi_A$$

显然

$$U_{AB}=-U_{BA}$$

电势差可以是正值，也可以是负值。例如，当A点电势比B点电势高时，U_{AB}为正值，U_{BA}则为负值。

(4) 人教版新教材必修三,P33,“等势面”

等势面

在地图中，常用等高线来表示地势的高低（图10.2-2）。与此相似，在电场的图示中常用等势面来表示电势的高低。

在电场中，电势相同的各点构成的面叫作**等势面**（equipotential surface）。与电场线的功能相似，等势面也是用来形象地描绘电场的。等势面与电场线有什么关系呢?

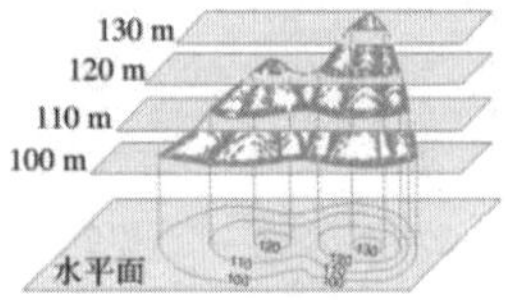

3. 试题情境

试题以带电粒子在匀强电场中的运动为情境,源于必修三第十章“静电场中的能量”第2节“电势差”“练习与应用”第5题,把非匀强电场改编成匀强电场,以已知匀强电场的等差等势面作为情境的切入点。引导高中物理教学回归教材、重视基础。知识上考查匀强电场等差等势面的特点、克服电场力做功与电场力做功的关系、通过电场力做功和粒子电性判断电场方向、电势能的计算、动能以及动能定理的理解与应用。

【关键能力】

试题以匀强电场为情境。已知匀强电场的等差等势面,以及电子克服电场力做功,根据匀强电场等势面特点,结合电子的运动来进行分析,得出电场的方向、电势的高低,考查了学生的理解能力、信息加工能力。

根据电场力做功与动能变化的关系,结合平面b的电势和经过a时的动能,经过推理分析计算,得出各个等势面的电势、动能以及电势能。对曲线运动的考查较为隐蔽,命题者隐藏了粒子运动轨迹,在考场紧张的环境下让考生自己通过发散思维想到曲线运动中的斜上抛运动模型,分析得出正确答案,无疑加大了难度。考查了学生的逻辑推理能力、模型建构能力、分析综合能力。

【核心素养】

题目求解思路	素养要素	素养类型	学业质量等级
根据匀强电场的等势面、电场力做功，知道了电场的方向、电势的高低。通过电场力做功与电势差的关系、动能定理的应用，用能量的观点去求解各个等势面的电势、电势能以及动能、速度关系	具有清晰、系统的物理观念，能从物理学的视角正确描述和解释自然现象，能灵活应用所学的物理知识解决实际问题，能有效指导工作和生活实践	物理观念	水平 5
通过对粒子运动轨迹的分析，得出粒子运动的轨迹可能是直线也可能是曲线。经过计算，如果是直线，可以到达平面 f；如果是曲线，就有可能到达不了平面 f	能在熟悉的问题情境中根据需要选用恰当的模型解决简单的物理问题；能对常见的物理现象进行分析和推理，获得结论并作出解释；能对已有观点提出质疑，从不同角度思考物理问题	科学思维	水平 3

【审答思路】

思维过程：

问 1：等势面 c 的电势怎么求？

思考 1：……

答 1：根据电势差跟电势的关系 $U_{bc}=\varphi_b-\varphi_c$。

问 2：那如何求电势差呢？

思考 2：……

答 2：可以根据公式 $U_{bc}=\dfrac{W_{bc}}{q}$。

问 3：那已知 W_{ad}，如何求 W_{bc} 呢？

思考 3：……

答 3：$W_{ad}=3W_{bc}$。

问 4：电子经过平面 d 的电势能怎么求？

思考 4：……

答 4：知道了 c 点的电势以及各个等势面之间的电势差，就可以得出平面 d 的电势和在平面 d 时电势能。

问 5：已知电子经过 a 时的动能，能否求出经过 b、c、d 的动能以及经过 b、d 时的速度之比？

思考 5：……

答 5：根据动能定理，电场力做的功等于电子动能的变化，不难求出经过 b、c、d 的动能。再根据动能的表达式 $E_k=\dfrac{1}{2}mv^2$ 可以求出速度之比。

问 6：电子到达平面 d 的动能可求，但是由于电子的速度方向未知，能否到达 f，该怎么判定呢？

思考 6：……

答 6：如果电子做匀减速直线，假设能到达平面 f，根据动能定理，$qU_{df}=E_{k_f}-E_{k_d}$，可求到达平面 f 的动能。如果求出的动能大于 0,则这种情况一定能到达 f。反之,则不能到达 f。如果电子做类斜抛运动,到达平面的 d 的方向不是水平向右,这种情况下,电子就有可能到达不了平面 f。

本题易错点:

(1) 电子在匀强电场中运动,错误地认为电子在做直线运动,而忽略了电子做类斜抛运动的可能性,从而错误地把 B 排除了。

(2) $E_p=q\varphi$、$W=Uq$,这两个公式使用的时候,没有注意各个物理量的正负。

应答策略:

(1) 从题中找出关键信息,并对这些信息加工和处理,进行逻辑推理,得出所需结论。如知道匀强电场中间距相等的等势面,就可以知道相邻等势面之间的电势差相等。由克服电场力做功,知道了电场线的方向、电势的高低。克服电场力做功转化为电场力做负功,得出相邻等势面之间电场力做的功,以及相邻等势面的电势差。结合平面 b 已知的电势,就可以得出各个等势面的电势以及电势能。再结合电子在 a 时的动能,根据动能定理,就可以得出电子经过前面四个等势面的动能,以及速率关系。

(2) 通过对粒子运动过程的分析,培养学生建立物理模型的能力、分析综合能力。通过对粒子运动轨迹的分析,得出粒子运动的轨迹可能是直线也可能是曲线。经过计算,如果是直线,可以到达平面 f;如果是曲线,粒子做类斜抛运动,就有可能到达不了平面 f。

【讲题策略】

师:"a、b、c、d、f 代表匀强电场内间距相等的一组等势面",说明相邻的等势面之间的电势差满足什么关系?

生:说明 $U_{ab}=U_{bc}=U_{cd}=U_{df}$。

师:"电子从 a 到 d 的过程中克服电场力所做的功为 6 eV",我们从中可以得到什么信息?能否确定出电场的方向?

生:说明从 a 到 d 的过程中电场力所做的功为 −6 eV,电场线垂直于等势面向右。

师:电场的方向确定了,那沿着电场线的方向,电势有什么规律呢?

生:还可以得出沿着电场线的方向电势逐渐降低,即 $\varphi_a>\varphi_b>\varphi_c>\varphi_d>\varphi_f$。

师:我们知道,从 a 到 d 的过程中电场力所做的功为 −6 eV,而且 $U_{ab}=U_{bc}=U_{cd}$,说明 a 到 b,b 到 c,c 到 d,电场力做功为多少?电势差为多少呢?

生:根据公式 $W=Uq$ 可知,电子的带电量不变,$U_{ab}=U_{bc}=U_{cd}$,所以 $W_{ab}=W_{bc}=W_{cd}=-2$ eV,再根据公式 $U=\dfrac{W}{q}$,可得 $U_{ab}=U_{bc}=U_{cd}=2$ V,根据匀强电场的特点,也可以得出 $U_{df}=2$ V。

师:经过分析,我们知道沿着电场线的方向电势逐渐降低,$U_{ab}=U_{bc}=U_{cd}=U_{df}=2$ V。已知平面 b 上的电势为 2 V,那其他平面上的电势分别为多少呢?经过平面 d 时,电势能又是多少?

生:可以得出 $\varphi_c=0$ V,$\varphi_a=4$ V,$\varphi_d=-2$ V,$\varphi_f=-4$ V。说明 A 项正确。

根据公式 $E_{p_d}=q\varphi$,可以求得 $E_{p_d}=2$ eV。故选项 C 错误。

师:已知电子经过 a 时的动能为 10 eV,根据电场力做功与动能的关系,可以得出电子经过等势面 b、c、d 的动能吗?

生：可以。根据动能定理 $Uq=E_{k_2}-E_{k_1}$，可以得出 $E_{k_b}=8\ \text{eV}$，$E_{k_c}=6\ \text{eV}$，$E_{k_d}=4\ \text{eV}$。

师：我们知道了该电子经过平面 b、d 时的动能，那如何才能得出速度的关系呢？

生：根据动能的表达式 $E_k=\frac{1}{2}mv^2$ 可知，该电子经过平面 b 时的速率是经过 d 时的$\sqrt{2}$倍。选项 D 错误。

师：经过分析，我们知道粒子到达平面 d 的动能为 4 eV，但是粒子的速度方向不可知。那同学们思考一下，如果粒子在电场中沿着电场线做匀减速运动，电子能不能到达平面 f，说明理由。

生：假设能到达平面 f，根据动能定理，$qU_{df}=E_{k_f}-E_{k_d}$，可知到达平面 f 的动能为 2 eV。

师：但是粒子一定沿着电场线运动吗？如果粒子在电场中做类斜抛运动，电子能不能到达平面 f？说明理由。

生：粒子不一定沿着电场线运动，有可能做类斜抛运动，到达平面 d 的速度方向未知，所以到达平面 d 后，会拐弯，有可能不能到达平面 f。故选项 B 正确。

【巩固练习】

1. 如图所示，一质子以速度 v_0 进入足够大的匀强电场区域，φ_1、φ_2、φ_3、φ_4 表示相邻的四个等势面，且各电势 $\varphi_1<\varphi_2<\varphi_3<\varphi_4$。不计质子重力，下列说法正确的是（　　）。

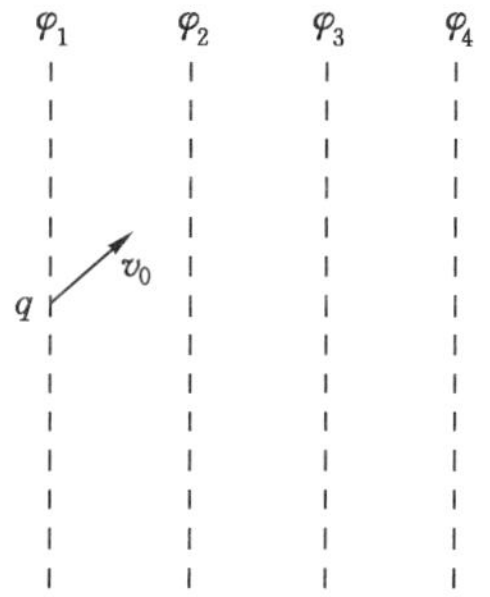

A. 质子运动过程一定是匀变速运动

B. 质子运动过程中最小动能可能为 0

C. 质子可以回到原出发点

D. 质子返回到等势面 φ_1 时的速度仍为 v_0

答案：A。

解析：质子在匀强电场中做类斜抛运动，因此运动过程一定是匀变速运动，所以质子不能回到原出发点，故 A 正确，C 错误。质子运动过程中最小动能出现在速度方向平行于等势面时，速度不能为零，因此返回到等势面 φ_1 时的速度大小为 v_0，方向不同，故 B、D 错误。

2. 如图中的一组平行线为匀强电场的等势线，曲线为正电荷在匀强电场中的运动轨迹，a、b 是轨迹上的两点，则下列说法正确的是（　　）。

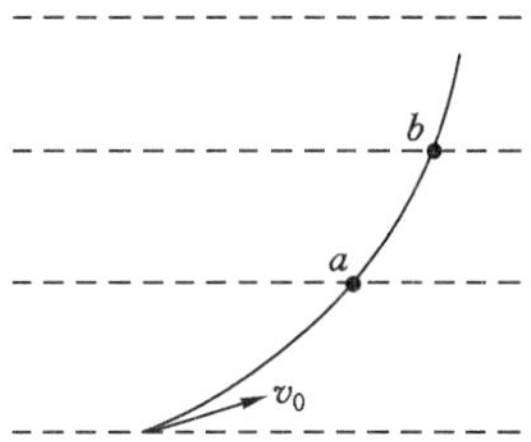

A. 该电场的方向水平向左

B. b 点的电势高于 a 点的电势

C. b 点的电势能大于在 a 点的电势能

D. 电荷在相同时间内速度变化量相同

答案：D。

解析：根据曲线运动所受合力指向曲线的内侧且电场线与等势线垂直，可知粒子所受电场力竖直向上，由于粒子带正电，所以电场线竖直向上，故 A 错误。根据沿电场线方向电势逐渐降低可知，b 点的电势低于 a 点的电势，且正电荷在电势高处电势能大，故 B、C 错误。由于电荷在匀强电场中运动，所以电荷的加速度相同，电荷在相同时间内速度变化量为 $\Delta v=a\Delta t$ 相同，故 D 正确。

（邯郸市钢苑中学　张文亮）

邯郸市第四届高中物理教师教学技能大赛试题演说案例 14

【原题呈现】(2018·全国Ⅲ卷,T20)如图(a),在同一平面内固定有一长直导线 PQ 和一导线框 R,R 在 PQ 的右侧。导线 PQ 中通有正弦交流电 i,i 的变化如图(b)所示,规定从 Q 到 P 为电流正方向。导线框 R 中的感应电动势(　　)。

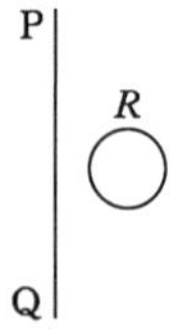

图(a)

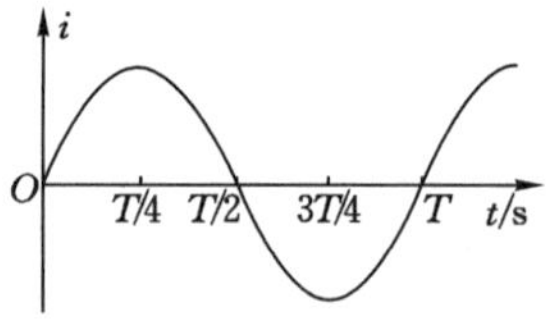

图(b)

A. 在 $t=\frac{T}{4}$时为零

B. 在 $t=\frac{T}{2}$时改变方向

C. 在 $t=\frac{T}{2}$时最大,且沿顺时针方向

D. 在 $t=T$ 时最大,且沿顺时针方向

【题源背景】

1. 课标要求(必修)

3.2.2　通过实验,认识磁场。了解磁感应强度,会用磁感线描述磁场。体会物理模型在探索自然规律中的作用。

3.3.3　知道磁通量。通过实验,了解电磁感应现象,了解产生感应电流的条件。知道电磁感应现象的应用及其对现代社会的影响。

2. 教材回归

(1) 人教版新教材选择性必修二,P25,"楞次定律"

楞次定律

1834 年,俄国物理学家楞次在分析了许多实验事实后,得到了关于感应电流方向的规律:**感应电流具有这样的方向,即感应电流的磁场总要阻碍引起感应电流的磁通量的变化**。这就是**楞次定律**(Lenz's law)。

感应电流沿着楞次定律所述的方向,是能量守恒定律的必然结果。我们知道,由于电阻的存在,感应电流在闭合回路中流动时将产生热量。根据能量守恒定律,能量不可能无中生有,这部分热量只可能从其他形式的能量转化而来。在上述实验中,把磁极插入线圈或从线圈内抽出时,推力或拉力都必须做机械功,做功过程中消耗的机械能转化成感应电流的电能。

（2）人教版新教材选择性必修二，P30，“电磁感应定律”

德国物理学家纽曼、韦伯在对理论和实验资料进行严格分析后，于1845年和1846年先后指出：**闭合电路中感应电动势的大小，跟穿过这一电路的磁通量的变化率成正比**。因法拉第对电磁感应现象研究的巨大贡献，后人称之为**法拉第电磁感应定律**（Faraday's law of electromagnetic induction）。

如果在极短的时间 Δt 内，磁通量的变化量为 $\Delta\Phi$，磁通量的变化率就是 $\frac{\Delta\Phi}{\Delta t}$。用 E 表示闭合电路中的感应电动势，那么电磁感应定律就可以表示为

$$E=k\frac{\Delta\Phi}{\Delta t}$$

式中 k 是比例常量。在国际单位制中，电动势 E 的单位是伏（V）、磁通量 Φ 的单位是韦伯（Wb）、时间 t 的单位是秒（s），这时 $k=1$。于是

$$\boxed{E=\frac{\Delta\Phi}{\Delta t}} \qquad (1)$$

▶ 这几个公式只表示感应电动势的大小。至于感应电流的方向，可以用上节学到的楞次定律判定。

闭合电路常常是一个匝数为 n 的线圈，而且穿过每匝线圈的磁通量总是相同的。由于这样的线圈可以看成是由 n 个单匝线圈串联而成的，因此整个线圈中的感应电动势是单匝线圈的 n 倍，即

$$E=n\frac{\Delta\Phi}{\Delta t} \qquad (2)$$

3. 试题情境

试题以电流的磁效应和电磁感应问题为情境，通过变化的电流产生变化的磁场与变化的磁场在闭合的导体中产生变化的电流相结合，引导高中物理教学落实基础，加强理论分析，提高学生知识的综合应用素养。知识点上考查电流的磁效应中电流与磁场的关系和法拉第电磁感应定律中感应电动势大小、方向的理解以及解决问题的能力，突出了知识的综合运用和灵活分析。

【关键能力】

试题以通电导线中的电流磁效应作为学习探究的情境，根据右手螺旋定则，利用法拉第电磁感应定律 $E=n\frac{\Delta\Phi}{\Delta t}$，再结合楞次定律进行具体分析，考查了考生的理解能力和逻辑推理能力；同时要求考生能够从图像中获取信息，建立文字、图像等不同信息呈现方式之间的联系，建立与之联系的不同物理图景，考查了考生的模型建构能力和信息加工能力。

【核心素养】

题目求解思路	素养要素	素养类型	学业质量等级
对于电流的磁效应，长直导线中电流越大，它产生的磁场越强；离长直导线越远，它的磁场越弱	具有清晰的物理观念，能从物理学的视角正确描述和解释自然现象，能综合应用物理知识解决实际问题，能指导工作和生活实践	物理观念	水平4

续表

题目求解思路	素养要素	素养类型	学业质量等级
根据磁通量的变化率,结合法拉第电磁感应定律计算感应电动势的变化	能将较复杂的实际问题中的对象和过程转换成物理模型;能在新的情境中对综合性物理问题进行分析和推理,获得正确结论并作出解释;能考虑证据的可靠性,合理使用证据;能从多个视角审视检验结论,解决物理问题具有一定的新颖性	科学思维	水平5
根据对楞次定律的理解,从不同的角度判断感应电流的方向	能将实际问题中的对象和过程转换成物理模型;能对综合性物理问题进行分析和推理,获得结论并作出解释;能恰当使用证据证明物理结论;能对已有结论提出有依据的质疑,采用不同方式解决物理问题	科学思维	水平4

【审答思路】

思维过程:

问1:什么是电流的磁效应?

思考1:……

答1:通有电流的导线,在其周围产生磁场的现象,称为电流的磁效应。

问2:通电的长直导线的磁场的方向如何判断?强度分布有什么特点?

思考2:……

答2:通电长直导线的磁场的方向用右手螺旋定则判断。长直导线中电流越大,它产生的磁场越强;离长直导线越远,它的磁场越弱。

问3:什么是电磁感应定律?

思考3:……

答3:闭合电路中感应电动势的大小,跟穿过这一电路的磁通量的变化率成正比,后人称之为法拉第电磁感应定律。

问4:感应电动势的公式是什么?

思考4:……

答4:$E=n\dfrac{\Delta\Phi}{\Delta t}$。

问5:感应电流和感应电动势的关系?

思考5:……

答5:大小成正比,即$I=\dfrac{E}{R}$;方向一致。

问6:$\dfrac{\Delta\Phi}{\Delta t}$和$\Phi$-$t$图像的斜率是什么关系?

思考6:……

答6:二者相同。

问7:如何分析感应电流的方向?

思考7:……

答 7：利用楞次定律，即感应电流的磁场总要阻碍引起感应电流的磁通量的变化。

本题易错点：

(1) 不能清晰地判断通电直导线所产生的磁场的分布特点，从而不能分辨闭合线圈区域中的外磁场的变化，进而导致感应电动势的大小无法判断。

(2) 没有考虑通过 $i\text{-}t$ 图像描绘出 $\Phi\text{-}t$ 图像，再通过$\frac{\Delta\Phi}{\Delta t}$来判断感应电动势大小变化，进而不能顺利地选择 B 选项。

(3) 对楞次定律中的“阻碍”理解不深入，不能灵活地通过“增反减同”“来拒去留”判断感应电流的方向，进而确定感应电动势的方向。

应答策略：

找准题目的关键信息进行加工和处理——闭合回路的感应电流的大小和方向取决于外磁场的变化，从而将问题关键转化为通电直导线的磁场分布问题。进而引出了长直导线中电流越大，它产生的磁场越强；离长直导线越远，它的磁场越弱。再通过 $i\text{-}t$ 图像描绘出 $\Phi\text{-}t$ 图像，最后应用法拉第电磁感应定律和楞次定律使题目得以解决。引导物理教学加强知识方法的理论总结，回归课本，注重培养学生逻辑分析能力和知识的综合运用能力。

【讲题策略】

高中物理习题的设置是千变万化的，习题的讲评是高中物理教学的一个非常重要的环节。习题讲评是让学生开阔思路、纠正错误、分析得失、巩固知识和查缺补漏的有效手段。通过习题讲评，让学生学会分析和解决问题的方法、规范解题和熟练解题常用技巧，并培养学生学习的严谨态度和创新能力，达到举一反三的目的。针对以上特点，在讲解本题时可以要求学生做到以下几点：

(1) 抓住关键信息，提炼核心内容

通过信息提炼，抓住长直导线中电流越大，它产生的磁场越强；离长直导线越远，它的磁场越弱这一特征，明确闭合导体中磁通量的变化。再利用法拉第电磁感应定律和楞次定律明确最终的解决方案。

(2) 认真审题，构建模型联系

看到题图时要明确电磁感应的解题方案。在审题的过程中，要构建电流的磁效应和电磁感应的联系，按照前后发展顺序依次对每个环节进行逻辑分析。

(3) 错题归类，有序讲评

这道题学生最大的出错点在于感应电流的大小和方向的判断。引导学生将 $i\text{-}t$ 图像迁移至 $\Phi\text{-}t$ 图像，再通过$\frac{\Delta\Phi}{\Delta t}$来判断感应电流大小变化，通过楞次定律来判断感应电流的方向。

(4) 一问多解，拓展延伸

在通过楞次定律判断感应电流的方向时，既可以通过“增反减同”，也可以通过“来拒去留”来求解，通过一题多解拓展学生的视野和知识储备。培养学生的求异思维和发散思维，使学生学会多角度分析和解决问题。

(5) 强调细节，规范答题

通过 $i\text{-}t$ 图像描绘 $\Phi\text{-}t$ 图像，利用$\frac{\Delta\Phi}{\Delta t}$来判断电流大小和方向的变化时，要求学生在纸面上书写每一个知识环节的推导依据和公式，同时要熟背楞次定律内容，深层领悟定律中“阻碍”的意义。最后强调解题步骤的完整规范，避免自我的感觉渗透到解题过程中。

【巩固练习】

(2020·全国Ⅲ卷，T14)如图，水平放置的圆柱形光滑玻璃棒左边绕有一线圈，右边套有一金属圆环。圆环初始时静止。将图中开关S由断开状态拨至连接状态，电路接通的瞬间，可观察到(　　)。

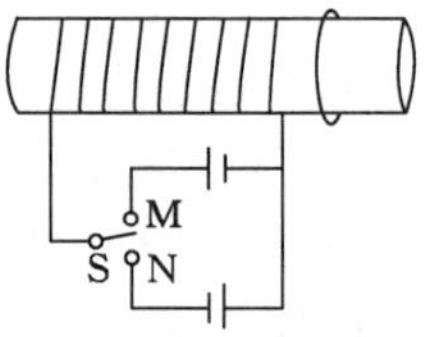

A. 拨至M端或N端，圆环都向左运动

B. 拨至M端或N端，圆环都向右运动

C. 拨至M端时圆环向左运动，拨至N端时向右运动

D. 拨至M端时圆环向右运动，拨至N端时向左运动

答案：B。

解答：当开关S由断开状态拨至连接状态时，不论拨至M端或N端，均会导致通电螺线管的电流增大，根据右手螺旋定则可知，穿过通电螺线管的磁场在增强，导致穿过圆环的磁通量变大，从而由楞次定律可知圆环中产生感应电流，且又处于磁场中，因而受到的安培力作用，使它远离通电螺线管，即向右移动，故B正确，A、C、D错误。

(邯郸市肥乡区第一中学　马海波)

选手感悟（节选）

不忘初心　砥砺前行

——参加邯郸市第四届高中物理教师教学技能大赛有感

涉县第一中学　任亚青

在涉县一中物理学科委员会的推荐下我参加了邯郸市教育科学研究所组织的邯郸市第四届高中物理教师教学技能大赛。这次比赛机会难得，我详细了解了比赛规则、比赛要求和过往案例，尝试从不同角度分析题目，与有经验的老师交流讨论。在他们的帮助下，我获得充分的锻炼和较大的提高。

在比赛前，我担心自己对高考题认知不够，把2018—2020年的高考全国卷重新做了一遍，有多种解法的题目尽可能把所有解法罗列完整。同时，我对本次大赛的活动方案、试题演说体例和推荐阅读的书目进行了反复阅读。但作为一名只有五年教龄、第一次参加邯郸市举办的教学技能大赛的新教师而言，我仍然觉得有些茫然，无从下手。

幸运的是，5月26日下午，邯郸市教科所开展的网络教研解了我的燃眉之急，尤其是对"为什么要进行试题分析"的研究，让我走出了"解题人"身份的误区，尝试以"命题人"的身份去看待高考，尝试在教学中将学生引向命题者的思维，这使我和我的学生在分析试题的过程中受益良多。

2021年5月31日，通过抽签，我抽中2018年全国Ⅲ卷第22题。本题相对简单，一无多种解法，二无复杂的解题过程。正因为题目过于简单，我反而不知该如何分析，总有一种一目了然、不需分析的感觉。无可奈何之下，我只能多方查找资料，终于在《聚焦主干内容　考查关键能力　凸显素养导向——2018年高考物理试题评析》一文中找到本题所考查的关键能力和核心素养，明白本题的价值在于考查学生的建模能力，本题通过开放式设问考查学生的批判性思维。

2021年6月17日上午，我在磁县一中参加比赛。本次比赛要求选手在十分钟内完成解说。由于时间紧张，我只能将本题的题源背景、关键能力、核心素养、审答思路、讲题策略的核心内容及其关联点说清，具体内容尤其是对应的巩固练习没有时间详细展开，心中略有遗憾。

比赛结束后，我仔细回顾了比赛的准备过程和老师们对我的指导，明白了高考题要从"为什么考、考什么、怎么考"这三方面研究，要详细说明高考题的核心功能、考查内容、考查要求，分析高考题要为今后在教学中"培养什么人、怎么培养人、为谁培养人"指明方向。同时，本次说题提升了我的个人素养，对我今后的教学也有很大的启示，让我明白了培养学生要注重提升学生的能力，培养学生的动手能力和建模能力，不要单纯地为了解题而解题，要从题目的考查内容上去分析题目，使他们做"小小命题人"，以提升能力为目标去分析题目。

以上就是我对本次参赛的感悟，如有不足之处，还望各位评委多加指正。

提升素养　精益求精

——参加邯郸市第四届高中物理教师教学技能大赛有感

邯郸市第三中学　赵晓宁

我是一名长期奋战在一线教学的物理教师，参加过很多讲课比赛，但这是我第一次参加说题比赛。这次参赛，使我感受颇多，同时也受益匪浅，为我今后的教学提供了宝贵的经验。

2021年6月1日抽签确定我的说题题目是2019年全国Ⅰ卷的第20题后，我又认真地做了一遍。这道题是有关电磁感应的图像综合题，根据说题要求，我紧密结合教材、认真分析教材，仔细查阅了以往的考纲、课程标准、学科素养要求以及评价体系等资料，同时完成了演说稿和解说课件。与此同时，我与曾参赛的教师联系、交流，对稿件和课件进行再次修改、完善，最后定稿。

6月14日，抽签确定了我的参赛顺序是6号后，我开始了一次又一次的演练，不断规范语言、调整顺序、把控时间，为此次参赛做充分的准备。

6月16日上午，我怀着紧张的心情站上了比赛的讲台，当开口介绍自己的那一刻，我的心情终于平复下来，我按照多次演练的步骤，结合自己分析的思路，简要讲解了试题的课标要求、试题背景、易错点、审答思路等方面的内容，并把重点放在了讲题策略上，说题过程中还适时加入了板书，和排练时一样，最终在大赛所要求的十分钟之内顺利完成了全过程。我的心终于放了下来，无论结果如何，这是一次很好的锻炼！

通过这次比赛，我发现了平常教学中忽略的问题，同时也找到了教学能力提升中应关注的内容。首先，在赛前准备查阅课标、分析教材时，让我意识到由于平时工作站位不高，在这方面下的功夫还不够。其次，在编写说题稿和制作课件过程中，遇到了很多技术上的难题，这让我意识到平常在信息技术运用学习上还有所欠缺。再次，在比赛的过程中，我也感觉到讲课、说题也是一门艺术，是教学过程中不可忽视的一门艺术。课件、教态、思路、语言、课件、板书都是一名合格教师应有的基本功，我们老师要把我们物理学科的美在讲台上充分展示出来。

“不是锤的敲打，而是水的载歌载舞，使鹅卵石日臻完美。”本次大赛就是载歌载舞的水，轻柔、无痕却充满着捶打、冲击的力量。我非常有幸参加这次比赛，使我意识到比赛的过程不仅是交流的过程，更是成长、提高的过程！作为一名教师要想成长，就要常常和自己比赛，要下功夫。我更深刻地认识到：作为一名合格教师还不够，要争做一名优秀的教师，这就需要不断提高专业素养，更新教育观念，以学生为本，讲究教学教育艺术，努力探索，提升育人水平，让学生因为我们的付出而赢得美好的未来。

高标极致 学以致用

——参加邯郸市第四届高中物理教师教学技能大赛有感

邯郸市第一中学 杨天照

今年,我有幸参加了邯郸市第四届高中物理教师技能大赛,在这次大赛中,我认真学习了高考评价体系、认真研究了《普通高中物理课程标准》,通过对一道高考题的研究,贯通了评价试题的思路和方法。

一、理论学习阶段

为了深入分析高考试题,我首先对《中国高考评价体系》进行了系统学习,了解了“一核”“四层”“四翼”。“一核”,是指高考的核心功能,具体包括立德树人、服务选才、引导教学。“四层”规定了高考考察的内容,具体包括核心价值、科学素养、关键能力、必备知识。“四翼”包括基础性、综合性、应用性、创新性,作为考察要求,保障了命题水平。情境分析是考题分析的重要内容。情境是指真实的问题背景,是高考评价体系中的考察载体。情境的分类包括生活实践情境、学习探索情境两种,高考通过设置不同层级的情境活动来考查学生在“四层”“四翼”的表现水平。

“情境活动”是指人们在情境中所进行的解决问题或任务的活动,情境活动分为简单的情境活动和复杂的情境活动两种。简单的情境活动只需启动单一的认知活动,考察学生的基本知识和能力水平,主要对应“四翼”中的“基础性”要求;复杂的情境活动主要考查学生对生活实践问题情境与学习探索问题情境的综合素质,考察了学生综合运用知识和能力应对复杂问题的水平,体现了“综合性”“应用性”“创新性”。

关键能力是物理试题命制的立足点,物理学科的关键能力包括学习理解能力、应用实践能力、迁移创新能力三个维度。关键能力是一种综合能力,具体体现在观察记忆、概况论证、关联整合、分析解释、推论预测、综合应用、直觉联系、迁移与质疑、构建新模型等方面。

二、试题分析准备阶段

在完成理论知识准备后,真正要开始试题分析了。通过群内抽签,确定我要分析的题目是2020年全国Ⅱ卷的第21题,这是一道有关动量的题目。题目中通过运动员在冰面上推物块的情境考察了系统动量守恒定律。

确定试题后,我先翻开新课程标准,查阅了其中有关动量的考察要求,与试题对应的内容是“理解动量守恒定律”“定量分析一维碰撞问题并能解释生产生活中的弹性碰撞现象”。翻阅教材,进行试题溯源,发现书上并没有运动员推物块的情境试题,但是在书中有一道例题,是火箭在空中爆炸的情境。通过分析我发现,它们都是考察系统动量守恒定律,都是系统不受外力或内力远大于外力的情况,于是确定为试题的源头。

在审答思路的分析中,通过“一提问”“一思考”“一回答”的流程,我对这道题的分析思路、易错点以及面对学生讲解时的启发点,都进行了详细的分析,对整道题有了更全面的把握。我想,如果平时讲解习题时都设置这样的问答流程,师生一定会对物理试题的理解更深刻,学生学起来也会更容易。

三、课件制作阶段

试题分析完成后,开始课件制作。课件是为了让听众更容易理解试题,所以并不能直接将文本复制上去。在试题呈现时,我将题目中设计的运动员推木块情境,做成了动画演示,边呈现题目,边演示动画,帮助听众更快地看懂题目。在对试题进行理论对应时,我制作了思维导图,力求做到图文并茂、结构清楚。在最后进行课件视觉打磨时,我认真遴选了课件背景、图文和动画,保证了整体演示的效果。

四、试题演说阶段

在课件制作完成后,我对照课件讲解了若干遍,对自己的语言和课件内容进行了一定的修改和打磨。确保没有问题后,自信地走向比赛现场。

感谢领导给我这次参赛的机会,感谢"快乐物理教师"公众平台,让我学习到那么多先进的理念和学科知识。未来,我会坚持学习,不断实践,继续提高自己的业务水平,努力为物理教学事业贡献自己的微薄之力。

通力合作　再创佳绩

——参加邯郸市第四届高中物理教师教学技能大赛有感

涉县第一中学　杨立柱

2021 年 5 月份,我看到了市教科所近期要举行“邯郸市第四届高中物理教师教学技能大赛——试题演说”的通知,心里非常激动。抱着向同学科专家学习的态度,我坚定地报名参加了比赛。

优秀的学习与展示平台是每个教师的向往。我们学校同样有很多教师报名参加了此次比赛。为争取本次比赛的资格,我把工作以外的全部时间都投入到对近三年的高考试题研究上。首先自己钻研,了解试题类型、考查知识;其次请教经验丰富的老教师,从审题分析、到答题步骤,无一遗漏。功夫不负苦心人,我获得了参加比赛的资格。

根据邯郸市教科所安排的抽签活动结果,我知道了自己的参赛具体题目是 2020 年高考全国Ⅲ卷理科综合的第 17 题。于是开始了精心细致的准备工作:一是认真学习所给的试题演说说明,明确了细致的比赛步骤和评分标准,在此标准下创新方法,力求引导学生,让学生不但能理解试题本身内容,更能理解出题者的意图和整个知识体系。二是和同组老师共同研究,从“原题呈现”“题源背景”“关键能力”“核心素养”“审答思路”“讲题策略”几个方面确定了自己的讲题思路。随后在备课中,就语言的组织、语言的描述、字母的表示、展示的形式等方面进行了多次的探索和实践。每一次设想后,都经历了先给自己讲,再给同组老师讲,后给学生讲,甚至给非物理学科的老师讲的过程。一次次的设想、研讨、试讲,一次次的推翻再设计,大脑中整节的课堂实录清晰可见,最后定稿。每一次的尝试,都让自己有了新的收获。

6 月 16 日,比赛正式开始。我抽中的是下午第二组第一个。比赛在录播室进行,没让其他参赛选手旁听。但是看到别的老师在候场时的精心准备和比赛完成后脸上露出的自信的神情,我不由紧张起来。当我真正站到录播室讲台时,评委宋老师先给我详细介绍了录播器的使用方法、说题的细节以及注意事项,还告诉我应该避免哪些问题(上午比赛选手犯的错误)、说题比赛给分的具体原则,评委老师的和蔼态度和细心讲解,使我比赛前的紧张感消除不少。接下来我说课的过程总体还算顺利,发挥比较正常。

通过这次比赛,我的收获真的很多。真正理解了一个高考题目的形成绝非偶然。真正意义上学习了《中国高考评价体系》《普通高中物理课程标准》,知道了平时卷子上物理量需要斜体,有些角标为正体,以及字母、数字的输入方式等。更重要的是通过这次比赛,跟同行学到了很多东西。

剥茧抽丝　大胆创新

——参加邯郸市第四届高中物理教师教学技能大赛有感

永年区第一中学　张福艳

这次有幸参加邯郸市第四届物理教师教学技能大赛，我受益匪浅。我从参赛过程中体会到了新课程教学的意义所在，深感自己教学中存在不足，有待今后继续努力学习，完善教学工作。

赛前，为了参加比赛而忙碌地备战，是最充实的两个星期，也是压力最大的两个星期，但却又是收获最大的两个星期。我讲的是 2019 年全国Ⅰ卷的 21 题，最后一道选择题，难度很大。从备题的第一天，我就感觉压力很大。平时自己对课标疏于研究，把握不准，素养要求、水平等级定义拿捏不定。于是我一遍遍学习《普通高中物理课程标准》《中国高考评价体系说明》，认真研读课程标准在试题中的体现方式以及对知识、能力的要求程度，知道了自己应在哪些方面下功夫，应与新高考接轨，同时自己研究不透的地方就去请教老教师。在学习过程中，我吸取了很好的经验，同时，增长了自己的教学理论知识，最后终于有了自己的见解，经过半个月的反复推敲终于完成了说题稿。虽然比赛只有 10 分钟，但是经历了准备阶段我却有了提升自己的收获感。通过准备说题的过程，我发现很多题目往往一题多解，有些方法特别好。如该题的 D 选项，通常我们在做题时读到题目第一感觉是用简谐振动对称性的特点或者仍用动能定理和图像面积求解，但是应用机械能守恒定律的方法去解答此题时更为简单方便，不过需要学生掌握弹性势能表达式这个二级结论，所以在教学时也要注意二级结论的讲解。总之通过学习课标，也让我更加明确了上好一堂课的标准，指导着我以后适时改进教学方法和策略，以艺术的眼光去对待教学，争取精益求精。

赛中，在准备室的等待过程是紧张而忐忑的，进入录播室时真的很紧张，不过站到讲台开始演说的那一刻，我就平静下来了。因为我抽选题目较难，四个选项各自独立，需要逐项分析讲解，十分钟内完成对我来说很是困难，因此，我适当加快语速，一些理论没有一一详细解读，而是用自己的语言简单概括，最终控制在 9 分钟的时间完成了说题。我也不知评委有什么意见，时间原因不能去请教，感觉有些遗憾。

紧张有序的比赛结束了，我却依然意犹未尽，总感到还有许多需要学习的地方。在今后的学习中我要努力弥补自己的不足，努力提高自己的业务素质。今后只要有这样的机会我一定努力争取参加，通过这些活动确实对自己有所提高，不论是教学方式方法，还是教学观念都会有明显的改进。同时，在素质教育的今天，新课程改革已经实施了多年的前提下，我一定通过各种学习渠道，努力钻研新课改的精神，把新课改的精神应用到我的教学中，努力培养学生的自主学习的能力，培养学生的各种分析问题和解决问题的能力。

总之，需要学习的东西还很多，我会通过自己不懈的努力和学习，不断充实并完善自己，丰富自己的专业知识，提高自己的教学水平，尽快胜任本职的教学工作，从而真正成为一名优秀的物理教师，为教育事业做出自己应有的贡献。

深度研究　对标成长

——参加邯郸市第四届高中物理教师教学技能大赛有感

邯郸市第三中学　闫俊彦

邯郸市第四届高中物理教师教学技能大赛以“聚焦核心素养，展现思维过程”为主题，以高考试题演说为活动形式，为青年教师搭建了交流学习的平台，促进了物理教师研究高考能力的提高。此次参赛经历使我感受颇深。

一、赛前准备

1. 阅读学习资料

按照教科所网站上给出的推荐阅读材料，学习了《普通高中物理课程标准》和《中国高考评价体系》等，对把握高考评价体系“一核”“四层”“四翼”有了进一步的理解。学习了近三年的高考物理全国卷试题评析，以及“快乐物理教师”公众号里的试题评析示例，通过这些具体的试题评析的学习，让我找到了试题分析的大致路径：试题情境、考查知识点、核心素养的要求、考查关键能力、如何拓展课题等。

2. 发挥学生作用

为了更好地了解学生存在的问题，我把试题发给学生试做，收集学生的解题过程，发现普遍存在读不全题目信息和把磁感应强度方向当大小计算的问题，我意识到需要加强读题能力和磁感应强度判断的训练。为此查找近 5 年的高考题，分别在 2017 年和 2020 年找到两道类型相似的高考题作为巩固训练题。

3. 反复演练 PPT

从 2021 年 6 月 1 日着手准备课题，利用每天中午的时间撰写试题演说稿，制作 PPT(演示文稿)是把自己准备的材料压缩提炼的过程。为了能够更好地在现场展示，我专门下载了一个录像软件，能同时播放 PPT 和录音，逐字逐句琢磨，反复演练梳理。

二、赛中表现

2021 年 6 月 17 日我在磁县一中参加现场试题演说比赛。我的感受主要有三个方面。

1. 自信

对于历经半个多月精心准备的资料，我告诉自己要勇敢自信地展示出来，落落大方，相信自己，自然地展示给专家评委。

2. 学习

本次大赛我抱着学习的态度，通过和邯郸市各个学校的骨干老师一起交流，观摩他们的教学思路、解决方法、对核心素养的理解等，找到自己的不足。

3. 遗憾

比赛中由于紧张对时间的把控不够精准，在后期语速稍快，用时 7 分半；PPT 播放过程中,制作的动画没有更好地展示出来。

三、赛后感悟

1. 台上一分钟台下十年功

有句话说,要给学生一滴水,自己必须先要有一桶水。只有经过充分的准备,才可以自信有底气地讲解,只有自己领悟了物理学科的核心素养,才可以更好地表达出来。

2. 反思与成长

作为一名青年教师,我感觉自己还缺乏看问题的深度,现在的教学还处于从薄到厚的过程,我要认真学习高考评价体系,研究高考物理试题,不断提高自己把握高考的能力,为以后更有效地教学打好基础。

虚心向学　破茧化蝶

——参加邯郸市第四届高中物理教师教学技能大赛有感

邯郸市第一中学　高卫霞

我是邯郸市一中的一名物理教师，通过参加这次说题比赛，收获很大。作为一名教师，不仅要会做题，还要会讲题，这次说课比赛，让我看到了与优秀教师的差距，明确了以后努力的方向和日后工作中亟待提高的地方。感悟很多，概括起来，有以下几个方面：

(1) 查找差距，增强教研意识，提高教研能力

参加这次比赛，使我感受到了和其他优秀教师的差距很大。平时在教学的第一线，每天备课、做题、上课、批改作业等，对待教研的态度还不够坚定，教研深度有待加强。我把这次说题当成说给自己的学生了，没有考虑到学生层次的不同，也就是对学生教研不够精确。这次我说题的题目是2018年全国卷Ⅲ理综第21题，作为一道多项选择题，考查的知识点范围很广，而且考查的都是重要的知识点——电场中的匀变速直线运动、牛顿第二定律、动能定理、动量定理，内容很丰富，但是难度不大。我认为这道题主要是讲解题思路，对基本内容掌握牢固的同学一点就好，强化了注意事项，分析了容易出错的地方以及如何避免错误。我没有考虑周全的地方，是没有细致地复习学过的知识，认为同学们已经都掌握好了。应该注重对基本内容的强化，比如动能定理、动量定理、电容器中电场的大小计算等，基础较弱的同学恰好需要这些。

(2) 加强信息技术应用，提高工作效率和课堂效率

参加本次活动，我深感在信息技术学习上严重不足，新课程理念中的重要一条就是注重信息技术与所教学课程的结合，在保证课堂效果的前提下，尽可能地使用各种电教设备。加强物理教学与信息技术的整合，不仅能锻炼教师的业务能力，而且能极大提高课堂效率，充分调动学生学习的积极性。这次说题，我虽然也制作了课件，但显得很单薄，不充盈。我认为题目简单，没有太复杂的物理模型，就没有在课件上多费心思，只是按照说课的流程制作了课件。现在反思一下，其实这个题目涉及的知识点多，可以做一个知识网络图，呈现出来，效果肯定不一样。在以后的教学中也是一样，要多开动脑筋，提高课堂效率。因此我决心先把一些简单必要的信息技术学好，在今后教学中发挥作用。

(3) 个人对说题的认识和理解

在这次说题活动中，我看到其他教师精美的课件、干净利落的说题流程，深感羡慕。我在准备时，首先认识不足，以为就是解题，没什么难的，无非是先把出处查一下，题目做一做，按照说课的要求——对课标，回教材，体现核心素养，再来个课后巩固。课后巩固，我是在原题上改编的，我觉得这样比较合适，由电场变成了电场和重力场的复合场，解题思路上没差别，很能反映学生的掌握情况。在实际教学过程中可能会实施得不错，但是在说题过程中，我没有表达清楚我设计的目的，也没有突出学生的主体作用、体现学生的思维活动，这也是我在日后工作中要改善的地方。

通过这次说题比赛,我不仅对于课程标准有了更深刻的认识和理解,而且对于如何去说题也有了些许的感悟:在必要的信息技术的支持下,按照课程标准和大纲说清题意,说出解题思路和解题过程,说清学生可能遇到的障碍和如何指导解题,说出问题的拓展延伸,说出感想和反思等。

明白得失　完善自我

——参加邯郸市第四届高中物理教师教学技能大赛有感

钢苑中学　张文亮

经过学校的筛选、推荐，我有幸参加了邯郸市第四届高中物理教师教学技能大赛。本次教学技能大赛，活动主题为“聚焦核心素养，展现思维过程”，活动形式为针对 2018—2020 年高考物理试题的演说。我抽到的演说试题是 2018 年全国Ⅰ卷的第 21 题。经过为期半个月的精心准备，2021 年 6 月 16 日在邯郸市第三中学如期圆满完成了参赛任务。比赛虽然结束，但是自己的教学思考才刚开始。通过这次技能大赛，收获了许多，成长了许多，也发现了自己的一些不足。现将这一次参赛的一些感受进行总结，明确得失，查漏补缺，以期自己在专业上有更大的进步。

1. 前期准备工作

拿到这个题，我心想，要想把这个题讲透彻，那就要先研究这个题的出题意图和高考的要求，以及考查的关键能力和学科素养。所以，我对《普通高中物理课程标准》《中国高考评价体系》《聚焦主干内容 考查关键能力 凸显素养导向——2018 年高考物理试题评析》等进行了深入学习，从而更加清楚地认识了高考对静电场知识考查的课标要求、关键能力和学科素养。本次比赛，收获很多。

2. 正式参加比赛

经过前期一次次的练习，在参加比赛的时候，基本发挥出了自己的水平。基本上按照比赛要求，把自己准备的内容都呈现了出来。演说的时间也控制挺好，将近十分钟。当然在过程中也有一些不足。由于一开始比较紧张，在说题源背景的时候，对比高考题和课本习题，这一块衔接和过渡语说得不是很流畅。另外，在讲到核心素养这一块，考虑到时间限制，说得有点仓促。

3. 明确改进方向

通过这次演说比赛，给我以后的试题讲解指明了一个方向。对比自己以前的讲题，也发现了自己的一些不足。以前讲题，过于注重讲题的具体思路，常常忽略分析高考对这一块知识点的素养要求，这是以后要注意的地方。另外，这次比赛，更加坚定了自己注重学生思维过程训练的信念。每讲一道题，都要以培养学生的思维为目标，要淡化对结果的重视，这样学生的学科素养才能真正提高，才能在高考中取得不错的成绩。

总之，这次的技能大赛，自己准备比较充分，准备的过程中学习了很多，也发现了一些自己的不足。以后的教学工作，再接再厉，相信不断努力终究会使自己在业务上有长足的进步。

借助外力 反思提升

——参加邯郸市第四届高中物理教师教学技能大赛有感

肥乡区第一中学 马海波

2021年6月16日,我参加了邯郸市教科所组织的试题演说比赛,在讲台上按照要求展示了每一个环节。短短十分钟的演说过程中语言虽稍显紧张,但基本达到了预期。

从准备这次试题演说到讲台展示,前前后后有一个月的时间。在这一个月的时间里,学习“快乐物理教师”公众号上试题评析范例,学习研究课程标准,做好调查访谈,撰写试题评析初稿,试讲讨论修改,及时总结反思——在每一个环节中我都认真准备,感想颇多。

首先,要多听取大家的建议,利用好集体智慧。我的说讲任务是2018年全国Ⅲ卷第20题,有关电流的磁效应和电磁感应的综合问题,对学生知识的综合应用能力要求高,要求逻辑分析能力强。所以对于多数同学这道题还是有一定难度的。学生有困难的时候就是体现老师重要作用的时候,正确方向的点拨不但可以帮助学生理清思路、规范步骤,而且一个问题不同角度的分析,有时可以大大降低学生思考的难度。我多次邀请其他教师针对课题进行沟通,发挥了教研团队的集体智慧。比如在讲解感应电流方向时,我习惯从“增反减同”的角度来判断,而有些教师强调可以从“来拒去留”的角度来判断,我就感觉非常好,一题多解不但可以开阔分析思路,也可以加深学生对楞次定律的深刻认识。

其次,做一个有心人,及时总结反思。美国教育心理学家波斯纳说,没有反思的经验是狭隘的经验。前期准备时,我都会习惯性地把我的课用手机录下来,再站在听课学生的角度,找自己在讲课中教姿教态、语言的组织、知识环节的衔接、思路方法的总结、重要信息的点拨是否有问题,同时也会展示给其他教师,听取其他教师的建议。以上的目的只有一个:让自己在反思中成长,在总结中进步。

最后,讲课过程中,要灵活运用各种教学方式和手段,提高教学效率。电磁场章节内容很是抽象,学生没有直观的认识,这是本章节“不好学”的重要原因之一。多媒体的引入不但能给学生直观的印象,更可以激发学生的学习兴趣,尤其是有趣的“动画”“动图”会使学生的思维更加活跃,提高课堂效率。在动图的制作方面我确实存在短板,下一步我将加强这方面的学习提高。

总而言之,通过参加本次试题演说比赛,不但提升了自我的业务水平,还认识到自己的不足,在今后我会不断学习,不断丰富自己,让自己能够驾驭各种教学工具,掌握各种教学手段。

团队成员感悟（节选）

“基于高考评价体系的试题评析实践研究”践行感悟(一)

邯郸市第一中学　饶细宝

面对新形势、新高考,邯郸市教科所物理教研员王刚老师带领邯郸市物理教研团队,不断学习和研究新高考的理论,以邯郸联考试题和高考物理真题为素材,开展基于高考评价体系的试题评析实践研究。作为教研团队一员,我通过一次次试题评析,对新高考评价体系的认识不断加深,对课堂改革、高考备考、高考试题变迁都有了更深刻的认识和理解。

在团队引领下,我不断学习新课改的相关内容,阅读和学习的资料有《普通高中物理课程标准(2017 年版)》《普通高中物理课程标准(2017 年版 2020 年修订)》及二者解读,《中国高考评价体系》《中国高考评价体系说明》《中国高考评价体系解读》《高考蓝皮书 中国高考报告(2021)》等,《基于高考评价体系的物理科考试内容改革实施路径》《高中物理学科核心素养解读及教学建议》《恢复高考 40 年物理考试内容改革述评》《高考物理联系实际问题的设计研究》等,研读了 2018—2020 年教育部考试中心发布的高考物理试题评析,并对 2013—2020 年高考试题进行分类整理,在学习中感知和体悟高考评价的转向及物理试题的变化。

通过参与团队研究实践,我对试题分析和试题研究的认识更为深刻。原来研究试题主要从知识层面和简单针对学生答题情况进行分析,现在我能够在必备知识、考纲要求、课标要求、关键能力和核心素养等多维度上进行分析;同时在学生作答方面,分析做错的原因,会从知识层面、能力层面、思维层面、素养层面进行研究以及研究通过什么方式弥补各方面的不足。此外,还会思考命题人想考查的知识、能力、素养的哪些方面,是如何实现的,哪些方面做得不好,怎样修改可以更好地考查学生物理素养。

经历过试题分析研究实践,我的物理课堂教学也悄然发生一些改变。比如在备课和教研的过程中,我不仅备本节课的知识点讲解,还会主动思考可以用什么样的情境去承载这些知识点,如何有效培养学生信息的获取能力和模型建构能力,从而提升学生的核心素养。在课堂教学过程中,更加注重学生物理思维的培养,让学生展现自己思维的过程,而不单单是物理知识的传授,利用情境化的教学资料、试题以及一题多解等,促使学生开展深度学习,提升学生科学思维能力。

“基于高考评价体系的试题评析实践研究”践行感悟(二)

邯郸市第三中学　宋晓平

刚进入团队时,自己已经有了较为丰富的教学经验,但是对课程标准、考试大纲、考试大纲的说明、高考评价体系等没有进行过深入的思考,甚至感觉它们都是可有可无的,总觉得把自己的课教好就行了。随着不断学习,越来越发现自己之前的那些想法是错误的。在“新教材、新课改、新考改”的大背景下,广大一线教师教育理念必须与时俱进,决不能抱着以前的老经验解决新形势下的各种问题。我认为应该在以下几个方面加以改进:

1. 深入研究新教材,践行核心素养理念

新教材注重培养学生的物理观念及科学思维,在内容设置上注重体现科学态度与责任,增强了科学探究的相关设计,全面落实对学生物理核心素养的培养,充分体现出物理学科的育人价值。深入学习教材会发现,大量传统的封闭性、定向性习题改成了探索性的“问题”,通常还联系广泛的现实背景,这对授课教师也是一个重大的挑战。比如,新教材必修三“静电的防护和应用”一节中有关于“雷火炼殿”的描述,题材新颖而又贴合课程标准,还能够激发学生学习的热情和兴趣。如果我们能对教材中涉及的实际情境进行更深入的挖掘、掌握更为丰富的背景资料、能弄清学生提出的问题可向哪些方面延伸,就可以比较准确地预测出这些“问题”探索在学生们的知识、能力、素养方面如何达到更好的效果。

2. 开展情境化教学,促进探究能力提升

新教材采用创设情境、设置问题串和思考与讨论等形式,促进学生学习方式的转变,激发学习兴趣,引发思考。比如,每节课前教材都设置了一个引发学生思考的小问题来开启本节课的学习。

要增强学生在情境中探索的兴趣。一方面,教师应使用与教学内容紧密相关的生活素材作为教学载体,增强探索内容的趣味性;另一方面,教师应合理运用做游戏、讲故事、竞赛与表演等方法,增强探索形式的趣味性。比如,在新教材必修一中研究运动图像时,教材采用了“龟兔赛跑”的故事,把 x-t、v-t 图像结合学生们十分熟悉的故事内容呈现出来,增强了趣味性。比如,在准备“抛体运动”这节课里,我就准备了经过剪辑的学生打篮球视频,让学生们直观地感受到平抛、斜抛、竖直上抛等抛体运动,激发了他们的学习热情与积极性。

要对学生进行合理的组织安排,保证每个学生都能得到探索的机会。借鉴团队的经验,在实验课上,我打乱了班级内原有的分组形式,由同学们自由结组,每四人一个小组,进行合作实验。大家分工明确,每个人都有任务,都能在小组中发挥作用,从而大幅提升了实验教学效果。

3. 做好教材习题研究,提升解决问题能力

教材中的习题是把知识、思想、方法和技能联系在一起的纽带,是教材的重要组成部分。新教材的题型设置注重全面培养学生的能力,包括计算、作图、设计等,有利于促进学生形成物理观念,提高学生的物理思维能力及科学探究能力,促进学生养成严谨认真、独立解决问

题的科学态度。每章习题均分为三个层次:节后题、章后 A 组题和 B 组题。节后题和章后 A 组题的难度适中,并适当安排了一些具有思考性的问题,能较好满足不同层次学生的学习需求。章后 B 组题的难度较高,面向新课标中学业质量水平 4 的要求。新教材习题设置的内容具有弹性、注重基础,且兼顾学生差异。合理使用教材习题,注重解题能力循序渐进提高,能促进学生解题能力合理进阶。

4. 团队引领促成长,教学能力共提升

我多次参与教研团队组织的教学探讨和成果推广活动,编写了大量的试题评析,也积累了较多的经验,较深刻地理解了教材、课程标准、考试大纲和高考评价体系等的内涵,理论水平和教学能力都有了较大提高,并且积极发挥"传、帮、带"作用,助力团队新成员成长。我在学校的"名师大讲堂"中,为全体老师分享物理教研团队在试题命制与试题分析方面的经验,得到了老师与领导的一致好评。

一个人可以走得很快,一群人才能走得更远。团队的引领培育使我受益良多,我也将在团队中继续成长,努力为物理学科建设和教育教学质量提升贡献自己的力量。

“基于高考评价体系的试题评析实践研究”践行感悟(三)

磁县第一中学　安少伟

在邯郸市教科所物理教研员王刚老师的带领下，我积极参与团队活动，在教研教学上做了一些工作，取得了长足的进步，收获很多。

一、鞭策鼓励

在王刚老师的引领下，任务是一个接一个，从来没有停止过学习和教研。王老师的微信、电话和任务是督促我成长的动力，不断激励我向前走。团队成员每次完成任务后，将试卷分析的电子稿发到工作群里，是督促我不能落后的鞭策。平台维护成员，修改文稿的细致入微的工作方式，是鼓励我一丝不苟、精益求精的示范和引领。这些鞭策和鼓励使我一直努力前行，得到锻炼和提升。

二、理论学习

自从 2017 年跟着王刚老师在河北师范大学参加省骨干教师培训，我就感受到了王刚老师对我的照顾和培养。在教育教研上给予了我很多指导和帮助，培训结束后还让我在全市教研月活动中作了《基于提升核心素养的高中物理教学思考》专题讲座，促使自己从对物理核心素养的懵懂无知到有一定的认识，从此打开了理论学习的大门。

2019 年王刚老师带领物理教研团队到云南昆明参加全国物理年会，近距离接触了全国优秀的物理名师和创新实验团队，观摩和学习了他们高超精湛的教学技能和手段，看到了他们为了一节优质课而付出的巨大努力，为了一个创新实验冥思苦想，想方设法对实验进行改进、创新和完善，为他们的奇思妙想而喝彩。走出去方能打开眼界，回来后团队就开始了一系列的学习和实践工作。从对自己所在学校的调研报告到关于 SOLO 文章的学习，从思维导图的制作到深度学习，都为理论学习打下了坚实的基础。

三、实践研究

2020 年年初教研团队开始大规模开展试题评析实践研究，以试题分析为抓手，充分研究试题，从试题评析到教学启示、从试题情境到核心素养、从关键能力到教学建议、从试题拓展到高考赏析、从高考评价体系到学业质量水平，试题分析从一开始的不成熟到内容越来越丰富，经历了八个版本的升级，理论性越来越强。这一过程使得我对核心素养、关键能力、必备知识、学业质量水平的认识和理解都取得了质的提升。

一开始写试题分析的时候，感觉无从下笔、脑袋空空、无所适从，后来越来越熟练，也越来越精准，取得了较大的进步，这都得益于王老师的鞭策、鼓励和指导，得益于团队成员无形当中的比较和竞争。总之，试题分析的实践研究锻炼了队伍，也锻炼了我，使得我个人的教研业务水平大幅提升。

四、成果推广

2020 年下半年,物理教研团队开始酝酿将试题评析研究成果在全市范围进行推广检验。我主动承担了推广课件的制作,讲述和展示团队在试题评析中的成长历程。任务比我想象的重得多,引入高考评价体系、核心素养和学业质量水平。我感觉到任务重大,利用零散的时间和放假值班的时间,做了有大概三个月才基本完成任务。把课件交给王刚老师之后,王刚老师从高考评价体系、核心素养、学业质量水平、说题比赛、试题分析历程等方面全方位给予了指导,并提出具体的修改意见。这一过程是十分煎熬的,感觉就是没完没了,几乎快崩溃了,但总算完成了任务,交了差。想着总算告一段落的时候,王刚老师又提出了新的要求,带领团队成员和名师工作室成员到各个学校进行成果推广,而我的任务就是作成果推广的报告。在每次作完报告后,王刚老师当场提出修改意见,指出不完善的地方,手把手地教如何才能做得更好。还有团队成员的建议,使我的报告越来越好。在这些活动中,尤其是共同教研环节,来自团队名师的发言,也让我学到了很多,满满的都是"干货",如备课、上课、讲题、教研、评课等。

第四届高中物理教师教学技能大赛前夕,教研团队通过邯郸市教育局网络教研平台组织了"基于高考评价体系的试题分析实践研究"成果推广暨邯郸市第四届高中物理教师教学技能大赛——试题演说动员培训会。我做了主题发言,并担任技能大赛的评委。为期两天的比赛中,不仅亲身参与其中,还观摩了兄弟学校优秀教师的试题演说,收获满满。

团队教研工作搞得有声有色、紧张充实,心里还有点小抱怨,活儿咋就这么多呢?同时又有点小得意,充实感、满足感,还有暖暖的快乐和感动。积极参与团队的实践研究,促进了团队成员的专业成长,对我的教育教学工作也产生了很大的影响。我给年级部的老师介绍了团队的研究工作,换来的是他们羡慕的眼神和渴望进步的愿望,同时也影响了这些老师,大家在工作中更加努力,表现出了强大的教研能力和团队合作意识。我的物理课堂也发生了很大的变化,教学中重点和难点更加突出,更加重视核心考点的讲解,新课的讲授和习题教学层次更加清晰,模型分类更加具体,教学目标更加明确,教学效率明显提升。

希望在接下来的工作中能继续努力,进一步提高。

“基于高考评价体系的试题评析实践研究”践行感悟(四)

涉县第一中学　李广兴

在邯郸市教科所物理教研员王刚老师的带领下,通过对“基于高考评价体系的物理试题分析研究实践”的学习、实践和推广,我主要有以下改变。

一、学会追本溯源

试题分析研究实践活动,让我更加重视教材对概念、规律、定义的精准描述。每一道高考试题都源于教材,但演绎、变化、创新地编写成为试题,是一种本领。它结合国家人才选拔机制,体现出“立德树人、服务选材、引领教学”的高考选拔功能,这是需要极高的能力和艺术的。每每做完高考题,核对答案,进行思考比对,都有惊叹、折服、诧异、回味无穷、妙不可言的感觉。只有不断研究高考试题,不断去揣摩命题者的思路,才能真正做好新时代的高中物理教学工作。

二、学会规范表达

过去的表达只注重思路,至于步骤之类的细节,觉得无足轻重,从事一年的试题分析书写,感觉到这些问题是举足轻重的,细节决定成败。尤其是看到学生思路都对,就是不能拿分,或者不能拿到满分,感觉这都需要从教师身上寻找原因。同样是一个字母 ρ 可以表示密度,也可以表示电阻率,在涉及即有密度又有电阻率问题的问题情境中,就会出现合并、消元等致命的错误。一个字母的大小写、倾斜与否、角标问题,直接会引起读者的误解,我们必须精准地呈现给学生、读者和观众。

三、学会了思考学科素养,并进行准确的等级定位

现在讲题非常明显要分为以下几步:

(1) 看清问题情境,提取主干知识。

(2) 读取信息,抓住关键条件。

(3) 猜想预测学生面临的问题。

(4) 拓展延伸——还可以怎样考查。

素养问题是现阶段教师团队中最容易忽略的问题,我们不知道素养的描述,就不可能高标准地去培养学生的素养,对于关键能力“理解能力、模型建构能力、逻辑推理能力、分析综合能力、信息加工能力、实验探究能力”等的描述,很多教师思维混乱,则对应的训练要求就会大打折扣。不重视信息加工,就会遗漏隐含条件。不重视逻辑推理,就会导致学生不能对多过程全面思考和合理排查。不重视模型构建能力,就很难从解题到解决问题进行转换。

四、学会对标课标要求

原来也有课标,但都只是一种形式。经过试题分析实践研究,明确知道知识要讲什么层次,哪些地方需要重点练习实践,哪些地方需要拓展加深。结合物理核心素养段位,更加清晰地认识到高中物理教学对素质培养的要求和规范。

在研究实践方面我还需要加大力度,加强理论学习,继续深入推进、思考总结。

“基于高考评价体系的试题评析实践研究”践行感悟(五)

邯郸市第一中学　贾晓轩

日往月来,不知不觉加入邯郸物理教研团队,参与试题评析实践研究工作已一年有余。在王老师的悉心指导下,团队成员的无私帮助中,我这个团队新成员收获颇多。

一开始,我对教研团队的实践研究工作意义的理解并不全面,随着一项项任务的完成,随着跟伙伴们日益深入的交流、学习,我对“试题评析是物理教学的重要方面”有了更深刻的理解。试题评析可以帮助我们了解教学效果、了解学情、了解教学定位和教学策略是否得当。所以,客观评析试卷变得非常重要,做好这项工作将给其他老师带来帮助。

团队试题评析实践研究对我的成长有巨大的帮助。最初对于《中国高考评价体系》《普通高中物理课程标准》的理解仅浮于表面、一知半解。通过对团队的各种学习资料细致琢磨,在试题评析中慢慢渗透、谨慎应用,使得我对这两个指导性文件有了更深刻的理解,对物理学习应该具备的关键能力和学科核心素养有了具体的认识,也使我的课堂发生了改变。

以我的实验课为例(试题评析中我做的比较多的是实验试题),参与团队试题评析实践研究工作之前,我的实验课教学一般是分三步:讲实验(实验讲解课)、做实验(实验操作课)、上实验习题课。其中实验习题课花费时间更多,而实验题的讲解仅是以基本实验为依托就问题讲问题。

经过一年多的试题评析研究,在物理实验讲解课中我除了讲解实验基础知识,还注重与学生进行实验的设计思路及实验操作的讨论。从实验目的着手确定实验原理,合理制定实验步骤,在课堂中讨论、生成实验过程,给接下来的实验操作课打下一个良好基础。去实验室进行实验操作时,引导学生注重实际操作的同时加强对实验数据的收集、处理和分析的要求,并且在课后做分析总结,强化实验中需要注意的细节。对学生所获得的实验数据进行处理,并汇总出问题,设置成课堂问题,让学生亲身经历试题中经常考查的问题的生成过程,使他们对实验题更有亲和感。实验习题课,我会先带领学生对实验题目进行讨论,以实验讲解课堂的模式进行,使题目中具体的实验数据处理与实验操作课的分析呼应。

这样,一个实验讲下来,往往还有惊喜出现,比如,设计出了更简单的实验方案、优化后的实验原理更为科学等。实验课的收获不仅仅是完成了一个实验,更是理解能力、分析综合能力、信息加工能力和实验探究能力等这些关键能力的提升。

除此之外,试题评析实践研究让我更全面地认识了试题。通过对试题情境分析、必备知识分析,能更快更好地明确考查方向、试题的命题立意。我的目光从聚焦于试题如何解答转向试题为什么这样考,很大程度上提升了自身的专业素养。

王老师说过的一段话给我很大触动:“教学研究不只是一张蓝图,也是一个不尽的旅途,教学研究永远在路上,我们已经出发,也一定可以越走越稳!”在接下来的工作中我会继续努力,和同伴团结合作,希望在越走越稳的同时也能越走越远,路越走越宽。

“基于高考评价体系的试题评析实践研究”践行感悟(六)

邱县第一中学　耿尚超

在邯郸市教科所教研员王刚老师带领下，邯郸物理教研团队发扬工匠精神，聚焦试题评析，以提升教学质量、发展学生核心素养为目标，“基于高考评价体系的物理试题分析的实践研究”项目取得丰硕的成果。

1995 年参加工作以来，我有十几次送高三的经历，但对高考的认识还不够深刻，缺少对教材、教学大纲(课程标准)、考试大纲(高考评价体系)的深入研究，觉得只要把自己的物理课教好就行了。自从参与邯郸市物理学科命题工作和加入邯郸物理教研团队，在王老师的指导下，完成了核心素养、SOLO 分类理论、深度学习等主题理论学习，参与了试题评析实践研究工作，对考试大纲、新课程标准、高考评价体系的认识进一步加深，越来越发现自己之前的想法和做法是片面的。

我悉心感悟新教材、新课程标准、2019 年考试大纲、考试大纲的说明、高考评价体系等重要资料的内涵。在平时教学中注重物理观念的形成，重视科学概念的理解和运用；注重通过模型构建、科学推理、科学论证、质疑创新逐步形成科学思维；通过探究式教学、实验教学等科学探究，逐步培养学生收集和处理科学信息的能力、获取新知识的能力、分析问题和解决问题的能力以及交流与合作的能力等；让学生学习物理过程中，形成科学态度与责任。在备课、教研和课堂教学中，根据新课程标准、中国高考评价体系及说明和教材要求，重基础、重应用、重思维、重创新、重时事、重生活、重实践，加强对学生德智体美劳全面发展的引导，为学生的探索创设有利的情境，为有利于学生素质提高进行探索性学习，增强问题开放性、灵活性，努力做到团结协作、相互学习、相互促进、取长补短、资源共享、共同提高。

在“新教材、新课改、新考改”的大背景下，广大一线教师教育理念必须与时俱进，要认真学习和践行新课程标准和高考评价体系，课堂教学要紧紧围绕“一核四层四翼”来展开，聚焦核心素养，优化每一堂课的教学设计，整体构建系统的必备知识、关键能力、学科素养和核心价值体系。

“基于高考评价体系的试题评析实践研究”践行感悟(七)

邯郸市第十中学　李晓青

第一次在“快乐物理教师”公众号上看到试题评析,有一种“心有此意”或“正有此感”的触动。参与团队试题评析实践研究之后,我开始领悟新教材与新课程标准、考试大纲及其说明、高考评价体系之间的关系,逐步认识到新课程标准、高考评价体系与原考试大纲之间的传承与创新。这些观念、意识的改变直接影响到平时的教学实践、指导着教学实践。

(1) 通过团队的学习,我关注到新教材注重培养学生的物理观念及科学思维,在内容设置上注重体现科学态度与责任,增加了科学探究的相关设计。每节课都设置了问题导入,新授课可以结合学生特点合理利用这些资源。新教材中安排了很多探究实验和“做一做”栏目,引导学生自主探究,让学生深刻体会到探究的乐趣和物理学科的魅力。习题是把知识、思想、方法和技能联系在一起的纽带,是教材的重要组成部分。相比于原教材,新教材设置的节末“练习与应用”更加强调应用物理知识解决生活中的实际问题。新教材在章末增设了针对全章内容所设计的“复习与提高”A 组和 B 组习题,用于学生所学知识的巩固和提高,设置的内容具有弹性,注重基础,且兼顾学生差异。这些资源能够有效地解决我过去追求习题的数量和习题教学效率不高的这一突出问题。

(2) 通过团队学习,我认识到练习题与考题的区别。练习题是为了系统掌握知识、结合学生情况而编制的题目,而考题则是为了更好检测学生系统掌握知识以后运用知识解决问题能力而编制的题目。新课程教学中盲目使用高考真题和模拟题进行练习,往往达不到最初设想的效果。由于这些题目通常综合性较强,对于认知能力、学习水平有待提升的大多数学生来说难度太大,很可能会严重影响学生以后学习物理的积极性和主动性。认识到这些问题后,我在集体教研时与各位老师进行了及时沟通、交流,随即调整了练习题选题的思路,这种做法也得到其他非毕业年级学科老师的赞同和支持。

(3) 提高了试题分析、试题命制的能力。在邯郸市教科所教研员王刚老师的引领和指导下,我积极学习团队成员认真严谨、团结敬业的工作态度,积极参与团队的试题评析工作。通过对《普通高中物理新课程标准(2017 版 2020 修订)》《2019 年普通高等学校招生全国统一考试大纲的说明·物理》《中国高考评价体系》及团队相关文献的反复研读,较好地理解了学科素养要素在试题中的呈现方式,并不断在试题创新和改编上进行尝试。

正如“生活中不缺少美,缺少的是发现美的眼睛”一样,“生活中不缺少物理,缺少的是一双发现物理的眼睛”。团队中的每一位成员都可以把提升学生核心素养的试题评析做实、做细、做精,反哺教学课堂,在实践中转化为生产力,送给学生一双慧眼。

“基于高考评价体系的试题评析实践研究”践行感悟(八)

邯郸市第五中学　曹雪利

参加邯郸市物理教研团队一年多的时间内,在教科所王刚老师的带领下先后参与了试题评析、网络教研、新教材分析、试题评析成果推广等活动。认真学习了《普通高中物理课程标准》《中国高考评价体系》《中国高考评价体系说明》和“快乐物理教师”公众号推送的系列专业文章。通过努力学习和实践,深深地感到自身在不断进步。

一、试题评析促进理论水平的提高

从第一次交稿后的反复修改,到后来修改越来越少,试题评析能力得到迅速提升。在每一个字符、公式、标点、配图及语言的简洁性和规范性上要求精益求精,培养了自己的认真和细致态度。通过一年来不断学习研究,较好地理解了“一核四层四翼”和学业质量水平等级划分,试题评析也从晦涩到逐渐完善。通过实践研究,充分理解了试题评析的重要意义,不再肤浅地就题讲题,对题目的理解上进一步深入。从试题的角度理解了试题的核心价值、学科素养、关键能力、必备知识。同时对于物理学科素养:物理观念、科学思维、科学探究、科学价值和责任,进一步理解和深入。

二、教材分析促进对教材深度理解

对于“教材分析”,面对教材必修一第四章教材分析任务,一开始不知道该从什么地方下手,后来反复学习教材、教师用书、培训教材、新课程标准及公众号发布的教材分析,终于深刻理解了教材编写意图,并及时添加了自己的思考和教学建议。通过教材分析,逐渐发现自己能够将《普通高中物理课程标准》《中国高考评价体系》《中国高考评价体系说明》等的理论指导同教材结合在一起,提升了对教材的深层次认识。

三、重视教研质量、推动教学改进

在说课教研中自觉将教学内容与《普通高中物理课程标准》《中国高考评价体系》《中国高考评价体系说明》相结合,课堂教学不再是单纯地讲解必备知识,对如何落实物理学科素养有了较多思考和尝试,对物理教学情境促进学生学习有了深刻的认识。比如,在青年教师讲课比赛中,设计瞬时加速度的真实情境配合实验演示,让学生逐渐构建出求解瞬时加速度的物理模型。在“同课异构”中展示出市区周围的拱桥、立交桥情境,激发学习兴趣,让同学们认识到物理源于生活,并探寻圆周运动模型的处理方法。

在教学的路上成长,在教研的路上成才,今后我将紧跟教研团队步伐,努力提高自己。

学校领导及
学科专家推荐评价

“基于高考评价体系的试题评析实践研究”成果评价(一)

面对新课标、新教材、新高考，探索核心素养时代的“新教学”，邯郸市教科所物理教研员王刚老师带领教研团队，以邯郸联考试题和高考真题为素材，开展基于高考评价体系的试题评析实践研究，构建了试题评析新范式，为试题、试卷提供了全面的质性评价标准，切实提升了教学品质与内涵。“基于高考评价体系的试题评析实践研究”，聚焦核心素养，发挥教研指导功能，抓住了教育教学质量提升的关键。

历时五年的实践研究，有规模、有成果、有实效，贴近一线教学实际，为提升试题评析和试题命制水平指明了方向，同时也给其他学科同类研究提供了有价值的参考。实践研究案例具有很好的示范性和可操作性，有助于教师理解核心素养，明确学业质量水平，把握命题新理念、新要求，提升课堂教学实效性，为提升备考的针对性和有效性注入了新的活力，对一线教育教学，特别是“备考三年一体化”的实施具有重大的指导意义。

我校将深入学习实践研究成果，做好成果转化工作，提高教研工作水平，提升学科育人质量。

邯郸市第一中学　高玉峰

2021 年 7 月 12 日

高玉峰，邯郸市第一中学原校长，中小学正高级教师，河北省物理特级教师，享受国务院特殊津贴专家，河北省有突出贡献中青年专家，教育部基础教育教学指导专业委员会委员。

“基于高考评价体系的试题评析实践研究”成果评价(二)

邯郸市教科所王刚老师带领高中物理教研团队于2021年5月8日到我校举行“基于高考评价体系的试题评析实践研究”成果推广活动,在老师中产生很大的反响。

本次活动为我校物理学科教学提供了宝贵的建议,尤其是为今后的试题评析活动指明了方向,也给其他学科同类研究提供了一定的参考。依托高考评价体系,突出学科核心素养,对全市各类考试进行深入分析,精准掌握核心价值、必备知识和关键能力,提升了试题评析层次,促进了学生从知识到能力和素养的转化。实践研究构建的系统性试题评析罗盘,有效指导教学,解决了当前教学中遇到的实际问题。实践研究成果促进了教师对物理学科核心素养的深刻认识,对新课标落实到课堂教学具有积极的指导作用。

我校将以物理学科试题评析为契机,带动其他学科进行与试题分析相关的教学研究活动,提高教研工作水平。欢迎邯郸市高中物理教研团队多来我校指导教研工作。

邯郸市第二中学　焦运涛

2021年6月21日

焦运涛,邯郸市第二中学党委书记、校长,中学高级教师。

“基于高考评价体系的试题评析实践研究”成果评价(三)

2021 年 6 月,邯郸市物理教研团队在我校组织了“基于高考评价体系的试题评析实践研究”成果推广系列活动,受到学校领导和物理学科教师的好评。

突出学科核心素养和关键能力的试题评析实践研究,是教科所王刚老师团队科研引领教改、助推教师发展的新路径,是高中物理教学与研究深度融合的范例,与深化教育改革的大方向深度契合,与课堂革命新要求高度一致。

成果推广活动中,教研团队与我校教师面对面交流,指导示范如何钻研课标、分析教材,共同探索新高考命题规律和方向,贴近一线教育教学特点和实际,有利于促进教师更新教学理念、整合教材内容、重构学科体系,能够很大程度上改变教学拘泥于教材知识和现成结论、照本宣科的不良习惯。推广实践研究成果,有助于克服死记硬背和题海战术的弊端,帮助学生适应新高考,提高学习能动性,培育思考问题、解决问题的能力。

成果推广系列活动,有助于改变一线老师普遍“重教学、轻教研”的现象,为新教材、新课程、新考改形势下的教育教学提供了良好的借鉴。我校将继续深入学习实践团队研究成果,积极推动成果转化,促进教育教学新发展。

邯郸市第三中学　何海江

2021 年 6 月 30 日

何海江,邯郸市第三中学教育集团党委书记、校长,中小学正高级教师,河北省特级教师。

“基于高考评价体系的试题评析实践研究”成果评价(四)

邯郸市物理教研团队在我校举办“基于高考评价体系的试题评析实践研究”成果推广活动,贴近一线教学实际,受到学校领导、物理学科教师的一致欢迎和好评。

邯郸市教科所教研员王刚老师带领物理教研团队,发扬工匠精神,聚焦试题评析,研究不断深入,队伍不断壮大,成果扎实丰富,实现了研究成果反哺课堂教学实践。“基于高考评价体系的试题评析实践研究”成果,具有先进性、实用性和较好的可操作性。通过发展学生核心素养来提升教学质量,可谓抓住了关键、抓住了要害,对一线教学具有非常重要的指导意义。

成果推广活动引发了我校物理教师深度思考,引领教师深入钻研新课程标准和新教材,探索新高考命题的规律和方向,提升了复习备考的针对性和有效性,有力助推物理核心素养的培养和学校物理学科发展。我校将组织相关学科深入学习,做好校本化研究,进行全面推广实践。

邯郸市第四中学　张建新

2021 年 5 月

张建新,邯郸市第四中学党委书记、校长,中小学正高级教师。

“基于高考评价体系的试题评析实践研究”成果评价(五)

2021年5月,邯郸市教科所王刚老师带领物理教研团队到我校举行“基于高考评价体系的试题评析实践研究”成果推广活动,在老师中产生很大的反响。本次活动为我校物理学科教学提供了宝贵的建议,尤其是为今后的试题分析工作理清了思路,突出了育人价值,同时也给其他学科同类研究提供了有价值的参考,可谓意义重大。

教研团队对全市各类考试进行深入分析,依托新高考评价体系,突出学科核心素养,精准掌握核心价值、必备知识和关键能力,提高了试题评析水平,助力学生实现从知识到能力和素养的转化。团队建构的指向学生核心素养的物理试题评析模型,为教师教学提供了有力的抓手,促进了教师深入理解核心素养、自觉改进教学行为,解决了当前教学中遇到的实际问题,极大地提高了教师的教学信心和积极性。

我校将以物理学科试题评析为切入点,加大成果转化,组织二次开发,并积极带动其他学科进行相关的教学实践。欢迎物理教研团队跟踪指导我校教研工作,引领教学研究,助力我校教育教学工作的高质量发展。

肥乡区第一中学　刘　健

2021年6月20日

刘健,邯郸市肥乡区第一中学校长,中学高级教师。

“基于高考评价体系的试题评析实践研究”成果评价(六)

2021 年 4 月,邯郸市高中物理教研团队在我校组织了“基于高考评价体系的试题评析实践研究”成果推广系列活动——成果推广报告及高考试题说题比赛,得到了学校领导和物理教师的一致好评。

教科所王刚老师带领教研团队以《中国高考评价体系》《普通高中物理课程标准(2017年版)》为理论支撑,围绕着“立德树人”的根本任务,以发展学生核心素养为目标,以试题评析为抓手,持续发力,探索求真,积累了丰富的实践经验,构建了以高考评价体系为基础的试题评析新模型,解决了试题评析中思维狭隘、就题论题、浅尝辄止等实际问题,对课堂教学改革、高考备考均具有重大意义。实践研究源于一线实际并服务于一线教学,发挥出教科研对教育教学的引领作用。研究成果具有较强的示范性和推广性,对实现核心素养有效落地起到了指导性作用,所提供的经验和方法可操作性强,可以辐射到其他学科解决同类问题或相关问题。

我校将组织各学科学习运用物理团队研究成果,把优质科研成果转化为教学生产力,把教科研效能转化为教学效率,进一步提升我校教师的教育教学水平。

魏县第一中学　张瑞荣

2021 年 5 月

张瑞荣,魏县第一中学校长,中小学正高级教师。

“基于高考评价体系的试题评析实践研究”成果评价(七)

邯郸市高中物理教研团队于2021年6月到我校进行“基于高考评价体系的试题评析实践研究”成果推广系列活动,活动内容贴近教学一线实际,受到我校领导和物理组全体教师一致好评。本次活动为我校物理学科建设和发展提供了宝贵意见和建议,促进物理学科在守正中创新,在创新中发展。

2016年以来,邯郸市教科所教研员王刚老师带领物理教研团队聚焦试题评析,持续发力,经历了实践探索、学习研究、推广应用等阶段,构建了基于高考评价体系的试题评析新范式,提升了试题分析的科学性和有效性,解决了当前课堂教学中的实际问题,寻到了促使学生知识转化为能力和素养的有效途径。“基于高考评价体系的试题评析实践研究”成果具有较强创新性、示范性和可操作性。

成果推广活动,引发了我校教师的专业思考,增强了落实核心素养教学的自觉性和紧迫感,提高了学科教学的积极性和自信心。我校将以本次成果推广活动为契机,对实践研究成果进行再学习再研究,进一步凝练学科发展方向,着力加强学科内涵建设,切实提升学科发展水平。

武安市第一中学　李建平

2021年6月29日

李建平,武安市第一中学党委书记、校长,中学高级教师。

“基于高考评价体系的试题评析实践研究”成果评价(八)

2021年6月,邯郸市教科所教研员王刚老师带领物理教研团队在我校举办“基于高考评价体系的试题评析实践研究”成果推广活动,受到学校领导和教师的欢迎和好评。

近年来,王刚老师带领物理教研团队以试题评析为抓手,聚焦物理学科核心素养,在如何落实《普通高中物理课程标准》和《中国高考评价体系》精神、如何提升试题分析质量等方面进行了深入研究和实践创新,运用系统观点构建了行之有效的试题评析新范式。

“基于高考评价体系的试题评析实践研究”,站位高,又具有很强的操作性,为解决当前试题评析中就题论题、思维狭隘、分析不透等实际问题提供了卓有成效的新思路、新方法,对课堂教学和复习备考具有重大的指导意义。尤其对我校正在推进的“三环八步”精彩课堂建设,起到了积极推进作用,丰富了我校精彩课堂建设的内涵。我校将组织教师对研究成果进行深入学习,并进行全面推广实践。

峰峰第一中学　王玉红

2021年7月

王玉红,峰峰第一中学党总支书记、校长,中小学正高级教师,河北省特级教师。

“基于高考评价体系的试题评析实践研究”成果评价(九)

2021 年 3 月，邯郸物理教研团队在我校组织了“基于高考评价体系的试题评析实践研究”成果推广系列活动。五年来，王刚老师带领团队不断加强理论学习，不断探索实践研究，咬定“试题评析”不放松，一张蓝图干到底，以发展学生核心素养为目标，以《普通高中物理课程标准》为指导，参照《中国高考评价体系》，边研究边实践，边推广边改进，取得了丰硕的成果，这是潜心教学研究的结果、务实创新的结果、持续发力的结果。

本次研究成果推广分享，得到了我校物理组全体教师的一致好评。我校将对物理教研团队成果进行有步骤的推广应用，提升教师的试题研究能力和讲评能力，深化理解《普通高中物理课程标准》和《中国高考评价体系》，全面提高我校物理教师的理论水平和实际教学能力。同时结合我校的分层教学实践，做好学科核心素养的落实和渗透，提升我校教育教学水平。

永年区第二中学　郭军现

2021 年 5 月

郭军现，邯郸市永年区第二中学校长，中学高级教师。

“基于高考评价体系的试题评析实践研究”成果评价(十)

邯郸市教科所王刚老师带领物理教研团队于2021年4月在我校举行“基于高考评价体系的试题评析实践研究”成果推广活动。本次活动不仅为我校物理学科试题分析提供了强有力的基础性支撑,同时也给其他学科同类研究提供了重要参考,可谓意义重大。通过对全市各类物理试题进行全面的质性评价,精准掌握核心价值、必备知识和关键能力,结合高考评价体系和物理学科的核心素养,指导教学,提高试题分析层次,帮助学生逐步将知识内化为物理学科的核心素养,并建立了系统的评析模板,有效解决了当前教学中遇到的实际问题。这极大地提高了教师的教学信心和教学积极性,促进了教师对物理学科核心素养的深入认识,对物理学科核心素养落地课堂具有积极的指导作用,对其他学科核心素养的深入研究及其提升也具有积极的借鉴意义。我校将以物理学科试题评析作为切入点,逐步推进其他学科试题评析研究,提高我校教学研究工作水平。

磁县第一中学　刘伟彬

2021年6月2日

刘伟彬,磁县第一中学党委书记、校长,中学高级教师。

“基于高考评价体系的试题评析实践研究”成果评价(十一)

2021年4月,邯郸市教科所教研员王刚老师带领物理教研团队在我校举办“基于高考评价体系的试题评析实践研究”成果推广活动。教研团队发扬工匠精神,以提升学生核心素养为目标,立足实际,狠抓试题评析,勇于探索,敢于创新,工作扎实,实践研究有规模、有成果、有实效。研究工作做得实、做得细、做得深,坚持理论联系实际、教育理论和教学实践的统一,促进了教师对“价值引领、素养导向、能力为重、知识为基”评价理念的理解,较好地解决了当前教学中的实际问题。研究成果,理论层次高又具可操作性,对物理教学改革具有重大的指导意义。

成果推广活动受到学校领导、物理学科教师的一致欢迎和好评。推广活动引领学校物理教师钻研教材、课标、考试说明,探索高考命题的规律和方向,提升了教师备考的针对性和有效性,推进了试题评析模式反哺教学课堂实践,助推了新课程标准和新教材的规范使用,促进了学生物理核心素养的落实和学校物理学科发展。我校将组织相关学科做好深入学习,进行全面推广实践。

邱县第一中学　韩明耀

2021年5月28日

韩明耀,邱县第一中学校党支部书记、校长。

“基于高考评价体系的试题评析实践研究”成果评价(十二)

2016年以来,邯郸市物理教研团队在王刚老师的带领下,以“试题评析”为抓手,以《中国高考评价体系》为依托,参照《普通高中物理课程标准(2017版)》,以提升学生核心素养为核心目标,边研究边实践,边推广边改进,实践研究不断深入,取得了较为丰硕的研究成果,对一线教学和高考备考具有重大的指导意义。

物理教研团队发扬工匠精神,聚焦核心素养培育,促进教学能力提升,潜心研究试题评析新模式,举行讲座、报告16场,编辑试题评析14册,约120万字,组织了全市“说题”比赛3次,做到了“立德树人一堂课,服务选材一把尺,引领教学一面旗”。

教研团队在我校的成果推广活动,有效指导一线教学,引领物理学科教学,助力我校师能提升工程和高效课堂工程,促进了学科教学的提升与发展。全校各学科要深入研究学习,并进行全面推广实践。

涉县第一中学　杨保方

2021年9月

杨保方,涉县第一中学党总支书记、校长。

“基于高考评价体系的试题评析实践研究”成果评价(十三)

新一轮课程改革在全国已全面展开，河北省新高考模式下普通高中学校的教育教学工作已经开展了3个年头，我省第一次新高考在2021年6月初刚刚结束。如何面对新的高考模式开展工作？如何摒弃原有高考课程设置的缺点，落实新课程改革先进理念？如何完成教育“立德树人”的根本任务，搞好新形势下的高中各学科教学？这些问题早就摆在我们面前。

从2016年开始，邯郸市教科所物理教研员王刚老师带领物理教研团队的骨干教师，发扬工匠精神，聚焦“试题分析”，在解决高中物理教学新问题、提升教师专业化素养方面逐渐摸索出了一条行之有效的路子。

“基于高考评价体系的试题评析实践研究”以《中国高考评价体系》《普通高中物理课程标准》作为理论支撑，关注物理学科核心素养，理论研究和实践操作相结合，将对新课程和新高考理论的系统性分析和研究运用到教研团队建设和一线课堂教学之中，做了大量卓有成效的工作。近年来，成功举办了邯郸市高中物理教师教学技能大赛、优质课评比、物理实验教学创新大赛、现场“说题”比赛和实验操作技能竞赛等一系列活动。在组织各项活动中制定了详细的评比规则，参赛和交流教师众多，取得了很好的效果，教师们受益很大。

研究团队在邯郸市(县、区)的十多所高中学校建立了较为完整的组织体系，形成了以各参研学校物理学科带头人为分组负责人的物理教研队伍，采取灵活多样的形式，以试题分析为抓手，对标《中国高考评价体系》《普通高中物理课程标准》，剖析试题内涵，探求题目中蕴含的物理核心素养，深入研究新高考命题的立意，把握新高考命题的方向，开拓一线教师学科视野，提高基层教师的业务素质。

“基于高考评价体系的试题评析实践研究”工作的开展，可谓有目标、有措施、有广大教师的积极参与，形成了较为丰富的研究成果，特别是创办了“快乐物理教师”微信公众号，通过这个平台及时发布实践研究系列成果，供更为广泛的一线物理教师研究学习，形成了不限时空的团队物理教研氛围。这些工作的有效开展，对指导高中物理教学起到了很好的示范引领作用，同时对提升物理教师的业务水平也发挥着相当重要的作用，真正达到了“传播物理教学理念，引领课题进行实践，促进教研团队建设，服务师生成长发展”的目标。

我相信，随着这些研究工作更好、更深入开展，若在推广内容、推广形式上采取更加灵活、新颖的方式方法，在研究工作中接受高层次教学专家和名师的悉心指导，不断完善工作机制，逐渐创新工作内容，那么它服务和指导高中物理教学的功能将会更加凸显，全面落实高中物理核心素养的初衷必将更好地实现。我对此充满信心！

邯郸市第一中学　李进斌

2021年7月13日

李进斌，邯郸市第一中学物理教师，中小学正高级教师，河北省特级教师。

“基于高考评价体系的试题评析实践研究”成果评价(十四)

一、“基于高考评价体系的试题分析实践研究”的研究价值

2014年9月,国务院印发《关于深化考试招生制度改革的实施意见》。同年12月,教育部发布了《关于普通高中学业水平考试的实施意见》和《关于加强和改进普通高中学生综合素质评价的意见》,明确提出“全科覆盖”“分类考察”“不分文理”“两次机会”“严格公示”等措施。我们河北省今年迎来了第一次新高考,采用“3+1+2”模式。为能更好地适应新高考,邯郸市教科所物理教研员王刚老师于2016年开始带领教研团队的物理骨干教师开展“基于高考评价体系的试题评析实践研究”,经过近5年的不懈努力,取得了诸多成果。

“基于高考评价体系的试题评析实践研究”符合“十三五”期间我省教育科学研究工作要求,贴近教育政策、学科发展和教育实践的需求。其研究领域和方向是物理学科发展和实践改革前沿,突出前瞻性、针对性、时代性和导向性;它是基础性研究,具有推广应用价值。

二、“基于高考评价体系的试题评析实践研究”工作评价

王刚老师研究团队进行了以下三方面的研究:

(1) 高考评价体系理论分析及研究。

(2) 高考试题分析实践研究。

(3) 高考评价体系的试题分析对高中物理教学的引领与指导。

实践研究依据《普通高中物理课程标准(2017年版)》和《中国高考评价体系》,遵循学生认知规律和物理学科特点,突出了实践,重视对学生物理学科素养的培养,有利于落实立德树人的根本任务,有利于人才选拔、考试评价、教育引导和反哺教学的一体化新格局的形成。研究团队的工作是卓有成效的,对团队多年来踏踏实实的工作表示敬佩。

三、“基于高考评价体系的试题评析实践研究”成果评价

“基于高考评价体系的试题评析实践研究”研究团队成果推广情况统计如下:

(1) 团队采用主题教研方式,到多所(20所参加)学校进行推广活动;

(2) 团队成员在各自所在学校进行成果的二次转化;

(3) 通过邯郸市教育局网络教研平台进行实践研究成果推广和技能大赛培训;

(4) 组织邯郸市第四届高中物理教师教学技能大赛(试题演说活动),进行全市范围的推广应用活动;

(5) 通过“快乐物理教师”公众号平台发布“基于高考评价体系的试题分析实践研究”系列成果,为广泛一线物理教师提供服务。

他们的工作起到了以下几方面作用:

(1) 研究团队成员的示范、引领与辐射作用,以多种方式传播高考评价体系的试题评析中教育理念和教学方法,为全市高中物理教师提供了示范性、操作性和有推广价值的物理试

题评析模式，有利于打造有学科特色的物理课堂。

（2）促进教师专业成长。研究团队以创新为主旋律，以解决高中物理学科教学难题为突破口，聚焦新高考，发挥先行研究、交流研讨、示范引领的作用，促进课堂教学质量的提升。通过扎根一线的实践研究，团队成员自身专业素养得到提高。研究成果拥有比较先进的教育思想，在培养教师方面发挥了积极作用，真正成为培养优秀高中物理教师的重要源泉，提高了我市高中物理教师的整体教育教研水平。

（3）“基于高考评价体系的试题评析实践研究”为学生的终身发展奠定了基础，服从、服务于学生的全面和谐发展，注重科学探究和体验性活动。研究成果进入课堂，学生的学科素养和创新热情得到提高，高考物理成绩必定显著提高。

王刚老师领导下的团队经过五年努力，以《基于高考评价体系的试题评析实践研究》为抓手，研究团队已建成一个工作团队、学习团队，影响和发展全市的高中物理教学起着积极作用，愿团队发扬钉钉子精神，坚持做下去这项工作，为邯郸的教育质量提升做出更大贡献。

邯郸市第四中学　张彦升

2021 年 6 月 28 日

张彦升，邯郸市第四中学物理教师，中小学正高级教师，河北省特级教师。